Verbotener Umgang mit „Fremdvölkischen"

Edition NS-Zwangsarbeit
Schriftenreihe des Dokumentationszentrums NS-Zwangsarbeit
herausgegeben von Christine Glauning
Band 1

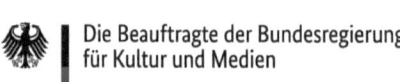

INSA ESCHEBACH · CHRISTINE GLAUNING · SILKE SCHNEIDER (HRSG.)

Verbotener Umgang mit „Fremdvölkischen"

Kriminalisierung und Verfolgungspraxis im Nationalsozialismus

METROPOL

Umschlagbild:
Hohenleuben, Juli 1941, unbekannter Fotograf
Sammlung Gedenkstätte Buchenwald/courtesy of Dr. Ernst Woll

ISBN: 978-3-86331-680-8

© 2023 Metropol Verlag
Ansbacher Straße 70
D–10777 Berlin
www.metropol-verlag.de
Alle Rechte vorbehalten
Druck: Arta Druck, Berlin

Inhalt

Insa Eschebach · Christine Glauning · Silke Schneider
**Verbotener Umgang mit „Fremdvölkischen" –
Kriminalisierung und Verfolgungspraxis im Nationalsozialismus**
Einleitung 9

Kapitel 1: Historische Kontexte

Silke Schneider
Segregation und Geschlechterordnung
Ausländische Zwangsarbeiter:innen und deutsche Zivilbevölkerung
im Nationalsozialismus 33

Christoph Lorke
Der Tatbestand „Verbotener Umgang"
Versuch einer historischen Kontextualisierung von Eheverboten 51

Alexander Schmidt
„Rassenschande" und „verbotener Umgang"
Die Nürnberger Gesetze als Modell für rassistische Ausgrenzung 68

Sebastian Schönemann
Stigma und Scham
Zur fotografischen Inszenierung der öffentlichen Demütigung
deutscher Frauen 1940–1941 88

Kapitel 2: Verfolgungspraxis

Katarzyna Woniak
Prozess und Strafe
Polnische Zwangsarbeiterinnen und der „verbotene Umgang
mit Kriegsgefangenen" 107

Camille Fauroux
Der vergessene Umgang
Französische Arbeiterinnen und Kriegsgefangene in Berlin 1940–1945 121

Thomas Irmer
Logistiker:innen der Flucht
Zur Verfolgung des „verbotenen Umgangs" zwischen französischen
Zivilarbeitenden und französischen Kriegsgefangenen in Berlin 134

Gwendoline Cicottini
**Verbotene Beziehungen zwischen deutschen Frauen
und französischen Kriegsgefangenen**
Strafrechtliche Konsequenzen und individuelle Schicksale 150

Kapitel 3: Haftorte

Lena Haase · Beate Welter
„Als Einzelgänger eindeutschungsfähig"
Zur Praxis des „Wiedereindeutschungsverfahrens"
im SS-Sonderlager Hinzert 169

Harry Stein
Gestapo, Konzentrationslager und Öffentlichkeit
Die Verfolgung des „verbotenen Umgangs" mit polnischen Zwangsarbeitern
im Umfeld des KZ Buchenwald 1940–1942 185

Christa Schikorra
Unerlaubte Beziehungen
Wegen „verbotenen Umgangs" inhaftierte Männer im KZ Flossenbürg ... 205

Sebastian Bondzio · Michael Gander
„Das gesunde Volksempfinden gröblichst verletzt"
Die Verfolgung „verbotenen Umgangs"
durch die Osnabrücker Gestapostelle 217

Uta Gerlant
„Verhaftet wegen menschlicher Beziehungen"
Potsdam als Ort rassistischer Verfolgung im Nationalsozialismus 235

Anne Katrin Düben
Verfolgt wegen „verbotenen Umgangs"
Deutsche Frauen im „Arbeitserziehungslager" Breitenau
und ihr Bemühen um Anerkennung 251

Kapitel 4: Nachgeschichte

Thomas Muggenthaler
„Ich war immer der ‚Polak'!"
Hinrichtungen und öffentliche Demütigungen –
verdrängt und vergessen 269

Christine Glauning
Vergessenes Verbrechen
Die öffentliche Erinnerung an die Verfolgung
des „verbotenen Umgangs" 288

Auswahlbibliografie 311

Die Autor:innen und Herausgeberinnen 314

INSA ESCHEBACH · CHRISTINE GLAUNING · SILKE SCHNEIDER

Verbotener Umgang mit „Fremdvölkischen" – Kriminalisierung und Verfolgungspraxis im Nationalsozialismus

Einleitung

Die sozialen Beziehungen von Deutschen und ausländischen Arbeitskräften waren während des Zweiten Weltkriegs stark reglementiert – insbesondere sexuelle Kontakte wurden drakonisch bestraft. Diese Kriminalisierung ist Ausdruck einer rassistischen und geschlechtsspezifischen Ungleichheitsideologie. Damit ist die Auseinandersetzung mit dem „verbotenen Umgang" auch für die Forschung über Definitionen von Zugehörigkeit, über gesellschaftliche und politische Ausschlussmechanismen sowie Integrationsprozesse in einer längeren historischen – und auch transdisziplinär in soziologischer, politikwissenschaftlicher und kulturwissenschaftlicher – Perspektive von Bedeutung.

Zwangsarbeit in der NS-Diktatur

Zwangsarbeit war ein ubiquitäres Massenphänomen. Rund 13 Millionen Männer, Frauen und Kinder mussten im Deutschen Reich arbeiten.[1] Neben rund 4,6 Millionen Kriegsgefangenen und 1,7 Millionen KZ-Häftlingen machten zivile Zwangsarbeiter:innen mit ca. 8,4 Millionen Menschen die größte Gruppe aus: Die überwiegende Mehrheit wurde im Verlauf des Krieges aus den besetzten – vor allem osteuropäischen – Gebieten an die Einsatzorte verschleppt. Darunter befanden sich etwa 1,5 Millionen Kinder und Jugendliche aus Polen und der Sowjetunion. Die Grenzen zwischen den zur Zwangsarbeit herangezogenen Gruppen waren fließend, die Betroffenen konnten den Status wechseln: So wurden Kriegsgefangene vor allem aus Polen, Frankreich und Italien im Verlauf des Krieges formal aus der Gefangenschaft entlassen und in den Zivilstatus überführt.[2]

---

1 Die geschätzte Gesamtzahl von rund 13 Millionen berechnet sich abzüglich von Doppelerfassungen.
2 Vgl. grundlegend Ulrich Herbert, Fremdarbeiter. Politik und Praxis des „Ausländer-Einsatzes" in der Kriegswirtschaft des Dritten Reiches, Bonn 1999; Mark Spoerer, Zwangs-

Der millionenfache Zwangsarbeitseinsatz, den der „Generalbevollmächtigte für den Arbeitseinsatz" Fritz Sauckel organisierte, sollte die mit der Ausweitung des Krieges immer größeren Bedarfe der Rüstungsproduktion decken, aber auch den durch die Einziehung deutscher Männer an die Front bedingten Arbeitskräftemangel kompensieren. Doch nicht nur die Rüstungsindustrie, die gesamte deutsche Wirtschaft profitierte von Zwangsarbeit – kleine, mittlere und große Betriebe, private, (halb)staatliche und kommunale Unternehmen wie Müllabfuhr oder Verkehrsbetriebe. Selbst die Kirchen setzten in großem Maßstab ausländische Zwangsarbeiter:innen ein. Hinzu kamen Privathaushalte, in denen überwiegend junge Ukrainerinnen als Haus- oder Kindermädchen bei kinderreichen „verdienten" Familien arbeiten mussten.

Die flächendeckende Ausbeutung ermöglichte es nicht nur, dass der Krieg überhaupt so lange geführt werden konnte, sondern trug auch zur ökonomischen wie ideologischen Stabilisierung des NS-Regimes bei: Neben der Ausplünderung der besetzten Gebiete war Zwangsarbeit in der Landwirtschaft im Reich dafür verantwortlich, dass die deutsche Bevölkerung während des Krieges kaum hungern musste. Die Angehörigen der „Volksgemeinschaft" konnten sich zudem ihres herausgehobenen Status tagtäglich gegenüber den ausgebeuteten „Untermenschen" vergewissern. Wohl auch deshalb waren in vielen Fällen Denunziationen durch Deutsche Ausgangspunkt für eine Strafverfolgung. Als mit Kriegsbeginn die ersten polnischen Kriegsgefangenen und im Kriegsverlauf immer mehr Angehörige vor allem osteuropäischer Nationen nach Deutschland gebracht wurden, waren viele Deutsche schon „gewöhnt" an Ausgrenzungs- und Verfolgungspraktiken gegenüber aus unterschiedlichen Gründen verfolgten Zwangsarbeiter:innen.

Unumstritten war der massenhafte Arbeitseinsatz „Fremdvölkischer" keineswegs: Während vor allem die großen Unternehmen und Ministerien wie das Rüstungsministerium unter Albert Speer (der zugleich „Generalbauinspektor für die Reichshauptstadt" war) aus ökonomischen Gründen den Zwangsarbeitseinsatz begrüßten und auch forcierten, befürchteten die Sicherheitsbehörden mit dem Einsatz insbesondere der osteuropäischen Zwangsarbeiter:innen politische und ideologische Gefahren für die innere Sicherheit und die rassenpolitischen Ordnungsvorstellungen: Infiltration der deutschen Bevölkerung und drohende Massenaufstände, Sabotage – und insbesondere „Gefahren der blutlichen Unterwanderung des deutschen Volkes".[3]

---

arbeit unter dem Hakenkreuz. Ausländische Zivilarbeiter, Kriegsgefangene und Häftlinge im Deutschen Reich und im besetzten Europa 1939–1945, Stuttgart 2001.

3   Heinz Boberach (Hrsg.), Meldungen aus dem Reich. Die geheimen Lageberichte des Sicherheitsdienstes der SS 1938–1945, 17 Bde., Herrsching 1984, hier Bd. 9: Nr. 247 vom 18. Dezember 1941 – Nr. 271 vom 26. März 1942 (Meldung vom 22. Januar 1942, S. 3201).

Das Bestreben von Reichssicherheitshauptamt, Gestapo, Polizei und SS war es, die Kontakte zwischen Deutschen und den osteuropäischen Zwangsarbeiter:innen und Kriegsgefangenen auf das Allernotwendigste zu beschränken. Insbesondere sexuelle Kontakte zwischen deutschen Frauen und Osteuropäern sollten unterbunden werden und unterlagen drakonischen Strafen. Die Zeugung „unerwünschten" Nachwuchses galt es im Sinne der Rassenideologie unbedingt zu verhindern.

Die Abschottung funktionierte in der Praxis nicht: Zu groß war die Zahl der Verschleppten, als dass sich jeder Kontakt verhindern ließ. Insbesondere in den ländlichen Regionen, wo viele Zwangsarbeiter:innen in der Landwirtschaft oder in kleineren Betrieben arbeiteten und nicht in großen Sammellagern untergebracht waren, kam es zu zahlreichen Begegnungen mit der Zivilbevölkerung und auch zu sexuellen Kontakten und Liebesverhältnissen. Es entwickelten sich aber auch alltägliche kameradschaftliche – ebenfalls verbotene – Beziehungen zwischen deutschen Frauen und ausländischen Zwangsarbeitern und Kriegsgefangenen. Da sowjetische Zwangsarbeiter und Kriegsgefangene möglichst geschlossen in Lagern untergebracht werden sollten, beziehen sich die in den Quellen geschilderten Fallbeispiele verbotenen Umgangs mit Osteuropäern zu einem Großteil auf Polen, die vor allem bei der Arbeit in der Landwirtschaft und auf den Bauernhöfen täglich Kontakt mit Deutschen hatten. Sie wurden bei bloßem Verdacht besonders verfolgt und drakonisch bestraft – sofern sie nicht mit positivem Ergebnis ein „Eindeutschungsverfahren" durchlaufen hatten, das *Lena Haase* und *Beate Welter* in ihrem Beitrag für den vorliegenden Band beschreiben.

Die besondere Bedeutung, die die Sicherheitsbehörden der Überwachung gerade der Osteuropäer:innen beimaßen, spiegelt sich in der Vereinbarung zwischen Reichsführer SS Heinrich Himmler und Reichsjustizminister Otto Thierack vom September 1942 wider: Hier wurde festgelegt, dass die Zuständigkeit für „alle Sicherungsverwahrten, Juden, Zigeuner, Russen und Ukrainer, Polen über drei Jahre Strafe, Tschechen oder Deutsche über acht Jahre" von der Justiz in die Zuständigkeit des Reichsführers SS überging.[4]

Zahlreiche Akten der Gestapo sind nicht mehr erhalten bzw. wurden vernichtet.[5] Eine der wenigen Ausnahmen ist die über 48 000 Personalkarten umfassende Kartei der Gestapo Osnabrück, die *Michael Gander* und *Sebastian*

---

4 Dok. 654 PS, in: Der Prozeß gegen die Hauptkriegsverbrecher vor dem Internationalen Militärgerichtshof Nürnberg (IMT), 14. November 1945–1. Oktober 1946, Bd. 26, Nürnberg 1948, S. 200 ff., zit. nach Herbert, Fremdarbeiter, S. 284.
5 Größere Aktenkonvolute der Gestapo (auch zum verbotenen Umgang) finden sich in Archiven in Düsseldorf, Würzburg und Speyer.

Bondzio in ihrem Beitrag über den verbotenen Umgang untersuchen. Mehr als die Hälfte der von ihnen ausgewerteten Fälle betraf soziale Kontakte, hinzu kamen Hilfeleistungen. Auch in Osnabrück war die Art des verbotenen Umgangs ein wichtiger Faktor bei der Sanktionierung. Sexuelle Beziehungen führten am häufigsten zu längeren Haftmaßnahmen oder für die Zwangsarbeiter zur „Sonderbehandlung", was im Klartext Hinrichtung bedeutete.

Katarzyna Woniak stellt in ihrem Beitrag Fälle verbotenen Umgangs zwischen polnischen Zwangsarbeiterinnen und französischen Kriegsgefangenen vor. Die „Verordnung über den Umgang mit den Kriegsgefangenen" wurde auch auf polnische Zwangsarbeiter:innen übertragen. In den von der Autorin herangezogenen Akten der Berliner Generalstaatsanwaltschaft geht es zumeist um Freundschaften oder Liebesbeziehungen, aber auch um Hilfeleistungen. Die in der Regel jungen Polinnen und die Franzosen begegneten sich oft in einer Art „Schicksalsgemeinschaft" beim Arbeitseinsatz in der Landwirtschaft, fern der Heimat und isoliert. Bestraft wurden die Polinnen mit mehrmonatiger Haft oder Straflager.

Westeuropäische Kriegsgefangene – die mehrheitlich aus Frankreich kamen – hatten im Gegensatz zu den Osteuropäern bessere Lebensbedingungen und vor allem mehr Bewegungsspielraum: Begegnungen mit der deutschen Bevölkerung waren unvermeidbar und fanden massenhaft statt. Drei Beiträge des Bandes befassen sich eingehender mit den französischen Gefangenen und den sehr unterschiedlichen Arten von Kontakten: *Gwendoline Cicottini* untersucht in ihrem auf ihrer Dissertation basierenden Text den verbotenen Umgang zwischen französischen Kriegsgefangenen und deutschen Frauen und hat dafür Prozess- und Ermittlungsakten von drei Wehrkreisen (Berlin, Dresden, Stuttgart) sowie Akten über französische Kriegsgefangene ausgewertet. Cicottini macht deutlich, dass französische Kriegsgefangene widersprüchlich behandelt wurden: Obwohl sie in den Augen der NS-Führung als militärische und „rassische" Feinde galten und der Umgang mit ihnen auch nach der Überführung in den Zivilstatus streng verboten war, folgte die Rechtsprechung nicht immer den politisch-ideologischen Vorgaben bzw. agierte nicht einheitlich. Die untersuchten Quellen verweisen auf ein breites Strafspektrum. Zuständig waren für die Kriegsgefangenen Militär-, für die deutschen Frauen Zivilgerichte. Sexuelle Kontakte oder auch die Zeugung von Kindern konnten strafverschärfend wirken. Im zweiten Teil ihres Beitrages widmet sich Cicottini dem Schicksal der unerwünschten Kinder während des Krieges und nach 1945.

Camille Fauroux beleuchtet in ihrem ebenfalls auf ihrer Dissertation basierenden Text ein bislang in Deutschland wie auch in Frankreich kaum erforschtes Thema: den „vergessenen" Umgang zwischen französischen Zivilarbeiterinnen und französischen Kriegsgefangenen. Sie zeigt, dass die rund 80 000 französischen Frauen, die zumeist auf freiwilliger Basis[6] nach Deutschland gegangen waren, von den französischen Gefangenen als unmoralische Kollaborateurinnen verachtet wurden. Fauroux macht deutlich, dass die kollektive negative Einschätzung dieser Frauen in Frankreich auf Studien beruht, die vor allem auf Erinnerungsberichten und Interviews mit ehemaligen französischen Kriegsgefangenen basieren. Durch die qualitative Analyse von Berliner Gerichtsakten[7] kommt Fauroux zu einem differenzierten Bild der „gemeinsamen Zwangslagen". Zudem kann sie freundschaftliche und Liebesbeziehungen zwischen französischen Gefangenen und Zivilarbeiterinnen sowie unterschiedliche Solidaritäts- und Hilfsbeziehungen bis zu konspirativen Fluchthilfenetzwerken nachweisen.

Auf den Aspekt der Fluchthilfe geht *Thomas Irmer* in seinem Beitrag ein und nimmt ebenfalls die verbotenen Kontakte zwischen französischen Kriegsgefangenen und französischen Zivilarbeiterinnen sowie Zivilarbeitern in den Blick. Auch er schöpft aus dem großen Quellenfundus der Berliner Akten des Amts- und Landgerichts und beleuchtet zudem die Rolle der Kommandantur des Stalag III D bei der Verfolgung des verbotenen Umgangs. Die geschlechterspezifische Betrachtung ermöglicht hier vergleichende Erkenntnisse zu Alter, Beruf und Familienstand der Zivilarbeiter:innen. Als Hauptantrieb der Kontaktaufnahme zu den Kriegsgefangenen schildert Irmer die Unterstützung insbesondere bei der Fluchtvorbereitung mit unterschiedlichem Hintergrund: familiäre Verbindungen oder gemeinsame Herkunft, aber auch finanzielle Interessen (Fälschung/Verkauf von Papieren) spielten dabei eine Rolle.

Das „Delikt" verbotener Umgang

Fünf Monate nach dem deutschen Überfall auf Polen bzw. dem Beginn des Zweiten Weltkriegs 1939 wurden auf dem Gebiet des Deutschen Reiches soziale Kontakte zwischen Deutschen und Pol:innen verboten.[8] Besondere Aufmerksamkeit der verfolgenden Behörden galt dabei den Kontakten deutscher Frauen mit

---

6   Ende 1942 verlängerte der deutsche Staat die Arbeitsverträge einseitig bis Kriegsende, dadurch konnten die Französinnen nicht nach Frankreich zurückkehren; vgl. den Beitrag von Camille Fauroux in diesem Band.
7   Akten des Berliner Amts- und Landgerichts.
8   Die sogenannten März- oder auch Polen-Erlasse: Betrifft: Behandlung Zivilarbeiter und -arbeiterinnen polnischen Volkstums im Reich vom 8. März 1940, mit Erläuterungen, abgedruckt in: Documenta Occupationis, Bd. IX, S. 21 f.

polnischen Männern, vor allem sexuellen Kontakten und Liebesbeziehungen: Der „unerlaubte Geschlechtsverkehr"[9] wurde als Verbrechen eingestuft und mit der Todesstrafe bedroht. Das Verbot war neu, aber es war nicht ohne Vorläufer. Bereits seit 1939 galt die „Verordnung zum Schutze der deutschen Wehrkraft", die in Paragraf 4 den Umgang mit Kriegsgefangenen verbot.[10] Auch hier waren, ohne dass dies in den Formulierungen eigens hervorgehoben wurde, intime Kontakte deutscher Frauen mit Kriegsgefangenen mitgemeint. Da polnische Kriegsgefangene in der Regel in den Zivilstatus überführt wurden, ahndete die deutsche Justiz Kontakte mit polnischen Personen nach den Erlassen für Zivilarbeiter:innen. Im Verlauf des Krieges fielen dann explizit auch die Kontakte mit sowjetischen Zwangsarbeiter:innen unter das Umgangsverbot.[11]

Verbotener Umgang: Fraternisierungsverbot und rassistische Abgrenzung

Grundsätzlich können zwei Motive zur Begründung der Kontaktverbote unterschieden werden. Diese werden aus dem Kontext der Verbote deutlich, etwa der Verfolgung, die oft auf Denunziation beruhte, sowie den Formen der Bestrafung der Beteiligten. Zum einen beruhten die Kontaktverbote zunächst auf einem Fraternisierungsverbot mit dem militärischen Feind. Im Zusammenhang mit diesem Motiv wurde sexuelles Fehlverhalten, insbesondere von Frauen, als „ehrlos" und „Schande" bezeichnet. Zum anderen wurden die Kontaktverbote auch offen rassistisch begründet und bei deren Verfolgung an den Begriff der Rassenschande angeknüpft, der seit den 1935 verabschiedeten „Gesetzen zum Schutz des deutschen Blutes und der deutschen Ehre" sexuelle Kontakte von Deutschen mit Juden und Jüdinnen als Straftat festschrieb. Die Bestimmungen der „Nürnberger Gesetze" dienten damit als Modell für die rassistische Ausgrenzung weiterer Personen, die aus der deutschen Volksgemeinschaft herausdefiniert wurden oder anderen Nationalitäten angehörten, wie *Alexander Schmidt* in seinem Beitrag ausführt. Die den „Nürnberger Rassegesetzen" zugrunde liegende Vorstellung einer „Rasseeinheit" prägte bereits seit dem 19. Jahrhundert deutsche Debatten – in den Gesetzen wurde, so Schmidt, diese „Rasseeinheit" als „Reinheit des Blutes" ausbuchstabiert (bzw.

---

9 Allgemeine Erlaßsammlung des RSHA, 2 A III, zit. nach Diemut Majer, „Fremdvölkische" im Dritten Reich, Boppard a. R. 1993, S. 673.
10 Reichsgesetzblatt (RGBl.) 1939 I, Nr. 238, S. 2319.
11 Runderlaß des Reichsführers SS und Chefs der Deutschen Polizei vom 20. Februar 1942, Einsatz von Arbeitskräften aus dem Osten, abgedruckt in: Der Prozeß gegen die Hauptkriegsverbrecher vor dem Internationalen Militärgerichtshof Nürnberg (IMT), 14. November 1945–1. Oktober 1946, Bd. 32, Nürnberg 1948, S. 500–512.

fantasiert). Für die Formulierung der Verbote und die Praxis der Verfolgung war die mangelnde Logik der NS-Rassenideologie offensichtlich zweitrangig.[12] In der Rassenhierarchie des Nationalsozialismus galten Pol:innen und andere Osteuropäer:innen, insbesondere aber die Sowjetbürger:innen als „rassisch" minderwertig. Schmidt zeigt, wie in der NS-Propaganda der verbotene Umgang mit polnischen Zwangsarbeiter:innen schließlich mit der „Rassenschande" gleichgesetzt wurde.

Kontinuität rassistischer Kontaktverbote

Der rassistische Grundton, der der Kommentierung und Verfolgung von Beziehungen Deutscher mit Menschen anderer Nationalitäten, Hautfarben, Religionen etc. zugrunde lag, stand in der Kontinuität kolonialer Sichtweisen, die beispielsweise schon während der Rheinlandbesetzung 1936 von der deutschen politischen Rechten im Hinblick auf schwarze französische Besatzungssoldaten vertreten und propagandistisch ausgeschlachtet wurden.[13]

Als eine weitere Kontinuitätslinie dieser grundsätzlichen Abwehr der „Fremden" können koloniale und andere Eheverbote sowie generell behördliche Hindernisse für Beziehungen zwischen Deutschen und Ausländer:innen gelten. *Christoph Lorke* findet im Rahmen seiner Analyse des Zusammenhangs von Eheverboten mit den nationalsozialistischen Umgangsverboten bereits in einer Quelle aus dem Jahr 1912 den Begriff der „Rassenschande". Er konstatiert eine historische Kontinuität der behördlichen Initiativen, als „unerwünscht" geltende Beziehungen zu verhindern. Die staatlichen Maßnahmen gipfelten nicht allein in dem Versuch, sämtliche sozialen Beziehungen zwischen Deutschen und ausländischen Zwangsarbeitenden zu blockieren. Lorke weist – letztlich nicht verwirklichte – Pläne zu Beginn der 1940er-Jahre nach, Ehen mit Ausländern generell zu verbieten, mit dem Ziel, die Homogenität und Reproduktion einer „rassereinen" Volksgemeinschaft zu fördern. Seit dem Ende des 19. Jahrhunderts gab es behördliche Pläne für Eheverbote und Kontaktverhinderungen, wie Lorke belegt. Als prägend arbeitet er geschlechterstereotype Sichtweisen des Staates im Hinblick auf „weibliche Grenzüberschreitungen" heraus, tradierte misogyne Zuschreibungen, die sich in Fällen des verbotenen Umgangs wiederholen.

---

12 Vgl. Majer, „Fremdvölkische" im Dritten Reich, S. 427 ff.
13 Vgl. Sandra Maß, Das Trauma des weißen Mannes. Afrikanische Kolonialsoldaten in propagandistischen Texten 1914–1923, in: L'Homme. Zeitschrift für feministische Geschichtswissenschaft 12 (2001) 1, S. 11–33.

Die Umgangsverbote mit Kriegsgefangenen und Zwangsarbeiter:innen in Deutschland im Zweiten Weltkrieg beruhten demnach nicht allein auf der spezifischen nationalsozialistischen Rassenhierarchie. Vielmehr basierten sie auf einem historisch weiter zurückreichenden, gesellschaftlich diffundierten und, so ist anzunehmen, im Alltagsverständnis der breiten Bevölkerung durchaus verbreiteten Wissen darüber, was als angemessene bzw. unangemessene Beziehung zwischen Deutschen und Ausländer:innen zu gelten hatte.

Sexualisierte Wahrnehmung und geschlechtsspezifische Verfolgung

All dies führte dazu, dass zwar laut Verordnungstext jegliche sozialen Kontakte zwischen Deutschen und Kriegsgefangenen und Zwangsarbeiter:innen verboten waren, dass dabei aber besonders sexuelle Kontakte – oder genauer, Kontakte, die sexualisiert wahrgenommen wurden – verfolgt wurden und hierbei insbesondere das Fehlverhalten deutscher Frauen als verwerflich galt.[14] In den rekonstruierten Fällen fällt auf, dass sich die Verfolger – Angehörige von Partei oder Polizei oder auch denunzierende „Volksgenoss:innen" – mit ihrem Vokabular aus diesem Pool der Rassismus-Traditionen und Geschlechterstereotype bedienten, ohne immer die gesetzeskonform korrekten Begriffe zu benutzen. So wurden Frauen, die wegen ihrer vermeintlichen oder tatsächlichen sexuellen Beziehungen zu Kriegsgefangenen oder Zwangsarbeitern an den Pranger gestellt wurden, der „Rassenschande" bezichtigt,[15] in den Zugangslisten der Konzentrationslager wurde dann aber präzise „Verkehr mit" je nach Fall z. B. Polen, Tschechen oder Ukrainern als Haftgrund angegeben.[16]

Bestehende Vorstellungen über angemessenes Verhalten gegenüber als „minderwertig" gekennzeichneten ausländischen Personen, insbesondere das für den Erhalt der „Volksgemeinschaft" als besonders wichtig erachtete Verhalten von

---

14 Gisela Schwarze, Es war wie Hexenjagd … Die vergessene Verfolgung ganz normaler Frauen im Zweiten Weltkrieg, 2. durchges. Aufl., Münster 2008.
15 Vgl. den Beitrag von Alexander Schmidt in diesem Band. Zum Begriff der „Rassenschande" vgl. auch Alexandra Przyrembel, „Rassenschande". Reinheitsmythos und Vernichtungslegitimation im Nationalsozialismus, Göttingen 2003. Przyrembel hat in Bezug auf das „Blutschutzgesetz" darauf verwiesen, dass das Rasse- und Siedlungshauptamt die Begrenzung der „Rassenschande" auf Kontakte mit Juden und Jüdinnen kritisiert habe, ebenda S. 135, Fn. 28.
16 Insa Eschebach, „Verkehr mit Fremdvölkischen". Die Haftgruppe der wegen „verbotenen Umgangs" im KZ Ravensbrück inhaftierten Frauen, in: dies. (Hrsg.), Das Frauen-Konzentrationslager Ravensbrück. Neue Beiträge zur Geschichte und Nachgeschichte (Forschungsbeiträge und Materialien der Stiftung Brandenburgische Gedenkstätten, Bd. 12), Berlin 2014, S. 154–171, hier S. 154.

Mädchen und Frauen, wurden im Rahmen der NS-Herrschaftspraxis aufgegriffen, verstärkt und in der Verfolgung des verbotenen Umgangs durch sexualisierte Deutungen des Geschehens zugespitzt. Die vermeintliche „rassische" Bedrohung der Deutschen durch die Zwangsarbeiter:innen führte damit zu Segregation auch in Form der Kontaktverbote, die die gesellschaftliche und politische Ordnung im NS-Deutschland stützen und aufrechterhalten sollten. Sie weisen strukturelle Ähnlichkeiten mit der rassistischen Ordnung der Besatzungsherrschaft in Osteuropa und kolonialen Praktiken der Unterdrückung und Ausbeutung auf, wie *Silke Schneider* in ihrem Beitrag darlegt. Die sexualisierte Wahrnehmung des Umgangs von Deutschen, insbesondere deutschen Frauen, mit ausländischen Zivilarbeiter:innen ist untrennbar mit den Vorstellungen vermeintlicher „rassischer" Überlegenheit verbunden. Die Bewahrung dieser Überlegenheit war politisches Ziel, ihre Bedrohung rechtfertigte Verbot und Verfolgung der Kontakte mit Kriegsgefangenen und Zwangsarbeiter:innen. Die große Bandbreite der sozialen Beziehungsformen und die unterschiedlichen möglichen Motivationen dieser sozialen Kontakte sowie zugrunde liegende Gewaltverhältnisse sollten in der Forschung nicht aus dem Blick geraten.

Haftorte

Die Durchsetzung rassistischer Kontaktverbote war ein weitverbreitetes Phänomen, das zur Verhaftung von Tausenden von Menschen führte und Hunderten von ihnen das Leben kostete. Insofern handelt es sich hier um einen Teil der Gesellschaftsgeschichte NS-Deutschlands. Deutlich wird das auch, wenn man im Rahmen von Mikrostudien die Haftorte der Betroffenen näher in den Blick nimmt. Der vorliegende Band versammelt fünf Beiträge, die verschiedenen Haftstätten gewidmet sind: Hier geht es um Arbeitserziehungslager, Konzentrationslager, Gefängnisse und Zuchthäuser an verschiedenen Orten des Deutschen Reichs.

Unter den Haftstätten war das SS-Sonderlager Hinzert mit seiner Anfang 1943 eingerichteten Abteilung für „Eindeutschungshäftlinge" zweifelsohne singulär. *Lena Haase* und *Beate Welter* beschreiben in ihrem Beitrag, wie des Umgangs bezichtigte Polen, die einen „nordischen Rasseeinschlag" aufwiesen, für sechs Monate in Hinzert inhaftiert werden konnten. Dort wurden sie „rassisch" und charakterlich begutachtet und auch ihre Familien einer sogenannten Sippenüberprüfung unterzogen. Erwiesen sich die Betroffenen nicht als „eindeutschungsfähig", wurden sie in der Regel in ein Konzentrationslager rücküberstellt, wo ihnen die „Sonderbehandlung", die Hinrichtung durch den Strick, drohte.

Uta Gerlant schildert in ihrem Beitrag die Durchsetzung rassistischer Kontaktverbote in der Stadt Potsdam: Hier wurden wegen „GV-Verbrechen" verfolgte ehemalige polnische Kriegsgefangene im Polizeigefängnis Priesterstraße inhaftiert, während die betroffenen deutschen Frauen in das Amtsgerichts- und Landgerichts-Gefängnis in der Lindenstraße eingeliefert wurden, in dessen Vorderhaus seit 1934 auch das Erbgesundheitsgericht zusammentrat. Anhand von Fallstudien beschreibt Gerlant die Schicksale einiger Angeklagter und diskutiert das Phänomen der Denunziation, die am Anfang eines jeden Verfolgungsweges stand. Nicht zuletzt weist sie darauf hin, dass ein eklatantes Ungleichgewicht bestand zwischen deutschen Männern und Frauen, die Beziehungen zu Ausländer:innen unterhielten: Während die deutschen Frauen zu Tausenden strafverfolgt wurden, gerieten die deutschen Männer eher selten ins Visier der Behörden: Einen solchen Fall schildert *Harry Stein* in seinem Beitrag zu Buchenwald.

Deutsche Frauen, die wegen des verbotenen Umgangs im „Arbeitserziehungslager" (AEL) Breitenau einsaßen, thematisiert *Anne Katrin Düben*. Im ehemaligen Kloster, der späteren Arbeitsanstalt Breitenau bei Kassel, war im Mai 1940 ein AEL für Frauen eingerichtet worden, eine Institution, die auch der Disziplinierung von auffällig gewordenen ausländischen Zwangsarbeiterinnen diente. Die Fälle, in denen man deutsche Frauen des Umgangs mit Kriegsgefangenen bezichtigte, wurden vor Sondergerichten verhandelt – in der Regel mit dem Ergebnis, dass die Betroffenen zur Strafverbüßung in Gefängnisse oder Zuchthäuser, wie beispielsweise Ziegenhain, überstellt wurden. In das Frauen-Konzentrationslager Ravensbrück wurden hingegen all jene deportiert, die gegen das in den Polen- und Ostarbeiter-Erlassen festgeschriebene Kontaktverbot verstoßen hatten. Neben einigen Fallbeispielen skizziert Düben nicht zuletzt die Bemühungen der Betroffenen um Anerkennung und Entschädigung nach 1945, die aber nur in Ausnahmefällen zum Erfolg führten.

Um das Konzentrationslager Flossenbürg geht es im Beitrag von *Christa Schikorra*. Unter den insgesamt etwa 92 000 Gefangenen finden sich nach aktuellem Stand der Forschung nur 22 Namen, die Rückschlüsse auf den verbotenen Umgang als Haftgrund zulassen. Schikorra argumentiert, dass die KZ-Haft ursprünglich nicht für die Betroffenen vorgesehen war, dass aber seit dem Frühjahr 1943 rassistische Verfolgungsmotive den ökonomischen Interessen nachgeordnet wurden. Infolgedessen seien spätestens ab 1943 die wegen Umgangs kriminalisierten Zwangsarbeiter auch zunehmend „zum Arbeitseinsatz" in die Konzentrationslager eingeliefert worden. Gezielte Exekutionen von Zwangsarbeitern haben seit dieser Zeit abgenommen. Auch Schikorra argumentiert geschlechterhistorisch, wenn sie darauf verweist, dass in verbotenen Beziehungen die Zwangsarbeiter in der Regel männlich, die beteiligten Deutschen zumeist Frauen gewesen seien.

Fakt ist, dass sowohl aus Breitenau als auch aus Potsdam zahllose Männer wegen verbotenen Umgangs in das KZ Buchenwald überstellt worden sind. Vermutlich gehörten sie zu den etwa 400 Polen, die, wie *Harry Stein* schreibt, wegen des Umgangsdeliktes aus allen Teilen des Deutschen Reiches nach Buchenwald eingeliefert wurden. Mit der Eröffnung eines Arbeitserziehungslagers im KZ Buchenwald im April 1941 sei auch in der Region die Schwelle, Zwangsarbeiter bei der Gestapo anzuzeigen, denkbar niedrig geworden, eine Option, von der Hunderte, vor allem Bauern, Gebrauch gemacht hätten. Die meisten Häftlinge im AEL, die schwere Arbeit u. a. im Steinbruch leisten mussten, wurden nach acht Wochen wieder an ihre frühere Arbeitseinsatzstelle entlassen – nicht hingegen die wegen des Umgangsdeliktes inhaftierten Polen. Nach Ablauf der Frist wurden sie in „Schutzhaft" genommen und verblieben im Lager.

Wie Flossenbürg war auch Buchenwald ein Hinrichtungsort. In den Jahren 1940 bis 1942 sind immer wieder polnische Häftlinge gehängt worden, die Mehrheit gehörte zur Gruppe der wegen verbotenen Umgangs verfolgten Männer. Die zur „Sonderbehandlung" bestimmten Häftlinge wurden aber auch in aller Öffentlichkeit ermordet – zur Abschreckung bzw. im Rahmen sogenannter Sühnemaßnahmen. Buchenwald stellte, wie Stein schreibt, für diesen Zweck mit einem transportablen Galgen die Mordtechnik und die Henker.

Das Frauen-Konzentrationslager Ravensbrück

Im System der nationalsozialistischen Konzentrationslager war hinsichtlich des Umgangsdeliktes das Frauen-Konzentrationslager Ravensbrück von zentraler Bedeutung.[17] Dort waren etwa 3500 Frauen wegen „Verkehrs mit Fremdvölkischen" inhaftiert.

Auf den Zugangslisten erscheint die Deliktbezeichnung „Verk. m. Polen" zum ersten Mal am 31. August 1940. Ab Anfang 1942 nahm die Angabe des Haftgrundes „Verkehr mit ..." deutlich zu.[18] Im Frühjahr 1942 wurde fast jede sechste Frau aus diesem Grund in Ravensbrück unter „Zugang" registriert. In

---

17 Vgl. dazu ausführlich: Eschebach, „Verkehr mit Fremdvölkischen", S. 154–173.
18 Vgl. Bernhard Strebel, Das KZ Ravensbrück. Geschichte eines Lagerkomplexes, Paderborn 2003, S. 117 ff.

80 Prozent der Fälle lautete der Vorwurf, sie hätten Beziehungen zu polnischen Männern unterhalten. Weitere Nationalitäten waren in der Reihenfolge ihrer Häufigkeit: Russen, Ukrainer, Tschechen, Weißrussen, Franzosen, Serben und Chinesen.[19] Neben der großen Gruppe der deutschen Frauen gab es auch eine noch unbekannte Zahl polnischer Frauen, die wegen eines Verhältnisses zu einem deutschen Mann nach Ravensbrück deportiert worden waren. Über diese Gruppe von Frauen, die auch im polnischen Ravensbrück-Gedächtnis so gut wie nicht existent ist, ist bislang kaum etwas bekannt.

Die betroffenen Frauen waren in Ravensbrück mit erneuten Akten der Diskriminierung und Demütigung konfrontiert. Beispielsweise wurden ihnen nicht nur bei der Ankunft, sondern alle drei Monate die Haare vom Kopf rasiert – eine Maßnahme, die eindeutig als Bestrafung und Stigmatisierung intendiert war. Eine zweite Besonderheit für die wegen „Verkehrs" inhaftierten Frauen war die Prügelstrafe. In einer eidesstattlichen Erklärung des Lagerarztes Dr. Schiedlausky vom 4. März 1947 heißt es, es habe in Ravensbrück „Strafen bis zu 3 mal 25 Stockhieben [gegeben], die bei deutschen Frauen wegen besonders schwerer Vergehen mit Ausländern angeordnet wurden".[20]

Ein dritter Punkt betrifft die Abtreibungen, die in den Fällen, in denen den NS-Behörden der „fremdvölkische" Partner nicht „eindeutschungsfähig" erschien, in Ravensbrück an den Frauen vorgenommen wurden. Zu diesem Punkt äußerte sich Schiedlausky am 22. November 1946 im Rahmen der Nürnberger Prozesse: „Abtreibungen wurden auf höherem Befehl an schwachsinnigen deutschen Mädchen vorgenommen, die intime Beziehungen zu solchen nichteindeutschungsfähigen Polen gehabt haben und die nicht ohne Folge geblieben waren. [...] Normalerweise wurden diese Abtreibungen zwischen dem dritten und fünften Monat vorgenommen, aber in einzelnen Fällen auch später bis zum achten Monat. Für jeden Einzelfall erhielt ich ein Fernschreiben des RSHA mit dem Namen des Mädchens und mußte nach vollzogener Operation, nach der Unterbrechung der Schwangerschaft, Vollzug melden."[21]

Ein viertes Charakteristikum der Gruppe war die Missachtung, die sie von ihren Mitgefangenen erfuhren. Dazu beigetragen haben mag der Umstand, dass sie, wie die aus politischen Gründen inhaftierten Frauen, mit dem roten Winkel gekennzeichnet waren. Diejenigen aber, die aufgrund ihres politisch

---

19 Vgl. ebenda., S. 120.
20 Eidesstattliche Erklärung Dr. Schiedlausky, gegeben in Dachau am 4. März 1947, Archiv der Mahn- und Gedenkstätte Ravensbrück/Stiftung Brandenburgische Gedenkstätten (MGR/SBG), Bestand Buchmann, Bd. 44 Bericht 1052.
21 Aussage von Dr. Gerhard Schiedlausky, 22. Oktober 1946, The National Archives, Kew, WO 235/309.

begründeten Widerstandes gegen das NS-Regime inhaftiert waren, wollten sich nicht gemein machen mit jenen, die aufgrund der Beziehung zu einem Ausländer nach Ravensbrück überstellt worden waren. Unter den Extrembedingungen des Lebens in einem Konzentrationslager – und das heißt auch: unter den Bedingungen einer erzwungenen Uniformierung – scheint der Wunsch nach Distinktion, nach Ausweis der eigenen Überlegenheit und Intaktheit für viele Häftlinge besonders wichtig gewesen zu sein. Unter dem Druck des Lagerlebens zogen sehr viele Gefangene scharfe Trennungslinien zwischen der eigenen Gruppe und den verachtungswürdigen und deshalb auszuschließenden Anderen. Um die eigentlich „Politischen" auch sprachlich von den wegen Verkehrs inhaftierten Frauen zu trennen, wurden Letztere in Ravensbrück auch als „Bettpolitische" bezeichnet und diffamiert.

Der Haftgrund „Verkehr mit Fremdvölkischen" war und blieb mit dem Ruch verbotener Sexualität und auf diese Weise mit dem Stigma des Asozialen verknüpft. Das bedeutet, dass die nationalsozialistische Diffamierungskampagne gegen die betroffenen Frauen auch in Ravensbrück noch fortgesetzt wurde. Einen geringen Vorteil erfuhr diese Häftlingsgruppe einzig durch die befristete Dauer der Haft: Viele der wegen Verkehrs inhaftierten Frauen wurden spätestens nach eineinhalb Jahren entlassen. Andere ertrugen die schweren Haftbedingungen gerade in der Endphase des Lagers nicht und kamen ums Leben.

Die Fotografien öffentlicher Demütigung

Die papierene Spur, die die Strafverfolgung wegen „Verbotenen Umgangs" hinterlassen hat, dokumentiert in erster Linie die Perspektive der Täter bzw. der sogenannten Volksgemeinschaft und ihrer Institutionen. Vergleichsweise selten sind Äußerungen der Betroffenen überliefert, seien es Sätze in polizeilich protokollierten Vernehmungen oder Dokumente, die sich aus Beweisgründen in den Akten befinden wie beispielsweise der Liebesbrief der jungen polnischen Hilfsarbeiterin Maria C., den sie an ihren französischen Partner richtete. *Katarzyna Woniak* schildert in ihrem Beitrag diesen traurigen Fall, der mit dem Selbstmord der wegen „Verkehrs" beschuldigten Maria C. endete.

Die strukturelle Asymmetrie der Quellen wird durch die zahlreich erhaltenen Fotografien der öffentlichen Demütigungen jener Frauen, die des „Verkehrs mit Fremdvölkischen" bezichtigt wurden, gleichsam ins Bild gesetzt.[22]

---

22 Vgl. u. a. Klaus Hesse/Philipp Springer, Vor aller Augen. Fotodokumente des nationalsozialistischen Terrors in der Provinz, Essen 2002.

Den Frauen, denen auf den Marktplätzen zumeist ländlicher Städte ein Schild umgehängt und die Haare vom Kopf rasiert wurden, ist der Subjektstatus genommen – sie werden als sprachlose Objekte präsentiert, an denen etwas vollzogen wird. *Sebastian Schönemann*, der der „fotografischen Inszenierung" dieser Akte einen Beitrag gewidmet hat, spricht zutreffend von einem „Schauspiel der Gewalt": In den Akten öffentlicher Demütigung wird der Ausschluss „anormaler Individuen" demonstriert, um auf diese Weise eine Unterscheidung zwischen „denen" und „uns" – den Zuschauer:innen – herzustellen. Die Anprangerung dient der Versicherung eigener moralischer Überlegenheit und bestätigt die Gruppenidentität derer, die sich der Volksgemeinschaft zugehörig fühlen.

Die Frage ist, welche Funktion dem Fotografieren dieser Akte zukam. Was bedeutete es damals, das „Leiden anderer" zu betrachten und abzubilden, und was bedeutet es heute? Susan Sontag, die zwei wesentliche Bücher zu diesem Thema verfasst hat, weist darauf hin, dass Martern in der Kunstgeschichte immer wieder als Spektakel dargestellt wurden, „bei dem andere Leute zuschauen (oder wegschauen)".[23] Der Blick auf die gedemütigten Subjekte, der durch die Kamera gleichsam fixiert und für die Ewigkeit festgehalten werden soll, begründet eine Art Komplizenschaft: Fotografieren sei, so Sontag, „ein Akt der Zustimmung": „Menschen fotografieren heißt ihnen Gewalt antun, indem man sie so sieht, wie sie selbst sich niemals sehen, indem man etwas von ihnen erfährt, was sie selbst nie erfahren; es verwandelt Menschen in Objekte, die man symbolisch besitzen kann."[24]

Dieses Machtgefälle zwischen dem Fotografen und seinem Objekt wird manifest durch die Kamera, die in „fast unwiderstehlicher Gleichsetzung" stets erneut an eine Schusswaffe erinnert: Die Rede vom Bilder-Schießen, vom Schnappschuss usw. verweist darauf. Die Autorität des Fotografen über das Geschehen verstärkt sich noch einmal durch den Umstand, dass er selbst nicht auf den Bildern zu sehen ist, die er erzeugt. Die Fotografie verführt, weil man fälschlicherweise geneigt ist, sie für ein unmittelbares Abbild der Realität zu halten. Neben Sontag und anderen hat aber nicht zuletzt auch Pierre Bourdieu darauf hingewiesen, dass Fotografien stets Ausdruck und Symptom sozialer Beziehungen sind und auf Darstellungskonventionen beruhen. Fotografie nehme stets, so Bourdieu, „eine Auswahl im und am Sichtbaren" vor.[25]

---

23 Susan Sontag, Das Leiden anderer betrachten, Frankfurt a. M. 2005, S. 51
24 Susan Sontag, Über Fotografie, Frankfurt a. M. 1980, S. 20.
25 Pierre Bourdieu, zit. nach Peter Geimer, Theorien der Fotografie zur Einführung, Hamburg 2009, S. 72 ff.

Hohenleuben, Juli 1941, unbekannter Fotograf
Sammlung Gedenkstätte Buchenwald/courtesy of Dr. Ernst Woll

Umso bemerkenswerter ist eine der Aufnahmen aus der Serie, die im Juli 1941 im thüringischen Hohenleuben entstanden ist. *Harry Stein* schildert in seinem Beitrag die Geschichte der fünf dienstverpflichteten deutschen Frauen, denen wegen ihrer Beziehungen zu sechs polnischen Männern gemeinsam öffentlich die Haare abgeschnitten worden sind; mindestens zwei Fotografen haben diesen Akt abgelichtet. Auf einer der insgesamt sieben überlieferten Aufnahmen ist ein Fotograf bei seiner Arbeit zu sehen. Die Szene, offenbar aus einem Dachfenster aufgenommen, zeigt ihn in bildgerechtem Abstand vor der Bühne kniend, auf der drei der Frauen soeben die Haare abgeschnitten wurden; die Haarbüschel liegen noch neben den Stühlen. Deutlich wird hier die Komplizenschaft, die zwischen den Akteuren, den Zuschauer:innen und dem Fotografen besteht.

Strukturell vergleichbar sind diese Fotografien mit den Aufnahmen schwarzer Lynchopfer, die in den Jahren 1890 bis 1930 in amerikanischen Kleinstädten entstanden sind: „Die Schamlosigkeit, mit der sie [die Gehängten] fotografiert wurden, ist selbst Teil dieser Schandtaten", wie Sontag bemerkt. Diese Fotografien wurden damals in den USA als Postkarten verwendet und dienten als Souvenirs.[26] Mit den hier diskutierten deutschen Fotoserien haben sie gemein, dass die Bilder auf Affirmation, auf Applaus und Zustimmung hin angelegt sind. Vor diesem Hintergrund stellt sich die Frage, ob wir uns, indem wir die Fotografien betrachten, nicht unweigerlich in die Gruppe der Akteur:innen und der Zuschauer:innen einreihen, die ihren Blick auf die Gedemütigten richten. Die Fotografie will das Geschehene fixieren und auf ewig festhalten. Und verstärkt nicht jeder erneute Gebrauch der Bilder diese Intention einer nun auf Dauer gestellten Anprangerung?

Schönemann ist seinem Beitrag u. a. der Frage nachgegangen, in welchen Kontexten die Fotografien der öffentlichen Demütigung von Martha Vollrath in Altenburg im Februar 1941 erneut Verwendung fanden. Er kommt zu dem Schluss, dass die Aufnahmen heute – gewissermaßen als Symbolbilder – vor allem „der Darstellung des nationalsozialistischen Terrors" dienen. Die Bilder sprechen, so noch einmal Susan Sontag, „von menschlicher Bosheit. Sie zwingen uns, über das Ausmaß an Bösartigkeit nachzudenken."[27] Heute gilt es, dem Antrag auf Komplizenschaft dieser Bilder etwas entgegenzusetzen. Als historische Dokumente sind sie Lehrstücke, die zeigen, zu welch enthumanisierenden Praktiken die nationalsozialistische Gesellschaft fähig war. Die Bilder fordern heute dazu auf, Aufmerksamkeit zu entwickeln für neue und aktuelle Formen der Demütigung und Ausgrenzung – wie sie beispielsweise in den sozialen Medien anzutreffen sind.

Forschungen zum verbotenen Umgang

Die Studien zur Kriminalisierung und Verfolgung des sozialen Umgangs von Deutschen mit Kriegsgefangenen und ausländischen Zwangsarbeiter:innen lassen sich grob drei jeweils umfassenderen Feldern der NS-Forschung zuordnen, wobei es durchaus Überschneidungen der Perspektiven gibt. Erstens sind sie Teil der Studien zur Zwangsarbeit allgemein, zweitens der geschlechterhistorischer Forschungen und drittens Gegenstand regionalhistorischer Untersuchungen.

26 Sontag, Das Leiden anderer betrachten, S. 106.
27 Ebenda.

Im Zusammenhang mit der Grundlagenforschung zum Einsatz der Zwangsarbeiter:innen und dem System der Zwangsarbeit ist der verbotene Umgang als Teilaspekt schon früh in den Blick geraten, beginnend mit der grundlegenden Studie von Ulrich Herbert „Fremdarbeiter" aus dem Jahr 1985. Auf der Basis seiner Arbeit wurde der verbotene Umgang früh als „Massendelikt"[28] bezeichnet und auch auf die geschlechtsspezifische Verfolgungspraxis insbesondere der intimen Kontakte zwischen Deutschen und ausländischen Zwangsarbeiter:innen hingewiesen.[29]

Geschlechtergeschichte und Rassenpolitik

Im Rahmen der Forschungen zur nationalsozialistischen Rassenpolitik und zur Geschlechterpolitik und -geschichte des Nationalsozialismus[30] wird der verbotene Umgang meist anhand ausgewählter Fälle bzw. Fallgeschichten rekonstruiert und dabei in unterschiedlichem Maße vor dem Hintergrund weiterführender Fragestellungen reflektiert. Die geschlechterhistorische Perspektive auf den verbotenen Umgang beginnt mit den Arbeiten von Birthe Kundrus in den 1990er-Jahren.[31] Anknüpfend an diese Arbeiten sind Studien mit unterschiedlichen Schwerpunkten entstanden. Silke Schneider hat in ihrer 2010 erschienenen Studie gesellschaftliche, rechtliche und rassenpolitische Ordnungsvorstellungen, die den Umgangsverboten zugrunde liegen, sowie deren Auswirkungen in der nationalsozialistischen Verfolgungspraxis rekonstruiert und analysiert.[32] Gisela Schwarze hat die geschlechtsspezifische Verfolgung und Ausgrenzung im Nationalsozialismus und deren Folgen in der

---

28 Herbert, Fremdarbeiter, S. 122 ff.
29 Ebenda, S. 125.
30 Die Forschungen zur Geschlechtergeschichte des Nationalsozialismus beginnen in den 1970er-Jahren, vgl. etwa Maria-Antonietta Macciocchi, Female Sexuality in Fascist Ideology, in: Feminist Review 1 (1979), S. 67–82; zusammenfassender Überblick z. B. bei Klaus Latzel/Elissa Mailänder/Franka Maubach, Geschlechterbeziehungen und „Volksgemeinschaft". Zur Einführung, in: dies. (Hrsg.), Geschlechterbeziehungen und „Volksgemeinschaft" (Beiträge zur Geschichte des Nationalsozialismus, Bd. 34), Göttingen 2018, S. 9–26.
31 Birthe Kundrus, Forbidden Company: Romantic Relationships between Germans and Foreigners, 1939–1945, in: Journal of the History of Sexuality 11 (2002) 1–2, S. 201–222; dies., „Verbotener Umgang". Liebesbeziehungen zwischen Ausländern und Deutschen 1939–1945, in: Katharina Hoffmann/Andreas Lembeck (Hrsg.), Nationalsozialismus und Zwangsarbeit in der Region Oldenburg, Oldenburg 1999, S. 149–170.
32 Silke Schneider, Verbotener Umgang. Ausländer und Deutsche im Nationalsozialismus. Diskurse um Sexualität, Moral, Wissen und Strafe, Baden-Baden 2010.

Nachkriegszeit im Münsterland recherchiert und dokumentiert.[33] Anhand persönlicher Zeugnisse ist Cornelie Usborne exemplarisch dem Charakter der Liebesbeziehung nachgegangen.[34] Den Zusammenhang von Liebesbeziehungen deutscher Frauen mit französischen Kriegsgefangenen mit Aspekten der Kollaboration hat Raffael Scheck in seinen Arbeiten untersucht.[35] Zum Thema der im KZ Ravensbrück wegen „Verkehrs mit Fremdvölkischen" inhaftierten Frauen hat Insa Eschebach 2014 einen Beitrag veröffentlicht.[36] Die Arbeiten von Katarzyna Woniak, Camille Fauroux, Gwendoline Cicottini, Thomas Irmer sowie Michael Gander/Sebastian Bondzio in diesem Band greifen geschlechterhistorische Fragestellungen anhand regionaler Gerichts- und Gestapoakten auf und weiten damit bestehende Forschungen im Hinblick auf eine intersektionale Betrachtung aus.

In jüngster Zeit hat sich der Blick auf die Kriminalisierung des Umgangs ein weiteres Mal erweitert: Auch homosexuelle Beziehungen sind in den Fokus der Forschungen gerückt worden. Raffael Scheck hat die sexuellen Beziehungen zwischen deutschen Männern und französischen Kriegsgefangenen und deren Verfolgungsgeschichte[37] untersucht. Forschungen zu homosexuellen Beziehungen unter Männern wie auch Frauen hat Joanna Ostrowska unternommen.[38] Weitere Arbeiten aus der Perspektive einer Queer History wären wünschenswert. Ebenso gibt es bisher kaum Erkenntnisse über das Verhältnis von Deutschen zu

---

33 Schwarze, Es war wie Hexenjagd.
34 Cornelie Usborne, Female Sexual Desire und Male Honour: German Women's Illicit Love Affairs with Prisoners of War during the Second World War, in: Journal of the History of Sexuality 26 (2017) 3, S. 454–488.
35 Raffael Scheck, Collaboration of the Heart: The Forbidden Love Affairs of French Prisoners of War and German Women in Nazi Germany, in: The Journal of Modern History 90 (2018), S. 351–382; ders., Love between Enemies: Western Prisoners of War and German Women in World War II, Cambridge 2020.
36 Eschebach, „Verkehr mit Fremdvölkischen".
37 Raffael Scheck, The Danger of „Moral Sabotage": Western Prisoners of War on Trial for Homosexual Relations in Nazi Germany, in: Journal of the History of Sexuality 29 (2020) 3, S. 418–446.
38 Joanna Ostrowska, Them: The World War Two History of Non-Heteronormative People/Introduction, 2021, https://www.academia.edu/58907899/Them_The_World_War_Two_History_of_Non_Heteronormative_People_Introduction [27.5.2022]. Dies floss ein in die stadtgeschichtliche Ausstellung „Queer durch Tübingen" (25. September 2021 bis 17. Juli 2022 im dortigen Stadtmuseum), in der neben vielen anderen Beispielen vom 11. Jahrhundert bis in die Gegenwart auch die Geschichte einer homosexuellen Beziehung zwischen einem jungen Polen und einem jungen Deutschen gezeigt wird. Vgl. Evamarie Blattner/Wiebke Ratzeburg/Udo Rauch (Hrsg.), Queer durch Tübingen. Geschichten vom Leben, Lieben, und Kämpfen. Katalog zur Ausstellung im Stadtmuseum Tübingen, Tübingen 2021.

jüdischen Zwangsarbeiter:innen – ausgenommen Fälle von direkten verwandtschaftlichen Beziehungen[39] oder von Widerstandshandlungen deutscher Arbeitgeber, die jüdische Zwangsarbeiter:innen versteckten oder ihnen bei der Suche nach Quartieren halfen.[40]

Regionalgeschichte und Erinnerungsgeschichte

Die Rekonstruktion örtlicher Fallgeschichten führt immer häufiger zur Einrichtung von Gedenkorten – vor allem, nachdem alle Beteiligten, insbesondere die Tatbeteiligten vor Ort, verstorben und auch anderweitige Interessen, das Geschehen zu verschweigen, im Laufe der Zeit in den Hintergrund geraten sind. *Christine Glauning* führt in ihrem Beitrag hierfür zahlreiche Beispiele zusammen und identifiziert die unterschiedlichen historischen Phasen der Erinnerung an die Verfolgung des verbotenen Umgangs, die in Wechselwirkung zur Forschungsgeschichte zu diesem Themenkomplex steht. Dabei wird auch deutlich, dass zeitverzögert zur lange beschwiegenen Geschichte der NS-Zwangsarbeit im Allgemeinen die Erinnerung an den verbotenen Umgang im Besonderen erst sehr spät öffentlich wurde, aber seit den 2010er-Jahren in zahlreichen beeindruckenden lokalen Erinnerungsinitiativen ihren Ausdruck fand.

Thomas Muggenthaler hat dieses wichtige „Graben vor Ort", das auf eine Überwindung des Schweigens zielt, anhand der Rekonstruktion individueller (Familien-)geschichten seit Jahren zum Gegenstand seiner Arbeit als Autor und Filmemacher gemacht. In seinem Beitrag berichtet er über diese Arbeit und stellt einige beeindruckende Fälle des „illegalen" Umgangs zwischen deutschen Frauen und ausländischen Zwangsarbeitern vor. Die Schicksale der verfolgten Frauen und auch die der Angehörigen – der Familien der ermordeten Zwangsarbeiter und deren Kinder – stehen im Zentrum seines Artikels.

Die Forschung zu den Umgangsverboten war – und ist bis heute – stark regionalgeschichtlich geprägt. Beginnend mit Arbeiten aus den 1980er-Jahren sind Untersuchungen bis heute[41] oft ein Teilaspekt breiter angelegter Studien:

---

39 Vgl. Nathan Stoltzfus, Widerstand des Herzens. Der Aufstand der Berliner Frauen in der Rosenstraße 1943, München 1999; Wolf Gruner, Widerstand in der Rosenstraße. Die Fabrik-Aktion und die Verfolgung der „Mischehen" 1943, Frankfurt a. M. 2005.
40 Vgl. Wolf Gruner, Der Geschlossene Arbeitseinsatz deutscher Juden. Zur Zwangsarbeit als Element der Verfolgung 1938–1943, Berlin 1997.
41 Vgl. den Überblick bei Schneider, Verbotener Umgang, S. 54 ff., sowie Urszula Lang, Zur Kriminalisierung und Verfolgung der Kontakte zwischen Deutschen und Ausländern während des Zweiten Weltkriegs in Nordbayern, Erlangen 2017; Olga Volz, Verbotener Umgang mit Kriegsgefangenen. Hilfe und Solidarität als „Widerstehen im Alltag", in: Angela Borgstedt/Sibylle Thelen/Reinhold Weber (Hrsg.), Mut bewiesen. Widerstands-

Es entstanden Rekonstruktionen der Geschichte der Zwangsarbeit vor Ort, der Verfolgungspraxis und deren Auswirkungen[42] oder Beiträge zur Zwangsarbeit in der Landwirtschaft und im ländlichen Raum.[43]

Studien zur Bandbreite des sozialen Umgangs von Deutschen und ausländischen Zwangsarbeiter:innen sollten über die oft in den Blick genommenen Liebesverhältnisse hinaus ebenso ausgeweitet werden wie Forschungen zum Umgang mit den Überlebenden der Verfolgung in der Nachkriegszeit. Wie verliefen Entschädigungsverfahren, wie gestalteten sich die sozialen Beziehungen im Heimatort und in der Familie nach der Verfolgung, wenn das Umgangsverbot missachtet worden war? Wie verlief das Leben der Kinder aus Beziehungen von deutschen Frauen und Kriegsgefangenen bzw. Zwangsarbeitern? Wie war die Lage der Zwangsarbeiterinnen, insbesondere jener aus der Sowjetunion? Zu diesen Fragen liegen über die letzten Jahrzehnte hinweg nur vereinzelte Arbeiten vor.[44]

---

biographien aus dem Südwesten, Stuttgart 2017; Maria Prieler-Woldan, Das Selbstverständliche tun. Die Salzburger Bäuerin Maria Etzer und ihr verbotener Einsatz für Fremde im Nationalsozialismus, Innsbruck 2018; Erik Beck, „… weil sie sich mit einem Polen eingelassen hat"? Das Schicksal der Theresia E., ihres Vaters Jodokus E. sowie der polnischen Zwangsarbeiter Władysław J. und Franciczek K., in: ders. (Hrsg.), Lebensbrüche. Schicksale verfolgter Menschen des Paderborner Landes 1933–1945, Paderborn 2019, S. 34–57; ders., „dort gab sie sich mit einem Polen ab". Das Schicksal der Elisabeth K. und des polnischen Zwangsarbeiters Piotr P., in: ebenda, S. 3–33.

42 Hier sind insbesondere die Arbeiten zu den NS-Sondergerichten zu nennen, z. B. Bernd Schimmler, Recht ohne Gerechtigkeit. Zur Tätigkeit der Berliner Sondergerichte im Nationalsozialismus, Berlin 1984; Alfons Schwarz, Rechtsprechung durch Sondergerichte. Zur Theorie und Praxis im Nationalsozialismus am Beispiel des Sondergerichts Berlin, Berlin 1992.

43 Vgl. Ernst Langthaler, Nationalsozialistische (Land)Volksgemeinschaft als gesellschaftliches Kräftefeld – am Beispiel der Zwangsarbeit, in: Detlef Schmiechen-Ackermann/Marlis Buchholz/Bianca Roitsch/Christiane Schröder (Hrsg.), Der Ort der „Volksgemeinschaft" in der deutschen Gesellschaftsgeschichte (Nationalsozialistische „Volksgemeinschaft", Bd. 7), Paderborn 2017, S. 287–301.

44 Vgl. Bernhild Vögel, „Entbindungsheim für Ostarbeiterinnen". Braunschweig, Broitzemer Straße 200, Hamburg 1989; Tamara Frankenberger, Wir waren wie Vieh. Lebensgeschichtliche Erinnerungen ehemaliger sowjetischer Zwangsarbeiterinnen, Münster 1997; Ulrike Winkler, „Hauswirtschaftliche Ostarbeiterinnen" – Zwangsarbeit in deutschen Haushalten, in dies. (Hrsg.), Stiften gehen. NS-Zwangsarbeit und Entschädigungsdebatte, Köln 2000; Raimond Reiter, Tötungsstätten für ausländische Kinder im Zweiten Weltkrieg. Zum Spannungsverhältnis von kriegswirtschaftlichem Arbeitseinsatz und nationalsozialistischer Rassenpolitik in Niedersachsen, Hannover 1993, jüngst aufgegriffen von Marcel Brüntrup, „Die ‚unerwünschten' Kinder osteuropäischer Zwangsarbeiterinnen", in: Meinrad Maria Grewenig (Hrsg.), Zwangsarbeit in der Völklinger Hütte – deutsche und europäische Bezüge, Völklingen 2018, S. 35–41; ders., Verbrechen und Erinnerung. Das „Ausländerkinderpflegeheim" des Volkswagenwerks, Göttingen 2019.

Die Beiträge des Bandes greifen einige dieser Fragen auf und präsentieren wichtige neue Erkenntnisse, die sich in den Forschungskontext zur Geschichte der NS-Zwangsarbeit und zur NS-Rassen- und Geschlechterpolitik einfügen. Ausgangspunkt des Sammelbandes waren zwei Tagungen zum verbotenen Umgang, die 2016 in der Gedenkstätte Ravensbrück und 2019 in der Gedenkstätte SS-Sonderlager/KZ Hinzert stattgefunden haben. Wir bedanken uns bei allen, die mit ihren Vorträgen, Diskussionsbeiträgen und Aufsätzen das Entstehen dieses Bandes ermöglicht haben, für die konstruktive Zusammenarbeit.

Mit der vorliegenden Publikation begründet das Dokumentationszentrum NS-Zwangsarbeit in Berlin-Schöneweide die neue Reihe „Edition NS-Zwangsarbeit", in der aktuelle Forschungsfragen in Sammel-, Tagungsbänden und Monografien veröffentlicht werden sollen. Aber auch Erinnerungsberichte ehemaliger Zwangsarbeiterinnen und Zwangsarbeiter werden einen Schwerpunkt der Reihe darstellen.

Kapitel 1: Historische Kontexte

SILKE SCHNEIDER

Segregation und Geschlechterordnung

Ausländische Zwangsarbeiter:innen und
deutsche Zivilbevölkerung im Nationalsozialismus

Die Kriminalisierung des Umgangs mit Kriegsgefangenen und sogenannten fremdvölkischen Arbeitskräften während des Zweiten Weltkriegs in Deutschland war ein zentrales Herrschaftsmittel zur Herstellung und Aufrechterhaltung der gesellschaftlichen und politischen Ordnung. Diese Ordnung war streng nach rassistischen Hierarchien segregiert und an vermeintlich natürlichen Geschlechterstereotypen ausgerichtet.

Die Kriegsgefangenen im Arbeitseinsatz und die zivilen Zwangsarbeiter:innen wurden nach rassistischen Kriterien gekennzeichnet und in unterschiedlicher Weise, bis hin zu lebensgefährlichen und oftmals tödlichen Lebens- und Arbeitsbedingungen und völliger Rechtlosigkeit, ausgebeutet.[1] Der deutschen Bevölkerung war der Kontakt mit Kriegsgefangenen zunächst aus militärischen Gründen verboten,[2] bei der Ahndung von Kontakten deutscher Frauen zu Kriegsgefangenen lassen sich aber auch rassistische Motive feststellen. Der Kontakt deutscher Frauen zu sogenannten Fremdrassigen galt allgemein als „Angriff auf die Rasse" oder „Rassenverrat".[3]

Den umfangreichsten Repressionen waren polnische und sowjetische Zwangsarbeitende ausgesetzt, ihnen war bei Androhung der Todesstrafe der Kontakt zu Deutschen verboten.[4] Sie galten als die größte „rassische" Bedrohung. Dennoch

1 Vgl. zum nationalsozialistischen Zwangsarbeitssystem: Ulrich Herbert, Fremdarbeiter. Politik und Praxis des „Ausländer-Einsatzes" in der Kriegswirtschaft des Dritten Reiches, Bonn 1999.
2 Verordnung zur Ergänzung der Strafvorschriften zum Schutz der Wehrkraft des Deutschen Volkes, hier: § 4 „Verbotener Umgang mit Kriegsgefangenen", Reichsgesetzblatt (RGBl.) 1939 I, Nr. 238, S. 2319; sowie Verordnung über den Umgang mit Kriegsgefangenen vom 11. Mai 1940, RGBl. 1940 I, Nr. 86, S. 769.
3 Nationalsozialistisches Strafrecht. Denkschrift des preußischen Justizministers, Berlin 1933, S. 47 f.
4 Vgl. die sogenannten Polen-Erlasse: Anordnung von Ministerpräsident Generalfeldmarschall Göring, Beauftragter für den Vierjahresplan, Vorsitzender des Ministerrats für die

hat es diese Kontakte gegeben. Im Folgenden soll es darum gehen, zum einen die mögliche Bandbreite dieser Kontakte zu skizzieren: Welche Arten sozialer Kontakte wurden verfolgt und welche Motive der Beteiligten lassen sich rekonstruieren? In einem zweiten Schritt soll dann die Bedeutung des verbotenen Umgangs als Herrschaftsinstrument reflektiert werden. Dabei steht insbesondere die Frage im Vordergrund, wie die Tatsache, dass sich offenbar viele Deutsche nicht an die Umgangsverbote gehalten haben, interpretiert werden kann. Handelt es sich tatsächlich um die „praktische Widerlegung des Rassismus"?[5] Und kann, wie es in der Rezeption[6] und von der Forschung zur Kriminalisierung des Umgangs von Deutschen mit Kriegsgefangenen und Zwangsarbeitenden häufig angenommen

Reichsverteidigung an die Obersten Reichsbehörden, Betrifft: Behandlung Zivilarbeiter und -arbeiterinnen polnischen Volkstums im Reich vom 8. März 1940, mit Erläuterungen, abgedruckt in: Documenta Occupationis, Bd. IX, S. 21–25; sowie die folgend aufgeführten Erlasse: Der Reichsführer SS und Chef der Deutschen Polizei, Schnellbrief vom 8. März 1940 an die Verwaltungsbehörden, Betrifft: Behandlung der im Reich eingesetzten Zivilarbeiter und -arbeiterinnen polnischen Volkstums, abgedruckt in: Documenta Occupationis, Bd. IX, S. 26–30; Der Reichsführer SS und Chef der Deutschen Polizei, Schnellbrief vom 8. März 1940 an alle Staatspolizeileit- und alle Staatspolizeistellen, Betrifft: Behandlung der im Reich eingesetzten polnischen Zivilarbeiter und -arbeiterinnen, abgedruckt in: Documenta Occupationis, Bd. IX, S. 31–36; Der Reichsführer SS und Chef der Deutschen Polizei an den Stellvertreter des Führers, Betrifft: Arbeitseinsatz von Zivilarbeitern und -arbeiterinnen polnischen Volkstums im Reich vom 8. März 1940, abgedruckt in: Documenta Occupationis, Bd. IX, S. 36 f.; Der Reichsführer SS und Chef der Deutschen Polizei an die höheren Verwaltungsbehörden, Betrifft: Behandlung der im Reich eingesetzten Zivilarbeiter und -arbeiterinnen polnischen Volkstums, Erläuterungen und Ergänzungen zur Durchführung der Reichspolizeiverordnung vom 8.3.1940 vom 3. September 1940, abgedruckt in: Documenta Occupationis, Bd. X, S. 29–36; weitere Ergänzungen des Erlasses am 14. Oktober 1941 und am 10. Dezember 1942, abgedruckt in: Documenta Occupationis, Bd. X, S. 44–47, sowie die sogenannten Ostarbeiter-Erlasse: Runderlaß des Reichsführers SS und Chef der Deutschen Polizei vom 20.2.1942, Einsatz von Arbeitskräften aus dem Osten, in: Allgemeine Erlasssammlung (AES), 2. Teil, 2AIIIf (Behandlung der ausländischen Zivilarbeiter), herausgegeben von RSHA, I Org. S. 1524, abgedruckt in: Der Prozeß gegen die Hauptkriegsverbrecher von dem Internationalen Militärgerichtshof Nürnberg (IMT), 14. November 1945–1. Oktober 1946, Bd. 32: Urkunden und anderes Beweismaterial, 1948, S. 500–512; Verordnung über die Einsatzbedingungen der Ostarbeiter vom 30.6.1942, RGBl. 1942 I, S. 419; Merkblatt für den Einsatz sowjetischer Kriegsgefangener, abgedruckt in: IMT, Dok. USSR–421.

5 So der Titel eines Aufsatzes zum Thema: Gerd Steffens, Die praktische Widerlegung des Rassismus. Verbotene Liebe und ihre Verfolgung, in: Fred Dorn/Klaus Heuer (Hrsg.), „Ich war immer gut zu meiner Russin". Zur Struktur und Praxis des Zwangsarbeitssystems im Zweiten Weltkrieg in der Region Südhessen, Pfaffenweiler 1991, S. 185–200.
6 Vgl. z. B. exemplarisch den Roman von Rolf Hochhuth, Eine Liebe in Deutschland, Hamburg 1978, verfilmt unter demselben Titel von Andrzej Wajda 1983; Irina Korschunow, Er hieß Jan, Köln 1979; Erika Fehse, Für eine Liebe so bestraft, Dokumentarfilm 2000.

wird, das Motiv einer romantischen Verbindung oder „verbotenen Liebe"[7] tatsächlich als Leitmotiv der handelnden Personen zugrunde gelegt werden? Sind nicht vielmehr vielfältigere soziale Beziehungsformen und differenzierte Motivationen anzunehmen, die auf der Basis verwobener asymmetrischer Machtbeziehungen zwischen den Herrschenden und den Unterworfenen, aber auch zwischen den Geschlechtern stattfanden? Soziale Beziehungen im Allgemeinen, etwa Unterstützung und Solidarität, sexuelle Beziehungen mit unterschiedlichen Motivationen wie romantische Liebe, Tausch, Missbrauch und Gewalt, zudem hetero- sowie homosexuelle Orientierung, oder auch in der Verfolgerperspektive sexualisiert wahrgenommene Beziehungen? Um die Bandbreite dessen, was als verbotener Umgang verfolgt wurde, exemplarisch zu beleuchten, sei zunächst folgendes Fallbeispiel angeführt.

Ein ungewöhnliches Nachkriegsurteil zum verbotenen Umgang

Als am 13. November 1962 der ehemalige Leiter der Gestapostelle in Bielefeld, Rudolf Schröder, Jahrgang 1903, vom Schwurgericht Paderborn wegen Beihilfe zum Totschlag zu einem Jahr Gefängnis verurteilt wurde, war etwas mehrfach Bemerkenswertes geschehen: zum einen die Verurteilung eines ehemaligen leitenden Gestapoangehörigen, der seit Kriegsende unter seinem Klarnamen unbehelligt zunächst im Harz in der Sowjetischen Besatzungszone (SBZ), ab Ende 1950 in der Bundesrepublik als Beschäftigter im öffentlichen Dienst in Rheinland-Pfalz lebte.

Besonders ist zum anderen, dass Schröder in dem Urteil schuldig gesprochen wurde, für die Hinrichtung des polnischen Zwangsarbeiters Stanislaus Smyl am 26. Juli 1940 in Hampenhausen (Kreis Warburg) mitverantwortlich gewesen zu sein.[8] Smyl war aufgrund der in Ziffer 7 in den sogenannten Polen-Erlassen vom

---

7 Vgl. exemplarisch Steffens, Die praktische Widerlegung; Birthe Kundrus, Forbidden Company: Romantic Relationships between Germans and Foreigners, 1939 to 1945, in: Journal of the History of Sexuality 11 (2002) 1/2, S. 201–222; Cornelie Usborne, Female Sexual Desire and Male Honour: German Women's Illicit Love Affairs with Prisoners of War during the Second World War, in: Journal of the History of Sexuality 26 (2017) 3, S. 454–488, oder Raffael Scheck, Collaboration of the Heart: The Forbidden Love Affairs of French Prisoners of War and German Women in Nazi Germany, in: The Journal of Modern History 90 (2018), S. 351–382.

8 Landgericht Paderborn, Urteil vom 13. 11. 1962, 10 KS 1/62, in: Christiaan F. Rüter/Dick W. de Mildt (Hrsg.), Justiz und NS-Verbrechen. Sammlung deutscher Strafurteile wegen nationalsozialistischer Tötungsverbrechen 1945–2012. 49 Bände, Amsterdam/München 1968–2012, hier Bd. XVIII, Verfahren Nr. 543, S. 715–726.

8. März 1940 festgelegten Bestimmung hingerichtet worden. Dort hieß es: „Wer mit einer deutschen Frau oder einem deutschen Manne geschlechtlich verkehrt, oder sich ihnen sonst unsittlich nähert, wird mit dem Tode bestraft."[9] Dieser Fall ist für die Beschäftigung mit der Kriminalisierung des Umgangs von Deutschen und Ausländern – Kriegsgefangenen und zivilen Arbeitskräften – in mehrfacher Hinsicht interessant.

Das Landgericht Paderborn hat 1962 in seiner Urteilsbegründung argumentiert, die sogenannten Polen-Erlasse vom 8. März 1940 seien als Ausdruck der nationalsozialistischen Rassenpolitik vom selben „Grundgedanken"[10] getragen wie die Vernichtungspolitik gegenüber der jüdischen Bevölkerung. Diese klare Einordnung als NS-Unrecht war in der Sicht des Gerichts flankiert vom Verordnungscharakter der Regelung, die keine „rechtmässige Gesetzesgrundlage" dargestellt habe. Dem Angeklagten sei, nicht zuletzt aufgrund seiner juristischen Ausbildung, die Rechtswidrigkeit der Hinrichtung bewusst gewesen, er habe demnach vorsätzlich gehandelt. Diese Einschätzungen führten zur Verurteilung von Rudolf Schröder. Besonders interessant ist neben der juristischen Bewertung der unzureichenden Rechtsgrundlagen und des fehlerhaften Verfahrens jedoch die inhaltliche Begründung des Unrechtscharakters der Hinrichtung und der Polen-Erlasse insgesamt als Teil einer rassistisch motivierten Vernichtungspolitik. Diese bemerkenswerte Urteilsbegründung sei deshalb ausführlich zitiert. So heißt es im Urteil:

> „Die Tötung des Polen Smyl und auch die Teilnahmehandlung des Angeklagten an dieser Tötung waren rechtswidrig. Die Tötung des Polen Smyl erfolgte auf Grund der genannten Erlasse von Göring und Himmler vom 8. 3. 1940, auf Erlassen also, die keine Gesetze im rechtlichen Sinne sind, die darüber hinaus wegen ihrer Zielsetzung und ihres Inhaltes auch Unrecht und damit unverbindlich waren. Das gilt mindestens für die Androhung der Todesstrafe für polnische Fremdarbeiter, wenn diese sich geschlechtlich mit Deutschen eingelassen oder Deutschen unsittlich genähert hatten. Diese Erlasse dienten ebenso wie die Anordnungen über die Massenvernichtung der Juden im Zuge der ‚Endlösung der Judenfrage' der Durchführung und

---

9   Es handelt sich um ein umfangreiches Erlasspaket mit Erläuterungen und Begleitschreiben: Betrifft: Behandlung Zivilarbeiter und -arbeiterinnen polnischen Volkstums im Reich vom 8. März 1940, mit Erläuterungen, abgedruckt in: Documenta Occupationis, Bd. IX, S. 21–47.
10 Landgericht Paderborn, Urteil vom 13. 11. 1962, 10 KS 1/62, in: Justiz und NS-Verbrechen. Sammlung deutscher Strafurteile wegen nationalsozialistischer Tötungsverbrechen 1945–1966, Bd. XVIII, Verfahren Nr. 543, Amsterdam 1978, S. 715–726, hier S. 724 f.

der Durchsetzung der nationalsozialistischen Rassenpolitik, die sittlich verwerflich und rechtlich nicht zu rechtfertigen ist, also Unrecht war. Die Juden sind allein deshalb vernichtet worden, weil sie einer anderen ‚artfremden' Rasse bzw. einem ‚artfremden' Volke angehörten. Das war auch der Grundgedanke der genannten Erlasse vom 8. 3. 1940. In ihnen ist polnischen Fremdarbeitern wegen ihrer Volkszugehörigkeit die Todesstrafe oder die Sonderbehandlung angedroht worden, wenn sie freiwilligen Geschlechtsverkehr mit Deutschen hatten oder sich sonst Deutschen unsittlich genähert hatten, also Handlungen begingen, die, wie der freiwillige Geschlechtsverkehr, nach allgemein gültiger Rechtsauffassung und Rechtsordnung, die auch in der Zeit der Herrschaft des Nationalsozialismus allgemein galt und Überzeugung aller rechtlich Denkenden war, überhaupt kein strafwürdiges Verhalten [bezw.] Delikt darstellten, oder aber die, wie hier im Falle Smyl, ein Delikt nach § 183 StGB mit geringfügigen Gefängnisstrafen, keinesfalls aber mit der Todesstrafe zu ahnden waren."[11]

Dieser Einordung – auch wenn der heutige Sprachgebrauch andere, differenziertere Formulierungen erfordern würde – kann in inhaltlicher Sicht insoweit gefolgt werden, als die Verbote des sozialen und intimen Umgangs von sogenannten Fremdarbeiter:innen mit Deutschen Ausdruck eines segregierten und hierarchisierten Gesellschaftsentwurfs waren. Dieser Gesellschaftsentwurf sah eine streng nach rassistischen Kriterien hierarchisierte Ordnung vor, die auf der Zwangsarbeit entrechteter Menschen beruhte und die vermeintlichen „Verräter und Verräterinnen am deutschen Volk" streng bestrafte.

Es verwundert im Rückblick nicht, dass ein höherer Gestapobeamter und ausgebildeter Jurist den Unrechtscharakter dieser Regelungen weder sehen noch anerkennen wollte, entsprachen sie doch bei allem individuellen „Entsetzen"[12] den übergeordneten politischen Zielen. Die Ziele und Werte des Nationalsozialismus wird Schröder, so ist anzunehmen, nicht heimlich abgelehnt, sondern vielmehr befürwortet, geteilt und verfolgt haben. Denn eine frühe Parteimitgliedschaft und eine rasche Karriere in SS und Gestapo prägen seinen Lebenslauf: Mitglied der NSDAP und der SA seit 1931, 1933 in der Stabwache der SA mit Schutzhaftsachen und politischen Strafsachen befasst, Mitglied im Feldjägerkorps der SA, seit 1934 Assessor beim Geheimen Staatspolizeiamt in Sachsen,

---

11 Ebenda.
12 Schröder erklärte vor Gericht, dass er über die Polenerlasse „[…] ‚entsetzt' gewesen sei, insbesondere über die Androhung der Todesstrafe bei Verfehlungen auf sittlichem Gebiet". Landgericht Paderborn, Urteil vom 13. 11. 1962, S. 719.

wenige Monate später Wechsel von der SA zum Truppführer der SS, 1936 SS-Untersturmführer, im selben Jahr Stabsführer im SD der SS, 1937 Rückkehr zur Gestapo, 1938 Beförderung zum SS-Sturmbannführer, 1939/40 stellvertretender Gestapoleiter in Köslin und Hildesheim, 1940 schließlich Leitung der Gestapostelle Bielefeld – die Funktion, in der er auf Stanislaus Smyl treffen sollte.

Auf der anderen Seite dieses brutalen und letztlich fatalen Herrschaftsverhältnisses vor dem Hintergrund des hierarchisierten nationalsozialistischen Gesellschaftsentwurfs und des gerade begonnenen „Blitzkrieges" – wenige Tage nach dem Beginn der „Westoffensive" gegen Frankreich am 10. Mai 1940 – stand der polnische Arbeiter Stanislaus Smyl, der ungefähr seit Februar 1940 auf einem Bauernhof in Hampenhausen, Kreis Warburg, arbeitete. Zeugenberichten zufolge sprach er kein Deutsch und war ein eher kleiner Mann, der von seinem Arbeitgeber und dem Ortspolizisten als „nicht voll zurechnungsfähig"[13] angesehen wurde. Mitte Mai 1940 traf er auf der Dorfstraße in Hampenhausen auf die „Zeugin E." – Ehefrau eines Wehrmachtsoldaten auf Frankreichfeldzug, der wenige Tage später fallen sollte, sie war schwanger. E. kannte Smyl vom Sehen und wusste, wer er war. Die beiden begegneten sich auf der Straße, und beim Näherkommen bemerkte E., dass Smyl sich entblößt hatte und „[…] sein nackter [sic] Geschlechtsteil teilweise zu sehen war".[14] E. ärgerte sich, fühlte sich vermutlich auch belästigt und erzählte ihrer Schwägerin von dem Vorfall. Damit nahm das Verhängnis für Smyl seinen Lauf, bis hin zu seiner Ermordung, wenn auch mit einigen bürokratischen Umwegen.

Gesellschaftliche und zwischenmenschliche Folgen des Zwangsarbeitssystems

Robert Gellately hat die Umgangsreglementierungen für polnische Zwangsarbeiterinnen als Apartheid bezeichnet: „The Nazis established nothing less than an apartheid system for the Poles"[15] – dieses habe sich auf bereits vorhandene anti-polnische Stimmungen in Deutschland gestützt, die nun betont verstärkt

---

13 Landgericht Paderborn, Urteil vom 13.11.1962, S. 719. Auch in der Rezeption des Falls wird diese Etikettierung übernommen. Etwa bei Gisela Schwarze, Es war wie Hexenjagd… Die vergessene Verfolgung ganz normaler Frauen im Zweiten Weltkrieg, Münster 2009, S. 134, wird Smyl in einem Nebensatz als „debiler Pole" erwähnt.
14 Landgericht Paderborn, Urteil vom 13.11.1962, S. 719.
15 Robert Gellately, Police Justice, Popular Justice, and Social Outsiders in Nazi Germany. The Example of Polish Foreign Workers, in: Robert Gellately/Nathan Stoltzfus (Hrsg.), Social Outsiders in Nazi Germany, Princeton 2001, S. 256–272, hier S. 257.

worden seien. Der Begriff der Apartheid umfasst dabei eine gesellschaftliche Situation, die durch eine doppelte Bedrohung gekennzeichnet war: die Bedrohung durch einen sozialen und politischen Aufstand, ausgelöst durch die brutale und massive Ungleichbehandlung, Ausbeutung und Unterdrückung der polnischen Arbeiter:innen, und die vermeintliche „rassische Bedrohung" des „deutschen Volkskörpers". Diese doppelte Bedrohung bildete ebenfalls den Hintergrund für die rassistische Segregationspolitik in den Südstaaten der USA, die explizit ein Vorbild für die nationalsozialistischen Juristen darstellte, als sie einen Weg suchten, Rasse als Kategorie des Rechts zu verankern. Insbesondere das Verbot der sogenannten Mischehen und das erweiterte Verbot jeglichen Geschlechtsverkehrs zwischen Menschen, die als Angehörige verschiedener „Rassen" kategorisiert wurden, galt NS-Juristen als Vorbild.[16]

Anders gelagert war die doppelte Bedrohung, die dem Verbot des Umgangs mit Kriegsgefangenen zugrunde lag. Diese Regelung im Rahmen der „Wehrkraftschutzverordnung"[17] schloss an Vorgängerregelungen an, die den Arbeitseinsatz von Kriegsgefangenen strukturieren sollten.[18] Ziel dieser Bestimmungen war es zunächst, eine Bedrohung durch Kollaboration mit dem militärischen Feind abzuwehren. Aber auch sie bekamen im Rahmen der nationalsozialistischen Politik eine rassistische Konnotation, eine Verschränkung von militärischem und rassistischem Feindbild,[19] die je nach nationaler Herkunft der Kriegsgefangenen unterschiedlich ausgeprägt war. Diese rassistische Hierarchisierung wurde analog auf die zivilen Zwangsarbeitenden angewandt.

Die Ausbeutung der Arbeitskräfte, die zwangsläufig mit sozialen Kontakten an den Arbeitsplätzen und Einsatzorten einherging, die sich teilweise auch durch die Art der Unterbringung ergaben, war also verschränkt mit der Direktive und dem Versuch, eine strikte Trennung durchzusetzen, und befand sich dadurch in einem ständigen sozialen Spannungsverhältnis. Dies war der Staats- und Parteiführung bewusst, was sich nicht allein an den bereits erwähnten

---

16 Vgl. Herbert Kier, Volk, Rasse und Staat, in: Hans Frank (Hrsg.), Nationalsozialistisches Handbuch für Recht und Gesetzgebung, München 1935, S. 17–28.
17 Vgl. Anm. 2.
18 Zum Arbeitseinsatz von Kriegsgefangenen durch Deutschland im Ersten Weltkrieg vgl. z. B. Ulrich Herbert, Geschichte der Ausländerpolitik in Deutschland. Saisonarbeiter, Zwangsarbeiter, Gastarbeiter, München 2001, S. 88–91.
19 Vgl. Silke Schneider, Verbotener Umgang. Ausländer und Deutsche im Nationalsozialismus. Diskurse um Sexualität, Moral, Wissen und Strafe, Baden-Baden 2010, S. 191; zur Verfolgung des Umgangs mit französischen Kriegsgefangenen und der Verfolgungspraxis unter Einbindungen der nationalen Diplomatie vgl. Raffael Scheck, Collaboration of the Heart: The Forbidden Love Affairs of French Prisoners of War and German Women in Nazi Germany, in: The Journal of Modern History 90 (2018), S. 351–382.

Erlassen zu den strengen Umgangsverboten mit polnischen und sowjetischen Zwangsarbeiter:innen ablesen lässt. Die sozialen Kontakte galten auch explizit als innenpolitisches Problem – zunächst in der Kriegssituation, aber auch darüber hinaus. Himmler äußerte sich in seiner berühmt-berüchtigten Posener Rede[20] mit dem Thema „Ausführung des Gedankens: Andere Völker sind als Sklaven für die deutsche Kultur zu betrachten" zur Anwesenheit der „Ausländer im Reich":

> „Wir müssen uns darüber klar sein, dass wir 6 bis 7 Millionen Ausländer in Deutschland haben. Vielleicht sind es bis jetzt sogar 8 Millionen. Wir haben Gefangene in Deutschland. Die sind alle nicht gefährlich, solange wir bei der kleinsten Kleinigkeit hart zuschlagen. Es ist eine Kleinigkeit, heute 10 Polen zu erschiessen […]. Jedes kleine Feuerchen wird sofort ausgetreten und ausgemacht und gelöscht, sonst kann – wie bei einem wirklichen Feuer – politisch-psychologisch im Volk ein Flächenbrand entstehen."[21]

Das innergesellschaftliche Konfliktpotenzial wird an dieser Stelle nicht weiter ausgeführt, es ist allerdings offensichtlich, dass den Zwangsarbeiter:innen und Kriegsgefangenen, obwohl sie im nationalsozialistischen Diktum als „Masse Mensch […], als Rohstoff, als Arbeitskraft"[22] angesehen wurden, doch eine individuelle menschliche Handlungs- und möglicherweise Widerstandsfähigkeit attestiert bzw. diese befürchtet wurde.

Der Fall von Stanislaus Smyl ist für die Beschäftigung mit dem verbotenen Umgang auch deshalb von Interesse, weil er als untypisch erscheint. Wie erwähnt, wird in den vorliegenden, meist regionalgeschichtlichen Untersuchungen zur Verfolgung von Deutschen wegen des verbotenen Umgangs mit Kriegs-

---

20 Rede des Reichsführers SS bei der SS-Gruppenführertagung in Posen am 4. Oktober 1943, abgedruckt in: Der Prozeß gegen die Hauptkriegsverbrecher vor dem Internationalen Militärgerichtshof Nürnberg, 14. November 1945 – 1. Oktober 1946. Amtlicher Text in deutscher Sprache, Bd. 32: Urkunden und anderes Beweismaterial, Nürnberg 1948, Dokument 1919-PS, S. 110–173.
21 Ebenda, S. 133.
22 Ebenda, S. 112. Angesichts aktueller geschichtspolitischer Diskussionen (vgl. z. B. A. Dirk Moses, Der Katechismus der Deutschen, 23. Mai 2021, in: Geschichte der Gegenwart, https://geschichtedergegenwart.ch/der-katechismus-der-deutschen/, sowie die Beiträge auf New Fascism Syllabus: A Debate: German Catechism – Holocaust and (Post-)colonialism, https://serdargunes.wordpress.com/2021/06/04/a-debate-german-catechism-holocaust-and-post-colonialism/) soll darauf hingewiesen werden, dass von diesem kolonisierenden Blick auf die im Krieg besetzten Nationen die jüdische Bevölkerung ausgenommen war, hier stellt die Ausbeutung vielmehr eine Begleiterscheinung der gezielten Vernichtung als Ziel der NS-Rassenpolitik dar, vgl. ebenda, S. 145 f.

gefangenen und zivilen Zwangsarbeitern und den in Medien ausführlicher dokumentierten Fällen zumeist auf das Motiv der „verbotenen Liebe" fokussiert. Oftmals verbunden mit dem Hinweis, diese Liebe sei emotional stärker gewesen als der Rassenhass, als der Gehorsam, sich den nationalsozialistischen Vorgaben gemäß zu verhalten. Quellenkritische Hinweise und Reflexionen verweisen zwar auf die Problematik polizeilicher Verhörprotokolle und die Vorsicht, die dem angenommenen Wahrheitsgehalt unter Druck und Folter gemachter Aussagen zugrunde liegen muss. Darüber hinaus kann aber auch die heutige Projektion individueller Motivlagen auf historische – mehrere Jahrzehnte zurückliegende – Ereignisse unter den Bedingungen von Diktatur und Krieg infrage gestellt werden. Mit anderen Worten ist keineswegs so klar, wie es der Topos der „verbotenen Liebe" erscheinen lässt, dass wir es bei dem verbotenen Umgang überwiegend mit einem menschlichen Licht in der Dunkelheit der NS-Diktatur zu tun haben.

Verbotener Umgang im Blick der Verfolgungspraxis

Der Fall von Smyl, der eines der ersten Todesopfer infolge der Polen-Erlasse im Reichsgebiet gewesen sein muss, veranschaulicht auf grausame Weise die Tatsache, dass es sich beim „verbotenen Umgang" nach Ziffer 7 der Polen-Erlasse weder um ein „GV-Verbrechen" oder um eine sexuelle Beziehung, noch um eine Liebesbeziehung oder überhaupt eine soziale Beziehung, die über die hierarchisierte Verschleppung und Ausbeutung von Menschen als Arbeitskräfte hinausging, handeln musste.

Es ist demnach von einer ganzen Bandbreite sozialer Beziehungen zwischen Deutschen – Männern und Frauen – mit Kriegsgefangenen sowie zivilen Zwangsarbeitern und Zwangsarbeiterinnen auszugehen. Die Verfolgung dieser Beziehungen war aber von einer Sexualisierung geprägt, die im Rahmen der nationalsozialistischen Rassen- und Geschlechterpolitik als Herrschaftsmittel angesehen werden kann. In Quellen und Forschungsliteratur finden sich Belege für diese Bandbreite sozialer Beziehungen, auch wenn in der Rezeption sexuelle bzw. Liebesbeziehungen dominieren: entweder unter dem zeitgenössischen kriminalisierenden Blick als „Verkehr mit Fremdvölkischen" oder unter dem eher romantisierenden Motiv der „verbotenen Liebe". Es lassen sich demnach Beziehungen von kriegsgefangenen Männern mit deutschen Frauen und Männern sowie Beziehungen zwischen Zwangsarbeitenden und Deutschen – Frauen wie Männern – belegen. Sie reichen von sozialen Beziehungen im Allgemeinen, die von menschlicher Solidarität geprägt waren, über Fluchthilfe bis hin zu sexuellen, darunter auch homosexuellen[23] Beziehungen. Die Beweggründe allerdings reichten – so lassen die exemplarisch rekonstruierten und dokumentieren Fälle vermuten – von Liebe über Tauschgeschäfte bis hin zu Missbrauch und Gewalt. Diese möglichen Motivationen sind vor dem Hintergrund des strukturell ungleichgewichtigen Machtgefüges zwischen den Deutschen und den ausländischen Kriegsgefangenen und Zivilarbeiter:innen zu sehen. Nicht zuletzt sind auch die Geschlechterdifferenz und die aus ihr resultierenden Machtbeziehungen von entscheidender Bedeutung. Die sozialen und ggf. intimen Beziehungen zwischen ausländischen Zwangsarbeiter:innen und deutscher Zivilbevölkerung befinden sich also innerhalb eines jeweils komplizierten Geflechts, das allgemeine oder pauschale Aussagen über den Charakter der Beziehungen und die zugrunde liegenden Motivationen der Beteiligten schwierig macht.

Verbotener Umgang, sexuelle Gewalt und Doppelmoral

Der Kriminalisierung des Umgangs mit den als „fremdvölkisch" verschleppten, ausgebeuteten und ausgegrenzten Personen lag eine – durchaus geschlechterstereotype – Doppelmoral zugrunde. Deutsche Frauen wurden im Fall des verbotenen Umgangs drakonisch bestraft, deutsche Männer nicht. Auch wenn die beteiligte ausländische Frau zu den intimen Kontakten genötigt worden war, sollte sie in Schutzhaft genommen werden. Dem beteiligten deutschen Mann drohte eine Geldstrafe, unter Umständen auch eine KZ-Haft, wenn „das Ansehen des deutschen Menschen in besonderem Masse [als] geschädigt"[24] angesehen wurde. Ausländische Zwangsarbeiterinnen waren zudem sexualisierter Gewalt vonseiten deutscher Männer ausgesetzt. Solche erzwungenen Kontakte wurden offensichtlich nicht den rassistischen Bewertungskriterien unterworfen und nicht in diesem Sinne bestraft. Der im Folgenden geschilderte Fall vermittelt einen Eindruck dieses Aspekts der Kontakte zwischen Deutschen und Zwangsarbeiter:innen.

Siegfried Erbe, 1921 in Berlin geboren, war während des Krieges im industriellen Werkschutz beschäftigt. Im Munitionswerk Metgethen (Ostpreußen), in dem ca. 3000 polnische, sowjetische, italienische und französische Zwangs-

---

23 Raffael Scheck, The Danger of „Moral Sabotage": Western Prisoners of War on Trial for Homosexual Relations in Nazi Germany, in: Journal of the History of Sexuality 29 (2020) 3, S. 418–446.

24 Diese Regelung wurde allerdings erst 1944 ergänzt: Runderlaß des Reichsführers SS und Chef der Deutschen Polizei vom 10.2.1944: Ahndung schwerwiegender Verstöße und unerlaubten Geschlechtsverkehrs fremdvölkischer Arbeitskräfte aus dem Osten und Südosten sowie polnischer, serbischer und sowjetrussischer Kriegsgefangener, abgedruckt in: Documenta Occupationis, Bd. X. S. 130–136, hier S. 133.

arbeiter und Zwangsarbeiterinnen eingesetzt waren, hatte er 1944 in Zusammenarbeit mit der Gestapo die Ausländer:innen nicht nur überwacht, sondern systematisch misshandelt und auch getötet. Die Frauen unter ihnen hatte er zu sexuellen Dienstleistungen erpresst und vergewaltigt, wie dem Urteil des Landgerichts Halle aus dem Jahr 1952 zu entnehmen ist:[25] „Besonders gemein handelte der Angeklagte den Frauen gegenüber, von deren er ca. 30–50 vergewaltigt hat. Sofern er Frauen bei kleinen Vergehen ertappt hatte, machte er die Nichtweitermeldung davon abhängig, dass sie ihm geschlechtlich gefügig waren. Während des Geschlechtsaktes ist es dabei auch nicht ohne Zwang abgegangen."[26] Im September 1951 wurde Siegfried Erbe wegen verschiedener Vergehen verhaftet und im Juli 1952 unter anderem wegen Verbrechen gegen die Menschlichkeit gemäß Kontrollratsgesetz zu 10 Jahren Zuchthaus verurteilt. Die ihm vorgeworfenen sexuellen Nötigungen, Vergewaltigungen und Misshandlungen von Zwangsarbeiterinnen hatte er zugegeben.

Erbe war dem Urteil zufolge seit Längerem für Gestapo und SD als Spitzel tätig und galt als überzeugter Nationalsozialist. Wegen verbotenen Umgangs oder „GV-Verbrechen" ist er von seinen Werkschutz- und Gestapokollegen offensichtlich weder angezeigt noch kritisiert worden. Dieses Fallbeispiel verdeutlicht einmal mehr die Doppelmoral und Willkür der Verfolgung von verbotenem Umgang bzw. „GV-Verbrechen" und der rassistischen Regelungen, auf denen sie beruhte.

Verbotener Umgang als „verbotene Liebe"

Auch wenn es sich laut Akte (und oft auch laut der zugrunde liegenden Denunziation) beim verfolgten Kontakt zwischen deutschen Frauen und ausländischen Kriegsgefangenen oder Zivilarbeitern um eine Liebesbeziehung oder intime sexuelle Beziehung gehandelt haben soll, kann eine Anzeige auf einen ganz anderen Konflikt zurückzuführen sein. So haben etwa der bei Beck geschilderte Fall der Theresia K.[27] und die bei Gisela Schwarze aufgelisteten Fälle, in denen

---

25 Urteil des Landgerichts Halle vom 7. 7. 1952, 1 Lg 52/51 I 80/52, Tatkomplex: Denunziation, NS-Gewaltverbrechen in Haftstätten, in: Christiaan F. Rüter/Dick W. de Mildt (Hrsg.), DDR-Justiz und NS-Verbrechen. Sammlung ostdeutscher Strafurteile wegen nationalsozialistischer Tötungsverbrechen 1945–1998. 14 Bände, Amsterdam/München 2002–2009, hier Bd. IV, Verfahren Nr. 1162, S. 455–465.
26 Ebenda, S. 459.
27 Erik Beck, „… weil sie sich mit einem Polen eingelassen hat"? Das Schicksal der Theresia K., ihres Vaters Jodokus E. sowie der polnischen Zwangsarbeiter Władysław J. und Franciczek K., in: Erik Beck (Hrsg.), Lebensbrüche. Schicksale verfolgter Menschen des Paderborner Landes 1933–1945, Paderborn 2019, S. 34–57.

der Vorwurf einer sexuellen Beziehung von den Behörden „konstruiert"[28] wurde, eine andere Grundlage als den angezeigten Umgang. Die Brille der Rassenpolitik und des Alltagsrassismus prägte die Wahrnehmung dieser Kontakte und konnte zu einer Deutung als Sexualvergehen führen, das von den Betroffenen bzw. den vor Sondergerichten Angeklagten in der Regel bestritten wurde.

Haben wir es angesichts des „verbotenen Umgangs" mit Kriegsgefangenen und zivilen Zwangsarbeiter:innen mit einer „praktischen Widerlegung des Rassismus" zu tun? Oder sehen wir uns mit Tausenden von Fällen „verbotener Liebe" konfrontiert – einer vor allem weiblichen Emotion, die sich einfach über die nationalsozialistischen Verhaltensanforderungen hinwegsetzen musste und alle drastischen Strafandrohungen ignorierte? Eine sorgfältige, kritische und kontextualisierende Quellenauswertung ist für die Darstellung, Auswertung und Deutung dieser Fälle von (vermeintlichen) Liebesbeziehungen unabdingbar, wenn keine von den Polizei- und Gerichtsakten unabhängig entstandenen Quellen vorliegen. So hat z. B. Cornelie Usborne die den Verhörprotokollen beigelegten privaten Liebesbriefe als überzeugendes Indiz für den Charakter der Beziehungen eingeordnet.[29] Weitere nachvollziehbare Hinweise finden sich in Schilderungen von Überlebenden. Demzufolge gab es beispielsweise Väter, die nach der überstandenen KZ-Haft infolge des verbotenen Umgangs versucht hatten, nach dem Krieg ihre Partnerinnen und ihre aus der Beziehung hervorgegangenen Kinder zu finden, und diese und ihre Familien besuchten,[30] was auf eine emotionale Verbindung und Nähe hinweist.

Die deutschen Frauen, die Liebesbeziehungen zu Kriegsgefangenen oder zivilen Zwangsarbeitern pflegten, oder denen dieses nachgesagt wurden, galten der Polizei und Justiz, offenbar aber auch der Kriegsgesellschaft etwa in Form denunzierender Nachbar:innen, Kolleg:innnen, teilweise sogar auch Familienangehörigen als charakterlich zweifelhaft. Im Januar 1942 meldet der Sicherheitsdienst zum „Geschlechtsverkehr deutscher Frauen und Mädchen mit fremdvölkischen Arbeitskräften",[31] „bei den deutschblütigen Frauen handele es sich häufig um

---

28 Schwarze, Hexenjagd, S. 136.
29 Cornelie Usborne, Female Sexual Desire and Male Honor: German Women's Illicit Love Affairs with Prisoners of War during the Second World War, in: Journal of the History of Sexuality 26 (2017) 3, S. 454–488.
30 So z. B. die Schilderung von Anna Bönisch, Niemand kann mir bis heute sagen, was mit ihr geschehen ist, in: Lagergemeinschaft Ravensbrück/Freundeskreis e. V. (Hrsg.), Kinder von KZ-Häftlingen – eine vergessene Generation, Münster 2011, S. 84–88; sie berichtet vom Besuch des polnischen, aus Hinzert entlassenen Vaters im November 1945.
31 Heinz Boberach (Hrsg.), Meldungen aus dem Reich 1938–1945. Die geheimen Lageberichte des Sicherheitsdienstes der SS, Bd. 9: Nr. 247 vom 18. Dezember 1941 – Nr. 271 vom 26. März 1942, Herrsching 1984, hier Nr. 253 vom 22. Januar 1942, S. 3200–3204.

den weniger wertvollen Teil der deutschen Bevölkerung. Dabei seien oft Frauen mit stark ausgeprägter Sexualität festzustellen, die den Ausländer interessant fänden".[32] Es wird berichtet von einer „erheblichen Anzahl charakterlich haltloser deutscher Mädchen [...], welche sich den Ausländern geradezu an den Hals werfen".[33]

Diese Abwertung bestätigt die bereits erkennbare geschlechtsspezifische Doppelmoral in der Verfolgungspraxis des verbotenen Umgangs, ganz abgesehen davon, dass den Frauen eine deviante Sexualität zugeschrieben wird. Die Wahrnehmung der beteiligten Deutschen als „Volksschädlinge", wie sie in einer sogenannten Aufklärungsschrift und Propagandabroschüre[34] betitelt wurden, weist ebenfalls geschlechtsspezifische Zuschreibungen auf. Während diejenigen, die aus Gefälligkeit, Gutmütigkeit oder Gedankenlosigkeit polnischen Kriegsgefangenen halfen, etwa Briefe zu verschicken oder Pakete anzunehmen, in den Beispielen als männliche „destruktive Aussenseiter"[35] beschrieben wurden, war der Umgang deutscher Frauen mit Kriegsgefangenen sexuell konnotiert und wurde als „art- und ehrvergessen"[36] bezeichnet. Die sogenannte Volksgemeinschaft sah zwar als „Leistungs- und Kampfgemeinschaft" die Parole „gleichwertig aber ungleich" für die Geschlechter vor, schrieb dabei aber traditionelle Vorstellungen der Geschlechterhierarchie fort. Voreheliche sexuelle Beziehungen wurden ganz im Sinne traditioneller Moralvorstellungen abgelehnt – durchaus im Widerspruch zu Vorstellungen der „biologischen Ehe" des Lebensbornkonzeptes. In den NS-Erziehungskonzepten kamen Frauen und Mädchen als geschlechtliche Wesen, das heißt als Mütter bzw. als „Erbgutträgerinnen" vor. Zwar fand in der „geschlechtlichen Erziehung der Jugend" eine Abgrenzung von „Prüderie" statt, gleichzeitig gehörte in der nationalsozialistischen Vorstellung aber auch der individuelle Körper dem Volk.[37] Für die deutschen Frauen erweiterten sich angesichts der Kontaktmöglichkeiten zu Kriegsgefangenen oder zivilen Zwangsarbeitern ihre sexuellen Handlungsmöglichkeiten. „Der rassistische Staat eröffnete ‚arischen' Frauen auch sexuelle Handlungsräume gegenüber ausländischen Fremd- bzw. Zwangsarbeitern und

32 Ebenda, S. 3201.
33 Ebenda.
34 Alfred Klütz, Volksschädlinge am Pranger. Eine Aufklärungsschrift im großdeutschen Freiheitskampf, Berlin 1940.
35 Ebenda, S. 59.
36 Ebenda, S. 58.
37 Vgl. exemplarisch Walter Hermannsen/Karl Blome, Warum hat man uns das nicht früher gesagt? Ein Bekenntnis deutscher Jugend zu geschlechtlicher Sauberkeit, 4. verb. und erw. Aufl., München/Berlin 1943; zur Analyse weiterer Ratgeber und Broschüren über die rassistische Jugenderziehung vgl. Schneider, Verbotener Umgang, S. 108–122.

Kriegsgefangenen."[38] Diese Handlungsräume standen jedoch trotz des rassistisch begründeten Machtverhältnisses gegenüber den Zwangsarbeitern für die Frauen unter dem Vorzeichen der Herabwürdigung und der gesellschaftlichen Exklusion.

Die Kontrolle sozialer Kontakte unter der Besatzungsherrschaft und im Reich

Die geschilderten Aspekte und Varianten von sozialen Beziehungen zwischen Deutschen und Zwangsarbeiter:innen, die möglichen Motivationen, Kontakte oder Beziehungen aufzunehmen, zu verstetigen oder zu erzwingen, sowie das Bestreben, diese Kontakte zu unterbinden oder zu kontrollieren, finden Entsprechungen in den Beschreibungen und Analysen der Geschlechterverhältnisse unter der Besatzungsherrschaft der Deutschen in Polen. Strukturell handelt es sich auch bei dem Arbeitseinsatz im Reich und den mit diesem zusammenhängenden diskriminierenden, exkludierenden und gewaltvollen Unterwerfungen sowie gesellschaftlichen Hierarchievorstellungen um ein Herrschafts- und Ausbeutungsverhältnis mit kolonialem Charakter.

Es ist also davon auszugehen, dass die Motivbündel, die in der Forschung zur deutschen Besatzung in Polen für Beziehungen von Polinnen mit Angehörigen der Besatzungsmacht identifiziert wurden, in ähnlicher Weise auch für die Motive des verbotenen Umgangs im Reichsgebiet angenommen werden können. Maren Röger unterteilt die intimen Beziehungen zwischen Deutschen und Polen unter der Besatzungsherrschaft[39] in drei verschiedene Kategorien. Diese Kategorisierung kann als Anregung genommen werden, den verbotenen Umgang differenzierter zu betrachten. Röger unterscheidet die Beziehungen zum einen als „kommerziell"[40] – womit neben organisierten Formen der Sexarbeit auch „Überlebensprostitution" gehörte. Möglicherweise ließe sich manche Beziehung ausländischer Zwangsarbeiter:innen zu deutschen Frauen oder Männern als eine Art „Überlebensprostitution" einordnen. Zum zweiten als „konsensual",[41]

---

38 Klaus Latzel/Elissa Mailänder/Franka Maubach, Geschlechterbeziehungen und „Volksgemeinschaft". Zur Einführung, in: dies. (Hrsg.), Geschlechterbeziehungen und „Volksgemeinschaft", Göttingen 2018, S. 9–26, hier S. 24 unter Bezug auf die Arbeiten von Birthe Kundrus und Cornelie Usborne.
39 Maren Röger, Kriegsbeziehungen. Intimität, Gewalt und Prostitution im besetzten Polen 1939 bis 1945, Frankfurt a. M. 1995.
40 Ebenda, S. 27 und ff.
41 Ebenda, S. 75 und ff.

was intime Beziehungen, aber auch Tauschbeziehungen umfassen konnte, oder aber drittens als „erzwungen",[42] was mit sexueller Gewalt einherging. Röger benennt damit eine „Bandbreite von Motiven vor der Folie einer grundsätzlichen Machtasymmetrie".[43] Aus den Bestimmungen für die Besatzung in Polen geht auch hervor, dass polnische Frauen als „andersrassig" klassifiziert wurden, der Geschlechtsverkehr mit ihnen war Angehörigen der SS und Polizei verboten. Das Umgangsverbot galt ebenfalls für Angehörige der Wehrmacht und der zivilen Besatzungsbehörden,[44] parallel zu den sogenannten Polen-Erlassen im Reichsgebiet. Auch wenn die Ahndung sich grundsätzlich unterschied, waren doch die zugrunde liegenden rassen- und gesellschaftspolitischen Vorstellungen ähnlich.

Missachtung der Umgangsverbote: Schlussfolgerungen und Ausblick

Der verbotene Umgang lässt sich demnach nicht allein als Verfolgung romantischer Liebesbeziehungen fassen. Die Erforschung der Kriminalisierung des verbotenen Umgangs erfordert differenziert betrachtet, so weit wie möglich regional und strukturell eingeordnet und fallbezogen rekonstruiert zu werden, um die jeweils fallspezifischen Besonderheiten und Widersprüchlichkeiten in den Blick zu bekommen. Auf der Meso- und Makro-Ebene der Gesellschafts- und Herrschaftsstrukturen lassen sich jedoch zusammenfassend folgende verallgemeinerbare Aussagen treffen:

Es gehörte zum Alltag der Deutschen während des Krieges, dass zur Zwangsarbeit im Reichsgebiet eingesetzte Kriegsgefangene und zivile sogenannte Fremdarbeiter sichtbar und nahe waren. Bei diesem Neben- und Miteinander trat die nationalsozialistische Rassenpolitik mit ihren hierarchischen Kategorien von Höher- und Minderwertigkeit der Menschen ganz offen zutage und wurde alltäglich umgesetzt. Die unterschiedlichen Gruppen sollten dabei getrennt voneinander arbeiten und leben – daher wurden soziale Kontakte und die im Sinne der NS-Rassenpolitik als besonders unerwünscht geltenden intimen Kontakte kriminalisiert und verfolgt. Entsprechend den Vorstellungen der Rassenpolitik und der mit dieser verbundenen Geschlechterideologie stand das Verhalten

---

42   Ebenda, S. 169 und ff.
43   Maren Röger, Verdrängter Besatzungsalltag: Intime Kontakte zwischen Deutschen und Polen 1939–1945 und ihre Nachgeschichte, in: Historie. Jahrbuch des Zentrums für Historische Forschung Berlin der Polnischen Akademie der Wissenschaften, Folge 7: Besatzung, 2013/2014, S. 170–182, hier S. 178.
44   Vgl. ebenda, S. 170 f. Röger führt die entsprechenden polizeilichen Erlasse Himmlers von April und Dezember 1939 an.

deutscher Frauen unter besonderer Beobachtung. Dabei zeigt die Verfolgung der Umgangsdelikte weniger eine Betonung der Geschlechterdifferenz als vielmehr ein gezieltes Anrufen der Geschlechterrollen und -bilder für den nationalsozialistischen Gesellschaftsentwurf und damit eine spezifische Verwischung der Geschlechtergrenzen im Nationalsozialismus: Beide Geschlechter wurden in dieser Logik gleichermaßen als Träger:in des sogenannten deutschen Erbgutes betrachtet. Vermischung und Veränderung bedeuteten in dieser Sichtweise den Untergang. Die Umgangsdelikte stellten sowohl ein individuell-geschlechtliches als auch ein gesellschaftlich-politisches Fehlverhalten dar. Der kriminalisierte „Umgang" markiert demnach eine Schnittstelle von Verhaltensanforderungen im Bereich völkisch und rassisch definierter Normen auf der einen und im Bereich von Sexualität und Moral auf der anderen Seite. Eine umfassende Rekonstruktion der Umgangsdelikte scheint nur in gut dokumentierten Einzelfällen möglich. Selbst hier tritt uns das Delikt als so uneinheitlich entgegen, dass Qualifizierungen wie romantische „verbotene Liebe" oder mangelnde Reichweite der NS-Ideologie nicht generell zutreffend sind. Vielen Ermittlungen und Verfahren liegen Denunziationen zugrunde – und haben somit in der Regel andere Interessen als Auslöser. Eine Frau konnte, auch ohne gegen die Regeln verstoßen zu haben, wegen einer Denunziation in Gestapo-Gewahrsam und KZ-Haft gelangen.

Wie andere Fälle belegen, konnte gerade zwischen den auf dem Land eingesetzten Kriegsgefangenen und den Frauen an der „Heimatfront", wie es hieß, ein durchaus kompliziertes Interessen- und Machtgefüge entstehen, das dynamischer war, als es auf den ersten Blick erscheint. Fälle von sexueller Gewalt und Nötigung sind ebenso beschrieben worden wie Fälle, die eine Art Gelegenheitsprostitution nahelegen. Möglicherweise hat es bei aller damit verbundenen Gefahr durch die polizeiliche Verfolgung die alltäglichen Überlebenschancen erhöhen können, sich als Zwangsarbeitende sexuell gefällig gegenüber Aufsichtspersonal oder vorgesetzten Landwirt:innen zu zeigen.[45] Zu nennen sind in diesem Kontext aber alle Arten sozialer Kontakte, die sexualisiert wahrgenommen und verfolgt werden konnten, und schließlich die tatsächlichen Liebesbeziehungen, über die die Umgangsverbote in den Blick der Forschung gerückt

---

45 Die mögliche Bandbreite der sozialen Beziehungsformen, die als „Verbotener Umgang" verfolgt wurden, lässt sich exemplarisch ablesen an einschlägigen Urteilen aus der Urteilssammlung von Nachkriegsprozessen, in der DDR weitaus zahlreicher als in der Bundesrepublik, vgl. Justiz und NS-Verbrechen. Sammlung deutscher Strafurteile wegen nationalsozialistischer Tötungsverbrechen 1945–2012, 49 Bde., Amsterdam/München 1968–2012, sowie DDR-Justiz und NS-Verbrechen. Sammlung ostdeutscher Strafurteile wegen nationalsozialistischer Tötungsverbrechen, 14 Bde., Amsterdam/München 2003–2009.

und deren Schilderungen besonders durch Überlebende und Kinder eindrücklich sind.

Letztlich kann das offensichtliche Ignorieren der Umgangsverbote als Beleg dafür angesehen werden, dass sich Frauen und Männer im Zweifelsfall sehr wohl über die nationalsozialistische Rassenideologie und die aus ihr resultierenden Verhaltensanforderungen hinweggesetzt haben, auch wenn dies strafrechtlich oder gesellschaftlich sanktioniert wurde. Allerdings taugen die Umgangsdelikte nicht dafür, sie als „praktische Widerlegung" des Rassismus im Alltag der NS-Diktatur anzuführen. Denn die Zahl der Denunziationen zeigt auf der anderen Seite, dass sich das Delikt auch als Beispiel für die Funktionsfähigkeit des NS-Systems im Alltag heranziehen lässt.

An den im NS-Zwangsarbeitssystem und seinen Regelungen ablesbaren Gesellschaftsentwürfen lässt sich auch viel eher eine strukturelle Ähnlichkeit zu kolonialistischen Politiken feststellen als bei der Verfolgung und Vernichtung der Jüdinnen und Juden. Insbesondere dort, wo es auf Ausbeutung und weniger auf Vernichtung angelegt war – wie bei der „Vernichtung durch Arbeit" jüdischer Gefangener oder sowjetischer Kriegsgefangener. In Bezug auf das Verhältnis zur deutschen Bevölkerung war dieses Ausbeutungsverhältnis zu den ausländischen Arbeiterinnen und Arbeitern mittels rassistischer Stereotype, die an historische Traditionen anknüpfen konnten, strukturell hierarchisiert. Die Umgangsverbote markieren damit ein Themenfeld und einen Erfahrungshorizont, die über den Aspekt der „verbotenen Liebe" hinausweisen, auch wenn die Liebesbeziehungen bzw. sexuellen Kontakte ein wichtiges, weil aus der Sicht der Rassenpolitik zentrales bedrohliches Element darstellten.

Die Kriminalisierung des sozialen Umgangs mit Zwangsarbeiter:innen kann als Teil eines Gesellschaftsentwurfs gelesen werden, der wiederum aufgrund seines hierarchisierten und rassistischen Charakters auf einem ebenfalls spezifischen Geschlechterverhältnis beruhte. Die Verfolgung der vermeintlichen oder tatsächlichen Liebesverhältnisse und weiterer sozialer Kontakte zwischen Deutschen und ausländischen Kriegsgefangenen und Zwangsarbeiter:innen stellt als Herrschaftsinstrument ein Scharnier von Rassen- und Bevölkerungs- sowie Geschlechterpolitik dar.

Im Hinblick auf die Rezeptionsgeschichte der Kriminalisierung des sozialen Umgangs mit Zwangsarbeiter:innen in der Forschung, aber auch in der Literatur,[46] ist auffällig, dass die Bandbreite sozialer Kontakte häufig aus dem

---

46 Vgl. exemplarisch Brigitte Reimann, Frau am Pranger, Berlin 1956; Heinrich Böll, Gruppenbild mit Dame, Köln 1971; Hochhuth, Eine Liebe in Deutschland; als Jugendbuch: Irina Korschunow, Er hieß Jan, Köln 1979.

Blick gerät. Aus welchen Gründen Fälle verbotenen Umgangs oftmals als „Liebe" interpretiert wurden und werden, ist daher eine interessante Frage, der an dieser Stelle nicht nachgegangen werden kann. Möglicherweise ist es zunächst tatsächlich die plausibelste Annahme, oder es existieren über Verhörprotokolle hinausgehende Belege.[47] Möglicherweise liegt es auch nahe, weil sich ein Moment der emotionalen Widerständigkeit ausmachen lässt; vielleicht verlockt die vermeintliche Eindeutigkeit, da sich mit dieser Interpretation zunächst keine weiteren Fragen nach anderen Motivationen anzuschließen scheinen. Vielleicht aber ist auch der Kontrast der „Liebe" auf der einen Seite und der grausamen NS-Herrschaft auf der anderen Seite besonders anschaulich und nahegehend.

---

47 Vgl. auch die in diesem Band vorgestellten Forschungen.

CHRISTOPH LORKE

Der Tatbestand „Verbotener Umgang"

Versuch einer historischen Kontextualisierung von Eheverboten

Spätestens mit dem Ausbruch des Zweiten Weltkrieges befürchteten verschiedene Mitarbeiter in den oberen Reichsbehörden noch stärker als zuvor, „ungeregelte" und „unerwünschte" Beziehungen zwischen deutschen Staatsangehörigen und Ausländer:innen unterschiedlicher Herkunft könnten nun gehäuft auftreten. Aus diesem Grund wurden vermehrt präventive Vorkehrungen getroffen, um entsprechende Kontakte weitgehend zu reduzieren und in einem weiteren Schritt zu kriminalisieren. Einschneidende Maßnahmen waren etwa die „Verordnung über den Umgang mit Kriegsgefangenen" sowie ein Runderlass vom 22. Mai 1940, wonach Eheschließungen zwischen Deutschen und fremden Staatsangehörigen insgesamt „regelmäßig als nicht erwünscht anzusehen" seien.[1]

Gerade Beziehungen mit Kriegsgefangenen oder Zwangsarbeiterinnen und Zwangsarbeitern, deren Zahl im gesamten Reich im August 1944 auf über sieben Millionen geschätzt wurde, machte das Regime als potenzielle Gefahrenquelle aus, entwickelten sich daraus doch zahlreiche Liebesverhältnisse und drohte sich bei gleichzeitiger Abwesenheit der an der Front kämpfenden deutschen Männer die Zusammensetzung der Bevölkerung weiter zu verändern. Durch die Verbindung einer deutschen Frau mit einem nichtdeutschen Mann, lautete die damals gängige Erklärung, werde die „deutsche Volkskraft" geschwächt, insbesondere dann, wenn es zu einer Eheschließung oder der Geburt eines Kindes kommen würde. Hintergrund hierfür war der Verlust der deutschen Staatsangehörigkeit aufseiten der Frau – ein privatrechtlicher Umstand, der nicht neu war. Allerdings konnten sich die ohnehin vorhandenen Ängste hinsichtlich einer bedrohten Reproduktion des „Volkes" in Kriegszeiten noch einmal stärker entfalten als zuvor. Die „Heimatfront" war folglich aufgerufen, sexuell wie moralisch die

---

1 Abschrift Auswärtiges Amt (Vertraulich), 30.6.1940, Politisches Archiv des Auswärtigen Amtes (PA AA), R 49846; vgl. auch den Runderlass selbst im Bundesarchiv (BArch), R 42279/40.

Soldaten zu unterstützen, da durch etwaige abweichende Intimbeziehungen die erwünschte Geschlechter-, Rasse- wie auch Kriegsordnung infrage gestellt würde.²

Das Thema spiegelt die grundsätzlich kulturelle Codierung von Körpern im Krieg, insbesondere bezogen auf den symbolisch hochgradig aufgeladenen weiblichen Körper, in dem sich Konzepte von Ehre und Scham verdichteten. Denn nach den gängigen ehe- und sexualpolitischen Prämissen, wie sie etwa Joseph Goebbels im September 1940 formulierte, waren die „deutsche Ehre und die deutsche Art bei der Begegnung mit Fremdblütigen zu wahren"; ferner wurden „Mischlinge" als Belastung und ein „Vergehen" an der Zukunft eingestuft.³ „Deutschen Mädchen" sollte auf diese Weise unmissverständlich vermittelt werden, dass ein Verstoß gegen normative Vorgaben gesellschaftlichen Boykott und letztlich den Ausschluss aus der „Volksgemeinschaft"⁴ bedeute.

Solche und andere behördlicherseits oder wie hier im öffentlichen Raum artikulierten Äußerungen erklären zu einem Gutteil die zeitweiligen Überlegungen für ein generelles Verbot der „Ausländerehen". Eine entsprechende Anordnung konnte sich aus verschiedenen Gründen zwar nie endgültig durchsetzen, doch dürften Vorstöße, die auf ein Eindämmen und mögliches Verhindern solcher „unerwünschten" Beziehungen ausgerichtet waren, das Agieren unterschiedlicher beteiligter Institutionen und Entscheider sicherlich maßgeblich mitgeprägt haben.⁵

Jüngere Forschungen zum Tatbestand „Verbotener Umgang" offerieren verschiedene Einordnungsmöglichkeiten zu rassen- und geschlechterpolitischen Interventionen des Staates wie der Durchdringung der Sphäre des Intim-Privaten. Sie konturieren den prophylaktischen Abschreckungscharakter der Maßnahmen, die übergreifende Doppelmoral im Bereich des Sexuellen wie auch den stabilen Nexus von Militär und Männlichkeit bzw. Krieg und

---

2 Birthe Kundrus, „Die Unmoral deutscher Soldatenfrauen". Diskurs, Alltagsverhalten und Ahndungspraxis 1939–1949, in: Kirsten Heinsohn/Barbara Vogel/Ulrike Weckel (Hrsg.), Zwischen Karriere und Verfolgung. Handlungsräume von Frauen im nationalsozialistischen Deutschland, Frankfurt a. M. 1997, S. 96–110.

3 Reichspropagandaleiter Joseph Goebbels an alle Gauleiter und an alle Gaupropagandaleiter, 12. 9. 1940, BArch, NS 18/1137.

4 Über den Begriff und die konzeptionellen Schwierigkeiten können hier keine weiteren Ausführungen erfolgen. Vgl. nur, da auch den Forschungsstand resümierend, Detlef Schmiechen-Ackermann/Marlis Buchholz/Bianca Roitsch/Christiane Schröder (Hrsg.), Der Ort der „Volksgemeinschaft" in der deutschen Gesellschaftsgeschichte, Paderborn 2018.

5 Siehe für grundsätzliche personenstandsrechtliche und institutionelle Kontexte Christoph Lorke, Liebe verwalten. „Ausländerehen" in Deutschland 1870–1945, Paderborn 2020.

Sexualität.⁶ Daneben vertiefen zahlreiche lokalhistorische Falluntersuchungen das Thema.⁷ Dieser Beitrag hat nicht den Anspruch, diese Liste zu erweitern. Vielmehr geht es darum, exemplarisch und in einer historisch längeren Perspektive Kontinuitäten aufzuzeigen, denn die eingangs erwähnten Wahrnehmungen und Ausdeutungen weiblicher Grenzüberschreitung sowie die darauf folgenden ablehnenden und sanktionierenden Reaktionen in Form von Eheverboten waren keineswegs „neu", sondern wohl eher eine ungeahnte, NS-spezifische Radikalisierung überkommener Interpretamente und eine Zuspitzung zuvor angelegter Handlungslogiken.

Hiervon ausgehend und durch die Analyse des Wechselspiels zwischen Bürokratie und Öffentlichkeit plädiert der Beitrag dafür, diesen nationalsozialistischen Tatbestand zur Steuerung von Sexualität und Intimleben der Bevölkerung in größere ideen-, geschlechter- und rechtsgeschichtliche Zusammenhänge einzubetten. Sowohl die Vorgeschichte als auch – wenigstens in einem kurzen Ausblick skizziert – die Nachwirkung solcher Eheverbote gilt es demzufolge näher zu betrachten. Das erlaubt zum einen weiterführende Gedanken zu interkulturell-intimen Imaginationen und deren konkreten Wirkungen in verschiedenen gesellschaftlichen Kontexten. Zum anderen gestattet ein solcher Zugriff, die Verbindungslinien rassistischer und geschlechtsspezifischer Ungleichheitsideologie über Zugehörigkeiten, gesellschaftliche und politische Ein- und vielmehr noch Ausschlussmechanismen sowie (Des-)Integrationsprozesse in einer längeren historischen Perspektive zu betrachten.

Skeptizismus und Ablehnung interkultureller Paarbeziehungen und Ehen vor 1933

Wenn im Folgenden einerseits die Rolle der Öffentlichkeit, andererseits die der Institutionen in den Blick genommen wird, um die mannigfachen Ausdeutungen des hier interessierenden Interkulturell-Intimen in gebotener Kürze zu umreißen, so kann dies kaum erschöpfend geschehen. Stattdessen werden die grundlegenden ideellen Voraussetzungen, wesentlichen Weichenstellungen und strukturellen Entwicklungen nachgezeichnet, die den Grundstein für den

---

6 Vgl. Birthe Kundrus, Verbotener Umgang. Liebesbeziehungen zwischen Ausländern und Deutschen 1939–1945, in: Katharina Hoffmann/Andreas Lembeck (Hrsg.), Nationalsozialismus und Zwangsarbeit in der Region Oldenburg, Oldenburg 1999, S. 149–170.
7 Siehe etwa Gisela Schwarze, Es war wie Hexenjagd ... Die vergessene Verfolgung ganz normaler Frauen im Zweiten Weltkrieg, Münster 2009.

späteren Umgang mit „unerwünschten" Beziehungen bzw. Eheschließungen gelegt haben. Um spätere Wahrnehmungs- und Verfahrensweisen mit binationalen oder interkulturellen Paarkonstellationen zu verstehen, lohnt zunächst ein Blick zurück in das letzte Drittel des 19. Jahrhunderts.[8]

Mit der Einführung der Zivilehe auf deutschem Boden und der reichsweiten Schaffung von Standesämtern 1871/75 gingen zunehmende Spezialisierungen, Ausdifferenzierungen und letztlich auch Modernisierungen einher. Die in den neu geschaffenen Institutionen wirkenden Standesbeamten trugen die Verantwortung für die Rechtsgültigkeit einer jeden Eheschließung. Sie hatten bezogen auf das Entscheiden – das Erlauben oder Verweigern einer bestimmten Heirat – eine kaum zu unterschätzende Bedeutung und fungierten folglich als *die* Eintrittstore in den nationalen Heiratsmarkt. Bezogen auf die hier interessierenden Paarbeziehungen, bei denen einer der beteiligten Partner nicht im Besitz der deutschen Staatsangehörigkeit war, avancierten die Standesämter zu einem ersten interkulturellen Begegnungsort zwischen dem „Eigenen" und dem „Fremden". Dieser Umstand unterstreicht deren immense Bedeutung als maßgebliche Akteure bei der ersten Einordnung, späteren Klassifizierung und letztendlichen Regulierung grenzüberschreitender Intimität.

Eheschließungen mit Ausländer:innen: Die mannigfach miteinander verwobenen Entscheidungsprozesse bei dem institutionellen Umgang mit dieser Konstellation fußten zwar im ausgehenden 19. Jahrhundert, wirkten aber im Wesentlichen bis in die Zeit des Nationalsozialismus hinein. Sie basierten auf einem komplizierten personenstandsrechtlichen Verfahren, das im Großen und Ganzen bis heute Gültigkeit besitzt: Sobald einer der Verlobten beim örtlich zuständigen Standesamt nicht den Nachweis erbringen konnte, dass er oder sie die deutsche Staatsangehörigkeit besitzt, musste ein von der Heimatbehörde ausgestelltes Ehefähigkeitszeugnis vorgelegt werden, wodurch privatrechtliche Hindernisse für die Eheschließung ausgeschlossen werden konnten. Allerdings stellten einige, insbesondere außereuropäische Staaten wie die USA, die Türkei, Japan oder China solche Zeugnisse nicht aus.[9] In solchen Fällen oblag es dem

---

8   Historisch ist das Thema bislang kaum erforscht; vgl. aber Lore Kleiber/Eva-Maria Gömüsay, Fremdgängerinnen. Zur Geschichte bi-nationaler Ehen in Berlin von der Weimarer Republik bis in die Anfänge der Bundesrepublik, Bremen 1990; jüngst Michael Jeismann, Die Freiheit der Liebe: Paare zwischen zwei Kulturen: eine Weltgeschichte bis heute, München 2019.

9   Vgl. zu den Ordnungsfunktionen des Standesamtes und wesentlichen Entwicklungslinien Christoph Lorke, (Un-)Ordnungen in der mobilen Moderne. Grenzüberschreitungen von Paaren als nationalstaatliche Herausforderung (1900–1930), in: Archiv für Sozialgeschichte 57 (2017), S. 259–279.

Präsidenten des zuständigen Oberlandesgerichtes, über die Befreiung von der Beibringung des Ehefähigkeitszeugnisses zu entscheiden. In unklaren bzw. strittigen Angelegenheiten konnten auch oberste Reichsbehörden eingeschaltet werden. Damit waren zwar der Willkür nicht Tür und Tor geöffnet, doch verstand es der Staat doch, effektiv Zugriff auf entsprechende Verehelichungen und somit kontrollierend Macht auszuüben und – falls dies als nötig erachtet wurde bzw. durchsetzbar war – ordnend einzugreifen.

Auffällig ist hierbei eine latente behördliche Skepsis bei Prozessen des Heraus- (der deutschen Frau) bzw. Hereinheiratens (des „fremden" Mannes), ja ein institutionelles Misstrauen bei bestimmten Paarkonstellationen.[10] Dies hing mit den Formen zeitgenössischer Wissensproduktion über national exogam heiratende Paare zusammen, die nicht nur in den damit betrauten Verwaltungen selbst, sondern gleichzeitig auf anderen gesellschaftlichen Ebenen entstanden war. Wenn etwa die *Neue Hamburger Zeitung* im Jahr 1912 in Berichten über eine „Völkerschau" in der Elbestadt abfällig über „auf die arabische Art" flirtende „junge Damen" schrieb und ein solches Verhalten als „widerlich und schamlos" stigmatisierte,[11] wurden damit bereits deutlich die Grenzen gesellschaftlich-kulturell-sittlich akzeptierter Regeln markiert. Andere Beobachter unterstellten in solchen Fällen eine „Verleugnung des Rassebewußtseins"[12] oder meinten, eine „rassische Schamlosigkeit" bzw. „nationale Würdelosigkeit"[13] ausmachen zu können.

Solche und viele weitere vergleichbare Beispiele, die noch durch eine Vielzahl weiterer ähnlicher Verlautbarungen ergänzt werden könnten, reproduzierten und verstärkten existierende ethnische wie geschlechtliche Hierarchien, die in jenen Jahren im Wesentlichen auf kolonial-imperialistische Deutungsschemata zurückzuführen waren. Flankiert war dies von den Eheverboten in einzelnen – nicht nur deutschen – Kolonien, um „Mischehen" rechtlich einen Riegel vorzuschieben. Diese Maßnahmen spiegelten einen ausgeprägten Wunsch nach Ordnung und Kontrolle sozialer Verhältnisse, nicht zuletzt durch rechtliche Einschränkungen und entsprechendes Verwaltungshandeln. Ein solches von der Öffentlichkeit zu großen Teilen sanktioniertes Herangehen verdeutlicht den

---

10 Vgl. etwa für Partnerinnen und Partner mit chinesischer Staatsangehörigkeit samt Beispielen Christoph Lorke, Shifting Racial Boundaries and Their Limits. German Women, Non-European Men, and the Negotiation of Sexuality and Intimacy in Nazi Germany, in: Genealogy 4 (2020) 1, S. 30, https://doi.org/10.3390/genealogy4010030.
11 Rassenschande, in: Neue Hamburger Zeitung, 8. 6. 1912.
12 Die Perversität gewisser deutscher Frauen, in: Sexual-Probleme, 1912, S. 516 f.
13 Die Post, 8. 3. 1912, zit. nach Fatima El-Tayeb, Schwarze Deutsche. Der Diskurs um „Rasse" und nationale Identität 1890–1933, Frankfurt a. M./New York 2001, S. 149.

Zusammenhang zwischen der Stabilisierung gesellschaftlicher Geschlechterverhältnisse und dem Wirken institutioneller Praxis.[14]

Die anvisierte, umfassende Regulierung von Sexualität und ihre geschlechtliche Aufladung begründeten letztlich das institutionelle Misstrauen gegenüber binationalen bzw. interkulturellen Eheschließungen – allerdings mit Einschränkungen, denn betroffen waren keineswegs alle Paarkonstellationen. Entscheidend war zum einen die Herkunft des fremden Partners, wobei die Eigenschaften „christlich" und „europäisch" eine weniger kritische institutionelle Bewertung nach sich zog.[15] Das Misstrauen war aber noch aus anderen Gründen stark asymmetrisch, wurde das Herausheiraten von Frauen ungleich stärker mit Argwohn bedacht als unerwünschte Ehen von Männern, was auf die interdependente Wahrnehmung der Kategorien Geschlecht, Nation, Kultur, Religion und „Rasse" und somit die Intersektionalität des Problemkomplexes und daraus resultierende Ungleichheiten zurückzuführen ist.[16] Letztlich zog die biologische Reproduktion von Nation und Ethnie gewissermaßen zwangsläufig bestimmte rhetorisch-argumentative Verfahren nach sich, die darauf zielten, Frauen in ihren Entscheidungen als naiv und leichtsinnig abzuwerten, die weibliche Sexualität als potenzielle Gefahr zu begreifen und so die mutmaßlich leichter verführbaren, als ungleich stärker vulnerabel imaginierten Frauen institutionell wie symbolisch-öffentlich gegenüber den als rational und resilienteren, als Garanten weiblichen Schutzes vorgestellten Männern in einer niedrigeren Position zu halten.

Für Geschlechterbeziehungen und Identitätsvorstellungen im 19. und 20. Jahrhundert zentral waren dabei zeitgenössische Ehrvorstellungen,[17] die eine herausragende Rolle bei der interpretatorischen Einbettung interkulturell-intimer Grenzüberschreitungen spielten. Denn aus Sicht vieler männlicher Beobachter und Entscheider verletzte eine unerwünschte Ehe zunächst die weibliche, in einem weiteren Schritt die männliche Ehre und somit das Streben nach normativer Sexualreinheit. Diese galt es durch präventive, patriarchalisch motivierte und protektionistische Verfahren (wie etwa den nur auf die Frau beschränkten

---

14 Siehe für eine kolonial vergleichende Perspektive Birthe Kundrus, Transgressing the Colour Line: Policing Colonial „Miscegenation", in: Oliver Janz/Daniel Schönpflug (Hrsg.), Gender History in a Transnational Perspective, New York 2014, S. 219–242.
15 Siehe Christoph Lorke, Undesired Intimacy: German-Chinese Couples in Germany (1900s–1940s), in: The History of the Family 24 (2019), S. 560–584.
16 Vgl. Sara McDougall/Sarah M. S. Pearsall, Introduction: Marriage's Global Past, in: Gender & History 29 (2017) 3, S. 505–528, hier S. 513.
17 Ute Frevert, Ehre – männlich/weiblich. Zu einem Identitätsbegriff des 19. Jahrhunderts, in: Tel Aviver Jahrbuch für deutsche Geschichte 21 (1992), S. 21–68.

Verlust der Staatsangehörigkeit durch Eheschließung) zu begrenzen. Umgekehrt erfuhren vergleichbare, von Männern vollzogene Grenzüberschreitungen in der Regel keine derartige Ablehnung – Anzeichen für die antifeministische, antiemanzipatorische und letztlich hochgradig misogyne Überwölbung von Geschlechterbeziehungen und ihrer Wahrnehmung.[18]

Dieses Herangehen zeitigte unterschiedliche Folgen. Typisch sowohl für das Kaiserreich als auch die Weimarer Republik waren beispielsweise Hinweise auf den vermeintlichen Experimentalcharakter verschiedener Paar- bzw. Ehe-Konstellationen – vor allem dann, wenn Muslime oder Männer aus Ostasien beteiligt waren. Anlehnungen an tradierte Deutungsmuster („Harem" oder „Polygamie") sind auf eine imperiale bzw. (post-)koloniale Überlegenheit zurückzuführen und standen symbolisch-verdichtet für eine Gefährdung monogamer Ehekonzepte, wodurch wiederum die Vorherrschaft des (christlichen/weißen) Mannes bedroht schien. Diese Deutungsmuster verstärkten führende Standesbeamte, wenn sie behaupteten, die „Vielweiberei" verstoße gegen die „deutschen guten Sitten und auch gegen den deutschen Rechtsgrundsatz der Einehe".[19]

Deutlich wird an diesem Beispiel die Reproduktion zeitgenössischer politischer und sozialer Machtbeziehungen, die ihre Reflexionsfläche wiederum in Nah- und Intimbeziehungen und ihrer Wahrnehmung finden. Die hier zum Ausdruck kommende verbreitete Skepsis führte letztendlich dazu, etwa deutschen Frauen, die die Ehe mit einem türkischen Mann schließen wollten, einen Text laut vorlesen zu lassen, der sie über das türkische Eherecht informierte und vor etwaigen Konsequenzen nach einer Ehescheidung warnte.[20] Eine grenzüberschreitende Eheschließung war demnach also zwar noch möglich, ging aber mit einer individuellen Demütigung und Entmündigung der Frau einher. Die argwöhnische Herangehensweise, damit zusammenhängende, zu Handlungsroutinen gewordene Anschauungen sowie eingeübte Entscheidungsroutinen wirkten sich auf das administrative Agieren aus und verknüpften sittlich-moralische, rassisch-biologische und demografische Argumente und Ängste miteinander. Dieser Wahrnehmungs- und Handlungsmodus rekurriert auf imaginierte ethnisch-religiöse Homogenisierungsvorstellungen und damit verbundene

---

18 Für Belege vgl. Lorke, Racial Boundaries.
19 Paul Heiber, Die Eheschließung von Ausländern, in: Zeitschrift für Standesamtswesen 9 (1929), S. 63 f., 77–79, 94–96, hier S. 94.
20 Ergänzungen zu der in Nr. 15 vom 1. Januar 1921 dieser Zeitschrift veröffentlichten „Zusammenstellung der Übergangsbestimmungen und zeitgemäßen Verfügungen usw. bezüglich der jetzigen Neuordnung der Aufgebote und Eheschließungen", in: Zeitschrift für Standesamtswesen 6 (1922), S. 61–67, hier S. 66 f.

Regelungen von Zugehörigkeit, auf denen ehepolitische Verfahren ab den frühen 1930er-Jahren im Lichte radikaler rassisch-biologischer Ausdeutung des Intimen basierten.

Die genannten Punkte – Zuschreibungen „fremder" Intimität mit allen Folgen sowie die abwertenden Ausdeutungen im Falle „eigener" abweichender Sexualität mitsamt entsprechenden Verfahrensweisen in Behörden und Öffentlichkeit, die wiederum häufig auf erotische Fantasien, Klischees und Vorurteile ausgerichtet waren – sind wichtig, um das Funktionieren des Tatbestandes „Verbotener Umgang" zu verstehen. Gewiss, zwischen der standesamtlichen Praxis in Kaiserreich und Weimarer Republik und den nationalsozialistischen Ehepolitiken der 1930er-Jahre verläuft keine gerade Linie. Vielmehr sind scheinbare Teleologien und vermeintliche Zwangsläufigkeiten bei der „Politisierung der Lust" (Dagmar Herzog) und hinsichtlich institutioneller Zugriffe auf Individuen gründlich zu hinterfragen und kontingente Handlungsräume – sowohl aufseiten der Verwalter als auch der Verwalteten – für die historische Analyse zu bedenken und ernst zu nehmen. Gleichwohl lassen sich zahlreiche Verbindungslinien einer überkommenen rassistischen und geschlechtsspezifischen Ungleichheitsideologie und Modi der In- und Exklusionspolitiken via Heiratsregulierung festhalten, die auf eine näher zu bestimmende Kombination längerfristiger Zuschreibungsmuster und Umgangsweisen auf der einen und kurzfristige Radikalisierungen und Dynamisierungen auf der anderen Seite deuten.

Denn mit der „Machtergreifung" der Nationalsozialisten meinte (die erwünschte und geforderte) Sexualität und folglich eine Eheschließung nunmehr idealiter einen Akt zwischen „rassereinen" Partnern der „Volksgemeinschaft", ansonsten drohte eine „Versündigung" gegen dieselbe mit – so die verbreitete Befürchtung – unabsehbaren Folgen.[21] Die sexuell-intimen Moralvorstellungen[22] waren seither ungleich stärker auf die Leitlinien nationalsozialistischer Ehepolitik ausgerichtet: Die Ehe galt alsbald als ein Ort „leistungsorientierter Arterhaltung", wie es Gabriele Czarnowski treffend beschrieben hat. Alle Mitglieder der „Volksgemeinschaft" und insbesondere die deutsche Frau und Mutter hatten umstandslos im Dienst einer „rassenpolitischen Erziehung" zur Erhaltung der eigenen Art zu stehen.[23] Dabei müssen In- und Exklusionsprozesse sowie die Dimensionen Gewalt und Ungleichheit stets zusammengedacht – dynamische Formen von Ungleichheit als Wechselspiel von Geschlechterverhältnissen – und

---

21 Kundrus, Unmoral, S. 107.
22 Wolfgang Bialas, Moralische Ordnungen des Nationalsozialismus, Göttingen 2014.
23 Gabriele Czarnowski, Das kontrollierte Paar. Ehe- und Sexualpolitik im Nationalsozialismus, Weinheim 1991.

in die historische Analyse einbezogen werden, um grundlegende Funktionslogiken der nationalsozialistischen Gesellschaft erkennen zu können.[24] Innerhalb dieses Funktionssystems war der Tatbestand des „Verbotenen Umgangs" in eine Reihe von weiteren gesetzgeberischen Maßnahmen eingebettet, die – sieht man einmal von den familienpolitischen oder eheförderenden Maßnahmen wie dem Ehestandsdarlehen („positive Eugenik") ab – allesamt auf Intervention und Prävention durch Abschreckung, Sanktionierung und Kriminalisierung zielten. Das „Blutschutzgesetz" des Jahres 1935 verbot die Heirat und den außerehelichen Geschlechtsverkehr zwischen Juden und Nichtjuden. Es war ein Mittel zur „Reinhaltung des deutschen Blutes" und bildete einen zentralen Bestandteil der nationalsozialistischen Rassenideologie. Das Gesetz betrachtete jeden Verstoß als „Rassenschande" und bestrafte die Täter drakonisch.[25] Darüber hinaus sollte das „Ehetauglichkeitsgesetz" ein Zustandekommen solcher Ehen verhindern, die nicht als „erbgesund" galten. Das spezifische Geflecht von Gesetzen bot einen wirksamen Eingriffsmechanismus, um bestimmte Vorstellungen von nationaler und Bevölkerungspolitik aufrechtzuerhalten.[26]

Diese und weitere Techniken zeigten sowohl Kontinuität als auch Wandel an: Die Rassengesetze von 1935 waren neu, doch die Rolle der Standesbeamten war inzwischen gut etabliert. Mit anderen Worten: Die nationalsozialistischen Ziele, die auf der traditionellen Kontrolle grenzüberschreitender Ehen aufbauten, erschwerten „Mischehen" auch anderer Zusammensetzungen weiter – auch wenn der Umgang mit Partnern etwa aus China, Japan oder dem Nahen und Mittleren Osten in diesen Gesetzen nicht explizit thematisiert wurde, was Unsicherheiten bei den Standesbeamten und übergeordneten Behörden wie auch den heiratswilligen Paaren hervorrief. Das war auch der Grund, warum das Regime in der Folgezeit alles daransetzte, den Kreis potenzieller Heiratspartner zu verengen, wobei zunächst die „Zugehörigkeit der Ägypter, Iraker, Iraner, Perser und Türken zur arischen Rasse"[27] definitorisch geklärt werden musste – ein letztlich unmögliches Unterfangen, allen voran aufgrund außenpolitischer Rücksichtnahmen.[28]

---

24 So das Plädoyer bei Klaus Latzel/Elissa Mailänder/Franka Maubach, Geschlechterbeziehungen und „Volksgemeinschaft". Zur Einführung, in: dies. (Hrsg.), Geschlechterbeziehungen und „Volksgemeinschaft", Göttingen 2018, S. 9–26.
25 Vgl. den Beitrag von Alexander Schmidt in diesem Band.
26 Vgl. Gisela Bock, Zwangssterilisation im Nationalsozialismus. Studien zur Rassenpolitik und Geschlechterpolitik, Opladen 1986.
27 So der entsprechende Titel einer Sitzung im Auswärtigen Amt am 1. Juli 1936, die eine von zahlreichen solcher Zusammenkünfte war. Vgl. die Überlieferung in PA AA, R 99174.
28 Vgl. Lorke, Undesired Intimacy.

Nicht zuletzt in Anbetracht der vielen Unsicherheiten zielten die Bemühungen insbesondere seit dem Kriegsausbruch darauf, den Umgang mit „Fremdvölkischen", so weit es möglich war, zu unterbinden. Solche und andere Verbote verweisen auf die gängigen interkulturell-intimen Vorstellungswelten und deren Prägekräfte, ebenso wie sie behördliche Lern- und Anpassungsprozesse offenlegen. Dabei war die Liste an Vorkehrungen weitaus länger: Die unter Beteiligung mehrerer Reichsministerien durchgeführten Diskussionen um ein generelles Verbot von Eheschließungen deutscher Staatsangehöriger mit Ausländer:innen wurden im August 1939 kriegsbedingt zunächst zwar nicht weiter verfolgt. Im Sommer 1940 wurden jedoch weitere Maßnahmen „zum Schutze des deutschen Blutes und der deutschen Ehre" beschlossen. Demnach sollten Eheschließungen zwischen Deutschen und Polen gänzlich verhindert werden. (Außerehelicher) Geschlechtsverkehr zwischen beiden Gruppen wurde als nicht vereinbar mit der „Ehre des deutschen Volkes" gesehen, wobei ein Verstoß gegen die „Ehrenpflicht" des/r Einzelnen verschiedene „staatspolizeiliche Zwangsmittel" nach sich ziehen konnte. Darüber hinaus wurde ausländischen Arbeitnehmern aus damals verbündeten Staaten (Italienern, Slowaken, Ungarn usw.) ein Merkblatt in der jeweiligen Muttersprache ausgestellt, das mit Arbeitsantritt unterschriftlich bestätigt werden musste. Hierin war ein Verbot intimen Verkehrs zu deutschen Staatsangehörigen – gemeint waren vorrangig Frauen – formuliert, und zwar mit der unzweideutigen Begründung, ein solches Verhalten würde „in Zeiten, in denen die deutschen Männer an der Front stehen, eine unnötige Verärgerung und Beunruhigung der Bevölkerung"[29] hervorrufen. Doch nicht nur Arbeiter waren mit solchen Beschränkungen konfrontiert. In einem „Merkblatt für Ausländer während ihres Aufenthaltes im Deutschen Reich", das vermutlich aus dem Herbst 1941 stammte und von der Reichspropagandaleitung der NSDAP vertrieben wurde, erfasste eine Übersicht wichtige ehe- und intimpolitische Verordnungen wie das „Gesetz zur Verhütung erbkranken Nachwuchses", das „Blutschutzgesetz" sowie das „Ehegesundheitsgesetz", um eine Kontaktminimierung durch Abschreckung zu erzielen. Der Hinweis, deutsche Frauen stünden unter „unserem besonderen Schutz" und verdienten mithin „unsere besondere Achtung", begründete die unmissverständliche Aufforderung „von Ihnen als Gast in Deutschland"[30] nach respektvoller Haltung diesen gegenüber.

29 Reichsführer SS, Maßnahmen zum Schutze des deutschen Blutes und der deutschen Ehre, 14. 6. 1940, PA AA, R 99176; Merkblatt „Verhalten deutscher Mädchen gegenüber Ausländern" [1941], BArch, NS 18/440.
30 Merkblatt für Ausländer während ihres Aufenthaltes im Deutschen Reich [vermutlich Herbst 1941], BArch, NS 18/1135, Bd. 2.

Anlässe zu solchen und weiteren vorsorgenden Maßnahmen[31] gab es aus Sicht der politisch Ausführenden seither offenbar reichlich. So teilte das Rassenpolitische Gauamt in Bochum den zuständigen Kreisleitern in einem Rundschreiben im Jahr 1940 mit, „dass in letzter Zeit Beziehungen artfremder Ausländer zu deutschen Mädchen" zugenommen hätten. Vor allem handelte es sich dabei um Araber, Iraner, Türken, Afghanen, Armenier und Inder, „die besonders in den Großstädten Unterschlupf gefunden haben". Diese „unerwünschten" Beziehungen müssten fortan, lautete die Aufforderung an die zuständigen NSDAP-Kreisleiter, genauestens dokumentiert werden.[32] Weil jedoch „artfremde" Ausländer, um die es hier ging, in den „Nürnberger Gesetzen" wenige Jahre zuvor keine explizite Erwähnung gefunden hatten, musste aus Sicht des Propagandaministeriums eine Aufklärung auf anderem Wege erfolgen. Als Orientierungshilfe wurden 12 Merksätze formuliert, die in performativer Hinsicht vieles über die gewünschte Mobilisierung solcher Vorgaben verraten. Leitsätze wie Nummer 5 („Halte das deutsche Blut rein") oder Nummer 8 („Deutsches Mädchen, Deine Zurückhaltung gegenüber Fremdblütigen ist keine Beleidigung. Im Gegenteil: Jeder anständige Ausländer wird Dich deswegen besonders achten.") bestätigen das unablässige Streben nach einer „Reinhaltung des Blutes", die als unbedingte „Pflicht" eines jeden Deutschen dem Volk gegenüber betrachtet wurde.[33]

In diesem Zusammenhang lässt sich zudem ein verstärktes behördliches Kontroll- und Disziplinierungsbedürfnis gegenüber der (sehr heterogenen) Gruppe ausländischer Studenten feststellen, nachdem durch verschiedene Vorkommnisse ein „würdeloses Verhalten" deutscher „Mädchen und Frauen" gegenüber „fremdrassigen Ausländern" diagnostiziert worden war.[34] Die Folge waren verschiedene Präventionsmechanismen wie die „Merksätze für Studenten", die ab Frühjahr 1941 verstärkt an Schwarzen Brettern der Hochschulen angebracht wurden und bei Immatrikulation zur Kenntnis genommen werden mussten. Professoren sollten deren Befolgung sicherstellen, auch der Dozenten- und Studentenbund sowie die Hitlerjugend waren bei der Popularisierung sowie

---

31 Zu grundsätzlichen Praktiken siehe Nicolai Hannig/Malte Thießen (Hrsg.), Vorsorgen in der Moderne. Akteure, Räume und Praktiken, Berlin/Boston 2017.

32 NSDAP, Gauleitung Westfalen-Süd, Gauamt für Rassenpolitik Bochum, Rundschreiben Nr. 10/40 an alle Kreisleiter der NSDAP, 3. 9. 1940, Landesarchiv Nordrhein-Westfalen (LAV NRW) W, NSDAP Kreis- und Ortsgruppenleitung, Nr. 34.

33 Reichspropagandaleiter Goebbels an alle Gauleiter und an alle Gaupropagandaleiter, 12. 9. 1940, BArch, NS 18/1137.

34 Heinz Boberach (Hrsg.), Meldungen aus dem Reich 1938–1945. Die geheimen Lageberichte des Sicherheitsdienstes der SS, 17 Bde., Herrsching 1984, hier Bd. 5, Meldung Nr. 103, 8. 7. 1940, S. 1358, vgl. Silke Schneider, Verbotener Umgang. Ausländer und Deutsche im Nationalsozialismus. Diskurse um Sexualität, Moral, Wissen und Strafe, Baden-Baden 2010, S. 256.

Überwachung und Einhaltung dieser Vorgaben einzubeziehen. „Deutschen Mädchen" hingegen sollte unmissverständlich vor Augen gehalten werden, ein Verstoß gegen diese Vorschriften bedeute den gesellschaftlichen Ausschluss aus der „Volksgemeinschaft".[35]

Hier lassen sich abermals patriarchal motivierte, auf einen (von Männern zu garantierenden) Solidarschutz abzielende Akte der Grenzziehung nachweisen, die nicht zwingend eine Eheschließung verhindern wollten, sondern vielmehr jegliche denkbaren Intimkontakte zu unterbinden suchten – und zwar mit bewährter Argumentation. Das ging typischerweise einher mit Beschwörungen von den imaginierten Folgen „rassischer" und völkischer Unterwanderung sowie der Fiktion einer „volkstumspolitische[n] Gefahr".[36] Distanzwahrung, Prävention, Abwertung und doppelte Moralisierung waren die Kernpunkte nationalsozialistischer Verhinderungspolitik unerwünschter intimer Kontakte und potenzieller Grenzüberschreitungen, die in zweifacher Hinsicht wenigstens gebrochen an frühere Überlegungen anknüpften: zum einen die vermeintliche „Aufdringlichkeit", „Lästigkeit" wie „Unnachgiebigkeit" der „fremden" Männer, die als illegitime „Eindringlinge" auf dem heimischen Partnermarkt und gleichsam als „Eroberer" die deutsche Frau bedrohten, auf der anderen Seite die sich nun selbst „fremd" gebärdende deutsche Frau, die aufgrund mangelnder Zurückhaltung und wachsender Naivität das Verhalten des „Anderen" provoziere. Denn insgesamt fehle es den Frauen „an Würde und Sicherheit im Auftreten", während ihnen das „Ausländertum" der Männer „offensichtlich imponiert" habe, wie im Januar 1942 aus Halle/Saale bezüglich italienischer Arbeiter gemeldet wurde. Die hier erkennbare tendenzielle Pathologisierung der betreffenden Frauen diente einer Plausibilisierung der ergriffenen, auf die Abwertung der Frau zielenden Argumentation und fand ihre drastische Fortführung: Denn nach Ansicht der Berichterstatter handelte es sich „häufig um den weniger wertvollen Teil der deutschen Bevölkerung", der „oft" mit „stark ausgeprägter Sexualität" versehen gewissermaßen zwangsläufig – so die implizite Deutung – die intime Grenzüberschreitung erzwinge. Mithilfe vergleichbarer Zuschreibungen wurden Frauen auch in Potsdam (hier war die Rede von einer „Anzahl charakterlich haltloser deutscher Mädchen"[37]) und an vielen anderen Orten im Reich charakterisiert.

---

35 Notiz im Reichspropagandaministerium, 21. 4. 1941, BArch, NS 18/583.
36 Insa Eschebach, „Verkehr mit Fremdvölkischen". Die Gruppe der wegen „verbotenen Umgangs" im KZ Ravensbrück inhaftierten Frauen, in: dies. (Hrsg.), Das Frauen-Konzentrationslager Ravensbrück. Neue Beiträge zur Geschichte und Nachgeschichte, Berlin 2014, S. 154–173.
37 Alle genannten Zitate stammen aus Boberach, Meldungen aus dem Reich, Nr. 253, 22. 1. 1942, BArch, R 58/168, Bd. 24.

Solche und andere auf Herabsetzung zielende Beschreibungen dienten in didaktischer Hinsicht nicht nur dazu, mögliche Nachahmerinnen einer intimen Grenzüberquerung vor den zu erwartenden individuellen wie gesellschaftlichen Folgen zu warnen, sondern auch dazu, die restliche Bevölkerung zu mobilisieren. Denn wenn ein möglichst breiter Konsens hinsichtlich einer Ablehnung solcher Paarkonstellationen erzielt werden konnte, war es umso leichter, gesetzliche oder andere präventive Maßnahmen zu rechtfertigen. Dass ein solches Vorhaben wenigstens teilweise von Erfolg gekrönt war, darauf deuten die zahlreichen Denunziationen in Fällen des „Verbotenen Umgangs" hin.[38] Praktiken der Denunziation sind in diesem Kontext kaum zu unterschätzen. Sie halfen vermutlich in entscheidendem Maße dabei, den Tatbestand „Verbotener Umgang" seit spätestens Ende 1940 zu einem Massendelikt werden zu lassen. Entsprechende Meldungen und Auskünfte waren auch hier durchaus ein verlässliches staatliches Herrschaftsinstrument sowie offenbar verbreitete soziale Praxis und standen auf diese Weise symptomatisch für das von Robert Gellately so beschriebene typische „System der Selbstüberwachung" im Nationalsozialismus.[39]

Mechanismen des Beobachtens und Klassifizierens von für die Intimordnung vermeintlich gefährlichen „Fremden" lassen sich auch an zahlreichen anderen lokalen Beispielen nachweisen. Dabei genügten nicht selten Bagatellen und mitunter gewagte Mutmaßungen, hinter denen Nachbarschaft wie Behörden sexuellen Verkehr vermuten konnten. Ein Beispiel ist der Fall eines 32-jährigen iranischen Arztes in Berlin-Charlottenburg, der zu Beginn des Jahres 1943 zum Unwillen der Hausbewohner durch lautes Abspielen des Radioapparates und Tanzen bis in die frühen Morgenstunden wiederholt die Nachtruhe gestört haben soll. Vor allem waren es die beiden 30-jährigen Untermieterinnen, die zeitweise bei dem Mediziner lebten und offenbar allein schon deshalb den Argwohn ihrer Umwelt weckten. Angesichts der Mitbewohner:innen waren andere Mieter im Haus gar „außer sich, daß es ein Ausländer wagt, dessen Landsleute [...] Hunger leiden, sein Gastrecht in unserem Deutschland zu mißbrauchen, mit unseren deutschen Frauen Orgien feiert, die sich schämen sollten".[40] Nur ansatzweise nachgedacht werden kann hier über die jeweiligen Motivationen.

---

38 Iris Siemssen, Das Sondergericht und die Nähe: Die Rechtsprechung bei „verbotenem Umgang mit Kriegsgefangenen" am Beispiel von Fällen aus dem Kreis Plön, in: Robert Bohn/Uwe Danker (Hrsg.), „Standgericht der inneren Front". Das Sondergericht Altona/Kiel 1932–1945, Hamburg 1998, S. 233–262.

39 Robert Gellately, Gestapo und Terror. Perspektiven auf die Sozialgeschichte des nationalsozialistischen Herrschaftssystems, in: Alf Lüdtke (Hrsg.), „Sicherheit" und „Wohlfahrt". Polizei, Gesellschaft und Herrschaft im 19. und 20. Jahrhundert, Frankfurt a. M. 1992, S. 371–392, hier S. 391.

40 Rassenpolitisches Amt an das Auswärtige Amt, 24. 2. 1943, PA AA, R 99175.

Bei einigen Denunzierenden spielte sicherlich eine gewisse Schadenfreude, Neid oder Missgunst,[41] bei anderen ein ausgeprägter Voyeurismus eine Rolle, während wiederum andere die intimpolitischen Vorgaben verinnerlicht haben dürften. Denn Denunziationen konnten wohl nur deswegen solche Bedeutung entfalten, weil es zu dieser Zeit entsprechende langjährig „eingeübte" Verfahrensweisen mit tatsächlichen oder vermuteten weiblichen Grenzüberschreitungen gegeben hat.

Konkrete Sanktionen konnten sehr unterschiedlich ausfallen: Wurden solche Intimbeziehungen entdeckt, waren die Konsequenzen oft drastisch, was abermals das Konzept der „Ehre" in Verbindung mit Moral als inklusive normative Ordnung hervortreten lässt, der gruppenstabilisierende, sinn-, orientierungs-, identitäts- und gemeinschaftsbildende Bedeutung zugeschrieben wurde.[42] Beide Körper – der der „eigenen" Frau sowie der des „fremden" Mannes – hatten für das Regime zur Verfügung zu stehen, entweder als Arbeits- oder als reproduktive Ressource, weshalb eine absolute Unterbindung individuell-freizügiger Sexualität anvisiert wurde und eine Sakralisierung des Blutes der deutschen Frau bei gleichzeitiger Monopolisierung des deutschen Mannes nach sich zog. Empörung und harte Ahndung waren demzufolge auch in der öffentlichen Berichterstattung über „intime Grenzverletzungen" üblich, denn diese fokussierten im Modus prophylaktischer Abschreckung auf formal-schablonenhafte Interpretationen: Von „Erniedrigung" der deutschen Ehre und „Ehrlosigkeit" bzw. „Ehrvergessenheit" war dabei regelmäßig die Rede, wobei solche Topoi als Schamsymbol imaginierter Nationalkollektive eine Verletzung des „gesunden Volksempfindens" andeuteten, um das Verhalten deutscher Frauen gegenüber ausländischen Zwangsarbeitern oder Kriegsgefangenen als würde- und ehrlos zu klassifizieren und harte Strafen vorzubereiten. Dieses Vorgehen spiegelt paternalistische und auf Solidarschutz abzielende Akte der Grenzziehung, deren Leidtragende in der Regel der nichtdeutsche Mann und die deutsche Frau waren. Gerade öffentlichkeitswirksame Aktionen im Modus präventiver Delegitimierung – wie neben der massenmedialen Kommentierung die öffentliche Anprangerung deutscher Frauen mitsamt entsprechender Zurschaustellung von (Ohn-)Macht und Schamsymbolik[43] – unterstrichen eine „Sensationslust auf sexuellem

---

41 Jens Adamski, Verbotener Umgang mit Zwangsarbeitern, in: Clemens Heinrichs (Hrsg.), Eine – keine – reine Stadtgesellschaft. Oberhausen im Nationalsozialismus 1933 bis 1945, Oberhausen 2012, S. 318.
42 Ludgera Vogt, Zur Logik der Ehre in der Gegenwartsgesellschaft: Differenzierung, Macht, Integration, Frankfurt a. M. 1997, S. 179.
43 Vgl. Ute Frevert, Die Politik der Demütigung. Schauplätze von Macht und Ohnmacht, Frankfurt a. M. 2017.

Gebiet".⁴⁴ Vermutlich konnte das Regime hier in einem großen Spektrum des Publikums auf (teils vor 1933) erlerntes Disziplinierungswissen vertrauen.

Die letzten Kriegsjahre standen im Lichte einer sich noch vergrößernden Unsicherheit, nicht nur bezogen auf das Kriegsgeschehen selbst, sondern auch im Verfahren mit binationalen und interkulturellen Eheschließungen, die ebenso die Verwaltung des Regimes betrafen. Normativer Anspruch war die ungebrochene Umsetzung des Umgangsverbotes, die in rigiden Verfolgungspraktiken ihren Niederschlag fand, ferner in weiteren Gesetzen, die zusätzliche Limitierungen nahelegen: Der „Führererlass über die Fernhaltung international gebundener Männer von maßgebenden Stellen in Staat, Partei und Wehrmacht" vom 19. Mai 1943 ist hierfür ein prominentes Beispiel. Zwar griff er in Teilen frühere Überlegungen bezüglich eines generellen Verbotes nationaler „Mischehen" auf, doch war dies eher eine auf bestimmte Berufsgruppen bezogene Kompromisslösung, da eine verbindliche und umfassende Durchsetzung eines Eheverbotes auch wegen etwaiger negativer Reaktionen aus dem Ausland als undurchführbar eingeschätzt wurde. Dass im Reich selbst, etwa aus außenpolitischer Rücksichtnahme und/oder dank der Hartnäckigkeit beteiligter Verlobter,⁴⁵ aber auch außerhalb der Grenzen⁴⁶ oder an der „Ostfront"⁴⁷ bis Kriegsende immer wieder ursprünglich unerwünschte „Mischehen" zustande kamen, zeigt die partielle Uneinigkeit der Entscheider diesbezüglich und deutet auf die überaus volatilen Grenzen des Konstruktes „Volksgemeinschaft".

***

Das Thema „Verbotener Umgang" lässt unverkennbar tradierte, abwertendfrauenfeindliche Interpretationsmuster des Intimen erkennen. Staatliches Ziel waren Sittlichkeit, Moral, „rassisches Wohlverhalten" und die Ausrichtung auf die bedingungslose Reproduktionsbereitschaft möglichst aller Mitglieder der „Volksgemeinschaft". Anhand des Tatbestands lässt sich nachvollziehen, inwiefern individuelles Sexualverhalten seit 1933 ungleich stärker als zuvor öffentliche

---

44 Kundrus, Liebesbeziehungen, S. 157.
45 Vgl. Harumi Shidehara Furuya, Nazi Racism Toward the Japanese. Ideology vs. Realpolitik, in: Nachrichten der Gesellschaft für Natur- und Völkerkunde Ostasiens 157–158 (1995) S. 17–75.
46 Detlef Brandes, „Umvolkung, Umsiedlung, rassische Bestandsaufnahme". NS-„Volkstumspolitik" in den böhmischen Ländern, München 2012, S. 48–52; 214–216.
47 Maren Röger, Von Fischotter und seiner Frau. Besatzungsalltag und NS-Rassenpolitik am Beispiel eines deutschpolnischen Paares im Generalgouvernement, in: Historische Zeitschrift 299 (2014) 4, S. 70–98.

Angelegenheit war. Die Nobilitierung des rassisch-ethnisch „Eigenen" bei gleichzeitiger Marginalisierung und letztlich kompromissloser Exklusion des „Anderen" – hier des „Fremdvölkischen" bzw. „Fremdblütigen" – konnte dabei in Teilen anhand der Kategorie des „Barbarischen" auf erprobte Techniken des Kulturimperialismus und ein triumphal daherkommendes national-ethnisches Sendungs- und Entschließungsbewusstseins zurückgreifen. Strategien der Abgrenzung und Politiken der „rassischen", nationalen und ethnischen Verortung verschärften sich unter diesen Vorzeichen noch einmal und begründeten die mit dem vermeintlichen Eindringen des „Fremden" verbundenen Verunglimpfungen und Stilisierungen als angeblich soziales Dauerproblem. Dies hatte bereits vor 1933 funktioniert, erhielt nun aber eine völlig neue Radikalität und einen neuen Möglichkeitsraum für die konkrete und weitgehend ungehemmte Durchsetzung. Deutlich hervor treten die intersektional zu interpretierenden Zusammenhänge zwischen „Volksgemeinschaft" und Geschlecht in der sozialen Praxis.[48] Letztlich lässt sich eine frappierende kulturell-symbolische Codierung des weiblichen Körpers konstatieren, die das Regime in brutaler Weise für sich zu nutzen wusste.

Dieses Herangehen war jedoch mitnichten voraussetzungslos, sondern kumuliertes Produkt vergangener Zuschreibungen – und folglich in der Lage, auf vielfältige Weise in den Jahren nach 1945 Wirkung zu entfalten. Denn genauso wenig wie das Jahr 1933 in Bezug auf die Geschlechterstereotype und die hierarchisierte Wahrnehmung von Fremden eine harte Zäsur darstellte, gilt dies für die Zeit nach dem Ende des Zweiten Weltkrieges. Vielmehr lassen sich zahlreiche Überhänge interpretatorischer, struktureller wie mentaler Art erkennen, was nicht zuletzt mit der weitgehenden personellen Kontinuität in vielen Behörden – also auch in den Standesämtern – in Zusammenhang stand.[49] So stigmatisierte, um nur ein Beispiel zu nennen, ein evangelischer Pfarrer deutsche Frauen, die einen muslimischen Mann zu ehelichen gedachten, im Jahr 1966 als „Perserbräute", die – so eine Fortführung früherer Pathologisierungsmuster – „meist aus sehr einfachen Verhältnissen, oft aus geschädigten Familien" kommend iranische Männer aus unterschiedlichen Gründen heiraten wollten („Abenteuerlust, Trotz, Auffallenwollen, Jungmädchenschwärmerei", „Reiz der

---

48 Kirsten Heinsohn, Volksgemeinschaft und Geschlecht. Zwei Perspektiven auf die Gesellschaftsgeschichte des Nationalsozialismus, in: Schmiechen-Ackermann/Buchholz/Roitsch/Schröder (Hrsg.), Ort der „Volksgemeinschaft", S. 245–258, hier S. 253–255.
49 Vgl. nur die Ausführungen bei Frank Bösch/Andreas Wirsching (Hrsg.), Hüter der Ordnung: Die Innenministerien in Bonn und Ost-Berlin nach dem Nationalsozialismus, Göttingen 2018; siehe auch Rita Chin u. a., After the Nazi Racial State. Difference and Democracy in Germany and Europe, Ann Arbor 2009.

Fremdheit, oft des Exotischen"). Diesen aus seiner Sicht ausgesprochen gewagten Schritt würden sie indes bald bereuen: „Wenn wir nur gewußt hätten, was uns hier erwartete! Warum hat uns niemand gewarnt, warum haben wir uns nicht warnen lassen?"[50] Diese und vermutlich zahlreiche weitere Beispiele stammen aus der Feder bundesdeutscher Beobachter, die in ihren Interpretationen selbst auf Früheres zurückgriffen. Es wird Aufgabe der künftigen Forschung sein, solche Deutungsmuster intimer Grenzüberschreitung systematischer und auch im deutsch-deutschen Vergleich zu untersuchen und davon ausgehend danach zu fragen, in welchen Variationen sich der Tatbestand des „Verbotenen Umgangs" dabei zeigt.

---

50 Vortrag des Pfarrers Lyko aus Bad Boll; Protokoll der 19. Konferenz für Ausländerfragen am 2. 6. 1966 im Dienstgebäude des Kirchlichen Außenamtes der Evangelischen Kirche in Frankfurt am Main, PA AA, B 92/339.

ALEXANDER SCHMIDT

„Rassenschande" und „verbotener Umgang"

Die Nürnberger Gesetze als Modell für rassistische Ausgrenzung

Die Nürnberger Gesetze waren nicht die ersten, aber die wichtigsten Gesetze zur rechtlichen Ausgrenzung einer Bevölkerungsgruppe in Deutschland während des Nationalsozialismus. Mit Hilfe der Gesetze selbst und vor allem mit den auf sie bezogenen Verordnungen und Ausführungsbestimmungen gelang es den für den nationalsozialistischen Staat tätigen Juristen, Finanz- und Verwaltungsbeamten in nur fünf Jahren, die deutschen Juden und Jüdinnen nahezu vollständig aus der deutschen Gesellschaft auszugrenzen, sie rechtlos in ein gesellschaftliches und soziales Ghetto zu verbannen sowie ihren „Finanztod"[1] zu organisieren, wie Hans Günther Adler die weitestgehende Handlungsunfähigkeit der deutschen Juden mangels finanzieller Mittel genannt hat. Die Nürnberger Gesetze beinhalten unter anderem ein diskriminierendes Staatsbürgerrecht und verboten Ehen und „Verkehr" zwischen Juden und Nichtjuden, wobei mit dem Begriff „Verkehr" insbesondere Geschlechtsverkehr gemeint sein sollte – ein ähnlich undeutlicher Begriff wie „Umgang" bezogen auf den Kontakt mit Zwangsarbeitern. Das rassistisch motivierte Verbot von geschlechtlichen Beziehungen haben die Nürnberger Gesetze mit den Polen-Erlassen und anderen Vorschriften gegen den „verbotenen Umgang" mit Ausländern gemeinsam.[2]

---

1 Hans G. Adler, Der verwaltete Mensch. Studien zur Deportation der Juden aus Deutschland, Tübingen 1974, S. 183.
2 Vgl. zu den Nürnberger Gesetzen grundlegend die zahlreichen Beiträge von Cornelia Essner, vor allem: Cornelia Essner, Die „Nürnberger Gesetze" oder die Verwaltung des Rassenwahns 1933–1945, Paderborn 2002; Magnus Brechtken/Hans-Christian Jasch/Christoph Kreutzmüller/Niels Weise (Hrsg.), Die Nürnberger Gesetze – 80 Jahre danach. Vorgeschichte, Entstehung, Auswirkungen, Göttingen 2017; grundlegend zu den Polen-Erlassen: Silke Schneider, Verbotener Umgang. Ausländer und Deutsche im Nationalsozialismus. Diskurse um Sexualität, Moral, Wissen und Strafe, Baden-Baden 2010.

Wurzeln und Vorläufer der Nürnberger Gesetze

Die Debatte um eine sogenannte Rassereinheit beschäftigte deutsche Intellektuelle seit dem 19. Jahrhundert und wurde rechtlich konkret in der Gesetzgebung für die Kolonien des Deutschen Kaiserreichs. Während Juden und Jüdinnen mit der Verfassung von 1871 erstmals so etwas wie volle Bürgerrechte erhielten (allerdings ohne das Wahlrecht für Frauen, gleichgültig welcher Religion) und von einer „jüdischen Rasse" im Gesetzgebungskontext keine Rede war, wurden für die deutschen Kolonien mit Verordnungen zum Verbot von sogenannten Rassemischehen erste Ansätze einer rassistischen Rechtsordnung entwickelt.[3] Diese und weitere Überlegungen zur Regelung von „Mischehen", zum Rechtsstatus von „Mischlingen" etc. spielten jedoch nach 1933 bei der Debatte um eine rassistische Gesetzgebung bezogen auf Juden und Jüdinnen in Deutschland keine Rolle – obwohl hinter beidem eine ähnliche rassistische Denkweise steckt.

Die nationalsozialistischen Juristen taten sich sichtlich schwer, die krude Rassenideologie in anwendbare Gesetze und Verordnungen zu überführen. Blut, Rasse, „Würde zum Deutschtum", Zugehörigkeit zur Volksgemeinschaft und manch anderer Begriff oder Formulierung spielten hier eine Rolle. Die (angeblich) „arische Rasse" sollte geschützt werden – was auch immer darunter konkret zu verstehen war. Bereits in einer ersten grundlegenden Denkschrift führender NS-Juristen mit dem Titel „Nationalsozialistisches Strafrecht" von 1933 benannte Staatssekretär Roland Freisler, später berüchtigter Präsident des Volksgerichtshofs, eine aus seiner Sicht grundlegende Lücke im bisherigen deutschen Strafrecht: „Ich denke an den Schutz des Volkes selbst, seiner Bluts- und Schicksalsgemeinschaft, wie sie in Jahrtausenden gewachsen ist. Der Schutz dieser Blutsgemeinschaft – der Rasse – ist dem jetzigen Strafrecht fremd. Der Schutz dieser durch Ströme von Blut geheiligten Schicksalsgemeinschaft ist dem deutschen Strafrecht unbekannt."[4] Diesem aus Sicht rassistischer Juristen wichtigen Problem widmete sich die Denkschrift an zentraler Stelle unter dem Titel „Schutz von Rasse und Volkstum", allerdings nur auf zweieinhalb Seiten, was die Unsicherheit bei Begrifflichkeit und genauer Stoßrichtung von Regelungen des Rassenbegriffs bereits andeutet.[5] Hier wird formuliert, dass Rassenvermischung

---

3 Vgl. Cornelia Essner, Von Windhuk nach Nürnberg, in: Brechtken/Jasch/Kreutzmüller/Weise, Nürnberger Gesetze, S. 25–36.
4 Roland Freisler, Gedanken zur Strafrechtserneuerung, in: Hanns Kerrl (Verantwortlicher), Nationalsozialistisches Strafrecht. Denkschrift des Preußischen Justizministers, Berlin 1933, S. 6–9 (Zitat S. 7).
5 Vgl. Kerrl, Nationalsozialistisches Strafrecht, S. 47–49.

durch Strafandrohung zu verhindern sei. Gemeint waren hier „Juden, Neger oder sonstige Farbige", die nicht mehr „in das deutsche Blut aufgenommen" werden sollten.[6] Mit dem neu definierten Straftatbestand des „Rasseverrats" sollte die vonseiten der nationalsozialistischen Juristen unerwünschte sogenannte Rassevermischung vermieden werden. Von Anfang an spielte das Ziel eines Ehe- und Beziehungsverbots mit „Rassefremden" (oder wie auch immer sie bezeichnet werden) im Denken der nationalsozialistischen Juristen, aber auch im Denken weiter Kreise der Gesellschaft eine Rolle – wobei sich dies in erster Linie auf Beziehungen mit Juden und Jüdinnen bezog.

Das „Gesetz zur Wiederherstellung des Berufsbeamtentums" von 1933 grenzte nicht nur politisch missliebige Beamte aus, sondern setzte mit seinem „Arierparagraphen" erstmals den Ausschluss von Beamten „nicht arischer Abstimmung" um. Die Erste Durchführungsverordnung zum Gesetz legte fest: „Als nicht arisch gilt, wer von nicht arischen, insbesondere jüdischen Eltern oder Großeltern abstammt. Es genügt, wenn ein Elternteil oder ein Großelternteil nicht arisch ist. Dies ist insbesondere dann anzunehmen, wenn ein Elternteil oder ein Großelternteil der jüdischen Religion angehört hat."[7]

Das Gesetz bezog sich damit auf eine arische Rasse, die offenbar mehr sein sollte als nicht-jüdisch. Trotz dieses von Anfang an problematischen Rassenbegriffs im Nationalsozialismus sind bestimmte Ziele der rechtlichen Ausgrenzung, vor allem aber der Verhinderung einer sogenannten Rassevermischung nicht nur bei den nationalsozialistischen Juristen, sondern auch in der deutschen Gesellschaft mindestens seit dem Kaiserreich virulent. Dies zeigte sich beispielsweise in der großen Popularität des Romans „Sünde wider das deutsche Blut" von Artur Dinter, der mit seiner Theorie einer „Imprägnierung" durch einmaligen Geschlechtsverkehr mit einem Juden dem sich wissenschaftlich gebenden Rassismus einer „deutschen Rassenhygiene" widersprach. Zahllose weitere pseudowissenschaftliche Veröffentlichungen, ganze Zeitschriftenreihen bis hin zum antisemitischen Hetzblatt *Der Stürmer*, das Julius Streicher seit 1923 in Nürnberg herausgab, forderten dabei mit unterschiedlichen Konzepten sogenannte Rasseeinheit und wandten sich in teils extrem polemischer und menschenverachtender Art gegen eine angebliche „jüdische Rasse" und eine „Rassenmischung". So war eine gesetzliche Regelung auf diesem Gebiet eine Bringschuld der Nationalsozialisten, die in Kreisen der nationalsozialistischen

---

6   Beide Zitate ebenda, S. 47.
7   Erste Verordnung zur Durchführung des Gesetzes zur Wiederherstellung des Berufsbeamtentums vom 11. April 1933, zitiert nach: http://www.documentarchiv.de/ns/1933/berufsbeamtentum_vo01.html.

Juristen intensiv diskutiert wurde. Die öffentlich ausgeübte Gewalt gegen Juden im Sommer 1935, also im Vorfeld der Nürnberger Gesetze, baute zusätzlichen Druck auf, über derartige Aktionen auf der Straße hinauszukommen und die nationalsozialistische Rassenideologie in dauerhaft geltendes Recht zu überführen.[8]

Entstehung, Inhalt und Verkündung der Nürnberger Gesetze – und ein mediales Desaster

Am 15. September 1935, an einem Sonntagabend um 21:00 Uhr, wurden in Nürnberg vom dort zusammengetretenen, nur aus nationalsozialistischen Abgeordneten bestehenden Reichstag die später so genannten Nürnberger Gesetze beschlossen.[9] Dies war durchaus ungewöhnlich: Außer beim Reichsparteitag 1935 wurde keiner der ab 1933 jährlich in Nürnberg stattfindenden Reichsparteitage als Rahmen für eine Gesetzesverkündung benutzt. Nur dieses eine Mal war in Nürnberg der „gleichgeschaltete" Reichstag zusammengetreten. Unmittelbarer Anlass für die kurzfristige Aktion war ein Zwischenfall in New York, wo amerikanische Hafenarbeiter eine Hakenkreuzflagge auf einem deutschen Schiff heruntergerissen hatten. Darauf wollte man mit der in Nürnberg einberufenen Reichstagssitzung reagieren und die Hakenkreuzflagge zur Nationalflagge aufwerten.

Das erste der Nürnberger Gesetze war daher das sogenannte Reichsflaggengesetz, das die Hakenkreuzflagge zur „Reichs- und Nationalflagge" erhob. Eigentlich hat aber das Reichsflaggengesetz mit den beiden anderen, wirklich historisch bedeutsamen Nürnberger Gesetzen wenig zu tun. Zum Zeitpunkt des New Yorker Flaggenzwischenfalls, weniger als eine Woche vor der Verkündung der Nürnberger Gesetze, dachte wohl noch niemand daran, dass noch zwei weitere gegen die deutschen Juden gerichtete Gesetze beschlossen werden würden. Noch am 12. September 1935 ahnte offensichtlich auch der inhaltlich eng mit dem Themenfeld Rassengesetzgebung befasste Reichsärzteführer und Leiter des Hauptamts für Volksgesundheit Gerhard Wagner davon nichts. In seiner mit antisemitischen Klischees durchzogenen Rede in Nürnberg auf dem Partei-

---

8 Christoph Kreutzmüller, Gewalt gegen Juden im Sommer 1935, in: Brechtken/Jasch/Kreutzmüller/Weise, Nürnberger Gesetze, S. 71–88.
9 Vgl. Essner, „Nürnberger Gesetze", S. 112–154 mit einer Widerlegung der apologetischen Darstellung der Ereignisse durch den beteiligten „Rassereferenten" Bernhard Lösener (Bernhard Lösener, Als Rassereferent im Reichsinnenministerium, in: Vierteljahrshefte für Zeitgeschichte 9 [1961], S. 263–313).

kongress beim Reichsparteitag zum Thema einer angeblichen Notwendigkeit der „Reinerhaltung des Blutes" sagte Wagner: „Neben der Erziehung und der Beeinflussung der seelischen Haltung waren und sind auf diesem Gebiet gesetzliche Maßnahmen notwendig. Deshalb wird der nationalsozialistische Staat in Kürze durch ein Gesetz zum Schutze des deutschen Blutes die weitere Bastardisierung durch neue Mischehen mit Juden verhindern."[10]

Dass „in Kürze" nur ganze drei Tage später bedeutete, hat Wagner selbst überrascht, wie er beim Reichsparteitag im Jahr darauf zugab. Um „rassischen und biologischen Verfall" aufzuhalten, müsse man sich, so Wagner im September 1936 in Nürnberg, mit dem „Geburtenrückgang, dem Anschwellen kranker und untüchtiger Erbanlagen in unserem Volke und schließlich der blutsmäßigen Vermischung unseres Volkes mit fremden, uns nicht artverwandtem, insbesondere jüdischem Blut" auseinandersetzen.[11] Und weiter: „Als ich im vorigen Jahre an dieser Stelle die Notwendigkeit eines Gesetzes zum Schutze des deutschen Blutes herausstellte, dachte keiner von uns, daß der Führer wenige Tage später seinem Volke mit kühnem Entschluß die Nürnberger Gesetze [...] bescheren würde."[12]

Die Bemerkungen zeigen einerseits, dass ein derartiges Gesetz seit Langem zu den Zielen nationalsozialistischer Politiker und Juristen gehörte, andererseits, dass es mehr oder weniger Zufall war, dass es nun so schnell ging und die Gesetzgebung bereits während des Reichsparteitags 1935 vollzogen wurde. Der Reichstag trat am 15. September im Gebäude des Industrie- und Kulturvereins am Nürnberger Frauentorgraben zusammen. Zunächst eröffnete Göring als Reichstagspräsident die Sitzung. Vor der Gesetzesverkündung ergriff Hitler das Wort und ging auf die Umstände der Zusammenkunft in Nürnberg ein: „Der Ort wurde gewählt, weil er durch die nationalsozialistische Bewegung in einem innigen Zusammenhang steht mit den Ihnen heute vorzulegenden Gesetzen, die Zeit, weil sich die weitaus größte Zahl der Abgeordneten als Parteigenossen noch in Nürnberg befinden."[13] Ob der „innige Zusammenhang" Nürnbergs mit dem Nationalsozialismus wirklich eine Rolle bei der Ortswahl spielte, ist allerdings fraglich, denn eigentlich ging es um ein öffentlichkeitswirksames Statement wegen des Zwischenfalls mit einer Hakenkreuzflagge in New York. Der auch

---

10 Der Parteitag der Freiheit vom 10.–16. September 1935. Offizieller Bericht über den Verlauf des Reichsparteitages mit sämtlichen Kongressreden, München 1935, S. 98 (kein Herausgeber oder Autor).
11 Der Parteitag der Ehre vom 8.–14. September 1936. Offizieller Bericht über den Verlauf des Reichsparteitages mit sämtlichen Kongressreden, München 1936, S. 151 (kein Herausgeber oder Autor).
12 Parteitag der Ehre 1936, S. 151.
13 Parteitag der Freiheit 1935, S. 255.

international beachtete Reichsparteitag bot sich bestens als Bühne dafür an, die Hakenkreuzflagge als Reichsflagge offiziell aufzuwerten.

Nach längeren Auslassungen über die Wehrmacht kam Hitler erst im letzten Drittel seiner Rede auf die geplanten Gesetze selbst zu sprechen, die notwendig seien, um angebliche jüdische Angriffe abzuwehren. „Die Deutsche Reichsregierung ist dabei beherrscht von dem Gedanken, durch eine einmalige säkulare Lösung vielleicht doch eine Ebene schaffen zu können, auf dem es dem deutschen Volke möglich wird, ein erträgliches Verhältnis zum jüdischen Volke finden zu können."[14] Doch schon im nächsten Satz nahm Hitler dies teilweise wieder zurück: „Sollte sich diese Hoffnung nicht erfüllen, die innerdeutsche und internationale jüdische Hetze ihren Fortgang nehmen, wird eine neue Überprüfung der Lage stattfinden."[15] Hitler kündigte also mehr oder weniger an, die schon bekannte Politik der Mischung aus Gewalt gegen Juden und anschließender schärferer Gesetzgebung auch weiter fortzusetzen.

Im Anschluss begründete und verlas Hermann Göring die kurzfristig ausformulierten Gesetze, mit denen er sich offensichtlich noch nicht näher beschäftigt hatte: Seitenlang begründete er den angeblich tiefen Sinn des Reichsflaggengesetzes (hier hatte Göring sich vorbereitet) und versuchte dann einen bemühten Übergang zu den anderen Teilen der Nürnberger Gesetze: Neben der äußeren Freiheit (Reichsflaggengesetz) müsse auch die innere Freiheit (gemeint ist die sogenannte Reinheit des Blutes) errungen werden. Wirklich begründet wurde das Gesetz durch den Reichstagspräsidenten allerdings nicht. Görings Verlesung wurde auch im Rundfunk übertragen, geriet aber zum rhetorischen Desaster. Joseph Goebbels notierte in sein Tagebuch: „Dann verliest Göring die Gesetze und ‚begründet' sie. Fast unerträglich. Der Rundfunk wird abgestellt."[16] Tatsächlich spielte der Rundfunk statt der weiteren Redeübertragung Musik, und Göring wurde genötigt, einen Teil seiner Rede noch einmal im Radiostudio geändert zu sprechen, was dann später erneut im Radio gesendet wurde. Das wenig überzeugende Original der Verkündung der Nürnberger Gesetze hat so die nationalsozialistische Propaganda erfolgreich aus der Überlieferung getilgt. Dennoch war dieser Vorgang propagandistisch ein nachhaltiger Misserfolg. In einem Stimmungsbericht der Gauleitung Oberbayern hieß es dazu: „Besonders an die schlechte Rundfunkübertragung der Reichstagssitzung aus Nürnberg

---

14 Ebenda, S. 258.
15 Ebenda, S. 258.
16 Elke Fröhlich im Auftrag des Instituts für Zeitgeschichte (Hrsg.), Die Tagebücher des Joseph Goebbels, Bd. 3/I: April 1934–Februar 1936, München 2005, S. 294 (Eintrag am 17. 9. 1935). Vgl. Peter Longerich, „Davon haben wir nichts gewusst!" Die Deutschen und die Judenverfolgung 1933–1945, München 2006, S. 92–96.

knüpft ein Teil der Beamtenschaft alle möglichen Mutmaßungen und es mussten diese mit der Begründung zerstreut werden, dass in Nürnberg zu dieser Zeit ein starkes Gewitter niederging."[17]

Die missglückte Präsentation änderte jedoch nichts an der fatalen Wirkung, die die Nürnberger Gesetze für die deutschen Juden und Jüdinnen hatten. Das Reichsbürgergesetz strebte eigentlich eine Änderung der Weimarer Verfassung an, die im Nationalsozialismus formal weitergalt, nämlich Artikel 109 I: „Alle Deutschen sind vor dem Gesetz gleich." Dem setzte das neue Gesetz entgegen: „Reichsbürger ist nur der Staatsangehörige deutschen oder artverwandten Blutes, der durch sein Verhalten beweist, daß er gewillt und geeignet ist, in Treue dem deutschen Volk und Reich zu dienen."[18]

Dieser Satz mit dem undeutlichen Begriff des „Reichsbürgers" gegenüber dem des Staatsbürgers wirkt nur auf den ersten Blick wie eine Umsetzung des NSDAP-Parteiprogramms Punkt vier und fünf. Dort heißt es: „4. Staatsbürger kann nur sein, wer Volksgenosse ist. Volksgenosse kann nur sein, wer deutschen Blutes ist, ohne Rücksicht auf die Konfession. Kein Jude kann daher Volksgenosse sein. 5. Wer nicht Staatsbürger ist, soll nur als Gast in Deutschland leben können und muß unter Fremdengesetzgebung stehen."[19] Von Volksgenosse oder Staatsbürger war im Reichsbürgergesetz nicht die Rede. Die deutschen Juden blieben auch nach Erlass der Nürnberger Gesetze noch Bürger des Deutschen Reiches, wurden also dadurch zunächst nicht ausgebürgert und standen keineswegs unter „Fremdengesetzgebung", wie es das immer noch gültige, als unveränderbar fast schon sakralisierte Parteiprogramm von 1920 gefordert hatte. Juden und Jüdinnen formal nicht auszubürgern hatte aber wohl einen rein bürokratisch-praktischen Hintergrund: Es ist „für Staaten die Beraubung und Entrechtung von eigenen Staatsangehörigen allemal einfacher als die von Fremden".[20] Obwohl sich die Nürnberger Gesetze gegen die Juden und Jüdinnen innerhalb des Deutschen Reiches richteten, stellt sie eine zeitgenössische Grafik als Mauer gegen ausländische Staaten mit dem Schild „Halt Rassengesetze" dar und verweist auf die Forderung im Parteiprogramm, weitere Einwanderung von Nichtdeutschen zu verhindern.[21]

---

17 Staatsarchiv München, Gauleitung NSDAP, Bl. 137.
18 Reichsbürgergesetz § 2, Satz 1, in: Reichsministerium des Inneren (Hrsg.), Reichsgesetzblatt, Jahrgang 1935, Teil I, Berlin 1935, S. 1146.
19 25-Punkte-Programm der Nationalsozialistischen Deutschen Arbeiterpartei, 24. Februar 1920, http://www.documentArchiv.de/wr/1920/nsdap-programm.html.
20 Hartmut Frommer, Die Nürnberger Rassengesetze. Hitler bahnt mit Scheinlegalität seinen Weg zu höchstem Unrecht, in: Andrea M. Kluxen/Julia Krieger (Hrsg.), Geschichte und Kultur der Juden in Nürnberg, Würzburg 2014, S. 315–346, Zitat S. 330.
21 Alfred Vogel, Erblehre und Rassenkunde in bildlicher Darstellung, Stuttgart 1970, Bl. 70 (siehe Abbildung S. 75).

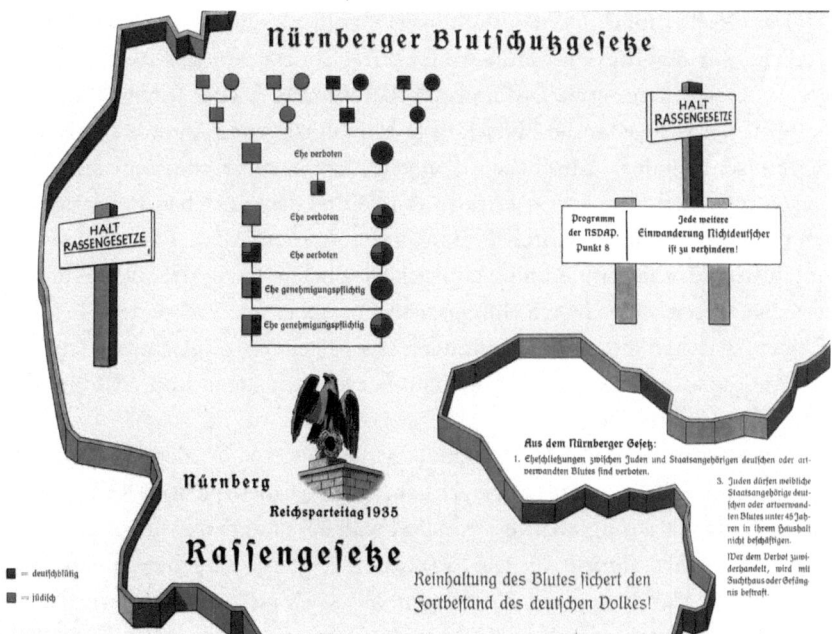

Zeitgenössische grafische Darstellung zu den Nürnberger Gesetzen
bpk / Staatsbibliothek zu Berlin

Der eigentliche Kern der Nürnberger Gesetze war das „Gesetz zum Schutz des deutschen Blutes und der deutschen Ehre". Ihm ist eine bedeutungsschwanger daherkommende Präambel vorgeschaltet, welche eine angebliche „Reinheit des deutschen Blutes" zur „Schicksalsfrage der Deutschen Nation für alle Zukunft" erklärt. Das Gesetz verbot Eheschließungen zwischen – in heutiger Formulierung – Deutschen jüdischen Glaubens und nicht jüdischen Deutschen, sowie „außerehelichen Verkehr".[22] Auf der von Hitler und anderen unterzeichneten Vorlage wurde noch handschriftlich „Geschlechts-" vor dem Wort „Verkehr" gestrichen, ein Indiz für die hektische Formulierungsphase des Gesetzes in Nürnberg.[23] Hauspersonal jüdischen Glaubens unter 45 Jahren durfte nicht mehr in einem nichtjüdischen Haushalt beschäftigt werden. Seltsamerweise taucht in Paragraf 4 nochmals das Thema der Reichsflagge auf, ein Indiz, dass wohl der Gedanke im Raum stand, alles in einem Gesetz zu vereinen.

---

22 Text des Blutschutzgesetzes in: Reichsministerium des Inneren, Reichsgesetzblatt, Jahrgang 1935, Teil I, S. 1146 f.
23 Stadtarchiv Nürnberg A 1 Sept. 1935 (1), online: https://www.1000dokumente.de/index.html?c=dokument_de&dokument=0007_nue&object=facsimile&st=&l=de.

Das Gesetz drohte Zuchthausstrafe bei Zuwiderhandlung an, außerehelicher Verkehr war nur für den Mann strafbar. Die Todesstrafe war zwar nicht vorgesehen, auch wenn etwa *Der Stürmer* diese immer wieder forderte, dennoch hatte auch das sogenannte Blutschutzgesetz sofortige und konkrete Folgen für die deutschen Juden. „Mischehen" konnten nicht mehr geschlossen werden, sogenannte Rassenschande war fortan strafbar, und den jüdischen Hausangestellten musste bis Ende des Jahres 1935 gekündigt werden. All dies kam keineswegs überraschend. Reichsinnenminister Frick hatte schon im Sommer 1935 die Länder angewiesen, „Mischehen" hinauszuzögern, da er ein Verbot der Eheschließungen zwischen Juden und Nichtjuden erwartete. Das „Blutschutzgesetz" veränderte die Stimmung und das Verhältnis zwischen Juden und Nichtjuden in Deutschland nachhaltig.

Insgesamt scheint die Zustimmung zu den Gesetzen bei der nichtjüdischen deutschen Bevölkerung überwogen zu haben, „wobei diese positive Reaktion auffällig häufig mit der Erwartung verknüpft war, dass nunmehr die antijüdischen ‚Einzelaktionen' aufhörten."[24] Die Reaktionen zeigten ein Spektrum von unterschiedlichen Haltungen und Meinungen. Wirklich genau feststellen wird sich Haltung der Deutschen zu den Nürnberger Gesetzen wahrscheinlich nicht mehr lassen – zu fragwürdig ist die Quellenlage.[25] Passive Akzeptanz und Indifferenz haben wohl überwogen. Dies bedeutet jedoch auch: Spätestens ab September 1935, spätestens ab den Nürnberger Gesetzen, mussten sich die deutschen Juden alleine fühlen – und sie waren es zunehmend auch.

Folgen der Nürnberger Gesetze

Das „Blutschutzgesetz" hatte fatale Folgen: Bis 1944 gab es über 2000 Verurteilungen wegen „Rassenschande" und etwa 14 000 Ermittlungsverfahren, was eine erhebliche Bereitschaft zu Denunziation dokumentiert – ähnlich wie dies auch beim sogenannten verbotenen Umgang mit Kriegsgefangenen und Zwangsarbeitern der Fall war.[26] Allerdings waren Todesurteile wegen Rassenschande

---

24 Peter Longerich, Politik der Vernichtung. Eine Gesamtdarstellung der nationalsozialistischen Judenverfolgung, München/Zürich 1998, S. 106.
25 Vgl. Otto Dov Kulka, Die Nürnberger Rassegesetze und die deutsche Bevölkerung im Lichte geheimer NS-Lage- und Stimmungsberichte, in: Vierteljahrshefte für Zeitgeschichte 32 (1984), S. 582–624. Vgl. auch Longerich, „Davon haben wir nichts gewusst", S. 96–100.
26 Alexandra Przyrembel, „Rassenschande". Reinheitsmythos und Vernichtungslegitimation im Nationalsozialismus, Göttingen 2003, S. 441.

eher die Ausnahme, da das Gesetz diese nicht vorsah und so ein Gericht zu gewagten rechtlichen Konstruktionen greifen musste, um ein Todesurteil zu fällen. Das Nürnberger Sondergericht tat dies jedoch in einem skandalösen Unrechtsprozess gegen den Vorsitzenden der Israelitischen Kultusgemeinde Nürnberg Leo Katzenberger mit Verweis auf eine angebliche Ausnutzung der Verdunkelung und damit der Kriegssituation. Der Fall hat durch das Buch „Der Jude und das Mädchen" und durch die Verfilmung unter dem Titel „Leo und Clare" in den 1990er-Jahren eine große Bekanntheit erreicht.[27]

Folgen hatten die Nürnberger Gesetze vor allem wegen zahlreicher sich auf „Reichsbürgergesetz" und „Blutschutzgesetz" beziehenden Verordnungen und Durchführungsbestimmungen. Die Sammlung von Gesetzestexten und Vorschriften zu den Nürnberger Gesetzen von Bernhard Lösener und Friedrich A. Knost aus dem Jahr 1942 enthält allein zum „Blutschutzgesetz" fünf Verordnungen aus den Jahren 1935 bis 1942 nebst zwei Ergänzungen dazu. Diese Regeln legten fest, wie sogenannte Mischlinge im Einzelnen zu behandeln seien, dass für sogenannte Rassenschande nur der Mann zu verurteilen und was unter „Verkehr" zu verstehen sei sowie in welchem räumlichen Bereich und für wen (z. B. Ausländer) das „Blutschutzgesetz" anzuwenden sei.[28]

Wesentlich umfangreicher ist der Verordnungsapparat zum „Reichsbürgergesetz": Nicht weniger als elf Verordnungen nebst weiterer Durchführungsbestimmungen und Ergänzungen wurden zwischen 1935 und 1941 veröffentlicht. Die erste Verordnung definierte, wer die Gruppe der „Reichsbürger" bildete, und erst Paragraf 5 der zweiten Verordnung vom Dezember 1935 stellte klar, was unter „Jude" im Sinne des Gesetzes zu verstehen sei, nämlich derjenige, der drei Großeltern jüdischer Religion habe.[29] Zudem wurden weitere Sonderfälle in Abgrenzung zu sogenannten Mischlingen definiert. Die Religionszugehörigkeit der Großeltern war also entscheidend und nicht irgendwelche sogenannten rassischen Merkmale oder angebliche Bluteigenschaften. Der Nationalsozialismus war demzufolge vor allem die große Zeit der Familienforschung und des Anlegens von Stammbäumen und eben nicht der Messung von Nasen- oder Schädelkrümmungen zur Feststellung angeblicher Rassenmerkmale.

---

27 Isolde Kohl, Der Jude und das Mädchen. Eine verbotene Freundschaft in Nazideutschland, Hamburg 1997.
28 Bernhard Lösener/Friedrich A. Knost, Die Nürnberger Gesetze mit den Durchführungsverordnungen und den sonstigen einschlägigen Vorschriften, Berlin 1942.
29 Die Verfolgung und Ermordung der europäischen Juden durch das nationalsozialistische Deutschland 1933–1945 (VEJ). Bd. I: Deutsches Reich 1933–1937, bearbeitet von Wolf Gruner, München 2008, Dokument 210 (Erste Verordnung), auch online: https://die-quellen-sprechen.de/01-210.html.

Es blieb aber nicht bei Begriffsklärungen: Der Verordnungsapparat zum Reichsbürgergesetz spielte bei der „Ausschaltung der Juden aus dem Wirtschaftsleben" eine wichtige Rolle. Die 3. Verordnung erließ und regelte das Verbot für jüdische Ärzte, Rechtsanwälte und andere Freiberufler, ihren Beruf weiter auszuüben (4., 5., 6. und 8. Verordnung) und verfügte Kürzungen von Pensionen und Renten der entlassenen jüdischen Beamten (7. Verordnung). 1939 wurde auf Basis der 10. Verordnung zum Reichsbürgergesetz die „Reichsvereinigung der Juden in Deutschland" geschaffen, die, so die offizielle Bestimmung, die Auswanderung fördern sollte, aber vor allem auch ein Kontrollinstrument über die noch in Deutschland lebenden Juden war. Die Reichsvereinigung musste zudem eine von der übrigen Gesellschaft getrennte Welt jüdischer Vereine, Schulen, Kulturinstitutionen und Wohlfahrtspflege aufbauen Das geplante Ende jüdischen Lebens in Deutschland spiegelt sich in der elften und letzten Verordnung zum Reichsbürgergesetz wider. Juden, die im Ausland waren, verloren nun ihre Staatsangehörigkeit und ihren gesamten Besitz, zum Beispiel dann, wenn der Deportationszug die deutsche Grenze überschritt.[30]

Die Nürnberger Gesetze waren also einerseits dazu gedacht, sogenannte Rassevermischung durch ein Verbot von Ehe und Liebesbeziehungen zwischen Juden und deutschen Nichtjuden zu verhindern, sie ermöglichten andererseits den schrittweisen Entzug der Bürgerrechte sowie der Staatsbürgerschaft und waren schließlich vor allem auch dazu da, die deutschen Juden und Jüdinnen möglichst vollständig auszuplündern. Am Ende standen die weitestgehende Isolation der deutschen Juden und schließlich ihre Deportation aus Deutschland. Prophetisch schrieb Heinrich Mann 1935 in der Zeitschrift *Die neue Weltbühne*: „Die Ausführungsbestimmungen der ‚Judengesetze' sind genauso kleinlich und peinlich, wie alles, was durch die Hände des deutschen Spießers geht, besonders auf dem Gebiet des Grausigen. [...] Das ist deutsch, nur deutsch, die Genauigkeit im Abscheulichen. Derart sind jetzt die Blutvermischungen sortiert, dreiviertel jüdisches, halbjüdisches, einviertel jüdisches Blut, und jede Sorte wird besonderen Befehlen oder Verboten unterworfen."[31]

So effektiv die Nürnberger Gesetze die Verfolgung der Juden und Jüdinnen im deutschen Machtbereich gesetzlich unterstützten, so unklar blieb, was eigentlich genau eine „jüdische Rasse", was eine „arische Rasse", was „deutsches oder artverwandtes Blut" sei. Diese Unklarheit scheint auch eine wesentliche Ursache dafür zu sein, dass antipolnische und antirussische Stereotype nicht als Feindbild

---

30 Essner, Nürnberger Gesetze, S. 292–326.
31 Heinrich Mann, Die Deutschen und ihre Juden, in: Die neue Weltbühne (1935) 49, S. 1532–1536 (abgedruckt in VEJ, Bd. I, S. 542–545, Zitat S. 544).

einer angeblich idealen (deutschen) Rasse gegenübergestellt werden konnten, da diese in den vorherrschenden Rassetheorien so nicht vorgesehen war.

Im „Irrgarten der Rasselogik" – Elend und der Unsinn der nationalsozialistischen Rassentheorien

Von arischer Rasse ist im Text der Nürnberger Gesetze nicht die Rede. Lapidar stellt die Denkschrift „Nationalsozialistisches Strafrecht" bereits 1933 fest: „Die Begriffe Arier oder Nichtarier sind zu unbestimmt, als daß sie in einem Gesetzestext verwendet werden könnten. Der Begriff ‚Angehörige fremder Blutsgemeinschaften' ist zu wählen."[32] Dies ist umso erstaunlicher, als Adolf Hitler in „Mein Kampf" mehrfach mit den Begriffen des „Ariers" und der „arischen Rasse" operierte. Beschäftigt man sich näher mit den Vorstellungen von Rasse bei nationalsozialistischen und völkischen Ideologen, landet man schnell in einem regelrechten „Irrgarten der Rasselogik".[33] Während die wohl am meisten verbreitete Rassenlehre des politischen Schriftstellers Hans F. K. Günther vier unterschiedliche Rassen in Deutschland („nordisch", „westisch", „ostisch" und „dinarisch") mit dem Idealbild der „nordischen Rasse" präsentierte, blieb dies auch im rassistischen Lager nicht unumstritten.[34] So griff der aus Franken stammende frühe Nationalsozialist, Biologe und Rasseideologe Friedrich Merkenschlager Günther frontal an und bestritt grundsätzlich dessen Rassentheorien – ohne dass man Merkenschlager wirklich als jemanden sehen kann, der den Rassegedanken der Nationalsozialisten grundsätzlich „trotzen" wollte.[35]

In der Sammlung des Dokumentationszentrums Reichsparteitagsgelände befindet sich ein kleines mechanisches Lehrmittel aus Karton. Seine beiden Seiten zeigen Landkarten mit aufgedruckten, angeblich in Europa vorkommenden Rassen, wobei zusätzlich zu den Theorien Hans F. K. Günthers noch die angebliche „ostbaltische" und eine „fälische" Rasse hinzufügt wurden.

32 Kerrl, Nationalsozialistisches Strafrecht, S. 47.
33 Vgl. Cornelia Essner, „Im Irrgarten der Rasselogik". Nordische Bewegung und nationale Frage (1919–1935), in: Historische Mitteilungen 7 (1994), S. 81–101; dies., Die Alchemie des Rassebegriffs und die „Nürnberger Gesetze", in: Jahrbuch für Antisemitismusforschung 4 (1995), S. 201–225; dies., Nürnberger Gesetze, S. 21–75. Vgl. Naika Foroutan/Christian Geulen/Susanne Illmer/Klaus Vogel/Susanne Wernsing (Hrsg.), Das Phantom „Rasse". Zur Geschichte und Wirkungsmacht von Rassismus, Wien/Köln/Weimar 2018.
34 Peter Schwandt, Hans F. K. Günther. Portrait, Entwicklung und Wirken des rassistischnordischen Denkens, Saarbrücken 2008.
35 Friedrich Merkenschlager, Götter, Gräber und Günther, Nürnberg 1926; Gerd Berghofer, Friedrich Merkenschlager. Ein Wissenschaftler trotzt den Rassegedanken der Nazis, Treuchtlingen/Berlin 2010.

Lehrmittel mit der Darstellung von sechs angeblichen Rassen in Europa,
Lindner G.m.b.H. Berlin, ohne Jahr
Dokumentationszentrum Reichsparteitagsgelände DZO-0172

Dreht man an der dazwischen angebrachten, einer Parkscheibe ähnlichen Einlage, erscheinen in ausgestanzten Fenstern willkürliche Zuschreibungen zu diesen Rassen, etwa hinsichtlich ihrer Intelligenz oder Befähigung zur Führung.[36] Bezeichnenderweise kommen Juden und „Zigeuner" in dieser Kategorisierung schon gar nicht mehr vor – sie existieren nicht in diesem rassistisch eingeteilten Europa, aus dem auch die Staaten der Sowjetunion ausgeblendet werden. Als herausragend wird, nahe an Deutschland platziert und ganz im Sinne der Güntherschen Rassetheorie, die „nordische" Rasse präsentiert. Für den Osten Europas werden die „dinarische" und die „ostbaltische" Rasse als angeblich vorherrschend präsentiert – mit verschiedenen schlechten Eigenschaften, bei Intelligenz etwa „derb, schlagfertig und bauernschlau" (dinarisch) und „etwas wirr, Mangel an Wirklichkeitssinn" (ostbaltisch). Da jedoch angeblich diese eher minderwertigen Rassen zu einem gewissen Anteil auch in Deutschland vorkommen,

36 Sammlung Dokumentationszentrum Reichsparteitagsgelände DZO-0172.

war eine an sich den nationalsozialistischen Rassisten naheliegende Vorstellung verbaut – nämlich die von einem rassistisch definierten bolschewistischen „Untermenschen", wie dies vor allem nach Kriegsbeginn propagiert wurde. Wie die angeblichen „Untermenschen" aus Polen und der Sowjetunion rassistisch einzuordnen wären, bleibt damit vollkommen unklar.

Obwohl der Begriff „arische Rasse" auch nach Selbsteinschätzung der rassistischen Ideologen und Juristen unbrauchbar war, wurde er im Schulunterricht weiterhin gelehrt: „Für die Gesamtheit der im deutschen Volke unter dem bestimmenden Einfluß der nordischen Rasse vereinigten eigenrassischen Bestandteile verwendet man den Ausdruck ‚arisch'. Arischer Abstammung ist also ein Mensch, der frei von anderem (fremden) Rasseerbgut (‚Blut') ist. Als fremd gelten außer den Juden alle eingeborenen Rassen der nicht-europäischen Erdteile sowie die Zigeuner."[37]

Nach dieser Definition gibt es, wie auf dem Lehrmittel aus Karton, neben Juden und „Zigeunern" in Europa keine anderen fremden Rassen, was dann auch für Menschen aus Polen oder dem europäischen Teil der Sowjetunion gilt. Und dennoch war die nationalsozialistische Sichtweise auf Menschen polnischer und sowjetrussischer Herkunft unverkennbar rassistisch geprägt. Die durchwegs negativen Zuschreibungen für die „dinarische" und die „ostbaltische" Rasse auf dem Lehrmittel der Franz Lindner GmbH, die angeblich vor allem im Osten vorkommen, sind eine Brücke dahin, Menschen aus dem Osten rassistisch zu sehen und negativ zu bewerten.

Die Nürnberger Gesetze – ein Modell für die Umgangsverbote mit ausländischen Zwangsarbeitern?

Die Nürnberger Gesetze und ihre Umsetzung können in mehrfacher Hinsicht als ein Modell für die späteren Umgangsverbote, für die Polen- (1940) und die Ostarbeiter-Erlasse (1942) angesprochen werden. Die Nürnberger Gesetze hatten gezeigt, wie binnen weniger Jahre ein Teil der deutschen Gesellschaft, die deutschen Juden und Jüdinnen, aus fast allen gesellschaftlichen Zusammenhängen herausgedrängt werden konnte. Menschenverachtende Denkweisen und ein rassistisches Vokabular wurden auch durch die Nürnberger Gesetze in juristischen Texten und im gesellschaftlichen Diskurs auf allen Ebenen salonfähig. Daran konnten die Polen-Erlasse und Umgangsverbote anknüpfen.

---

37 Gustav Franke/Cäsar Schaeffer, Das Leben. Biologisches Unterrichtswerk für höhere Schulen, Bd. 4 A, Leipzig/Berlin 1941, S. 287.

Die Nürnberger Gesetze halfen, die Vorstellung einer „Rassenreinheit" der Deutschen zu etablieren, für die insbesondere die deutsche Frau zuständig sein sollte. Zu den Dingen, die „jedes Mädchen vor der Ehe kennen" müsse, zählte die „Führerin der deutschen Frauen" Gertrud Scholtz-Klink 1934 bei ihrer Rede auf dem Reichsparteitag vor allem auch „Fragen der Rassengesetze".[38] Beim Reichsparteitag 1935 stellte sie neben das geschriebene Gesetz der Wehrpflicht für den Mann „das ungeschriebene Gesetz der Bereitschaftspflicht der deutschen Frau zur Erhaltung dieses Volkes". Hitler stellte anschließend in seiner in Rede vor der NS-Frauenschaft der Frau „ihr Schlachtfeld" vor: „Mit jedem Kind, das sie der Nation zur Welt bringe, kämpfe sie ihren Kampf für die Nation"[39] – wobei ein „rassereiner" Nachwuchs unausgesprochen vorausgesetzt wurde.

Durch die Nürnberger Gesetze wurde ein rassistisch begründetes Eheverbot zu einem selbstverständlichen Teil des Denkens der deutschen Mehrheitsgesellschaft. Die aggressiven Anprangerungen und öffentlichen Demütigungen von Frauen und Männern, die gegen das Umgangsverbot mit Polen verstoßen hatten, sind von den öffentlichen Demütigungen von sogenannten Rasseschändern und -schänderinnen, die Beziehungen zu Juden gehabt hatten, nicht zu unterscheiden.

Auf dem Verbot von Liebesbeziehungen und Ehen zwischen Nichtjuden und Juden konnten die Polen-Erlasse aufbauen. Auch die Radikalisierung des Denkens im Laufe der Jahre, befördert durch den Krieg, half beispielsweise, selbst die Todesstrafe akzeptabel erscheinen zu lassen. *Der Stürmer* hatte bereits 1938 die Todesstrafe für „Rassenschänder" gefordert.[40] Diese radikale Forderung taucht im Zusammenhang mit den Polen-Erlassen wieder auf, und man kann jetzt wie selbstverständlich die Hinrichtung bei verbotener Liebe androhen: „Wer mit einem deutschen Mann oder einer deutschen Frau geschlechtlich verkehrt oder sich ihnen sonst unsittlich nähert, wird mit dem Tode bestraft."[41]

Eine derart radikale Strafandrohung war 1935 im Kontext der Nürnberger Gesetze offensichtlich noch nicht denkbar. Das gesellschaftliche Denken und

---

38 Reden an die deutsche Frau. Reichsparteitag Nürnberg, 8. September 1934, Berlin 1934, S. 10 (Broschüre ohne Herausgebernennung). Vgl. auch Leonie Wagner, Nationalsozialistische Frauenansichten. Vorstellung von Weiblichkeit und Politik führender Frauen im Nationalsozialismus, Frankfurt a. M. 1996, S. 75–82.
39 Zitate von Scholtz-Klink und Hitler in: Parteitag der Freiheit, S. 174 und 176.
40 Vgl. Der Stürmer, Sondernummer 8, Januar 1938, Titelblatt abgedruckt bei Przyrembel, „Rassenschande", S. 190.
41 Faksimile einer der Polen-Erlasse siehe https://de.wikipedia.org/wiki/Polen-Erlasse. Vgl. auch Cord Pagenstecher/Ewa Czerwiakowski, Vor 75 Jahren: Die Polen-Erlasse. Ein zentrales Instrument nationalsozialistischer Ausgrenzungs- und Ausbeutungspolitik, in: zeitgeschichte | online, April 2015, https://zeitgeschichte-online.de/geschichtskultur/vor-75-jahren-die-polen-erlasse.

das gesellschaftliche Klima hatten sich in den fünf Jahren zwischen den Nürnberger Gesetzen und den Polen-Erlassen eindeutig verschärft und radikalisiert. Zunehmend scheint im öffentlichen Verständnis „Rassenschande" mit Juden und mit Polen auf einer Stufe zu stehen. Der Logik der Rassentheorien Hans F. K. Günthers und anderer nationalsozialistischer Rassisten entsprach eine solche Rassenkonstruktion allerdings nicht. Sie verweist aber zurück auf die Grundhaltung gegenüber angeblich oder tatsächlich Fremden in der Ideologie des Nationalsozialismus. Eine weitverbreitete, in mehreren Auflagen erschienene Broschüre des frühen Nationalsozialisten Gottfried Feder forderte bei einer weitgehenden Gleichsetzung von Juden und Ausländern unter der Rubrik „Staatspolitischer Grundsatz, rassepolitisch": „3. Die Ausscheidung der Juden und allen Nichtdeutschen aus allen verantwortlichen Stellen des öffentlichen Lebens. 4. Unterbindung der Zuwanderung von Ostjuden und anderen schmarotzenden Ausländern. Lästige Ausländer und Juden können abgeschoben werden."[42]

Der gedankliche Bodensatz einer derartigen Gleichsetzung von Juden und Ausländern, beide gleichermaßen angeblich „lästig", wird angesichts der Präsenz zahlreicher Fremd- und Zwangsarbeiter während des Krieges wieder virulent, ohne sich an gängige Vorstellungen rassistischer Ideologie zu halten. Kennzeichnend dafür ist ein Rundschreiben der NSDAP, Gauleitung Bayerische Ostmark des Jahres 1942: „Der Pole ist dem Juden gleichgestellt, deshalb ist er auch wie dieser gekennzeichnet. So wie wir keinen anständigen Juden kennen, kennen wir keinen anständigen Polen. Auf die Behandlung von Polen wurde hingewiesen, die gerecht, aber streng und bestimmt ablehnend sein sollte."[43]

Warum haben die Juristen im Nationalsozialismus die Nürnberger Gesetze dann nicht einfach auf die Zwangsarbeiter aus Polen und anderen osteuropäischen Staaten übertragen, sondern mit den Polen- und Ostarbeiter-Erlassen eigene juristische Regelungen geschaffen? Massenhafte (erzwungene) Zuwanderung von Menschen aus Osteuropa lag zur Entstehungszeit der antijüdischen Gesetzgebung Anfang und Mitte der 1930er-Jahre außerhalb der Vorstellungswelt nationalsozialistischer Juristen. Die Gesetzeskommentare zu den Nürnberger Gesetzen legten sich deshalb, ohne eine solche Dimension von Zuwanderung Fremder in der Zukunft als Möglichkeit zu berücksichtigen, frühzeitig

---

42 Gottfried Feder, Das Programm der NSDAP und seine weltpolitischen Grundgedanken, München 1931, S. 35.
43 Rundschreiben NSDAP Gauleitung Bayerische Ostmark Nr. 0024/42 vom 1. 4. 1942, Volkspolitische Aufklärungsarbeit, Staatsarchiv Bamberg, M30, Nr. 1102, zitiert nach: Urszula Lang, Zur Kriminalisierung und Verfolgung der Kontakte zwischen Deutschen und Ausländern während des Zweiten Weltkriegs in Nordbayern. Eine Studie, Neustadt an der Aisch 2017, S. 46.

fest, was „artfremdes Blut" denn sein solle. So heißt es beispielsweise in dem Gesetzeskommentar von Bernhard Lösener und Friedrich A. Knost: „Dem deutschen Blut artverwandt ist das Blut derjenigen Rassen, aus denen sich die geschlossen in Europa siedelnden Völker vorwiegend zusammensetzen. [...] Demnach sind artverwandt im Wesentlichen die Angehörigen der Völker Europas mit Ausnahme der Juden [...] und Zigeuner."[44] Staatssekretär Roland Freisler sagte bei einer Sitzung der Strafrechtskommission im Juni 1936: „Wenn ich z. B. Richter wäre, würde ich keinen Augenblick gezweifelt haben, daß alle Völker Europas bis zu den Russen mit den Ausnahmen, die ich nennen werde, nicht als fremdrassig zu bezeichnen wären. [...] Praktisch würde das darauf hinauslaufen, daß man Juden und Andersfarbige als fremdrassig ansehen würde."[45] In dieser Logik konnte es dann auch 1940 keine polnische Rasse geben, auf die man die Nürnberger Gesetze hätte anwenden können.

Allerdings ist auffällig, dass in der damaligen juristischen Literatur zwar Juden und „Zigeuner" als „im Wesentlichen" die einzigen Artfremden in Europa benannt wurden, dass man aber als Beispiel für geschlossen in Europa siedelnde Völker nie Polen, Russen oder andere osteuropäische Völker benannte: „Das sind nicht nur die nordischen Völker einschließlich der Engländer, sondern auch die Franzosen, Italiener usw."[46] – so beispielsweise die Broschüre „Rassen- und Erbpflege in der Gesetzgebung des Reiches" von Wilhelm Stuckart und Rolf Schiedermair.

Logische Stringenz war nicht das Kennzeichen der nationalsozialistischen Rassenideologie. Dies störte aber die beteiligten Juristen nicht wirklich. Mit den Polen-Erlassen legte man einfach nach und etablierte auch hier ein Regime der Ungleichheit mit zunehmend radikalen Strafandrohungen, was als wesentliches Prinzip des nationalsozialistischen Rechtssystems gelten kann. Ohne etwa Polen oder Russen als Rasse definieren zu müssen, entwickelte man ein eigenes diskriminierendes Staatsbürgerrecht für die „Fremdvölkischen" im deutschen Machtbereich, durchaus auch in Bezug zu den Nürnberger Gesetzen. Insbesondere der Kommentator der Nürnberger Gesetze Wilhelm Stuckart legte hierzu Konzepte vor und führte diese auch in geltendes Recht über.[47]

44 Lösener/Knost, Nürnberger Gesetze, S. 47.
45 Roland Freisler auf der Sitzung der Strafrechtskommission am 5. 6. 1934, zitiert nach: Essner, Nürnberger Gesetze, S. 102.
46 Wilhelm Stuckart/Karl Schiedermair, Rassen- und Erbpflege in der Gesetzgebung des Reiches, Leipzig 1938, S. 18.
47 Vgl. Gideon Botsch, Die rassistische Neuordnung Europas und die Fortentwicklung des nationalsozialistischen Staatsangehörigkeits- und Reichsbürgerrechts, in: Brechtken/Jasch/Kreutzmüller/Weise, Nürnberger Gesetze, S. 223–236; Hans-Christian Jasch, Staatssekretär Wilhelm Stuckart und die Judenpolitik. Der Mythos von der sauberen Verwaltung, München 2012, S. 305–316.

Polnische „Fremdarbeiter" mit der Kennzeichnung „P" im Landkreis Würzburg, um 1942
Freilandmuseum Bad Windsheim

Die behauptete „völkische Ungleichheit" mündete in einem Sonderrecht, das prinzipiell immer weiter ausgedehnt werden konnte. Insofern setzen die Polen-Erlasse die Denkweise und Stoßrichtung der Nürnberger Gesetze fort und wurden von ihnen angeregt. Umgekehrt ist die Kennzeichnung von polnischen Fremdarbeitern und Fremdarbeiterinnen mit dem blauen Buchstaben P, eine der Festlegungen im Zusammenhang mit dem Polen-Erlass von 1940, Vorbild für den Judenstern, der im Deutschen Reich erst 1941 eingeführt wurde.[48]

---

48 Vgl. die Polizeiverordnung über die Kenntlichmachung im Reich eingesetzter Zivilarbeiter und -arbeiterinnen polnischen Volkstums vom 8. 3. 1940, https://www.bundesarchiv. de/zwangsarbeit/dokumente/texte/00353/index.html.

> **Spione   Verräter   Saboteure!**
>
> Wer von unseren Gefolgschaftsmitgliedern die Tageszeitungen aufmerksam liest, findet immer wieder Gerichtsurteile wegen unerlaubter Beziehungen mit Ausländern oder Lieferung von Unterlagen an den feindlichen Nachrichtendienst. Erst kürzlich wurden wieder zwei Volksdeutsche hingerichtet, welche nur aus Gewinnsucht im Auftrag eines fremden Nachrichtendienstes deutsche Befestigungsanlagen ausgekundschaftet oder Reisen in Deutschland unternommen haben, um deutsche Staatsgeheimnisse auszuspähen.
>
> Tod oder langjährige Zuchthausstrafen sind stets die Folgen eines solchen verwerflichen Tuns. Gerade in der Zeit, in welcher das gesamte deutsche Volk in erbittertem zähem Abwehrkampf seinen Feinden und damit dem gesamten Judentum der Welt gegenübersteht, kann eine solche Handlungsweise gar nicht scharf genug geahndet werden.
>
> Immer wieder werden vor deutschen Sondergerichten Rundfunkverbrecher abgeurteilt, die sich durch Abhören ausländischer Rundfunksender und Weitergabe der von ihnen verbreiteten Nachrichten zu Verrätern an ihrem Volk und seinem Daseinskampf gemacht hatten.
>
> In letzter Zeit häufen sich die Fälle, in welchen schwere Zuchthausstrafen über würdelose Frauen und Männer ausgesprochen wurden, welche verbotenen Umgang gepflogen haben, sei es, daß sie mit Kriegsgefangenen in Briefwechsel traten, ihnen Rauch- und Eßwaren, Getränke usw. zusteckten oder andere verbotene Beziehungen mit ihnen unterhielten und damit bar jeder Scham auf die schwerste Weise die nationale Würde des deutschen Volkes verletzt haben.
>
> Es wird bei dieser Gelegenheit auf die kürzlich an den schwarzen Brettern unserer Werke angeschlagene Bekanntmachung über den verbotenen Umgang mit Kriegsgefangenen vom 19. Februar 1941 verwiesen.
>
> Von unserer Gefolgschaft wird daher in ihrem eigenen Interesse erwartet, daß sie nach dem Grundsatz
>
> **„Feind bleibt Feind!"**
>
> Kriegsgefangene sowohl innerhalb als auch außerhalb des Werkes entsprechend behandelt.
>
> 13

Warnung vor verbotenem Umgang in der Siemens-Betriebszeitung, 1941
Aus: *Das Nürnberger Werk. Betriebzeitung der Siemens-Schuckertwerke* Nürnberg,
Nr. 85 (Juli–August 1941), Stadtbibliothek Nürnberg

Für die Opfer dieser Regelungen waren die Folgen im Wesentlichen gleich. Sogenannte Rassenschande und „verbotener Umgang" konnten den Tod bedeuten – in einer öffentlichen Hinrichtung oder als Häftling in einem Konzentrationslager. Die Propaganda im Alltag, zum Beispiel in den Betrieben, setzte Polen und Juden ohnehin vielfach gleich: „So wie es als größte Schande gilt, sich mit einem Juden einzulassen, so versündigt sich jeder Deutsche, der mit einem Polen oder einer Polin intime Beziehungen unterhält. Verachtet die tierische Triebhaftigkeit dieser Rasse! Seid rassenbewußt und schützt eure Kinder. Ihr verliert sonst euer höchstes Gut. Eure Ehre."[49] Im Alltag interessierten rassistische Theorien und ihre Stringenz offensichtlich wenig.

Während des Kriegs wurden radikale Maßnahmen sowohl gegen Juden und Jüdinnen als auch gegen Menschen, die sich des „verbotenen Umgangs" schuldig gemacht hatten, durchgesetzt. Ein Beispiel dafür ist das Schicksal des Arbeiters

---

49 Merkblatt „Wie verhalten wir uns gegenüber den Polen?", 15. 3. 1940, zitiert nach: Ulrich Herbert, Fremdarbeiter. Politik und Praxis des „Ausländer-Einsatzes" in der deutschen Kriegswirtschaft, Berlin 1985, S. 80.

Fritz Munkert bei den Nürnberger Siemens-Schuckertwerken. Der Sozialdemokrat war nach seiner Verurteilung wegen aktiver Betätigung gegen den Nationalsozialismus im KZ Dachau inhaftiert und dann 1939 entlassen worden. Er kehrte an seinen Arbeitsplatz zurück und steckte 1942 einem russischen Zwangsarbeiter eine Packung Zigaretten zu. Dies genügte, um ihn vor dem Berliner Volksgerichtshof anzuklagen. Es folgte prompt das Todesurteil – wegen einer Packung Zigaretten und weil sich Munkert, wie er in einer Vernehmung zugab, mit dem Nationalsozialismus „nicht abfinden konnte".[50] Immer wieder hatte die Betriebszeitung der Siemens-Schuckertwerke *Das Nürnberger Werk* unter der Überschrift „Spione Verräter Saboteure" davor gewarnt, „verbotenen Umgang" mit Zwangsarbeitern und -arbeiterinnen zu pflegen. Es war gleichgültig, ob es sich um Russen, Polen oder um jüdische Frauen und Mädchen handelte, die ab Ende 1944 in einem eigenen KZ-Außenlager Teil der Belegschaft der Nürnberger Siemens-Schuckertwerke waren, denn: „Feind bleibt Feind!"[51]

---

50 Vgl. Bundesarchiv R 3017/34086 (Aussagen von Denunzianten, Vernehmung Fritz Munkert [Zitat] und Todesurteil).
51 Vgl. Alexander Schmidt, Das Nürnberger Werk. Zur Geschichte der Nürnberger Siemens-Schuckertwerke im Nationalsozialismus, in: Bunter Tisch Gartenstadt u. a. (Hrsg.), Von Auschwitz nach Nürnberg. Das KZ-Außenlager der Siemens-Schuckertwerke, Nürnberg 2020, S. 71–83, zu Fritz Munkert S. 80 f., Zitat aus Betriebszeitung S. 80.

SEBASTIAN SCHÖNEMANN

Stigma und Scham

Zur fotografischen Inszenierung der öffentlichen Demütigung deutscher Frauen 1940–1941

Zur Verfolgung von „Delikten" des verbotenen Umgangs zwischen Deutschen und kriegsgefangenen bzw. zivilen Zwangsarbeitern gehörte die öffentliche Anprangerung der Betroffenen in den Jahren 1940 und 1941. In der Mehrheit waren es deutsche Frauen, denen man intime Beziehungen zu „Fremdvölkischen" und „Rassenschande" vorwarf, die diese Form ausgrenzender Gewalt erfahren mussten.[1] Inmitten ihrer Wohnorte, behangen mit demütigenden Schildern, wurden sie durch die Straßen getrieben, um unter teils großer Zuschauerbeteiligung auf öffentlichen Plätzen die Haare geschoren zu bekommen und mit diesem Stigma aus der „Volksgemeinschaft" ausgestoßen zu werden.

Diese Brandmarkungen der Frauen beruhten im Kern auf einer „Politik der Demütigung",[2] die öffentlich vollzogen wurde. Über die Exklusion Einzelner demonstrierten die „Haarscheraktionen", wer zur nationalsozialistischen „Volksgemeinschaft" gehörte und wer nicht.[3] Zugleich schufen sie einen Gewaltraum, an dem jeder und jede straffrei teilnehmen konnte. Die Menschenaufläufe, die Zusprüche aus der Menge, aber auch die bloße Anwesenheit von Passanten bei diesem Schauspiel der Gewalt bestätigten aktiv und immer wieder aufs Neue die Zustimmung zur propagierten „Volksgemeinschaft" und stellten diese unmittelbar vor Ort her.[4] Zugleich hatten die Aktionen die Form einer besonders alltagsnahen „Volksjustiz", die über die Einhaltung nationalsozialistischer Normvorstellungen von „rassischer Reinheit" wachte und diese über die örtliche Strafpraxis weiter zu verankern suchte.[5]

---

1   Vgl. hierzu den Beitrag von Alexander Schmidt in diesem Band.
2   Ute Frevert, Die Politik der Demütigung. Schauplätze von Macht und Ohnmacht, 2. Aufl., Frankfurt a. M. 2017.
3   Vgl. Michael Wildt, Volksgemeinschaft als Selbstermächtigung. Gewalt gegen Juden in der deutschen Provinz 1919 bis 1939, Hamburg 2007, S. 361 f.
4   Ebenda, S. 370–374,
5   Ebenda, S. 257 ff.; Frevert, Politik der Demütigung, S. 65.

Grundbestandteil der öffentlichen Demütigungen waren die Zurschaustellung „am Pranger" und das Gesehenwerden durch andere. Nicht selten wurden die „Haarscheraktionen" fotografisch festgehalten. Die Beschämung wurde durch die zusätzliche Ablichtung gesteigert und über die weitere Verbreitung der Bilder in ihrer Wirkung potenziert. Eine Übersicht zu den entstandenen Fotografien der Anprangerungen gibt die umfangreiche Bilddokumentation „Vor aller Augen" von Klaus Hesse und Philipp Springer, die im Rahmen eines groß angelegten Rechercheprojektes der Stiftung Topographie des Terrors auf der Grundlage einer Sammelanfrage an sämtliche deutschen Stadt-, Gemeinde- und Staatsarchive zusammengetragen worden ist.[6] Für die Jahre 1940 und 1941 finden sich darin Einzelbilder und Fotoserien öffentlicher Demütigungen aus Ulm, Eisenach, Altenburg, Reutlingen, Leutkirch, Horb, Ludwigsburg, Stetten, Vaihingen, Reichenbach und Meckenbeuren bei Friedrichshafen.[7] Weitere Orte können dieser Aufzählung mittlerweile hinzuzufügt werden, so zum Beispiel Schwäbisch-Hall, Fellbach, Schmölln, Arendsee in der Altmark und zuletzt Landshut.[8]

Obwohl ein relativ umfangreicher Korpus an Fotografien der Anprangerung deutscher Frauen erhalten geblieben ist und diese Bilder in den vergangenen zwei Jahrzehnten zudem vermehrt publiziert wurden, gibt es jenseits ihrer fotodokumentarischen Veröffentlichung bislang nur einen Aufsatz von Gerhard Paul, der sich diesen Bildern explizit zuwendet.[9] Seine Darstellung geht allerdings auf den

---

6 Die Archive wurden dabei nach Bilddokumenten zur lokalen Gewalt während des Nationalsozialismus angefragt. Der Rücklauf förderte etwa 1360 Fotografien zutage, von denen ca. drei Prozent die „Haarscheraktionen" zeigen. Da diese Anprangerungen relativ unbekannt sind, wurden alle entsprechenden Fotografien im Band abgedruckt. Vgl. Klaus Hesse/Philipp Springer, Vor aller Augen. Fotodokumente des nationalsozialistischen Terrors in der Provinz, Essen 2002, S. 19 ff.

7 Hesse/Springer, Vor aller Augen, S. 117–134. Die Fotografien der Anprangerung politischer Gegner und von Juden und deren nichtjüdischen Partnern aus der Zeit vor 1939 behandelt der Band separat in den entsprechenden Schwerpunktkapiteln.

8 Vgl. zu den genannten Orten und Anprangerungen: Dokumentationszentrum NS-Zwangsarbeit (Hrsg.), Alltag Zwangsarbeit 1938–1945, Berlin 2013, S. 234 f.; Klaus Lehmann, Ein Stück Schmöllner Geschichte, das beinahe in Vergessenheit geriet, in: Amtsblatt Schmölln Nr. 1 (2012), S. 6 f.; Insa Eschebach, „Verkehr mit Fremdvölkischen". Die Gruppe der wegen „verbotenen Umgangs" im KZ Ravensbrück inhaftierten Frauen, in: dies. (Hrsg.), Das Frauen-Konzentrationslager Ravensbrück. Neue Beiträge zur Geschichte und Nachgeschichte, Berlin 2014, S. 154–173; Bayerischer Rundfunk: Seltene Bilder aus der NS-Zeit. Verbrechen: Liebe, 3. 5. 2017, https://www.br.de/nachricht/niederbayern/inhalt/kriegsgefangene-liebe-verboten-nszeit-102.html.

9 Gerhard Paul, „Am Pranger". ‚Volksgemeinschaft' als Exklusionsperformance, in: ders. (Hrsg.), Bilder einer Diktatur. Zur Visual History des „Dritten Reiches", Göttingen 2020, S. 57–67. Schon zuvor griffen die Nationalsozialisten auf die öffentliche Diffamierung als Macht- und Herrschaftsinstrument zurück. Zu Beginn des „Dritten Reiches" wurden

Einsatz des Prangers durch die Nationalsozialisten und die dabei angefertigten Bilder seit 1933 ein. Die Fotografien aus den Jahren 1940 und 1941 bleiben aufgrund dieses einordnenden Überblicks notwendigerweise ein Unterthema. Mein Beitrag greift diese Lücke auf und rekonstruiert die fotografische Inszenierung der „Scheraktionen" anhand einer exemplarischen Fallgeschichte und deren Bildüberlieferung. Dabei handelt es sich um die Anprangerung Martha Vollraths in Altenburg 1941, von der insgesamt sechs Fotografien angefertigt worden sind. Nach einer kurzen Darstellung der Einführung der Prangerstrafe nach Kriegsbeginn bis zu deren Verbot 1941 werde ich die Fotografien aus Altenburg zunächst kontextualisieren, um sie danach zu analysieren und deren implizite Gestaltungsprinzipien ansatzweise freizulegen. Meine Interpretation ist dabei – dies sei dem Folgenden vorweggenommen – als eine erste Annäherung an den Bedeutungsgehalt der Fotografien zu verstehen und nicht mit einer detaillierten Feinanalyse der Bilder zu verwechseln. Für diese Form der kritischen Fotoanalyse bedarf es weiterer Studien.

Der Pranger als Strafpraxis

Unmittelbar nach Beginn des Zweiten Weltkrieges griffen die Nationalsozialisten auf die Prangerstrafe zurück, um den Kontakt zwischen Deutschen und Kriegsgefangenen sowie Zwangsarbeitern vor allem aus Osteuropa zu sanktionieren. Die Anwesenheit sogenannter Fremdvölkischer im Deutschen Reich, die zur Zwangsarbeit eingesetzt werden sollten, bedeutete den Nationalsozialisten eine „volkstumspolitische Gefahr", die die „Blutreinheit des deutschen Volkes" bedrohe.[10] Neben dem sozialen Umgang galt das Hauptinteresse vor allem dem sexuellen Kontakt, der verboten und hart bestraft wurde.

politische Oppositionelle auf den Straßen ihrer Heimatstädte gedemütigt, ebenso wie Frauen und Männer und deren jüdische Partner. Auch nach der Eingliederung Österreichs in das Deutsche Reich kam es zu öffentlichen Demütigungen, als Wiener Jüdinnen und Juden dazu gezwungen, bei sogenannten Reibpartien Bürgersteige und Plätze auf den Knien zu putzen. Vgl. Gerhard Paul, „… immer bei aner Hetz dabei." Bilder der antijüdischen ‚Reibpartien' 1938 in Wien, in: ders. (Hrsg.), Bilder einer Diktatur, S. 153–161.
10 Vgl. Ulrich Herbert, Fremdarbeiter. Politik und Praxis des „Ausländer-Einsatzes" in der Kriegswirtschaft des Dritten Reiches, 2. Aufl., Berlin 1986, S. 67–82; Birthe Kundrus, „Verbotener Umgang". Liebesbeziehungen zwischen Ausländern und Deutschen 1939–1945, in: Katharina Hoffmann/Andreas Lembeck (Hrsg.), Nationalsozialismus und Zwangsarbeit in der Region Oldenburg, Oldenburg 1999, S. 149–170; Silke Schneider, Verbotener Umgang. Ausländer und Deutsche im Nationalsozialismus. Diskurse um Sexualität, Moral, Wissen und Strafe, Baden-Baden 2010, S. 166–218.

Die „Wehrkraftschutzverordnung" vom 25. November 1939[11] stellte den Umgang mit polnischen Kriegsgefangenen unter Strafe. In der Folge vermeldete der Sicherheitsdienst bereits im Januar 1940 zustimmende Reaktionen der Bevölkerung insbesondere gegenüber der harten Bestrafung deutscher Frauen, die des sexuellen Kontakts mit Polen bezichtigt wurden.[12] Ende Januar 1940 erließ Himmler schließlich eine Verordnung, die das Strafmaß weiter verschärfte und deutsche Frauen und Mädchen direkt adressierte: Diese sollten bei Umgang mit polnischen Kriegsgefangenen, der das „gesunde Volksempfinden gröblich verletzt", in ein Konzentrationslager eingewiesen werden. Hierzu zählte „jeglicher gesellschaftliche, insbesondere jeder geschlechtliche Verkehr". Explizit stellte der Erlass zudem frei, die Beschuldigte vor ihrer Einlieferung in ein Konzentrationslager „öffentlich anzuprangern oder ihr die Haare abzuschneiden".[13]

Die Anprangerung von Frauen, die das Umgangsverbot brachen oder denen ein solches Vergehen vorgeworfen wurde, verfestigte sich seit Beginn des Jahres 1940 zu einer üblichen Strafpraxis. Auch die „Polen-Erlasse" vom März 1940, die die Arbeits- und Lebensbedingungen der polnischen Zwangsarbeiter im Deutschen Reich regelten, nutzten zur Sanktionierung sexueller Kontakte zwischen Polen und Deutschen – im nationalsozialistischen Duktus „GV-Verbrechen" – das Mittel der öffentlichen Brandmarkung. Der entsprechende Erlass des Reichssicherheitshauptamtes drohte den polnischen Arbeitskräften bei Zuwiderhandlung die Überstellung an die Gestapo und die Exekution an. Die deutschen Frauen sollten in „Schutzhaft" genommen werden, ihre Verhaftung sollte allerdings eine „geeignete Diffamierung dieser Personen seitens der Bevölkerung nicht unmöglich machen".[14] Diese Richtlinie wurde von Himmler, wie folgt, ausführlich erläutert:

„Unter anderem habe ich hierbei angeordnet, dass deutsche Volksgenossen, die mit Arbeitern oder Arbeiterinnen polnischen Volkstums Geschlechtsverkehr ausüben, sonstige unsittliche Handlungen begehen oder Liebesverhältnisse unterhalten, umgehend festzunehmen sind. Durch diese Maßnahme

---

11 Verordnung zur Ergänzung der Strafvorschriften zum Schutz der Wehrkraft des Deutschen Volkes vom 25. 11. 1939, Reichsgesetzblatt (RGBl.) I, S. 2319.
12 Vgl. Herbert, Fremdarbeiter, S. 79 f.
13 Erlaß des Reichsführers-SS und Chefs der Deutschen Polizei, Heinrich Himmler, betrifft: Umgang mit Kriegsgefangenen vom 31. 1. 1940, abgedruckt in: Stiftung Topographie des Terrors (Hrsg.), Topographie des Terrors. Gestapo, SS und Reichssicherheitshauptamt in der Wilhelm- und Prinz-Albrecht-Straße. Eine Dokumentation, Berlin 2008, S. 58.
14 Vgl. Herbert, Fremdarbeiter, S. 80.

will ich nicht die Auswirkungen einer berechtigten Empörung der deutschen Bevölkerung über ein derartiges schändliches Verhalten verhindern. Ich halte vielmehr die Wirkung öffentlicher Diffamierung für außerordentlich abschreckend und habe keine Bedenken, wenn man z. B. deutschen Frauen wegen ihres ehrlosen Verhaltens in Gegenwart etwa der weiblichen Jugend des Dorfes die Kopfhaare abschneidet oder sie mit einem das Vergehen kennzeichnenden Schild durch das Dorf führt."[15]

Die Praxis der öffentlichen Demütigung währte bis zum Herbst 1941. Die unter großer Beteiligung der Bevölkerung durchgeführten Entehrungen bzw. Erniedrigungen der Frauen riefen zum einen starken Zuspruch, zum anderen aber auch immer öfter Unmut und teils offene Kritik hervor.[16] Auch die Wahrnehmung Deutschlands im Ausland und die befürchteten Reputationsverluste führten schließlich zur Beendigung der Diffamierungen.[17] Im Oktober 1941 untersagte Hitler die „öffentliche Anprangerung" bei Fällen des verbotenen Umgangs, konkret „die Anprangerung in der Presse, das Abschneiden der Haare, die Zurschaustellung am Pranger, das Herumführen solcher Personen mit entsprechenden Schildern usw."[18]

Altenburg 1941 – die Demütigung von Martha Vollrath

Die Anprangerungen waren ritualisiert, und deren Ablauf war durch die entsprechenden Verordnungen und Erläuterungen bereits vorgezeichnet. Den betroffenen Frauen wurden Schilder umgehängt, die den Verstoß gegen das Kontaktverbot und die dazugehörende Strafe im Stil einer Selbstbezichtigung kenntlichmachten, bevor man sie zu Fuß durch die Ortschaft führte, den Schmähungen ihrer Mitbürgerinnen und -bürger aussetzte und ihnen schließlich an einem provisorisch hergerichteten Pranger die Haare abschnitt. Diesem Grundmuster folgte auch die Anprangerung von Martha Vollrath in Altenburg. Ihre Geschichte wurde ausgewählt, da die überlieferten Bilder ausschnitthaft zeigen, wie die Prozedur vor Ort umgesetzt und visuell inszeniert wurde. Ebenso

---

15 Der Reichsführer SS und Chef der Deutschen Polizei an den Stellvertreter des Führers, Betrifft: Arbeitseinsatz von Zivilarbeitern und -arbeiterinnen polnischen Volkstums im Reich, vom 8. März 1940, zitiert nach: Schneider, Verbotener Umgang, S. 198.
16 Vgl. Frevert, Politik der Demütigung, S. 69; sowie Paul: „Am Pranger", S. 65.
17 Vgl. hierzu Herbert, Fremdarbeiter, S. 126 f.; und Schneider, Verbotener Umgang, S. 202.
18 Vgl. Rundschreiben Martin Bormanns vom 13. 10. 1941, zitiert nach: Frevert, Politik der Demütigung, S. 69.

Foto Nr. 1: Altenburg, 7. Februar 1941
Landesarchiv Thüringen, Staatsarchiv Altenburg, Bildersammlung, Nr. 5109–5114

handelt es sich um Bilder, die in den vergangenen Jahren vermehrt reproduziert wurden und deren mediale Verbreitung eine genauere Betrachtung nahelegt. Mein Vorgehen orientiert sich an den Interpretationsschritten der Fotoanalyse. Zuerst wird der Entstehungszusammenhang, genauer gesagt, der konkrete Ereignishintergrund, soweit bekannt, dargestellt und die Fotografien darüber kontextualisiert. Danach wendet sich meine Darstellung den Bildern selbst zu, um über deren Analyse und Vergleich den visuellen Bedeutungsgehalt der Fotografien näher zu rekonstruieren und zusammenzufassen.[19]

---

19 Einen Ausblick auf die heutigen Verwendungs- und Gebrauchszusammenhänge der Fotografien gibt das Resümee. Vgl. zum methodischen Vorgehen: Christoph Hamann, Fluchtpunkt Birkenau. Stanislaw Muchas Foto vom Torhaus Auschwitz-Birkenau, in: Gerhard Paul (Hrsg.), Visual History. Ein Studienbuch, Göttingen 2006, S. 283–302, hier S. 285 ff.; Ilsen About/Clément Chéroux, Fotografie und Geschichte. Vortrag an der Hochschule für Grafik und Buchkunst Leipzig, Leipzig 2004, hier S. 23–33; Jens Jäger, Fotografie und Geschichte, Frankfurt a. M. 2009; sowie aus bildsoziologischer Perspektive: Jürgen Raab, Visuelle Wissenssoziologie der Fotografie. Sozialwissenschaftliche Analysearbeit zwischen Einzelbild, Bildkontexten und Sozialmilieu, in: Österreichische Zeitschrift für Soziologie (2012) 2, S. 121–143.

Foto Nr. 2–5 (von links oben nach rechts unten): Altenburg, 7. Februar 1941
Landesarchiv Thüringen, Staatsarchiv Altenburg, Bildersammlung, Nr. 5109–5114

Foto Nr. 6: Altenburg, 7. Februar 1941
Landesarchiv Thüringen, Staatsarchiv Altenburg, Bildersammlung, Nr. 5109–5114

Hintergrund und Bilder der Fotoserie

Am Freitag, dem 7. Februar 1941, wurde Martha Vollrath nach einer Denunziation wegen „verbotenen Umgangs" in ihrer Heimatstadt Altenburg öffentlich an den Pranger gestellt. Für diese Demütigung wurde sie aus dem Gestapo-Gefängnis in Weimar nach Altenburg gebracht. Nach der Ankunft ihres Transportes am Vormittag begann am Altenburger Anger der Prangerumzug. Ihr wurde ein vorbereitetes Schild mit der Aufschrift „Ich bin aus der Volksgemeinschaft ausgestoßen!" umgehängt, um im Anschluss von Gestapo-Mitarbeitern durch die Altstadt in Richtung Markt geführt zu werden. Auf diesem zentralen Platz der Stadt, direkt vor dem Rathaus und in unmittelbarer Nähe zu ihrer Wohnung am Weibermarkt 11, befand sich der mithilfe eines Lastwagens provisorisch aufgebaute Pranger, der lediglich mit einem Stuhl für die Beschuldigte ausgestattet war. Über Lautsprecher wurde dem versammelten Publikum, das sich um den Pranger einfand, das „Vergehen" von Martha Vollrath bekanntgegeben:

„'Deutsche Männer, deutsche Frauen! Martha Vollrath ist mit dem heutigen Tage aus der Volksgemeinschaft ausgeschlossen worden, da sie trotz mehrfacher ernster Ermahnungen mit einem Polen intim verkehrt hat. [...] Möge manchem dieses Volksurteil hart erscheinen, es entspricht aber voll und ganz dem deutschen Volksempfinden und ist deshalb gerecht. Zur Warnung für alle pflichtvergessenen Frauen und Mädchen wird sie jetzt kahlgeschoren.'"[20] Nach der Kopfschur wurde Martha Vollrath wieder in den Straßen Altenburgs herumgeführt, um anschließend in das Gefängnis nach Weimar zurückgebracht zu werden. Noch am selben Tag berichtete die Lokalpresse von dem Ereignis und begrüßte unter voller Namensnennung den Ausschluss von Martha Vollrath.[21]

Die öffentliche Demütigung Martha Vollraths wurde auf insgesamt sechs Fotografien festgehalten, die aufgrund ihrer geschlossenen Überlieferung und bildästhetisch einheitlichen Gestaltung als Fotoserie eingeordnet werden können. Da die Fotos den Ablauf der Anprangerung festhalten, lassen sie sich in eine zeitliche Abfolge bringen. Diese Bilder werden im Folgenden nacheinander vorgestellt, näher betrachtet und anschließend verglichen, um deren Bedeutung sowie die ihnen zugrundeliegende fotografische Praxis zu bestimmen.

Gleich einer Exposition zeigt die Fotografie Nr. 1 überblicksartig die unmittelbare Umgebung der Anprangerung auf dem Altenburger Markt aus einer Obersicht. Im Bildhintergrund ist die südliche Häuserreihe des dicht bebauten Marktes zu erkennen. Der provisorische Pranger ist vor einer für den Kundenverkehr geöffneten „Wurstfabrik" errichtet. Neben diesem Geschäft ist die „Stadtsparkasse" in Teilen zu sehen, an die das Altenburger Rathaus direkt anschließt. Auf dem Markt selbst hat sich um den provisorischen Pranger herum eine große Menschenmenge gebildet. Die Ordnungspolizei riegelt den Pranger kreisrund ab und weist den Zuschauerinnen und Zuschauern damit ihren Platz zu. Frontal zum Pranger, aber noch innerhalb der Reihe stehend, verdichtet sich die Polizeipräsenz auf drei nebeneinander stehende Polizeibeamte. Seitlich vom Pranger steht ein Mann, dessen Funktion nicht eindeutig zuordenbar ist, der aber aufgrund seiner exponierten Position innerhalb des Sperrrings entweder der Friseur oder aber einer der begleitenden Gestapo-Beamten sein muss, die – so der Artikel in der *Altenburger Zeitung für Stadt und Land* – Martha Vollrath nach Altenburg eskortierten und dort für sie verantwortlich waren. Gänzlich von der Menge abgeschirmt ist der Pranger selbst. Dieser wurde als Bühne hergerichtet, eine Leiter führt auf die Wagenfläche hinauf. Auf ihm ist ein einzelner Stuhl platziert, auf dem Martha Vollrath, mit Schild behangen, sitzt.

20 Altenburger Zeitung für Stadt und Land, 7. 2. 1941.
21 Ebenda sowie Altenburger Landeszeitung, 7. 2. 1941.

Das Foto 2 fokussiert aus einer Untersicht auf Martha Vollrath vor der Haarschur. Ihr Kopf ist gesenkt, die Augen geschlossen. Das Bild wird von dem übergroßen Schild dominiert, das ihr um den Hals gehängt worden ist und auf dem ihr Ausschluss aus der „Volksgemeinschaft" mitgeteilt wird. Allein die Machart des Schildes und die Schrift zeigen, mit wie viel Aufwand die Anprangerung vorbereitet worden ist. Fein säuberlich geschrieben, fett unterstrichen und mit Ausrufezeichen versehen, ist dort für alle Anwesenden das über Martha Vollrath gefällte Urteil lesbar. Ihre Hände sind hinter dem Schild verschränkt bzw. – und dies ist wahrscheinlicher – fixiert. Durch die Nahaufnahme ist der Bildhintergrund verschwommen, dennoch sind trotz dieser Unschärfe weitere Zuschauer – unter ihnen sind auch Kinder – deutlich erkennbar.

Die Fotos 3 bis 5 zeigen schließlich die Haarschur von Martha Vollrath, die von einem Mann, vermutlich einem professionellen Friseur, durchgeführt wird. Auf der Ladefläche verteilt liegen das Kopftuch von Martha Vollrath und eine Aktentasche, die allem Anschein nach dem Transport des Friseurwerkzeugs diente. Die sechste und letzte Fotografie der Bilderserie hält das Abführen von Martha Vollrath fest. Begleitet wird sie von zwei Männern in ziviler Kleidung. Hierbei handelt es sich vermutlich um die Mitarbeiter der Gestapo Weimar, die ihren Transport beaufsichtigten. Die kleine Gruppe bahnt sich ihren Weg aus der dichten Menschenmenge heraus. Unmittelbar vor ihnen ist ein Fotograf zu erkennen, der bereits auf Foto 1 zu sehen ist, und der – so ist anzunehmen – die Nahaufnahmen der Haarschur angefertigt hat.[22]

Die Fotoserie ist im Stil einer Reportage gehalten, die das Geschehen Bild für Bild dokumentiert hat: Die erste Überblickfotografie rückt den Prangerplatz und die teilnehmende Menge ins Bild, die Nahaufnahmen zeigen die entehrende Kopfschur, die abschließende Fotografie – auch hier folgt die Serie einem Reportagestil – hält das Ende des Ausgrenzungsrituals und die Abführung der Gedemütigten fest. Wer die Fotografien gemacht hat, lässt sich nicht mehr rekonstruieren. Ob die Bilder von Gestapo-Mitarbeitern, der örtlichen Presse oder aber von Privatpersonen angefertigt worden sind, muss daher offenbleiben. Gleichwohl zeigen insbesondere die Nahaufnahmen und das damit verbundene

---

[22] Die Überlieferung zu den Fotografien gibt keine Hinweise auf ihre Urheber. Die Bildanalyse legt allerdings nahe, dass zwei Fotografen zugegen waren. Zum einen zeigt die sechste Fotografie einen weiteren Fotografen in der Menschenmenge. Zum anderen dürfte der Standortwechsel von der erhöhten Aufnahmeposition der Fotografie Nr. 1 zu den Nahaufnahmen angesichts der dichten Menschenansammlung, der offenkundig schon laufenden Anprangerung sowie deren überschaubaren Länge – nach dem Bekanntgeben des Vorwurfs erfolgte bereits die Haarschur – zeitlich nur äußerst schwer umzusetzen bzw. unter erheblicher Anstrengung möglich gewesen zu sein.

Betreten des von der Polizei abgeschirmten Nahbereichs des Prangers, dass der Fotograf im erwünschten Sinne gehandelt hat. Auch die Machart der Bilder zeugt davon: Sie konstruieren die Anprangerung visuell und führen diese medial fort. Die Fotoserie inszeniert mit bildlichen Mitteln die „Volksgemeinschaft" vor Ort, den Akt der Ausgrenzung, die damit aufgezeigten Grenzen von Zugehörigkeit und Nicht-Zugehörigkeit, sowie – alles in allem – deren gewaltsame Umsetzung:

Die Überblicksfotografie gibt aus der Obersicht und mit leichter Entfernung vom Geschehen den Blick auf den Prangerplatz frei. Auf dem provisorischen Prangerwagen sitzt Martha Vollrath vollkommen isoliert von der anwesenden Menschenmenge. Zum einen ist sie auf dem Wagen erhöht und für alle sichtbar, zum anderen sperrt die Polizei den Pranger vom Publikum ab. Hinter der Absperrung drängen sich die Zuschauerinnen und Zuschauer, deren Blicken Martha Vollrath ausgesetzt war. Ohne auch nur eine Form des Protestes oder Abwendens festgehalten zu haben, zeigt die Fotografie den Zuspruch, den die Anprangerung erfuhr. Menschen jeglichen Alters nahmen an der Brandmarkung teil, unter ihnen Kinder und Jugendliche, die sich unter anderem – so am rechten Bildrand zu erkennen – auf dem Sockel einer Straßenlaterne die notwendige Sichthöhe verschaffen, um den Pranger sehen zu können. Auch die zweite Zuschauerreihe entlang der Häuserzeile ist dicht. Nahezu vor jeder der Laden- und Hauseingangstüren stehen kleinere und größere Gruppen von Passanten, von Mitarbeitenden der Ladengeschäfte und deren Kundschaft. Ebenso ist die unmittelbare Anwohnerschaft zugegen und schaut aus ihren Wohnungen dem Geschehen zu.

Die räumliche Herauslösung Martha Vollraths aus der Gemeinschaft der „Volksgenossen" und die damit verbundene Gegenüberstellung von Verfemter und Kollektiv greift die Fotografie auf und überhöht sie zugleich. Durch die Obersicht zeigt und konstruiert die Aufnahme den Ausschluss visuell: Aus dieser Perspektive nimmt die von der Polizei geschaffene Abriegelung die Form eines „Ornaments der Masse"[23] an – eine bildliche Inszenierung der „Volksgemeinschaft" als ein um- und ausschließender Kreis, in dessen Mitte die Verfemte zur Demütigung platziert ist.

Die Nahaufnahmen geben hingegen die Strafe, die entehrende Haarschur vor aller Augen, in einer zeitlichen Abfolge wieder. Das Foto 2 hält die Ausgestoßene samt des umgehängten „Volksurteils" im Bild fest, die Fotos 3 und 4 zeigen den Vollzug der Kopfschur. Alle drei Fotos sind aus einer Untersicht aufgenommen: Aus möglichst großer Nähe, direkt vor dem Wagen stehend, fokussiert der Fotograf auf Martha Vollrath, die die Prozedur über sich ergehen lassen muss, und

---

23 Siegfried Kracauer, Das Ornament der Masse, in: ders., Das Ornament der Masse, Frankfurt a. M. 1977, S. 50–63.

greift dabei ihre exponierte Zurschaustellung voyeuristisch auf. Bildlich rückt er dem Opfer näher, hält Gestik und Mimik während der Demütigung fest: die verschränkten Beine, das gesenkte Haupt.

Die sechste Fotografie schließt die Fotoserie. Wieder aus einer leichten Obersicht aufgenommen, weitet sie die Bildperspektive auf das umstehende Publikum und zeigt, wie Martha Vollrath abgeführt wird. Auch hier dient die erhöhte Kameraperspektive wiederum der Darstellung der anwesenden Bevölkerung, aus der heraus das Foto gemacht worden ist und durch die die Gedemütigte nunmehr geführt wird.

Zentraler Bestandteil der Anprangerung waren die Zurschaustellung und das Zuschauen, und diesen Aspekt der Strafe rücken alle der hier besprochenen Fotografien ins Bild. Die Fotografen wirkten nicht nur selbst vor Ort als Bildberichterstatter – insbesondere bei den Nahaufnahmen – unmittelbar an der Brandmarkung mit: Sie inszenierten zudem die demütigende Zurschaustellung bildlich. Alle Aufnahmen sind direkt auf Martha Vollrath ausgerichtet und betonen die sozialen wie räumlich umgesetzten Distanznahmen zu ihr über die Verwendung fotografischer Ober- oder Unteransichten, die ihre Ausgrenzung aus der „Volksgemeinschaft" nochmals bildmedial unterstreichen. Durch den reportageartigen Stil der Fotoserie und die Kombination der Perspektiven „laden" die Fotografien zum Zuschauen „ein". Diesem auf entblößender Sichtbarkeit beruhenden Aspekt des nationalsozialistischen Prangerstehens führen die Fotografien fort und stellen ihn medial auf Dauer. Martha Vollrath entzieht sich dieser gewaltvollen Sichtbarkeitsordnung: Auf allen Bildern hält sie ihre Augen geschlossen und verschließt sich so den Blicken des Publikums.

Verfolgungsweg(e)

Die Brandmarkung war nur ein Teil der Leidensgeschichte Martha Vollraths. Nach ihrer öffentlichen Zurschaustellung in Altenburg blieb sie in Verwahrung der Gestapo und im Gerichtsgefängnis Weimar inhaftiert. Ihre zwölfjährige Tochter lebte zu dieser Zeit bei ihren Großeltern in Altenburg.[24] Während ihrer Haft ließ sich ihr Mann von Martha Vollrath scheiden, und sie lebte fortan wieder unter ihrem Geburtsnamen Schmieder. Im Auftrag der Gestapo Weimar wurde sie schließlich als Polizeigefangene am 17. September 1941 in das Arbeitserziehungslager der Landesarbeitsanstalt Breitenau überführt. Als Haftgrund gibt die

---

24 Diese und die folgenden Angaben entstammen ihrer Schutzhaftgefangenenakte aus der Landesarbeitsanstalt Breitenau: Einzelfallakte, Martha Schmieder, Archiv des Landeswohlfahrtsverbands (LWV-Archiv), K 2, Nr. 6939.

Gestapo an, die Gefangene habe „mehrmals mit Polen den Geschlechtsverkehr ausgeübt". Der Landesarbeitsanstalt teilt sie ebenso mit, sowohl gegen Martha Schmieder als auch den namentlich nicht weiter genannten polnischen Zwangsarbeiter beim Reichssicherheitshauptamt Schutzhaft sowie „Sonderbehandlung" beantragt zu haben. Gegen Martha Schmieder wurde die Schutzhaft Ende September 1941 verhängt. Am Freitag, dem 17. Oktober 1941, wurde sie mit einem Sammeltransport in das Konzentrationslager Ravensbrück überstellt.

Martha Schmieder überlebte das Konzentrationslager Ravensbrück und kehrte nach der Befreiung nach Altenburg zurück. Um ihre Rehabilitierung bemüht, entschloss sie sich, gegen das ihr zugefügte Unrecht vorzugehen, und klagte ihren Denunzianten an.[25] Im März 1948 fand vor dem Altenburger Landgericht der Prozess gegen Otto K. statt. Martha Schmieder nahm als Zeugin an der Verhandlung teil. Das Gericht befand Otto K. für schuldig und verurteilte ihn wegen der Denunziation zu einer vierjährigen Gefängnisstrafe.

Ihre Haft beschäftigte Martha Schmieder weiterhin. 1949 nahm sie Kontakt zum Internationalen Suchdienst in Bad Arolsen auf, der für die Suche nach Verfolgten des Nationalsozialismus zuständig war. Dort fragte sie nach Johann Sladek an, der zusammen mit anderen polnischen Zwangsarbeitern im April 1940 nach Altenburg gekommen war. Dem Suchformular fügte sie die Information hinzu, dass Johann Sladek am 17. November 1940 verhaftet und von ihr oder jemand Drittem zuletzt im „Arbeitshaus Breitenau" im Oktober 1941 gesehen wurde. Das Formularfeld zur Beziehung zum Gesuchten ließ Martha Schmieder frei.[26]

Ihre Anfrage musste der Internationale Suchdienst negativ beantworten. Johann Sladek überlebte den Zweiten Weltkrieg nicht. Nach seiner Verhaftung am 18. November 1940 in Schmölln, wo er zuletzt in der Ziegelei „Mehlhorn und Sohn" Zwangsarbeit leisten musste, wurde er wegen des „Verkehr[s] mit einer deutschen Frau" in das Konzentrationslager Buchenwald eingewiesen.[27] Die Gestapo Weimar beantragte schließlich zum 20. September 1941 die „Sonderbehandlung" von Johann Sladek und leitete die Prüfung seiner „Eindeutschungsfähigkeit" ein.[28] Ihre Nichtfeststellung war gleichbedeutend mit dem Todesurteil.

25 Vgl. hierzu Dorit Bieber, Richter mit fragwürdigem Urteil. Geschichte(n) aus dem Altenburger Land, in: Ostthüringer Zeitung, 11. 12. 2020.
26 Suchanfrage bezüglich Johann Sladek vom 3. 8. 1949, Schriftgut des ITS, 6.3.3.1/106808084, Arolsen Archives.
27 Häftlingsunterlagen Johann Sladek, Buchenwald, 1.1.5.3/7132911, Arolsen Archives.
28 Antrag der Staatspolizeistelle Weimar an die Leitung des Arbeitserziehungslagers Buchenwald wegen der Durchführung einer „Sonderbehandlung", 20. 9. 1941, abgedruckt in: Marlis Gräfe/Bernhard Post/Andreas Schneider (Hrsg.), Quellen zur Geschichte Thüringens. Die Geheime Staatspolizei im NS-Gau Thüringen 1933–1945, 2. Halbband, 5. Aufl., Erfurt 2009, S. 449.

Johann Sladek wurde kurze Zeit darauf zusammen mit zehn weiteren polnischen Häftlingen des Konzentrationslagers Buchenwald im Rahmen einer „Sühnemaßnahme" am 19. Dezember 1941 im thüringischen Bechstedt öffentlich erhängt. Diese Hinrichtung wurde auf Betreiben der Gestapo Weimar durchgeführt, um den Tod eines Bauern aus Bechstedt zu vergelten, der in einer Auseinandersetzung mit „seinem" polnischen Zwangsarbeiter durch diesen tödlich verletzt worden war.[29] Die in der näheren Umgebung untergebrachten polnischen Zwangsarbeiter mussten der Hinrichtung zur Abschreckung beiwohnen.

Woher sich Martha Schmieder und Johann Sladek kannten und in welcher Art und Weise sie Kontakt zueinander pflegten, muss an dieser Stelle offenbleiben. Dennoch kannten sich beide, und dies noch aus der Zeit in Altenburg 1940. Martha Schmieder war dieser Kontakt so wichtig, dass sie 1949 nach ihm suchen ließ, ohne für sich selbst eine Bestätigung ihrer Haft in Ravensbrück beim Suchdienst anzufragen.

Resümee und Ausblick

Die Fotografien aus Altenburg zeigen paradigmatisch, wie der Pranger zur Ausgrenzung aus der „Volksgemeinschaft" eingesetzt wurde und sich diese im Zuge einer, wie Gerhard Paul schreibt, „Exklusionsperformance" situativ vor Ort herstellte.[30] Grundlegend dafür war die öffentliche Zurschaustellung der Verfemten, an der exemplarisch die Grenzen von Zugehörigkeit und Nicht-Zugehörigkeit demonstriert und exekutiert wurden.[31] Dieser Ausschluss vor allen anderen – tagsüber, inmitten des Ortes und im Fall von Martha Schmieder mit hoher Wahrscheinlichkeit vor ihren Nachbarn – kündigte die Zugehörigkeit auf und demütigte, indem er öffentlich strafte, beschämte und zugleich Fremdheit herstellte.[32] Die Haarschur schloss die Erzeugung von Fremdheit ab und brandmarkte das Opfer mit einem weithin erkennbaren Stigma.[33] Die Fotografien trugen zu dieser diffamierenden Sichtbarmachung bei und inszenierten die Anprangerung

---

29 Vgl. Udo Wohlfeld, Das Verbrechen von Bechstedt. Denkmal erinnert an die Hinrichtung polnischer KZ-Häftlinge, unveröff. Manuskript, Buchenwaldarchiv (BwA), 32/IX-86.
30 Paul, „Am Pranger", S. 57.
31 Vgl. Wildt, Volksgemeinschaft als Selbstermächtigung, S. 352–361.
32 Vgl. zu diesem Merkmal der Scham und des Ausschlusses: Sighard Neckel, Achtungsverlust und Scham. Die soziale Gestalt eines existentiellen Gefühls, in: Hinrich Fink-Eitel/Georg Lohmann (Hrsg.), Zur Philosophie der Gefühle, Frankfurt a. M. 1993, S. 244–265, hier S. 256.
33 Vgl. weiterführend: Erving Goffman, Stigma. Über Techniken der Bewältigung beschädigter Identität, 9. Aufl., Frankfurt a. M. 1990.

visuell mithilfe von Ober- und Unteransichten, die niemand aus dem Publikum ohne Weiteres hätte einnehmen können. Aus der Obersicht erscheint die „Volksgemeinschaft" erst visuell – hier in Form eines ein- und ausschließenden Rings. Die Untersichten greifen dagegen den zentralen Akt der Anprangerung auf: die strafende Zurschaustellung und Haarschur, die durch die Bilder medial auf Dauer gestellt wurde.

Diese Kombination der Perspektiven – einerseits der Fokus auf die Stigmatisierung selbst, vor, während und nach der Haarschur, andererseits die Übersichtsaufnahmen der Zuschauermenge – findet sich ebenso bei weiteren Fotoserien der öffentlichen Demütigung deutscher Frauen. Auch die Fotografien aus Ulm, Eisenach, Horb und Ludwigsburg halten aus großer Nähe die Haarschur und ebenso die Menschenansammlung aus Oberansichten fest. Die Bilder weisen darin einen erhöhten Anspruch an fotografischer Bildwerdung der Anprangerung und Inszenierung der „Volksgemeinschaft" auf. Inwiefern diese und die weiteren Fotografien der Anprangerungen jedoch veröffentlicht wurden, ist vielfach ungeklärt.[34] Auch im Fall der Fotos aus Altenburg ist bislang keine zeitgenössische Publikation bekannt. Die zitierten Zeitungsartikel über die Anprangerung Martha Schmieders greifen nicht auf die Fotografien zurück, und auch das generelle Verbot der Anprangerungen im Oktober 1941 dürfte eine Reproduktion für die Zeit danach zwar nicht ausschließen, jedoch unwahrscheinlich machen.

Obwohl die öffentlichen Demütigungen u. a. durch Brigitte Reimann und Ralf Hochhuth literarisch aufgegriffen und deren Erzählungen auch verfilmt worden sind, gerieten die historischen Fotografien in Vergessenheit.[35] Im Fall der Fotografien aus Altenburg gelangten diese erst 1997 aus privater Hand an das zuständige Archiv.[36] Das bereits erwähnte Rechercheprojekt der Stiftung Topographie des Terrors erschloss viele der hier angeführten Fotografien. Die darauf aufbauende Fotodokumentation „Vor aller Augen" machte die Bilder einer größeren Öffentlichkeit bekannt, so unter anderem die Fotos von Martha Schmieder. Der Bildband publizierte nicht nur erstmals die Fotografien aus Altenburg, sondern zeigte zudem drei besonders aussagestarke Bilder der Fotoserie auf seinem Buchcover. Auch die gleichnamige, seit 2003 wandernde Ausstellung der

---

34 So wurden Fotos der Anprangerung von Anna H. und Anna D. in Ludwigsburg unter dem Titel „Ihre deutsche Frauenehre geschändet" veröffentlicht, jedoch liegen wiederum keine näheren Angaben zu dieser Publikation vor. Vgl. Hesse/Springer, Vor aller Augen, S. 127.
35 Vgl. Brigitte Reimann, Die Frau am Pranger. Erzählung, 5. Aufl., Berlin 1995 (zuerst 1956), und die Verfilmungen: „Die Frau am Pranger" (Werner Schulz-Wittan, DFF, 1962) und „Erster Verlust" (Maxim Dessau, DEFA, 1990); sowie Rolf Hochhuth, Eine Liebe in Deutschland, Reinbeck 1992 (zuerst 1978), und den gleichnamigen Film von Andrzej Wajda (1983).
36 Auskunft des Landesarchivs Thüringen, Staatsarchiv Altenburg, 21. 1. 2021.

Fotodokumentation nutzt die Bilder für Plakate und Flyer. Die Nahaufnahme von Martha Schmieder vor ihrer Haarschur diente zudem innerhalb der Ausstellung des Deutschen Historischen Museums „Hitler und die Deutschen" (2010) zur Visualisierung des Abschnitts über die deutsche Gesellschaft im Krieg. Ebenso griff der pädagogische Begleitband zur Ausstellung illustrativ auf dieses Foto zurück.[37] Auch Fachbücher verwendeten jenes Foto zur Gestaltung ihres Einbands.[38]

Die wenigen Beispiele zeigen, wie und auf welche Weise die Fotografien aus Altenburg an herausgehobenen Stellen wie Buchcover, Flyer, aber auch Ausstellungseinheiten publiziert werden. Folgt man den Verwendungskontexten, dienen die Bilder vor allem der Darstellung des nationalsozialistischen Terrors. Sie lösen sich dabei textlich von den konkreten Ereignissen der öffentlichen Demütigungen und verweisen symbolisch auf den übergeordneten Zusammenhang der Gewalt der „Volksgemeinschaft".[39] Der Abdruck beschränkt sich dabei in der Regel auf eine bestimmte Auswahl der Bilder. Zumeist ist es die Nahaufnahme von Martha Schmieder vor ihrer Haarschur, die als Einzelbild verwendet wird. Vor dem Hintergrund der grundsätzlichen Frage nach dem Ob und Wie der Darstellung von Gewalt und des „Leidens anderer"[40] bei der Bildreproduktion wirft diese Auswahl ein Licht auf den spezifischen Umgang mit der fotografischen Überlieferung. Es wird sich für ein Foto entschieden, das die zwangsweise Zurschaustellung, die Stigmatisierung sowie die Beschämung von Martha Schmieder zeigt. Die gewaltvolle Entwürdigung, die Haarschur selbst, wird dagegen ausgeblendet. Darin äußert sich ein reflexiver, behutsamer Gebrauch der fotografischen Überlieferung, der die Gewalt und die Ohnmacht zwar zeigt, die zentrale Strafprozedur hingegen nicht wiedergibt.[41]

---

37 Bundeszentrale für politische Bildung (Hrsg.), Hitler und die Deutschen. Volksgemeinschaft und Verbrechern. Bausteine für Unterricht und außerschulische historisch-politische Bildung, Bonn 2010.

38 So z. B. Frank Bajohr/Michael Wildt (Hrsg.), Volksgemeinschaft. Neue Forschungen zur Gesellschaft des Nationalsozialismus, Frankfurt a. M. 2009.

39 Zu der mit dem vermehrten Bildgebrauch einhergehenden Ablösung des Fotos von seinem Informationsgehalt vgl. About/Chéroux, Fotografie und Geschichte. In der Folge erhöht sich die bildliche Mehrdeutigkeit, die wiederum für Symbolbilder und Bildsymbole typisch ist. Vgl. hierzu Hans-Georg Soeffner, Symbolische Formung. Eine Soziologie des Symbols und des Rituals, Weilerswist 2010.

40 Susan Sontag, Das Leiden anderer betrachten, Frankfurt a. M. 2005.

41 Ich beziehe mich auf eine Gebrauchsweise der Fotografie, die ich als typisch erachte und die selbstverständlich andere Verwendungszusammenhänge nicht ausschließt. Weitere Studien könnten hier anschließen und ebenso das Sehen der Bilder näher untersuchen. Vgl. dazu den von mir vorgeschlagenen Ansatz: Sebastian Schönemann, Symbolbilder des Holocaust. Fotografien der Vernichtung im sozialen Gedächtnis, Frankfurt a. M. 2019.

Kapitel 2: Verfolgungspraxis

KATARZYNA WONIAK

Prozess und Strafe

Polnische Zwangsarbeiterinnen und der „verbotene Umgang mit Kriegsgefangenen"

Zivile polnische Arbeitskräfte standen während ihres erzwungenen „Arbeitseinsatzes" in der deutschen Kriegswirtschaft unter Aufsicht mehrerer NS-Organe. Neben Arbeitsämtern und Arbeitgebern kontrollierten Justiz und Gestapo nahezu jeden ihrer Schritte. Diese Menschen waren ihres Selbstbestimmungsrechts in vielerlei Hinsicht beraubt. Auch der vermeintlich weniger bedeutsame Bereich der Liebe unterlag bei polnischen „Zivilarbeitern" einer strengen Reglementierung. Während Freundschafts- und Liebesbeziehungen unter Landsleuten als bedenkenlos galten, wurden sie sowohl zu Reichsbürgern als auch zu Kriegsgefangenen verboten. Die Begründung hierfür lag in rassenideologischen Grundsätzen des Nationalsozialismus, der ethnische Polen prinzipiell als „Untermenschen" und Deutsche als „Herrenmenschen" ansah. Die Diskriminierung der Polen ging auf die NS-Doktrin der „völkischen Gefahr" zurück, der ebenso rassisch-politische Motive zugrunde lagen.[1] Wenn schon ein Verzicht auf die polnische Arbeitskraft aus kriegswirtschaftlichen Gründen nicht möglich war, dann sollte wenigstens jeglicher Gefährdung der „Rassenreinheit" vorgebeugt werden. Liebesbeziehungen zu Kriegsgefangenen wurden zudem aus militärischer Sicht, aus Sorge um „Feindbegünstigung", verboten. Jeder außerdienstliche Kontakt zu Kriegsgefangenen konnte zum „Schutz der deutschen Wehrkraft" eine Strafverfolgung rechtfertigen.

Der vorliegende Aufsatz beschäftigt sich mit dem Straftatbestand „Verbotener Umgang mit Kriegsgefangenen" von polnischen Frauen, die nach dem deutschen Überfall auf Polen am 1. September 1939 mehr oder weniger freiwillig zum Arbeiten nach Deutschland gekommen oder, was deutlich häufiger der Fall war, unter Zwang und nicht selten auch unter Anwendung von Gewalt

1 Diemut Majer, „Fremdvölkische" im Dritten Reich. Ein Beitrag zur nationalsozialistischen Rechtssetzung und Rechtspraxis in Verwaltung und Justiz unter besonderer Berücksichtigung der eingegliederten Ostgebiete und des Generalgouvernements, Boppard am Rhein 1981, S. 130.

aus ihrer Heimat verschleppt worden waren. Den Quellenkorpus bilden die Ermittlungs-, Vernehmungs- und Prozessakten der NS-Justiz, vornehmlich der Bestand „Generalstaatsanwaltschaft bei dem Landgericht Berlin" (Landesarchiv Berlin, A Rep. 358-02). Kontakte zwischen Polinnen und französischen Kriegsgefangenen lassen sich anhand der Prozessakten der NS-Gerichte gut rekonstruieren, weil die Verstöße gegen die entsprechende Verordnung bis Herbst 1943 in der Regel auf Veranlassung der Gestapo von den ordentlichen Gerichten geahndet wurden. In diesen Quellen sind nicht nur Liebesbeziehungen, sondern auch vielfältige alltägliche Begegnungen zwischen beiden Nationalitäten überliefert. Die Dokumente geben Einblick in die Sichtweise der betroffenen Frauen wie auch in die Perspektive der deutschen Amtsträger. Die justiziellen Personalakten der Polinnen enthalten Informationen zu individuellen Schicksalen, darunter auch zu Liebesgeschichten. Im Folgenden werden einige Fälle von „verbotenem Umgang" zwischen Polinnen und französischen Kriegsgefangenen dargestellt.

Verbotene Liebeskontakte von deutschen Reichsbürgerinnen und Reichsbürgern zu Kriegsgefangenen und „Fremdarbeitern" sind bereits in mehreren Publikationen untersucht worden.[2] Veröffentlichungen, die die Liebesbeziehungen zwischen unterschiedlichen nationalen und ethnischen Zwangsarbeitergruppen näher betrachten, fehlen dagegen. Auf diese Beziehungen wurde oft am Rande der Untersuchungen zu Schwangerschaften und zu den während des Zwangsarbeitseinsatzes geborenen Kindern eingegangen.[3] Aufgrund dieser Forschungslücke konzentriere ich mich im Folgenden auf die Liebesbeziehungen zwischen polnischen „Zivilarbeiterinnen" und französischen Kriegsgefangenen, also auf Begegnungen, die ähnlich wie bei deutschen Frauen verboten waren.

Von zentraler Bedeutung sind zwei Verfügungen: Paragraf 4 der „Verordnung zur Ergänzung der Strafvorschriften zum Schutz der Wehrkraft des Deutschen Volkes" (Wehrkraftschutzverordnung) vom 25. November 1939 und die „Verordnung über den Umgang mit Kriegsgefangenen" vom 11. Mai 1940. Beide

---

2 Z. B. Claudia Trüter, „Als Entschuldigung meines Verhaltens kann ich nur angeben, dass das Herz sich nicht befehlen lässt.", in: Uwe Danker (Hrsg.), Zwangsarbeitende im Kreis Nordfriesland 1939–1945, Bielefeld 2004, S. 201–219.

3 Siehe z. B. Sophie Hodorowicz Knab, Wearing the letter P: Polish women as forced laborers in Nazi Germany 1939–1945, New York 2016; Annette Schäfer, Zwangsarbeiter und NS-Rassenpolitik. Russische und polnische Arbeitskräfte in Württemberg 1939–1945, Stuttgart 2000, S. 206; Wiebke Lisner, Geburtshilfe und Abtreibungen bei Zwangsarbeiterinnen. Hebammen zwischen Diskriminierung und Hilfe am Beispiel Lippe, in: Andreas Frewer/Bernhard Bremberger/Günther Siedbürger (Hrsg.), Der Ausländereinsatz im Gesundheitswesen (1939–1945). Historische und ethische Probleme der NS-Medizin, Stuttgart 2009, S. 97–115.

stellten auch gewöhnliche gesellschaftliche Beziehungen zu Kriegsgefangenen unter Strafe. So griff der Straftatbestand „Verbotener Umgang mit Kriegsgefangenen" bei jedem Kontakt, „sofern nicht ein Umgang mit Kriegsgefangenen durch die Ausübung einer Dienst- und Berufspflicht oder durch ein Arbeitsplatzverhältnis der Kriegsgefangenen zwangsläufig bedingt ist".[4] Zum einen sollten intime Kontakte zwischen deutschen Frauen und ausländischen Kriegsgefangenen verhindert werden, die Begründung war also rassenideologisch. Die NS-Funktionsträger richteten ihr Augenmerk vor allem auf die französischen Gefangenen, da diese bei deutschen Frauen oft besondere Sympathien weckten.[5] Hinzu kam, dass sich französische Kriegsgefangene aufgrund der für sie weniger strengen Regelungen relativ frei bewegen konnten.

Die größere Sympathie der deutschen Bevölkerung gegenüber den Kriegsgefangenen, die insbesondere im ländlichen Raum zu beobachten war,[6] führte der Sicherheitsdienst in seinen internen Berichten auf die emphatische und mitleidvolle Einstellung der „Volksdeutschen" zurück. Schuld daran sei die katholische Geistlichkeit, die „mit ihren Hinweisen auf das Gleichsein aller Menschen vor Gott, besonders bei den Frauen auf dem Lande, Mitleid mit den Kriegsgefangenen und fremdvölkischen Zivilarbeitern weckt und dadurch die Hemmungen vor einem Verkehr mit diesen abschwächte".[7] Gleichzeitig ging es um die Bewahrung und Festigung des NS-Frauenbildes, demzufolge „sexuelle Freizügigkeit und eigenständige Entwicklung gegen die Ehre der deutschen Frau" verstießen.[8] Doch nicht nur Liebesverhältnisse galten als Straftatbestand. Strafantrag wurde auch bei der kleineren Geschenken oder wegen illegaler Beförderung von Postsendungen gestellt, weil man hier Fluchthilfe oder gar die Vorbereitung zum Hochverrat argwöhnte. Die Verstöße wurden vor Amts-, Land- und Sondergerichten verhandelt, selten vor dem Reichsgericht. Es handelte sich dabei jedoch keinesfalls um ein Massenphänomen. Im Jahr 1943 entfielen beim Berliner

---

4 Gedenkstätte Roter Ochse Halle (Saale)/Heinrich-Böll-Stiftung Sachsen-Anhalt (Hrsg.), „Verbotener Umgang mit Kriegsgefangenen". Verfahren am Landgericht Halberstadt (1940–1945), Halle 2012, S. 13.
5 Silke Schneider, Verbotener Umgang. Ausländer und Deutsche im Nationalsozialismus. Diskurse um Sexualität, Moral, Wissen und Strafe, Baden-Baden 2010, S. 184.
6 Vgl. John J. Delaney, Rassistische gegen traditionelle Werte. Priester, Bauern und polnische Zwangsarbeiter im ländlichen Bayern, in: Andreas Heusler/Mark Spoerer/Helmuth Trischler (Hrsg.), Rüstung, Kriegswirtschaft und Zwangsarbeit im „Dritten Reich", München 2010, S. 163–178.
7 Heinz Boberach (Hrsg.), Meldungen aus dem Reich 1938–1945. Die geheimen Lageberichte des Sicherheitsdienstes der SS, 17 Bde., Herrsching 1984, hier Bd. 16: SD-Berichte zu Inlandsfragen, 11. April 1944, S. 6484.
8 Bernd Schimmler, Recht ohne Gerechtigkeit. Zur Tätigkeit der Berliner Sondergerichte im Nationalsozialismus, Berlin 1984, S. 85.

Sondergericht nur 13 von 426 Urteilen auf unerlaubten Umgang mit Kriegsgefangenen. Damit kam aus Sicht der Justiz der Verfolgung dieses Deliktes „nur untergeordnete Bedeutung" zu.[9] Waren die betroffenen Frauen polnischer Herkunft, so lag die Strafverfolgung in den Händen der Polizei, die die Fälle in der Regel an die Gerichte übergab. Die an verbotenem Umgang beteiligten französischen und belgischen Kriegsgefangenen wurden vor ein Militärgericht gestellt.[10]

Die meisten Strafgerichtsprozesse in dieser Sache verhandelten Beziehungen zwischen deutschen Frauen und französischen Kriegsgefangenen.[11] Einige Strafverfahren wurden auch gegen „Protektoratsangehörige" geführt, d. h. gegen Zwangsarbeiterinnen aus dem „Protektorat Böhmen und Mähren". So beschuldigte die Berliner Staatsanwaltschaft Zdenka B., dass sie am 28. Juni 1942 einen französischen Kriegsgefangenen in französischer Sprache mit den Worten „Guten Tag, wo wollen Sie hin" begrüßt habe. Für diese harmlose Frage sollte die Zwangsarbeiterin aus dem Gemeinschaftslager Germendorf bei Oranienburg mit einem Monat Gefängnis bestraft werden.[12] Dieses Beispiel zeigt, dass nicht nur intime Beziehungen zu Kriegsgefangenen geahndet wurden, sondern auch ganz normale Alltagskontakte.

Die Verordnung zum verbotenen Umgang mit Kriegsgefangenen wurde auch auf ausländische Arbeitskräfte, darunter polnische „Zivilarbeiter", übertragen.[13] In erster Linie galten für polnische Zwangsarbeiter jedoch die „Polen-Erlasse" vom 8. März 1940, die ihr gesamtes Leben im Deutschen Reich umfassend regelten. Den Kern dieser Erlasse bildete das Verbot von Liebesbeziehungen zu deutschen Bürgern, das die „Reinhaltung des deutschen Blutes" gewährleisten sollte. Bei Geschlechtsverkehr zwischen polnischen Arbeitern und deutschen Frauen drohte „Sonderbehandlung", ein Euphemismus in der Sprache der Bürokratie – gemeint war die Hinrichtung der betroffenen Polen. Die „Sonderbehandlung"

---

9 Alfons Schwarz, Rechtsprechung durch Sondergerichte. Zur Theorie und Praxis im Nationalsozialismus am Beispiel des Sondergerichtes, Berlin 1992, S. 61.
10 Christian Kretschmer, Kriegsgefangene im Visier von Werkschutz, Kriminalpolizei und Landwacht: Bewachung, Fluchtprävention und Kriegsfahndung, in: KZ-Gedenkstätte Neuengamme (Hrsg.), Polizei, Verfolgung und Gesellschaft im Nationalsozialismus, Bremen 2013, S. 147–155. Siehe auch: Hubert Speckner, In der Gewalt des Feindes. Kriegsgefangenenlager in der „Ostmark" 1939 bis 1945, München 2003.
11 Vgl. Eginhard Schard, Die Verfolgung pfälzischer Frauen wegen „verbotenen Umgangs" mit Ausländern, in: Hans-Georg Meyer/Hans Berkessel (Hrsg,), „Unser Ziel – die Ewigkeit Deutschlands". Die Zeit des Nationalsozialismus in Rheinland-Pfalz, Bd. 3, Mainz 2001, S. 79–88.
12 Strafbefehl (Datum unlesbar), Landesarchiv Berlin (LAB), A Rep. 358-02, Sign. 1857.
13 Siehe Gedenkstätte Roter Ochse Halle (Saale)/Heinrich-Böll-Stiftung Sachsen-Anhalt (Hrsg.), „… das gesunde Volksempfinden gröblichst verletzt". „Verbotener Umgang mit Kriegsgefangenen" im Sondergerichtsbezirk Halle (Saale), Halle 2012, S. 20 f.

war in dieser Form ursprünglich auch für Polinnen vorgesehen, jedoch wohl in keinem Fall durchgeführt worden.[14] Im Laufe der Zeit wurden neue Richtlinien erlassen, die die Bestrafung der Frauen wegen sexueller Kontakte mit Deutschen regelten. Nun durften die Polinnen nicht mehr hingerichtet werden, stattdessen wurden sie in „Schutzhaft" genommen, was die Einweisung in ein Konzentrationslager bedeutete.

Die Erlaubnis zur „Sonderbehandlung" erteilte auf Anfragen der Gestapostelle das Reichssicherheitshauptamt, genauer: dessen Abteilung IV. Die Vollstreckung sollte in der Nähe des Wohnortes des Ausländers in Anwesenheit von Landsleuten stattfinden. Die Betroffenen konnten der „Sonderbehandlung" nur durch eine „Rassenuntersuchung" entgehen, die ab Juli 1941 durch Eignungsprüfer des Rasse- und Siedlungshauptamtes erfolgte. Polen mit „nordischem Rasseneinschlag", die gut aussahen und „charakterlich sehr günstig beurteilt" wurden, eigneten sich unter Umständen für eine Eindeutschung und sollten vor der „Einreichung des Sonderbehandlungs-Vorschlages auf ihre Eindeutschungsfähigkeit" hin begutachtet werden.[15] Dies erfolgte nach rassenmorphologischen Parametern des Körpers und insbesondere des Gesichtes und der Rassenzugehörigkeit. Darüber hinaus wurden die Fähigkeiten und Anpassungschancen der Betroffenen bewertet. Bei anerkannter Eindeutschungsfähigkeit sollten die Betroffenen zwecks „Sühne" für kürzere Zeit in ein Konzentrationslager eingewiesen werden; in der Regel kamen sie in die „Sonderabteilung für Eindeutschungsfähige" im SS-Sonderlager Hinzert.[16] Ab November 1944 wurden die aufwendigen Überprüfungen eingestellt; die eines verbotenen Geschlechtsverkehrs überführten „Fremdvölkischen" sollten künftig ohne Rücksicht auf ihre vermeintliche rassische Prägung in ein Konzentrationslager eingewiesen werden.[17]

Liebesbeziehungen zwischen Polinnen und französischen Kriegsgefangenen waren mit der Übertragung der „Verordnung über den Umgang mit Kriegsgefangenen" auf die „Fremdarbeiter" verboten. Ähnlich wie bei den Urteilen

---

14 Matthias Hamann, Erwünscht und unerwünscht. Die rassenpsychologische Selektion der Ausländer, in: Herrenmensch und Arbeitsvölker. Ausländische Arbeiter und Deutsche 1939–1945. Beiträge zur nationalsozialistischen Gesundheits- und Sozialpolitik; Bd. 3, Berlin 1986, S. 143–180, hier S. 159.
15 Richtlinien des Reichsführers SS über die Anwendung der Sonderbehandlung für polnische Zwangsarbeiter und Kriegsgefangene vom 5. Juli 1941, in: Karol Marian Pospieszalski (Hrsg.), Hitlerowskie „prawo" okupacyjne w Polsce. Cz. 2, Generalna Gubernia: wybór dokumentów i próba syntezy, Poznań 1958, S. 119.
16 Vgl. den Beitrag von Lena Haase und Beate Welter in diesem Band.
17 Sachstandsvermerk in der Voruntersuchungssache gegen Bernhard Baatz, LAB, B Rep. 051-01, Sign. 158, Bl. 243.

gegen deutsche Frauen wegen verbotenen Umgangs handelte es sich bei den Prozessen gegen Polinnen, die unerlaubte Liebesbeziehungen zu französischen Kriegsgefangenen pflegten, eher um eine marginale Erscheinung, entsprechende Gerichtsverhandlungen fanden nur recht selten statt. Für den Zeitraum vom 1. November bis 31. Dezember 1942 ist beim Landgericht Berlin lediglich ein Urteil wegen verbotenen Umgangs mit Kriegsgefangenen ergangen.[18] Vor dem Berliner Sondergericht fanden insbesondere in den Jahren 1942–1943 einige Prozesse gegen Polinnen statt.

Doch auf welchen Wegen wurden die Betriebsleitung bzw. die Gestapo auf verbotene Liebesbeziehungen aufmerksam? Die meisten überlieferten Fälle gingen auf Denunziationen von Angehörigen der deutschen „Volksgemeinschaft" zurück. Meist waren dies – so Gisela Diewald-Kerkmann – unauffällige Staatsbürger und keineswegs überzeugte Anhänger des NS-Regimes.[19] Die allgemeine Anzeigepflicht der Deutschen betraf außer jedweder Arbeitsweigerung von Ausländern auch die unverzügliche Übermittlung von Kenntnissen über freundschaftliche und intime Begegnungen mit Kriegsgefangenen. Im ländlichen Raum waren Gerüchte weitverbreitet, die je nach Interessenlage zur Anzeige bei Ortsbauern oder bei der Polizei gebracht werden konnten.[20] Manche Verdachtsfälle bestätigten sich erst, als betroffene Frauen aus diesen Beziehungen schwanger wurden. In den Zwangsarbeiterlagern, in denen die meisten polnischen „Zivilarbeiter" lebten, war die Privatsphäre derart eingeschränkt, dass die Stubenmitbewohner und sonstige Landsleute über Liebesverhältnisse im Lager und an den Arbeitsstätten meist gut informiert waren. Sie beobachteten sich gegenseitig oft aufmerksam, mit der Folge, dass „auffälliges Verhalten" beim Lagerführer oder gar bei der Kriminalpolizei angezeigt wurde.[21]

Bewahrheitete sich der angezeigte Sachverhalt, übergab die Gestapo die Sache an die ordentlichen Gerichte. Sehr selten stellte die Justiz die Verfahren ein oder erklärte die Angeklagten für unschuldig. Ein Fall aber ist überliefert, in dem die Richter eine Polin von dem Vorwurf des verbotenen Umgangs mit einem Kriegsgefangenen tatsächlich freisprachen. Józefa F., eine polnische

---

18 Strafverfahren wegen verbotenen Umgangs mit den Kriegsgefangenen vom 3. 2. 1943, Arolsen Archives, Sign. 1.2.2.1/12109313.

19 Gisela Diewald-Kerkmann, Denunziantentum und die Gestapo. Die freiwilligen „Helfer" aus der Bevölkerung, in: Gerhard Paul/Michael Mallmann (Hrsg.), Die Gestapo. Mythos und Realität, Darmstadt 1995, S. 288–305, hier S. 301.

20 Zum Verhalten der Deutschen in ländlichen Gebieten siehe: Theresia Bauer, Nationalsozialistische Agrarpolitik und bäuerliches Verhalten im Zweiten Weltkrieg. Eine Regionalstudie zur ländlichen Gesellschaft in Bayern, München 1996.

21 Siehe Katarzyna Woniak, Zwangswelten. Emotions- und Alltagsgeschichte polnischer ‚Zivilarbeiter' in Berlin 1939–1945, Paderborn 2020, S. 225 f.

Landarbeiterin in Ragow, hatte versucht, ihr Verhalten mit der Unkenntnis des Gefangenenstatus der Franzosen zu entschuldigen, und konnte so einen ungünstigen Prozessverlauf abwenden. Sie habe sich zwar „von einem französischen Kriegsgefangenen in einem Gebüsch geschlechtlich gebrauchen lassen", aber den Franzosen nicht als Kriegsgefangenen erkannt, stellte ein Justizangestellter fest.[22] Während polnische „Zivilarbeiter" im Deutschen Reich ein Zeichen mit dem Buchstabe „P" sichtbar an der Kleidung tragen mussten, um sofort als solche erkennbar zu sein, galt dies weder für französische „Zivilarbeiter" noch für Kriegsgefangene aus dem besetzten Frankreich. Lediglich die in geschlossenen Arbeitskommandos eingesetzten Kriegsgefangenen ließen sich durch ihre Häftlingskleidung als solche leicht erkennen. Und da polnische Arbeitskräfte ihren Arbeitsplatz sehr oft mit anderen nationalen Zwangsarbeitergruppen teilten, darunter auch mit französischen „Zivilarbeitern", schien es den Richtern durchaus glaubwürdig, dass Józefa F. den fraglichen Franzosen nicht als Kriegsgefangenen wahrnahm.

Analysiert man die überlieferten Akten der Strafprozesse gegen polnische Frauen, die wegen eines verbotenen Umgangs mit französischen Kriegsgefangenen verurteilt wurden, unter sozioökonomischen Gesichtspunkten, so fällt auf, dass es sich meist um Landarbeiterinnen handelte. Ein Grund dafür ist, dass die kriegsgefangenen Franzosen sehr oft ebenfalls in der Landwirtschaft beschäftigt waren und ein gemeinsamer Arbeitsplatz das Entstehen von Beziehungen begünstigte. Ein anderes Merkmal dieser Bekanntschaften war das junge Alter der Polinnen. Verbotene Liebesverhältnisse gingen oft Frauen ein, die nicht älter als 25 Jahre alt waren. Zugleich gehörten Polinnen und Polen dieser Altersklasse zu der größten demografischen Gruppe, die aus ihrer Heimat rekrutiert und zur Zwangsarbeit nach Deutschland verschleppt wurde. Nicht selten war es für sie das erste Mal, dass sie außerhalb des Elternhauses lebten und ganz auf sich allein gestellt waren. Zum anderen waren junge Menschen in der Fremde generell offener für Freundschafts- und Liebesverhältnisse. Geselliges Beisammensein hatte eine therapeutische Wirkung, vor allem bei Heimweh und Trennungsschmerz.

Die polnische Landarbeiterin Anita K. aus der Umgebung Warschaus war gerade einmal 20 Jahre alt, als das Berliner Sondergericht sie am 29. September 1942 „wegen Vergehens gegen die Verordnung zum Schutz der Wehrmacht vom 25. November 1939 in Verbindung mit verbotenem Umgang mit den französischen Kriegsgefangenen" verurteilte. Anita K. unterhielt an ihrem gemeinsamen

---

22 Strafverfahren wegen verbotenen Umgangs mit den Kriegsgefangenen vom 3. 2. 1943, Arolsen Archives, Sign. 1.2.2.1/12109313.

Arbeitsplatz auf einem landwirtschaftlichen Gut in Roskow eine verbotene Liebesbeziehung zu dem acht Jahre älteren Paul Ch. Dafür wurde ihr eine sechsmonatige Haftstrafe im Straflager auferlegt.[23]

Die Landarbeiterin Waleria L. aus dem in das Deutsche Reich eingegliederten Warthegau erhielt die gleiche Haftstrafe, doch musste die Polin fast ein Jahr in der Untersuchungshaftanstalt Alt-Moabit in Berlin auf ihren Strafprozess warten. Am 6. Mai 1943 verurteilte das Sondergericht V am Berliner Landgericht Waleria L., weil sie „als Polin fortgesetzt mit französischem Kriegsgefangenen geschlechtlich verkehrt" habe. Die Untersuchungshaft wurde ihr auf die Haftstrafe angerechnet, die Kosten des Verfahrens musste die Verurteilte tragen.[24] Zwei Monate nach Verhängung des Urteils wurde Waleria L. an das Polizeipräsidium II überstellt. Ihr weiteres Schicksal lässt sich anhand der eingesehenen Quellen nicht rekonstruieren.[25] Höchstwahrscheinlich musste sie wegen ihrer verbotenen Liebesbeziehung zu dem Franzosen Fernand L. – neben der zehnmonatigen Untersuchungshaft und der Haftstrafe im einfachen Straflager – auch die polizeiliche „Schutzhaft", d. h. die Einweisung in ein Konzentrationslager, ertragen.

Ähnlich wie bei deutschen Bürgern ahndete die Justiz bei Polinnen nicht nur intime Kontakte zu französischen Kriegsgefangenen, sondern auch jegliche Hilfeleistung. So wurde die Polin Irena S. Ende 1942 vom Landgericht Halberstadt zu vier Monaten Straflager verurteilt, weil sie zwei Briefe eines Kriegsgefangenen an dessen Familie in den Briefkasten geworfen hatte. Allerdings erwies sich hier ihre Erklärung, von einem Verbot des Umgangs mit Kriegsgefangenen nichts gewusst zu haben, nicht als strafmindernd.[26] Tatsächlich waren sich polnische Zwangsarbeiterinnen oftmals überhaupt nicht darüber im Klaren, dass ein Gesetz solche Beziehungen unter Strafe stellte. Viele von ihnen sind von einer Schicksalsgemeinschaft mit Kriegsgefangenen anderer Nationalitäten ausgegangen. Sie wussten, dass bereits in den ersten Kriegsmonaten hunderttausend polnische Soldaten in deutsche Gefangenschaft geraten waren und im Deutschen Reich in der Landwirtschaft eingesetzt wurden. Im Mai 1940 sind diese Männer größtenteils in den Zivilstatus überführt worden, sie galten fortan nicht mehr als Kriegsgefangene und waren auch nicht mehr in Stalags untergebracht. Gleichwohl mussten die ehemaligen polnischen Kriegsgefangenen weiterhin Zwangs-

---

23 Strafsache gegen Anita K. vom 29. 9. 1942, Brandenburgisches Landeshauptarchiv (BLHA), 12C Berlin II, Sign. 6251.
24 Strafsache gegen Valeria L. vom 6. 5. 1943, LAB, A Pr. Br. Rep. 030-02-04, Sign. 455.
25 Korrespondenz mit dem Polizeipräsidium Berlin vom 31. 7. 1943, Arolsen Archives, Sign. 1.2.2.1./12105116.
26 Strafverfahren gegen Irena S., zit. nach „Verbotener Umgang mit Kriegsgefangenen", S. 27.

arbeit für den Feind verrichten.[27] Polnische „Zivilarbeiterinnen" konnten daher annehmen, dass ihnen die französischen Kriegsgefangenen mehr oder weniger gleichgestellt waren, zumal sie in der Regel in denselben landwirtschaftlichen Betrieben beschäftigt waren. Die Frauen gingen davon aus, dass sie das gleiche Schicksal mit den Franzosen teilten: ein Leben in Unfreiheit jenseits der Heimat. Freundschaft oder gar Liebe konnten helfen, diese Situation zu bewältigen, versprachen Ablenkung vom schweren Alltag, stifteten Zuversicht und Hoffnung. In einigen Fällen ging es aber auch um mehr, wie die Geschichte von Marja G. zeigt. Ein französischer Kriegsgefangener hatte ihr für die Zeit nach Ende des Krieges die Ehe versprochen. Marja G. wurde vermutlich aufgrund einer Anzeige ihrer Landsleute verhaftet und wegen verbotenen Umgangs mit französischen Kriegsgefangenen verurteilt.

Die 18-jährige Polin wurde als Tochter polnischer Arbeitsemigranten in Bully-Goenzy in Frankreich geboren und wuchs in Posen auf. Von dort kam sie im Juni 1940 als 16-jähriges Mädchen nach Deutschland und wurde für einen Einsatz in der Landwirtschaft an einen Gemüsebauern in Hönow bei Berlin vermittelt. Im Nachbarbetrieb arbeiteten zwei französische Kriegsgefangene, darunter der Gefangene Maris D., zu dem Marja über ein Jahr lang eine verbotene Liebesbeziehung unterhielt. Zwar hatte ihr Arbeitgeber, Otto D., sie auf das Verbot außerdienstlicher Beziehungen zu Deutschen und Kriegsgefangenen aufmerksam gemacht, doch die junge Polin ließ sich trotzdem auf Maris ein. Sie lernte ihn im Januar 1941 auf der Feldmark kennen und freundete sich mit ihm an.[28] Sie trafen sich immer dann, wenn Marja zur Arbeit ging. Da Marja G. in Frankreich die Grundschule besucht hatte, sprach sie fließend Französisch, was die Kontaktaufnahme und das Entstehen einer Freundschaft wesentlich begünstigte. Im Verhör gestand Marja G. nicht nur wiederholten Geschlechtsverkehr mit Maris D., sondern auch die daraus hervorgegangene Schwangerschaft.

Der intime Kontakt zwischen dieser polnischen Zwangsarbeiterin und dem Kriegsgefangenen begann im März 1942, also über ein Jahr, nachdem sich die beiden kennengelernt hatten. „Dies geschah in der Mittagsstunde und M. kam zu diesem Zweck in meine Stube, die sich im Nebengebäude des Gemüsebauern Otto D. befindet. Wir waren etwa eine 1/2 Stunde zusammen. Den Geschlechtsverkehr habe ich in der Stube nur zweimal an verschiedenen Tagen ausgeführt und sonst haben wir denselben auf der Feldmark, sofern wir alleine waren,

---

27 Vgl. Katarzyna Woniak, Jeńcy wojenni jako robotnicy przymusowi. O jednym z wymiarów pracy przymusowej Polaków podczas drugiej wojny światowej, in: Przegląd Historyczny 4 (2014), S. 644–658.
28 Urteilsschrift vom 26. 10. 1942, BLHA, 12C Berlin II, Sign. 6232.

ausgeführt", gab die junge Polin bei ihrer Vernehmung zu Protokoll.[29] Am 4. August 1942 seien die beiden beim Beischlaf im Freien von anderen polnischen Arbeitskräften gesehen worden, und da Marja G. bereits am 6. August von der örtlichen Polizeileitstelle festgenommen wurde, liegt es nahe, dass die polnischen Landsleute die verbotene Beziehung angezeigt hatten. Anders als die oben erwähnte Waleria L. musste Marja G. keine zehn Monate in der Untersuchungshaft ausharren: Ihre Strafsache wurde gut zwei Monate nach der Festnahme, am 26. Oktober 1942, beim Sondergericht I in Berlin verhandelt. Und ebenfalls im Unterschied zu Waleria L. verurteilten die Richter Marja G. nicht allein aufgrund der Wehrkraft-Schutzverordnung und der „Verordnung über den Umgang mit Kriegsgefangenen", sondern zudem nach der Polenstrafrechtsverordnung vom 4. Dezember 1941, da sie nach dem 1. September 1939 auf dem Gebiet des polnischen Staates gewohnt hatte. Die Hinzuziehung der Polenstrafrechtsverordnung zur Strafbemessung war ausschlaggebend für die recht hohe Freiheitsstrafe von 18 Monaten Straflager, obschon die Richter einen „schweren Fall" im Sinne beider Verordnungen nicht angenommen hatten. Sie merkten an, dass „wenn sich eine Frau mit einem Kriegsgefangenen in eine geschlechtliche Verbindung einlässt, wäre der Fall grundsätzlich als schwer zu bewerten" und hätte den Vollzug in einem verschärften Straflager mit wenigsten zwei Jahren als Mindeststrafe bedeutet. Strafmildernd werteten sie jedoch das junge Alter der Angeklagten, die zum Zeitpunkt der Anzeige gerade erst volljährig geworden war. Darüber hinaus hob das Gericht ihre kindliche Naivität hervor, die sie glauben ließ, dass eine Liebesbeziehung zu einem Kriegsgefangenen harmlos sei.[30]

Tatsächlich begründete Marja G. ihr Verhalten mit Versprechungen, die ihr der Franzose gemacht hatte: „Ich habe mich mit ihm aus dem Grunde eingelassen, weil er mir nach dem Kriege die Ehe versprochen hat." Auch Maris D. habe in ihrer Beziehung keine Straftat gesehen, denn er habe ihr vorgeredet, „sie könne, da sie in Frankreich geboren sei, sich ruhig in eine Verbindung mit ihm einlassen".[31] Dieses Argument deuteten die Richter so, dass Marja G. durch ihre mehrjährige Sozialisation in Frankreich „französischem Wesen mehr zugeneigt gewesen" und auch nach dem Umzug nach Posen französisch beeinflusst sei.[32] Einen weiteren Grund für Marja G.s Verhalten sahen die Richter darin, „dass der Gefangene ihr laufend sehr zugesetzt habe, so dass sie sich ihm sozusagen nicht habe entziehen können". Das Sondergericht berücksichtigte bei der

---

29 Vernehmungsprotokoll von Marja G., undatiert, BLHA, 12C Berlin II, Sign. 6232.
30 Urteilsschrift vom 26. 10. 1942, BLHA, 12C Berlin II, Sign. 6232.
31 Ebenda.
32 Ebenda.

(Sond.I) 1 P KLs 40.42 (1346.42)

Heft I
Polin!

IM NAMEN DES DEUTSCHEN VOLKES!

Strafsache
gegen

die Landarbeiterin ███████████, zuletzt wohnhaft gewesen in Hönow, Kreis Niederbarnim, zur Zeit in Untersuchungshaft im Frauengefängnis Barnimstraße 10, geboren am 26. Juli 1924 in Bully-Goenay (Frankreich), ledig, nicht bestraft, Polin,

wegen verbotenen Umgangs mit Kriegsgef. pp.

Das Sondergericht I beim Landgericht in Berlin hat in der Sitzung vom 26. Oktober 1942, an der teilgenommen haben:

Senatspräsident ███████
als Einzelrichter,
Staatsanwalt ███████
als Beamter der Staatsanwaltschaft,
Justizangestellter ███████
als Urkundsbeamter der Geschäftsstelle,

für Recht erkannt:

Die Angeklagte wird wegen verbotenen Umgangs mit einem Kriegsgefangenen nach Ziffer 1 II u. III und 4 XIV der Polenstrafrechtsverordnung vom 4. Dezember 1941 in Verbindung mit § 4 der Wehrkraft-Schutzverordnung vom 25. November 1939 und § 1 der Verordnung über den Umgang mit Kriegsgefangenen vom 11. Mai 1940 zu 18 - achtzehn - Monaten Straflager, abzüglich 2 - zwei - Monate angerechneter Untersuchungshaft, und in die Kosten des Verfahrens verurteilt.

Urteil des Sondergerichts I beim Berliner Landgericht gegen Marja G. vom 26. Oktober 1942
Brandenburgisches Landeshauptarchiv, Rep. 12C Staatsanwalt beim Sondergericht Berlin II, Nr. 6232

Strafbemessung die emotionale Schwäche der jungen Frau, die in seinen Augen „einen ungereiften, fast kindlichen Eindruck [hinterlässt] und offenbar der starken Versuchung von Seiten des Franzosen nicht gewachsen [war]". Zum Nachteil der Angeklagten legten sie es aus, dass „die Angeklagte die Verbindung mit dem Franzosen über eine längere Zeit trotz der an sie ergangenen Warnungen fortgesetzt [hat]; sie ist auch aus der Verbindung alsbald schwanger geworden."[33] Bei ihrer Vernehmung war Marja im fünften Monat schwanger, und die Richter ordneten den Vollzug der Strafe im Frauengefängnis in der Barnimstraße in Berlin an. Ob die Polin die gesamte Haftstrafe von 18 Monaten tatsächlich verbüßte, lässt sich anhand der Quelle nicht belegen.

Das letzte Beispiel betrifft ebenfalls eine junge Polin, die ein intimes Verhältnis zu einem Franzosen unterhielt. Anders als bei den zuvor geschilderten Fällen handelt es sich hier nicht um eine Land-, sondern um eine Hilfsarbeiterin, die im Flugzeugreparaturwerk „Rudow" in Berlin-Adlershof, Rudower Chaussee 48/52, eingesetzt wurde. Die 28-jährige Maria C. wohnte im Gemeinschaftslager Rudow in der Köpenicker Straße 39/45 in Berlin in der Baracke 20, Stube II.[34] Wohn- und Arbeitsort ihres französischen Geliebten namens Robe lassen sich anhand der überlieferten Personalmappe der Generalstaatsanwaltschaft beim Landgericht Berlin nicht ermitteln. Es kann auch nicht mit Sicherheit gesagt werden, ob der Franzose ein Kriegsgefangener oder ein Zivilarbeiter war. Ans Licht kam die Liebesbeziehung zwischen Maria C. und Robe im April 1943 durch eine Denunziation des deutschen Vorarbeiters Wilhelm P., der im gleichen Flugzeugreparaturwerk beschäftigt war. Doch anders als im zuvor dargestellten Fall beruhte die Anzeige nicht auf der Augenzeugenschaft eines intimen Zusammenseins. In diesem Fall wurde die Liebesbeziehung durch einen requirierten Brief aufgedeckt, den Maria C. während ihrer Arbeitszeit im Betrieb an Robe verfasste. Der Vorarbeiter ertappte die Polin beim Schreiben, nahm ihr den Brief ab und übergab ihn der Direktion der Fabrik. Da mehrere deutsche Betriebsleiter ganz im Sinne der nationalsozialistischen Gesinnung polnischen „Zivilarbeitern" grundsätzlich nicht trauten und bei jeder Korrespondenz hinterhältige Absichten argwöhnten, wurde der auf Polnisch verfasste Brief ins Deutsche übersetzt und inhaltlich ausgewertet. Kurze Zeit nach dem Vorfall bestellte die Betriebsleitung Maria zu sich und informierte sie, dass die Angelegenheit an die Gestapo übergeben werde. Vorgeworfen wurden ihr sowohl das Liebesverhältnis zu einem Franzosen als auch die im Brief notierte Mitteilung, dass sie die Deutschen und Italiener nicht möge.

33 Ebenda.
34 Polizeilicher Bericht vom 21. 4. 1943, LAB, A Rep. 358-02, Sign. 143537.

Die Sichtweise der Polin auf ihre Beziehung zu Robe kann nur anhand des beschlagnahmten Briefes, der in der Akte im Original überliefert ist, rekonstruiert werden. Darin erklärte Maria dem Franzosen ihre Liebe sowie die Bereitschaft, mit ihm nach Paris zu gehen und dort eine Familie zu gründen.[35] Der Ton ihrer Korrespondenz deutet darauf hin, dass die beiden sich gestritten hatten und Robe auf ihren gemeinsamen Freund aus Belgien, der ihre Briefe ins Französische bzw. Polnische übersetzte, eifersüchtig war. Da Maria und Robe sich nur sonntags sahen, wollte Maria C. vermutlich keine ganze Woche warten, um die Unstimmigkeiten aus dem Weg zu räumen, und verfasste noch während der Arbeit einen langen Brief. Sie ahnte nicht, welch verhängnisvollen Konsequenzen der Liebesbrief haben würde. Nachdem ihr der Brief weggenommen und sie von der Betriebsleitung über die bevorstehende Anzeige bei der Gestapo informiert worden war, sah sie keinen anderen Ausweg als den Suizid. Einen Tag später „sei sie auf dem Weg zur Arbeit zurückgeblieben und mit einem Mal verschwunden gewesen. Diese Gelegenheit habe die Polin C. zur Ausführung des Selbstmordes ausgenutzt" und sei in einen Kanal gesprungen. Im Tatbestandsbericht mutmaßte ein Polizeibeamter: „Da den Polen Umgang mit Franzosen verboten worden ist, wird jetzt angenommen, dass sie aus Furcht vor der Strafe in den Kanal gesprungen sein dürfte."[36] Anscheinend fürchtete Maria nichts so sehr wie die Gestapo. Vor dem Selbstmord hatte sie ihrer Mutter in Posen noch einen Abschiedsbrief geschrieben. Die Polizeibeamten nahmen Ermittlungen zu ihrem französischen Liebespartner auf, doch diese blieben ohne Erfolg.

Trotz einiger Fragen, die in diesem Fall aufgrund der Quellenlage offenbleiben müssen – Wusste Maria C., dass ihre Liebe zu Robe womöglich strengen Auflagen unterlag oder gar verboten war? –, erbringt die Geschichte der jungen Polin zwei Erkenntnisse: Zum einen zeigt sie, dass Zwangsarbeiter sich an ihren Arbeitsstätten mit ihren privaten Angelegenheiten nicht sicher fühlen konnten und stets auf Gesagtes und Geschriebenes achten mussten. Sie mussten die Gefahr, von deutschen Betriebsangehörigen denunziert zu werden, stets einkalkulieren, nicht nur beim Knüpfen von (Liebes-)Beziehungen, sondern auch beim Äußern eigener Meinungen und bei Bemerkungen, die politisch belastend ausgelegt werden konnten. Zum anderen macht der Fall von Maria C. deutlich, wie groß die Angst polnischer „Zivilarbeiter" vor Strafverfolgung sein konnte.

Die Liebesbeziehungen von Arbeitskräften aus Polen unterlagen umfassenden Regulierungen und Kontrollen. Der Grad der Einflussnahme des NS-Regimes in ihre Privat- und sogar Intimsphäre richtete sich in erster Linie nach

---

35 Brief von Maria C., LAB, A Rep. 358-02, Sign. 143537.
36 Polizeilicher Bericht vom 21. 4. 1943, LAB, A Rep. 358-02, Sign. 143537.

rassenbiologischen Kriterien. Während Liebesbeziehungen zwischen polnischen und sowjetischen „Zivilarbeitern" weitgehend frei von Kontrolle blieben, war der Umgang mit Deutschen und Angehörigen von rassisch „höherwertigen" Völkern ausnahmslos verboten. Aus nationalsozialistischer Sicht bestand hier die Gefahr der „Rassenmischung". Doch die Tatsache, dass die „Verordnung über den Umgang mit Kriegsgefangenen" auch auf polnische Zwangsarbeiter ausgedehnt wurde, lässt auf deutscher Seite militärisch begründete Bedenken vermuten. Ähnlich wie Deutsche wurden Polinnen wegen ihren Freundschafts- und Liebesbeziehungen zu französischen Kriegsgefangenen vor Gerichte gestellt und in der Regel zu mehrmonatigen Haftstrafen verurteilt. Polnische Zwangsarbeiter waren auch im privaten Bereich ihrer Selbstbestimmung beraubt und konnten nur bedingt selbst entscheiden, mit wem sie während ihres „Arbeitseinsatzes" zusammen sein wollten. Es konnte maximal eine „Liebe unter Aufsicht" sein, die nur dann nicht verboten wurde, wenn sie den rassenideologischen und abwehrtechnischen Grundsätzen des NS-Regimes entsprach.

CAMILLE FAUROUX

Der vergessene Umgang

Französische Arbeiterinnen und Kriegsgefangene in Berlin 1940–1945[1]

Nachdem sie nach Frankreich zurückgekehrt waren, erzählten zahlreiche ehemalige Kriegsgefangene stolz von ihren amourösen und sexuellen Beziehungen mit deutschen Frauen, die sie während ihrer Internierung im Zweiten Weltkrieg unterhalten hatten. Im Krieg galten Kontakte zwischen internierten Soldaten und Zivilistinnen allerdings als Delikt: als „verbotener Umgang mit Kriegsgefangenen" (VUK). Aus diesem Grund sind die Begegnungen von Zivilistinnen und Gefangenen unweit der Stammlager (Stalags) in den Archiven der Justiz gut dokumentiert, sodass sich Historikerinnen und Historiker auf umfangreiches Quellenmaterial stützen, die Erzählungen der ehemaligen Gefangenen belegen und das Ausmaß des Phänomens nachzeichnen können. Diese verbotenen Beziehungen waren durchaus nicht belanglos; und dementsprechend spielte das Thema Sexualität eine zentrale Rolle in den politischen Maßnahmen zur Beschränkung von Alltagskontakten zwischen Deutschen und Ausländern. Hieran lässt sich auch ermessen, inwieweit Sexualität und Liebesbeziehungen einen Raum der Überschreitung jener Segregationsregeln darstellten, die der nationalsozialistische Staat aufgestellt hatte.[2] Darüber hinaus erhellen solche Beziehungen und

---

1 Der vorliegende Artikel ist die gekürzte und ins Deutsche übersetzte Version von: Camille Fauroux, „Souvenir d'une petite amie de captivité". Ouvrières françaises et prisonniers de guerre à Berlin de 1940 à 1945, in: Guerres mondiales et conflits contemporains 274 (2019), S. 27–47.
2 Einen aktuellen Überblick zu diesen Fragen bieten: Silke Schneider, Verbotener Umgang. Ausländer und Deutsche im Nationalsozialismus, Baden-Baden 2010; Cornelie Usborne, Female Sexual Desire and Male Honor. German Women's Illicit Love Affairs with Prisoners of War during the Second World War, in: Journal of the History of Sexuality 26 (2017) 3, S. 454–488; Raffael Scheck, Collaboration of the Heart. The Forbidden Love Affairs of French Prisoners of War and German Women in Nazi Germany, in: The Journal of Modern History 90 (2018) 2, S. 351–382; Gwendoline Ciccotini schließlich, Doktorandin der Geschichte an der Université d'Aix-Marseille und der Universität Tübingen, arbeitet derzeit an einer Studie zu Beziehungen zwischen deutschen Frauen und französischen Kriegsgefangenen zwischen 1940 und 1945.

ihre Ahndung die Frage nach der alltäglichen Dimension von Rassismus im kriegführenden Deutschland.

Allerdings finden sich in den Gerichtsakten auch Spuren anderer Beziehungen, über die Gefangene ebenso wie die Geschichtswissenschaft bisher deutlich schweigsamer geblieben sind. Berliner Quellen belegen nämlich, dass auch französische Zivilarbeiterinnen – Frauen also, die während des Krieges zum Arbeiten nach Deutschland gingen – vielfach Beziehungen mit Kriegsgefangenen eingegangen sind. In den 575 Strafprozessakten französischer Arbeiterinnen zwischen 1940 und 1945 belegt der VUK mit 88 Fällen den dritten Rang nach Passvergehen (158) und Diebstahl (107).[3] Auch den Französinnen waren Beziehungen zu Kriegsgefangenen verboten, und einige wurden deswegen strafrechtlich belangt. Anhand dieser Archivbestände will ich nachweisen, dass es Beziehungen der gegenseitigen Hilfe, der Solidarität, der Freundschaft und mitunter auch Liebesverhältnisse zwischen französischen Arbeiterinnen und internierten französischen Soldaten im Deutschen Reich gegeben hat. Befassen will ich mich auch mit der Leerstelle, die diese Beziehungen in den Nachkriegserzählungen in Frankreich bilden. Grundsätzlich lässt sich anhand dieser Lücke in der Gefangenenerinnerung zeigen, inwiefern geschlechtsspezifische Zuschreibungen den Diskurs über die Kriegs- und Besatzungszeit seit 1945 prägten und noch immer unserer Bild der Vergangenheit verzerren.

Rund 80 000 Frauen haben Frankreich zwischen 1940 und 1945 verlassen, um – zumeist auf freiwilliger Basis – in Deutschland zu arbeiten. Neben den Zwangsverpflichteten gab es auch Männer und Frauen, die sich nach 1940 aus freien Stücken entschlossen, in der Heimat des Besatzers ihren Lebensunterhalt zu verdienen; dabei übte das Versprechen guter Löhne eine besondere Anziehungskraft aus. Die auf diese Weise rekrutierten Frauen entstammten großenteils der urbanen Arbeiterschaft und wurden insbesondere in Fabriken der Rüstungsindustrie eingesetzt.[4] Ihr Schicksal ist Teil des umfangreichen

---

3   Der vorliegende Artikel ist Ergebnis meiner Dissertation zu Zivilarbeiterinnen aus Frankreich im nationalsozialistischen Deutschland (1940–1945). In deren Rahmen erfasste ich systematisch die Strafprozessakten der Jahre 1940 bis 1945 gegen in Berlin lebende französische Arbeiterinnen, die im Landesarchiv Berlin (LAB) aufbewahrt werden. Es handelt sich dabei um Akten der Bestände A Rep. 341-02 (Amtsgericht) und A Rep. 358-02 (Landgericht). Die Erfassung erfolgte mittels Datenbanken des LAB, in denen die Art des inkriminierten Vergehens bzw. Verbrechens erfasst ist. Camille Fauroux, Les travailleuses civiles de France: des femmes dans la production de guerre de l'Allemagne nationalesocialiste, 1940–1945, Doktorarbeit in Geschichtswissenschaft, Ecole des Hautes Etudes en sciences sociales, 2016.

4   Camille Fauroux, Des jeunes femmes partant pour l'Allemagne. Politique de collaboration et désordre familial (1940–1944), in: Lydie Bodiou/Marlaine Cacouault/Ludovic

Einsatzes ausländischer Arbeiterinnen und Arbeiter im damaligen Reichsgebiet.

Studien über Zwangsarbeiter bzw. Kriegsgefangene untersuchten, wie sich in Deutschland die Beziehungen zwischen Menschen aus Frankreich gestalteten, und zwar insbesondere zwischen Gefangenen und Arbeiterinnen, die gemeinhin als „Freiwillige" bezeichnet werden. Solche Analysen basieren weitgehend auf Interviews mit ehemaligen Soldaten sowie auf autobiografischen Zeugnissen von Männern und kommen beinahe allesamt zu dem Schluss, dass es eine tiefe Kluft zwischen den französischen Männern und Frauen gegeben habe. So erklärt der renommierte Kriegsgefangenenhistoriker Yves Durand lediglich, die Beziehungen zwischen Kriegsgefangenen und französischen Arbeiterinnen seien „sehr negativ" gewesen.[5] In seiner Untersuchung des „verbotenen Umgangs mit Kriegsgefangenen" befasst er sich allerdings ausschließlich mit Beziehungen zu deutschen Frauen. Ein neuerer Beitrag von Fabien Théofilakis zur Sexualität der Kriegsgefangenen in beiden Weltkriegen argumentiert, ebenso wie ein entsprechender Artikel von Patrice Arnaud, in die gleiche Richtung.[6] Allerdings hat Arnaud diesen Befund in einer jüngeren Veröffentlichung infrage gestellt.[7] Hier geht es nun darum, diesen Ansatz mit der Erschließung der Gerichtsakten weiter zu vertiefen, um die Bedeutung der Kontakte zwischen beiden Gruppen aufzuzeigen.

Der vorliegende Beitrag fußt wesentlich auf der qualitativen Analyse der Gerichtsakten zu Fällen französischer Arbeiterinnen, die zwischen 1940 und 1945 in Berlin lebten.[8] Die Strafverfahren gegen diese Frauen mündeten nicht immer in einem Urteil, bisweilen wurden die Verfahren aus Mangel an Beweisen

---

Gaussot (Hrsg.), Le Genre entre transmission et transgression. Au-delà des frontières, Rennes 2013, S. 189–199.

5   Yves Durand, Les Prisonniers de guerre dans les Stalags, les Oflags et les Kommandos, Paris 1994 [1987], S. 234.
6   Fabien Théofilakis, La sexualité du prisonnier de guerre, in: Vingtième Siècle. Revue d'histoire 99 (2008) 3, S. 203–219; Patrice Arnaud, Die deutsch-französischen Liebesbeziehungen während des Zweiten Weltkriegs. Vom Mythos des französischen Verführers zur Umkehrung der Geschlechtsrolle, in: Elke Frietsch/Christina Herkommer (Hrsg.), Nationalsozialismus und Geschlecht. Zur Politisierung und Ästhetisierung von Körper, „Rasse", und Sexualität im „Dritten Reich" und nach 1945, Bielefeld 2009, S. 180–198.
7   Patrice Arnaud, Aimer et stigmatiser: les rapports de genre dans les souvenirs et liens épistolaires des volontaires françaises, prisonniers et requis dans le troisième Reich, in: Patrick Farges/Cécile Chamayou-Kuhn/Perin Emel Yavuz (Hrsg.), Le Lieu du genre. La narration comme espace performatif du genre, Paris 2011, S. 71–90.
8   Es handelt sich um Akten des Amts- und des Landgerichts von Berlin. Hauptsächlich die Amts- und Landgerichte, seltener auch Sondergerichte waren in solchen Fällen mit Verfahren gegen Zivilisten befasst. Vgl. Schneider, Verbotener Umgang, S. 187.

eingestellt. Aus diesem Grund enthalten die einzelnen Akten manchmal nur einen einfachen Ermittlungsbericht, manchmal auch eine Anklageschrift und, seltener, ein komplettes Konvolut samt Urteil und Unterlagen zur Strafvollstreckung.[9] Die eingehendere Analyse einiger Akten über Frauen, die wegen verbotenen Umgangs ins Visier der Behörden gerieten, aber auch das Studium der für solche Kontakte strukturbildenden Praktiken – anhand der Justizakten anderer Französinnen, die wegen verschiedener Verbrechen und Vergehen belangt wurden – erlauben es, die bisher als gesichert geltenden Vorstellungen über die Beziehungen beider Gruppen während des Krieges zu hinterfragen. Neben der Frage nach den Beziehungen zwischen französischen Gefangenen und Arbeiterinnen in Deutschland geht es hier auch um das Problem, wie Geschlecht und Nation in den Kriegserzählungen nach 1945 verschmelzen, um schließlich einen Rahmen für ein Schweigen oder aber ein Thematisieren in den Kriegserzählungen zu bilden.

Die Darstellung französischer Arbeiterinnen durch Kriegsgefangene im Frühjahr 1945

Im Frühjahr 1945 wurden alle Rückkehrer aus Deutschland in den Aufnahmezentren an der Grenze systematisch befragt.[10] Die Fragen zielten auf das Verhältnis zu den Deutschen und auf die Beziehungen unter Franzosen. Die Befragten waren im Wesentlichen Kriegsgefangene und Zwangsarbeiter männlichen Geschlechts. Sie brachten in großer Mehrheit ihre Verachtung für die „Freiwilligen" zum Ausdruck:

„Die Gefangenen hegen Verachtung für die freiwilligen Arbeiter und insbesondere für die Frauen darunter; Letztere würden im Übrigen noch sehen, welchen Empfang man ihnen nach der Rückkehr bereiten werde. Mehrere dieser Frauen sind schwanger, das sagt schon einiges. Dass die Frauen

---

9 Eine detaillierte Darstellung der Strafprozessakten im Bestand „Generalstaatsanwaltschaft bei dem Landgericht Berlin" (LAB, A Rep. 358-02) sowie einige theoretische Überlegungen zu deren Aussagekraft und Verwertbarkeit als historische Quelle bietet die unveröffentlichte Masterarbeit von Julia Albert: Von „arbeitsunwilligen Ausländern", „Apachenallyren" und „ausländischen Dirnen- und Zuhälterkreisen". Französische „Zivilarbeiter" vor Berliner Gerichten in den 1940er Jahren, Masterarbeit in Geschichts- und Kulturwissenschaften, Freie Universität Berlin, 2011, S. 9–14.

10 Diese Bestände werden aufbewahrt im Archiv der Direction du rapatriement du ministère des Prisonniers, déportés et réfugiés. Pierrefitte-sur-Seine, Archives Nationales (AN), F9 3236.

gleichermaßen Aufnahme [in den Durchgangszentren] finden wie die Deportierten und die [Kriegs-]Gefangenen, schockiert die Rückkehrer zutiefst. Mehrere Quellen signalisieren, unter diesem Gesichtspunkt sei eine Differenzierung bei der Aufnahme dringend geboten."[11]

Bei der Repatriierung erlangte die Unterscheidung zwischen freiwilligen und Zwangsarbeitern eine besondere Bedeutung. Mit dem Ausdruck ihrer Verachtung für die „freiwilligen Arbeiter" inszenierten sich die Kriegsgefangenen und die im Rahmen des *Service du Travail Obligatoire* (STO) Requirierten als Patrioten und diffamierten die „Freiwilligen" implizit als Kollaborateure. Allerdings verläuft diese Trennlinie, die sie rückblickend zogen, auch entlang der Geschlechtergrenze, denn die Frauen unter den Freiwilligen waren einer noch größeren Verachtung ausgesetzt.

Zwei Zwangsarbeiter des „Pflichtarbeitsdienstes" (STO) erklärten in diesem Sinne, sie „haben aber jegliche Beziehung mit Französinnen verweigert [...,] denn, so sagen sie, diese führten einen unmoralischen Lebenswandel, der in seiner Unverhohlenheit beschämend gewesen" sei.[12] Sie beschrieben die „Freiwilligen" als sexuell anormal, und die „Unmoral" fungierte als Metapher für deren vermeintliche politische Verfehlung. In dieser Perspektive gingen einige Kriegsgefangene sogar so weit, die Frauen aller Nationalitäten – auch deutsche –, die ihnen „ihren Aufenthalt versüßt" hätten, von den „freiwilligen französischen Arbeiterinnen" abzugrenzen: Letztere „sind der Abschaum der weiblichen Bevölkerung, nach allgemeiner Auffassung ist eine gute *chleuh* [abwertender Begriff für Deutsche] einem Exemplar dieses Gesindels vorzuziehen".[13] Während sie die Masse der Rückkehrer unterschiedlich kategorisierten, schrieben die befragten Männer auch die Geschichte ihrer eigenen Beziehungen mit den Arbeiterinnen um. In den Interviews von 1945 lässt sich die Entstehung einer kollektiven Erinnerung nachzeichnen, welche die nach Kriegsende getroffenen Unterscheidungen auf die Vergangenheit projizierte. Wie noch gezeigt wird, hatten Kriegsgefangene sehr wohl Umgang mit Französinnen. Dennoch formte sich im Augenblick der Repatriierung ein Diskurs über die Vergangenheit, der genau dies kategorisch bestritt.

Die Repatriierung erscheint aus heutiger Perspektive als Geburtsstunde einer kollektiven Erinnerung, die bis heute fortbesteht. So schreibt Helga Bories-Sawala in ihrer ausführlichen Studie, die auf zahlreichen Interviews mit

---

11 Akte „Interrogatoires rapatriés (doubles)", 11. 4. 1945, AN, F9 3236.
12 Akte „Interrogatoires rapatriés (doubles)", 9. 4. 1945, AN, F9 3236.
13 Akte „Interrogatoires rapatriés (doubles)", 13. 4. 1945, AN, F9 3236.

französischen Arbeitern in den 1990er-Jahren basiert, die während des Krieges in Bremen verpflichtet gewesen waren: „Die Gleichsetzung: Freiwillige–Kollaborateurin–Hure ist nicht nur in der Erinnerung der befragten Bremer Zeitzeugen quasi Konsens, sondern auch in der überlieferten Erinnerung [der Franzosen] aus dem ganzen Reich."[14]

Die Erzählung der Kriegsgefangenen über die weiblichen „Freiwilligen" speiste sich aus einem umfassenderen Gefüge normativer Vorstellungen über Geschlecht, Nation und Sexualität, die in Frankreich gegen Kriegsende aufgekommen waren. Sie war Bestandteil einer umfänglichen neuen Kriegserinnerung, die aus der Sexualität eine Metapher für den politischen Verrat der Frauen machte. Die Vorstellungen von der Vergangenheit, die damals Form annahmen, stellten zugleich eine Feminisierung der Kollaboration dar: Widerstand und Patriotismus werden männlich kodiert, die Kollaboration wird hingegen feminisiert. Auch die weitverbreitete Auffassung von einer notwendigen Bereinigung der Unordnung, die während des Krieges Einzug in das Verhältnis zwischen Männern und Frauen gehalten habe, formte die nationale Erinnerung an den Weltkrieg.[15] Die Konstruktion dieser neuen Vergangenheitsbilder zielte auf die Wiederherstellung einer Geschlechterordnung, die durch die Niederlage und die massive Abwesenheit französischer Männer gestört worden war.

Nach dem Krieg galten die französischen Arbeiterinnen aus Deutschland als Kollaborateurinnen und die Kriegsgefangenen als Patrioten. Folglich sind die komplexen Bindungen einer Liebe, Freundschaft oder Solidarität, die während des Krieges zwischen einzelnen Angehörigen dieser Gruppen bestanden hatten, aus dem Vergangenheitsnarrativ sowohl der lebendigen Erinnerung als auch der Geschichtsschreibung (die sich ihrerseits auf das Wort und Zeugnis ehemaliger Gefangener stützte) getilgt worden. Doch die Recherche in Berliner Gerichtsakten konnte diese Erzählungen erschüttern und die engen Beziehungen ans Licht bringen, die Arbeiterinnen aus Frankreich mit Gefangenen in Berlin unterhielten. Zahlreiche Vorgänge betrafen Französinnen, die wegen des Vergehens „verbotener Umgang mit Kriegsgefangenen" belangt worden waren.

---

14 Helga Bories-Sawala, Dans la gueule du loup. Les Français requis du travail en Allemagne, Villeneuve d'Ascq 2010, S. 225 f.; hier zit. nach: dies., Franzosen im „Reichseinsatz". Deportation, Zwangsarbeit, Alltag. Bd. 2, Frankfurt a. M. u. a. 1996, S. 452.

15 Vgl. Hanna Diamond, Libération! Quelle Libération? L'expérience des femmes toulousaines, in: Clio. Histoire, Femmes et Sociétés 1 (1995), S. 89–109; Fabrice Virgili, Les „tondues" à la Libération. Le corps des femmes enjeu d'une réappropriation, in: Clio. Histoire, Femmes et Sociétés 1 (1995), S. 129–151; Karen H. Adler, Reading national Identity: Gender and „Prostitution" during the Occupation, in: Modern & Contemporary France 7 (1999) 1, S. 47–57.

Begegnungen und Kontakte zwischen Kriegsgefangenen und Arbeiterinnen – der Fall von Yvonne F.

Ende 1942 wurden Yvonne F. und Raymonde L. im Kriegsgefangenenlager Sperenberg, fünfzig Kilometer südlich von Berlin, festgenommen.[16] Die beiden Französinnen wurden des „verbotenen Umgangs mit Kriegsgefangenen" beschuldigt. Die polizeilichen Verhöre ergaben, dass sie es sich zur Gewohnheit gemacht hatten, mit dem Zug aus Berlin nach Sperenberg zu fahren und den Sonntag mit Kriegsgefangenen zu verbringen. Anfangs besuchte nur Yvonne das Lager regelmäßig. Später überzeugte sie Raymonde, sie zu begleiten. Manchmal kamen auch zwei Kolleginnen mit, Marie und Marie-Rose. Letztere beschrieb ihren ersten Besuch wie folgt:

> „An dem Sonntag, als ich mit nach Sperenberg gefahren bin, waren wir 3 Mädels, die beiden Beschuldigten und ich. Wir fuhren in den Mittagsstunden nach Sperenberg. Während [Raymonde und Yvonne] nach dem KGF Lager gegangen sind, bin ich am Bahnhof Sperenberg geblieben. Nach kurzer Zeit kamen beide mit ungefähr 8 KGF zum Bahnhof und holten mich ab. An dem Sonntag waren noch andere Ländsmänninnen dort, die ich aber nicht kenne. Wir gingen gemeinsam in den Nachmittagsstunden spazieren, ungefähr 3–4 Stunden."[17]

Eine Beschreibung gemeinsamer Sonntagsspaziergänge mehrerer Arbeiterinnen und mehrerer Kriegsgefangener findet sich häufig in den ausgewerteten Akten. So wie die Gefangenen durch männliche Kameradschaftsbande verbunden waren, die sie im Stalag knüpften, fanden die in Deutschland tätigen Arbeiterinnen im „Gemeinschaftslager" zusammen, und es bildeten sich oft sehr feste, kleine Freundeskreise mit drei oder vier Frauen derselben Fabrik.

Yvonne und Raymonde fuhren im Frühjahr, Sommer und Herbst 1942 jeden Sonntag zum Lager. Sie knüpften engere Beziehungen zu zwei Kriegsgefangenen, die ihre „Freunde" wurden. Im Verlauf dieser Besuche hatten sie verschiedene Kontakte zu den Lagerinsassen. So erklärte Raymonde L., von einem Gefangenen mit dem Umtausch von Reichsmark in französische Francs beauftragt worden zu sein – ein verbotenes Unterfangen, konnte es doch Teil von Fluchtvorbereitungen sein. Yvonne wurde ihrerseits des Versuchs beschuldigt, für ihren

---

16 LAB, A Rep. 341-02, Nr. 8643. Das Sperenberger Lager war Teil des Stammlagerkomplexes Stalag III D.
17 Aussage vom 26.11.1942, LAB, A Rep. 341-02, Nr. 8643.

Freund Daniel R. einen Urlaubsschein zu erwerben. Zudem gestand Daniel, dass Yvonne ihm Zivilkleidung verschafft habe – auch dies hätte ihm bei der Flucht behilflich sein können.[18]

Schon diese nüchterne Aktenüberlieferung belegt die Existenz verkannter Solidaritäts- und Hilfsbeziehungen zwischen Arbeiterinnen und Kriegsgefangenen. Überdies entstanden im Laufe der Besuche zwar besondere Freundschafts- oder Liebesbeziehungen, der Umgang zwischen den beiden Gruppen beschränkte sich aber nicht auf intim-vertraute Stelldichein, sondern erstreckte sich vielmehr auch auf kollektive Besuche und Spaziergänge, während derer Gefangenen- und Arbeiterinnengruppen sich begegneten und einen offenen Umgang pflegten. Und es waren nicht allein individuelle Beziehungen, sondern durchaus eine kollektive Geselligkeit.

Das weitere, der Akte beiliegende Quellenmaterial erweitert den Fokus und macht erkennbar, dass die Arbeiterinnen darüber hinaus Teil eines grenzüberschreitenden Netzwerks waren, dem auch Familienmitglieder der Gefangenen angehörten. Hierbei handelt es sich um Briefe, die an Yvonne adressiert und in das Lager geschickt worden waren, in dem sie untergebracht war. Diese Dokumente vervollständigen das Bild der Beziehungen, welche die Arbeiterin pflegte.

Yvonnes Freund in Sperenberg hieß Daniel. Dessen in Frankreich lebende Ehefrau schrieb einen der an Yvonne adressierten Briefe. Darin bat sie diese, ihrem Mann eine Nachricht zu übermitteln.[19] Zudem bat sie Yvonne, ihm verschiedene Sachen zu bringen, die sie ihr über eine Person zukommen lassen wolle, die bald in Berlin eintreffen werde. Yvonne bildete also eine Verbindung, mit der sich die im Kriegsgefangenenlager bestehende Brief- und Paketzensur umgehen ließ. Außerdem ergaben die Ermittlungen, dass auch die Zivilkleidung, die Daniel von Yvonne erhalten hatte, von dessen Frau geschickt worden war. Yvonne unterhielt also nicht nur eine Beziehung zu einem Kriegsgefangenen, sondern spielte auch eine Mittlerrolle für dessen Ehefrau. Sie war Teil eines breiteren Fluchthilfenetzwerkes, das die Familie des Soldaten umfasste und über die Staatsgrenzen hinausreichte.

Ein requirierter Zivilarbeiter, der in Marburg lebte und ebenfalls zu Daniels Familie gehörte, verfasste einen weiteren Brief an Yvonne mit der Bitte, dem Kriegsgefangenen eine Nachricht zu überbringen. Dieser Kontakt zeigt, dass

---

18 Laut Yves Durand gelang die Flucht schätzungsweise 4,4 % der rund 1,6 Millionen französischen Kriegsgefangenen in Deutschland, viele weitere hätten erfolglose Fluchtversuche unternommen. Vgl. Durand, Les Prisonniers de guerre, S. 109.
19 Die sehr aufschlussreiche Studie von Sarah Fishman betont die immense Bedeutung solcher Briefe für kriegsbedingt getrennte Paare. Sarah Fishman, We will wait. Wives of French Prisoners of War. 1940–1945, New Haven 1991.

sie – und das ist interessant – in direkter Verbindung mit einem zivilen Zwangsarbeiter stand, mit einer Gruppe also, deren Verachtung – so die lange Zeit gängige Sicht von Historikern – den „freiwilligen" Arbeiterinnen sicher gewesen sei.

Ein dritter Brief von Anfang Dezember 1942 belegt, dass sich die Kontakte der Arbeiterin nicht auf Liebes- oder Freundschaftsverhältnisse beschränkten: Ein Franzose namens Robert R. instruierte Yvonne, damit sie ihn am Sonnabend oder Sonntag im Lager besuchen könne. Der Ton seines Schreibens ist formell und respektvoll, wie der eines Menschen, der einen flüchtigen Bekannten um einen Gefallen bittet. Yvonne erscheint hier als wichtige Mittlerin für einen französischen Mann, den sie nicht gut kannte. Demnach galten ihre Besuche auch Personen, zu denen nur entferntere Beziehungen bestanden.

Aufgrund der Vielzahl der überlieferten Einzelheiten ist die Akte von Yvonne und Raymonde recht außergewöhnlich. Sie stellen die Sichtweise infrage, derzufolge es zwischen Gefangenen und Arbeiterinnen keine Kontakte gegeben habe oder diese Kontakte sich auf vertraute Individualbeziehungen beschränkt hätten. Um die bisherige Analyse untermauern und die Ergebnisse verallgemeinern zu können, müssen die Bedingungen betrachtet werden, unter denen diese Kontakte möglich waren: Welcher Mittel konnten sich die Arbeiterinnen bedienen, um den Gefangenen das Nötige zu beschaffen? Welche Unterschiede, aber auch welche Gemeinsamkeiten in den Lebensbedingungen beider Gruppen gab es? Um diese Fragen zu klären, werden im Folgenden auch Akten von Französinnen einbezogen, die während des Krieges in Berlin wegen verschiedener Vergehen angeklagt waren.

Die Bedingungen möglicher Kontakte

Tatsächlich sind die Kontakte mit den Kriegsgefangenen Bestandteil eines weit größeren Feldes informeller und illegaler Praktiken. Einerseits erlaubt dessen Existenz eine eingehendere Erkundung der Statusunterschiede, die diesen Kontakten zugrunde liegen. Andererseits zeigt sich, dass die Solidarität auf gemeinsamen Nöten und Zwängen beruhte, auf dem beiderseitigen Bedürfnis nach Mitteln und Wegen, Handlungsspielraum zurückzugewinnen. Die anschließende Analyse hinterfragt die Vorstellung eines diametralen Gegensatzes beider Gruppen, offenbaren die gemeinsamen Nöte doch Parallelen in den Lebensumständen.

Die Familien der Kriegsgefangenen verließen sich in Sachen Briefwechsel auf die Zivilarbeiterinnen, denn den Gefangenen war das Schreiben und Empfangen kurzer Briefe nur zwei Mal monatlich erlaubt.[20] Die Zivilarbeiter hingegen konnten unbegrenzt Briefe schreiben und in der Stadt ungehindert Briefmarken und Papier einkaufen.[21] Die Kontakte mit den Gefangenen fußten also auf den Mobilitätsunterschieden beider Gruppen. Allerdings gründeten sie auch in gemeinsamen Zwängen, die es erforderlich machten, dass die Arbeiterinnen informelle Praktiken der Briefbeförderung entwickelten. Denn auch die Arbeiterinnen bemühten sich, der Zensur zu entgehen und eine rasche Zustellung der Sendungen sicherzustellen. Folglich versuchten sie, Briefe und Päckchen dies- und jenseits der Grenze eigenständig weiterzuleiten: Im September 1942 wurde die 25-jährige Simone M., die für die AEG arbeitete, mit fünf Briefen im Gepäck aufgegriffen, als sie während einer Freistellung nach dem Tod ihres Vaters mit dem Zug nach Frankreich unterwegs war.[22] Sie erklärte, ihre Kolleginnen im Gemeinschaftslager hätten sie um die Mitnahme der Briefe an die Familie in Frankreich gebeten, damit diese schneller ankämen. Zwar gab sich die Arbeiterin unwissend, doch es handelte sich eindeutig um ein illegales Vorhaben.[23] Für die Arbeiterinnen beschränkte sich die Weiterleitung von Briefsendungen nicht auf die Post von Kriegsgefangenen, sondern war Teil einer umfassenderen Praxis illegaler Briefbeförderung.

Übernahmen die Arbeiterinnen für die Gefangenen den Tausch und Transport von Kleidung, war dies eine Fortsetzung der Gewohnheiten, die sie angesichts der Mangelsituation entwickelt hatten. Dank ihrer Bewegungsfreiheit in der Stadt konnten die Arbeiterinnen aus Frankreich eingetroffene Kleidung abholen oder den Gefangenen auf dem Schwarzmarkt die Zivilbekleidung beschaffen, die für einen Fluchtversuch unabdingbar war. Die Justizakten im Zusammenhang mit „verbotenem Umgang" und „Beihilfe zur Flucht" erwähnen Frauen, die bei der Festnahme einen Bezugsschein für Spinnstoffware, einen Anzug[24] oder auch Textilfärbemittel[25] bei sich trugen. Ihr Fertigkeiten im Nähen und Textilarbeiten konnten die Frauen im Kontakt mit Männern im Allgemeinen und mit Kriegsgefangenen im Besonderen sinnvoll zur Geltung bringen.

---

20 Helga Bories-Sawala, Les prisonniers français dans l'industrie de guerre allemande: une composante la main-parmi d'œuvre forcée, composite et hiérarchisée, in: Jean-Claude Catherine (Hrsg.), La Captivité des Prisonniers de guerre (1939–1945). Histoire, art, et mémoire: pour une approche européenne, Rennes 2008, S. 95–104.
21 Gleichwohl waren diese Briefe auf max. vier Seiten begrenzt. Vgl. Bories-Sawala, Franzosen im „Reichseinsatz", Bd. 2, S. 66.
22 Verhörprotokolle von Simone M., 10. 10. 1942, LAB, A Rep. 358-02, Nr. 3477.
23 Die persönliche Beförderung von Briefen war verboten. Vgl. Bories-Sawala, Franzosen im „Reichseinsatz", Bd. 2, S. 67.
24 Einschreiben, 5. 9. 1942, LAB, A Rep. 358-02, Nr. 2045.
25 Abschrift, 24. 7. 1942, LAB, A Rep. 358-02, Nr. 6259.

Auch solche Unterfangen schrieben die informellen, ja gesetzeswidrigen Praktiken fort, auf die sich die Arbeiterinnen wegen der Einschränkungen verlegt hatten, denen sie als ausländische Arbeitskräfte in Deutschland unterworfen waren. Auch für sie war Bekleidung ein wertvolles Gut, hatten sie doch als Ausländerinnen generell keinen Anspruch auf „Reichskleiderkarten". Neue Bekleidung mussten sie also auf dem Schwarzmarkt beschaffen. Die Strafverfahren wegen des Diebstahls von Kleidungsstücken zeugen von dem Wert, den diese für die Arbeiterinnen in Berlin zunehmend annahmen.[26] Angesichts der Mangelsituation versuchten sie bisweilen auch, Sachen aus Frankreich zu beziehen. So schrieb die junge Arbeiterin Pierrette D. bei ihrer Ankunft in Berlin an eine Bekannte in Bordeaux mit der Bitte, ein Paar Strümpfe zu kaufen und ihr diese per Post zuzuschicken.[27] Die französischen Arbeiterinnen in Deutschland waren es also gewohnt, Bekleidungsstücke in der Stadt und über Grenzen hinweg für den Eigenbedarf zu befördern.

Die Diskrepanz zwischen der Mobilität der Kriegsgefangenen und der Arbeiterinnen war für ihre Beziehungen offensichtlich von entscheidender Bedeutung, schließlich war die relative Bewegungsfreiheit der Frauen die notwendige Voraussetzung für Begegnungen und Kontakte. Zwar mussten sie abends wieder in ihrer Lagerunterkunft sein, bis dahin aber konnten sich die französischen Zivilarbeiterinnen frei in Groß-Berlin bewegen und öffentliche Verkehrsmittel nutzen. Dagegen mussten die Kriegsgefangenen, von einem etwaigen Arbeitseinsatz abgesehen, grundsätzlich im Lager bleiben. Nur an freien Tagen hatten sie das Recht auf Ausgang für einen kleinen Spaziergang.[28] Die Kontakte beruhten also sehr wohl auf Unterschieden zwischen beiden Gruppen. Es wird sich allerdings zeigen, dass die Unterstützung der Gefangenen durch die Arbeiterinnen aus gemeinsamen Zwangslagen resultierte.

Theoretisch konnten die Zivilarbeiterinnen einmal im Jahr – zweimal, wenn sie verheiratet waren – nach Frankreich reisen. Daher wurden des „verbotenen Kontakts" beschuldigte Frauen wie Yvonne und Raymonde oft auch verdächtigt, ihre „Urlaubscheine" zu verkaufen oder zu verschenken. Doch im Verlauf des Krieges wurde das Urlaubnehmen immer schwieriger, befürchteten die

---

26 Anklage gegen Jenny A., LAB A Rep. 358-02, Nr. 145 892.
27 Brief von Pierrette D., 16. 9. 1942, AN, Z6 4095.
28 Vgl. Doriane Gomet, Sports et pratiques corporelles chez les déportés, prisonniers de guerre et requis français en Allemagne durant la Seconde Guerre mondiale (1940–1945), Doktorarbeit in STAPS (Sciences et Techniques des Activités Physiques et Sportives), Université Lyon I, 2012, S. 321; vgl. ggf. Doriane Gomet, „Sport behind the Wire: Primarily a Life-Saving Exercise?", in: Gregor Feindt/Anke Hilbrenner/Dittmar Dahlmann (Hrsg.), Sport under unexpected circumstances. Violence, discipline, and leisure in penal and internment camps, Göttingen 2018, S. 103 ff.

Arbeitgeber doch, die Arbeiterinnen könnten die Gelegenheit ergreifen und Deutschland endgültig verlassen.[29] Zudem verfügte der Staat Ende 1942 einseitig die Vertragsverlängerung bis Kriegsende.[30] Folglich suchten die Arbeiterinnen nach Mitteln und Wegen, die Mobilitätsbeschränkungen zu umgehen: Einige versuchten sich in der Fälschung von Reisescheinen, um Berlin zu verlassen,[31] andere in der Herstellung falscher Ausreisegenehmigungen, um nach Frankreich zurückzukehren.

Der Fall von Charlotte S. bietet ein anschauliches Beispiel für den Zusammenhang zwischen diesen Beschränkungen und den illegalen Aktivitäten, die Kriegsgefangenen die Flucht ermöglichten.[32] Im August 1942 wurde die 19-jährige, für die AEG tätige Französin beschuldigt, an der Herstellung von „Ausreisepässen" für Kriegsgefangene beteiligt gewesen zu sein. In ihrem Hotelzimmer, das sie mit anderen Arbeiterinnen teilte, beherbergte sie illegal einen französischen Arbeiter namens Raymond P., der dort Dokumente fälschen konnte. Ein interessantes Detail: Charlotte S. erklärte, Raymond habe die ersten Reiseerlaubnisscheine zwei jungen Frauen ausgehändigt, einer Französin und einer Belgierin, die bei Siemens arbeiteten. Dies habe ihnen die Rückkehr nach Frankreich vor Vertragsende ermöglicht. So bildete die gemeinsame Zwangslage bei der Mobilitätsbeschränkung sowohl der Arbeiterinnen als auch der Kriegsgefangenen die Grundlage illegaler Praktiken zugunsten verschiedener Personenkategorien.

Fazit

Die vergessenen Kontakte zwischen Kriegsgefangenen und französischen Arbeiterinnen in Deutschland beruhten zwar teils auf Unterschieden, zugleich aber offenbaren sie von beiden Gruppen geteilte Zwangslagen. Diese können die nach dem Krieg geprägte geschlechtsspezifische Einteilung in „Freiwillige" und Kriegsgefangene erschüttern. Sie belegen, dass die Frauen, die man in der unmittelbaren Nachkriegszeit pauschal als „Freiwillige" diffamierte, in Wirklichkeit nur bedingte Bewegungsfreiheit genossen hatten und ab einem bestimmten Zeitpunkt auch kaum noch von Freiwilligkeit gesprochen werden kann. Sie fanden Mittel und Wege, um Einschränkungen zu umgehen, denen sie unterworfen

29 Vgl. Bories-Sawala, Franzosen im „Reichseinsatz", Bd. 2, S. 262.
30 Diese Maßnahme erfolgte schrittweise zwischen März und Dezember 1942.
31 So eine Französin, die sich in einen anderen Landkreis begeben wollte; vgl. Verhörprotokolle von Paulette V., 2. 1. 1944, LAB, A Rep. 341-02, Nr. 22 154.
32 Verhörprotokolle von Charlotte S., 11. 8. 1942, LAB, A Rep. 358-02, Nr. 90 851.

waren, und verlegten sich auf teils illegale Praktiken wie die Herstellung und Weitergabe falscher Papiere.

Die sorgfältige Durchsicht der Archivbestände zu den Beziehungen zwischen Kriegsgefangenen und französischen Arbeiterinnen in Berlin bringt diese vergessenen oder beschwiegenen Solidaritätsbeziehungen ebenso ans Licht wie sie das Ausmaß offenbart, in dem die nach der Befreiung konstruierte, kollektive Amnesie noch heute unsere Vorstellung von der Vergangenheit trübt. Die in deutschen Akten überlieferten Beziehungen zwischen französischen Arbeiterinnen und Kriegsgefangenen im nationalsozialistischen Deutschland können das in Frankreich geprägte Bild der Vergangenheit erschüttern. Sie verweisen auf eine Lücke in der kollektiven Erinnerung der Gefangenen und thematisieren einen von der Geschichtswissenschaft vernachlässigten Aspekt. Das Kontrastieren der nationalen Erinerung mit den Forschungsbefunden lässt zwangsläufig die Gewissheiten über die Erlebnisse von Männern und Frauen hinterfragen, denn der Diskurs über die Grenzen des Patriotismus und der Loyalität hatte zugleich eine Restauration des Geschlechterverhältnisses zur Konsequenz.

Darüber hinaus wirft die Betrachtung dieser vergessenen Begebenheiten die Frage nach Quellen auf, die womöglich Geschehnisse zum Vorschein bringen, die entscheidenden Kernthemen der nationalen Erinnerung mit ihren geschlechtsspezifischen Zuschreibungen entgegenstehen. Wie das Beispiel der Berliner Gerichtsakten zeigt, kann sich der Rückgriff auf Quellenbestände, die in anderen Ländern überliefert sind, als sinnvoll erweisen, um sich aus den nationalen Rahmenbedingungen der Erinnerung zu befreien.

Übersetzt von Andreas G. Förster

THOMAS IRMER

Logistiker:innen der Flucht

Zur Verfolgung des „verbotenen Umgangs"
zwischen französischen Zivilarbeitenden und
französischen Kriegsgefangenen in Berlin

Während des Zweiten Weltkrieges internierte die Wehrmacht im Reichsgebiet etwa 1,6 Millionen Franzosen als Kriegsgefangene. Von Anfang an versuchten die Nationalsozialisten, Kontaktaufnahmen zwischen Kriegsgefangenen und Zivilisten zu unterbinden. Beziehungen von deutschen Frauen zu ausländischen Soldaten wurden als „Verbotener Umgang mit Kriegsgefangenen" (VUK) verfolgt. Wenig bekannt ist, dass sich die Kriminalisierung von solchen unerwünschten Verhaltensweisen auch auf Kontakte zwischen französischen Kriegsgefangenen und in Deutschland arbeitenden zivilen Landsleuten bezog.

Formen und Akteure dieser Verfolgung stehen im Mittelpunkt meines Beitrags, der sich mit Beispielen aus Berlin befasst. Der Fokus auf die damalige deutsche Rüstungsmetropole ist für den vorliegenden Untersuchungsgegenstand von großer Bedeutung: In Berlin lag der Anteil an Arbeitskräften aus Westeuropa zeitweise über dem Reichsdurchschnitt.[1] Unter ihnen waren zahlreiche Französinnen und Franzosen. So befanden sich unter den etwa 400 000 ausländischen Arbeitskräften aus West- und Osteuropa im Dezember 1942 knapp 60 000 französische Zivilarbeitende.[2] Die Zahl der in Berlin internierten französischen Soldaten lag zwischen 1940 und 1945 im Durchschnitt bei etwa 17 000 Mann.[3]

---

1 Helmut Bräutigam, Zwangsarbeit in Berlin 1938–1945, in: Arbeitskreis Berliner Regionalmuseen (Hrsg.), Zwangsarbeit in Berlin 1938–1945, Berlin 2003, S. 17–61, hier S. 31 f.
2 Zur schwankenden Zahl der französischen Zivilarbeitenden vgl. ebenda, S. 33; sowie Camille Fauroux, Produire la guerre, produire le genre. Des Françaises au travail dans l'Allemagne nationale-socialiste (1940–1945), Paris 2020, S. 128.
3 Zur Zahl der französischen Kriegsgefangenen in Berlin vgl. Schreiben Deutsche Dienststelle an den Verfasser, 2. Januar 2018.

Forschungsstand und Quellenlage

Die ins „Altreich" und in die besetzten Gebiete transportierten französischen Kriegsgefangenen wurden in 14 Offiziers- und 64 Mannschaftslagern interniert.[4] Viele dieser Lager fungierten als Durchgangsstationen zu über 80 000 Arbeitskommandos.[5] Silke Schneider hat darauf hingewiesen, dass durch die „Organisation des Arbeitseinsatzes der französischen Kriegsgefangenen in kleinen Gruppen, die über Städte und Dörfer verteilt wurden", Kontakte mit der deutschen Bevölkerung „unausweichlich" gewesen seien.[6] Kontakte zwischen französischen Kriegsgefangenen und Deutschen gelten als Massenphänomen. Insbesondere Verfahren gegen deutsche Frauen machten die Mehrzahl der Gerichtsverfahren zum „Verbotenen Umgang mit Kriegsgefangenen" (VUK) aus.[7] Fragen nach Motiven und Charakter der Kontakte zwischen französischen Kriegsgefangenen und deutschsprachigen Frauen wurden in der historischen Forschung anfangs kontrovers diskutiert. So nahm Yves Durand an, bei den Kontakten hätten sexuelle oder Liebesbeziehungen nur eine untergeordnete Rolle eingenommen.[8] Neue Forschungen zeigen, dass gerade diesen Beziehungen eine größere Bedeutung zugemessen werden muss. Zuletzt hat Raffael Scheck verbotene Liebesbeziehungen als einen Akt des Protests und Widerstands herausgestellt, als Ausdruck von Menschlichkeit in Zeiten eines immer inhumaner werdenden NS-Regimes.[9]

---

4   Zahlen nach Yves Durand, Prisonniers de guerre. Dans les Stalags, les Oflags et les Kommandos 1939–1945, Paris 1994; Markus Eikel, Französische Kriegsgefangene im Dritten Reich. Die religiöse Betreuung der französischen Kriegsgefangenen und Zwangsarbeiter 1940–1945, Freiburg 1999, S. 171 und 184.
5   Eikel, Französische Kriegsgefangene im Dritten Reich, S. 182; Durand, Prisonniers de guerre, S. 61 ff.
6   Silke Schneider, Verbotener Umgang, Ausländer und Deutsche im Nationalsozialismus. Diskurse um Sexualität, Moral, Wissen und Strafe, Baden-Baden 2020, S. 184.
7   Patrice Arnaud, Die deutsch-französischen Liebesbeziehungen der französischen Zwangsarbeiter und beurlaubten Kriegsgefangenen im „Dritten Reich". Vom Mythos des verführerischen Franzosen zur Umkehrung, in: Elke Frietsch/Christina Herkommer (Hrsg.), Nationalsozialismus und Geschlecht. Zur Politisierung und Ästhetisierung von Körper, „Rasse" und Sexualität im „Dritten Reich" und nach 1945, Bielefeld 2009, S. 180–198; Durand, Prisonniers de guerre; Schneider, Verbotener Umgang; Raffael Scheck, Love Between Enemies: Western Prisoners of War and German Women in World War II, Cambridge 2021; Olga Volz, Verbotener Umgang mit Kriegsgefangenen – Hilfe und Solidarität als „Widerstehen im Alltag", in: Angela Borgstedt/Sibylle Thelen/Reinhold Weber (Hrsg.), Mut bewiesen. Widerstandsbiographien aus dem Südwesten, Stuttgart 2017, S. 269–281, hier S. 274.
8   Durand, Prisonniers de guerre; Arnaud, Die deutsch-französischen Liebesbeziehungen, S. 188.
9   Scheck, Love Between Enemies, S. 356, 360.

Im Vergleich dazu wurden die Kontakte zwischen französischen Kriegsgefangenen und französischen Zivilarbeitenden bislang kaum erforscht.[10] Hubert Speckner weist in seiner Untersuchung zur „Ostmark" lediglich darauf hin, dass französische Zivilarbeitende bei Kontaktaufnahmen im Zusammenhang mit Fluchthilfe besonders hart bestraft wurden.[11] Intensiver hat sich Camille Fauroux mit den Beziehungen zwischen französischen Zivilarbeiterinnen und französischen Kriegsgefangenen befasst.[12] Sie plädiert für eine Neubewertung, weil sich in diesen Beziehungen vielfältige Formen der Hilfe und Freundschaft zeigten.[13] Auch über die Akteure der Verfolgung verbotener Kontakte ist bisher nur wenig bekannt. Dazu zählten Einrichtungen der Wehrmacht wie die Stalags, die Gestapo sowie Militär-, Amts- und Landesgerichte, die über Kriegsgefangene bzw. Zivilarbeitende richteten.

Das für Berlin zuständige Stalag III D wurde von der Forschung bisher als „Schatten- oder Verwaltungslager" eingeordnet.[14] In einem Gutachten für das Berliner Landesdenkmalamt konnte ich zeigen, dass das Stalag III D nicht nur ein Verwaltungsapparat war.[15] Neben einer Kommandantur bestand es zudem aus größeren Gefangenenlagern, darunter eines für französische Kriegsgefangene in Lichterfelde-Süd und Falkensee.[16] Nach Angaben eines früheren Wehrmachtsangehörigen gab es darüber hinaus etwa 200 Arbeitskommandos allein mit französischen Kriegsgefangenen.[17]

---

10 Durand, Prisonniers de guerre; Camille Fauroux, Souvenir d'une petite amie de captivité, S. 27.
11 Hubert Speckner, In der Gewalt des Feindes. Kriegsgefangenenlager in der „Ostmark" 1939–1945, Wien/München 2003, S. 171.
12 Camille Fauroux, „Souvenir d'une petite amie de captivité". Ouvrières françaises et prisonniers de guerre à Berlin de 1940 à 1945, in: Guerres mondiales et conflits contemporains 2 (2019) 274, S. 27–46. Vgl. auch Fauroux, Produire la guerre, produire le genre.
13 Vgl. den Beitrag von Camille Fauroux in diesem Band.
14 Zum „Schattenlager" Rolf Keller, Das Kriegsgefangenenwesen im Reichsgebiet und im Wehrkreis III, in: Axel Drieschner/Barbara Schulz (Hrsg.), Stalag III B Fürstenberg (Oder). Kriegsgefangene im Osten Brandenburgs 1939–1945, Berlin 2006, S. 23–44, hier S. 31; Axel Drieschner/Barbara Schulz, Ungebetene Befunde. Archäologische Grabung zum Stalag III B in Fürstenberg (Oder), in: Johannes Ibel (Hrsg.), Einvernehmliche Zusammenarbeit? Wehrmacht, Gestapo, SS und sowjetische Kriegsgefangene, Berlin 2008, S. 181–199, hier S. 181; zum „Verwaltungslager" Marc Buggeln/Cord Pagenstecher, Zwangsarbeit, in: Michael Wildt/Christoph Kreutzmüller (Hrsg.), Berlin 1933–1945. Stadt und Gesellschaft im Nationalsozialismus, Berlin 2013, S. 127–144, hier S. 130.
15 Thomas Irmer, Zur Geschichte des Kriegsgefangenenlager Lichterfelde-Süd des Berliner Stalag III D in der NS-Zeit, Gutachten für das Landesdenkmalamt Berlin, Berlin 2018.
16 Ebenda, S. 20–27.
17 Vgl. Aussage Wilhelm Wieck, 17. Mai 1972, Bundesarchiv (BArch), B 162 Nr. 17325, Bl. 72.

Unterlagen zur Geschichte der Kommandantur des Stalag III D sind Teil der Quellen dieser Studie. Ein Großteil des behördlichen Schriftguts ist wahrscheinlich durch Kriegseinwirkung verloren gegangen. Ausfindig machen konnte ich relevante Unterlagen der Zentralen Stelle der Landesjustizverwaltungen. Eine andere Grundlage ist eine Stichprobe mit Fallakten von acht vor dem Berliner Landes- und zwölf vor dem Berliner Amtsgericht geführten Verfahren gegen französische Zivilarbeitende aus der Berliner Elektroindustrie. Die Gerichtsunterlagen werden vom Landesarchiv Berlin verwahrt, wo Akten zu 1062 VUK-Verfahren vorliegen.[18] Nach Recherchen von Camille Fauroux bezieht sich mehr als die Hälfte dieser Verfahren auf französische Zivilarbeitende. Unter 575 solcher VUK-Verfahren hat Fauroux 84 Fälle von „verbotenem Umgang" zwischen französischen Zivilarbeitenden und französischen Kriegsgefangenen identifiziert.[19]

Unterlagen zu Militärgerichtsverfahren, aus denen Hinweise auf mögliche Bestrafungen der beteiligten Kriegsgefangenen zu entnehmen wären, konnten im Zusammenhang mit den vorliegenden Fällen nicht gefunden werden.

Konturen der Kontakte zwischen französischen Zivilarbeitenden und Kriegsgefangenen in Berlin

In den 20 Gerichtsfällen, die für diese Studie ausgewertet wurden, waren etwa 30 französische Zivilarbeitende und über 50 Kriegsgefangene erfasst. Die Gruppe der Zivilarbeitenden setzte sich aus je 50 % Frauen und Männern im Alter zwischen 17 und 46 Jahren zusammen. Die angeklagten Frauen waren im Durchschnitt etwas älter (26 Jahre) als die angeklagten Männer (21 Jahre). Mehr als die Hälfte der Zivilarbeitenden war in Werken der Elektrounternehmen Siemens, AEG und Telefunken beschäftigt. Die Elektroindustrie war neben der Metallindustrie der bedeutendste Industriezweig in Berlin. Dort war der Anteil von Frauenarbeit bereits vor der NS-Zeit hoch. Unternehmen wie die AEG hatten nach Kriegsbeginn versucht, gezielt Französinnen und Franzosen anzuwerben.[20]

18 E-Mail von Bianca Welzing-Bräutigam an den Verfasser, 14. November 2019.
19 Fauroux, Souvenir d'une petite amie de captivité, S. 27–46. Nach Anklagen wegen Passvergehen und Diebstahls war der VUK die drittgrößte Deliktgruppe.
20 Thomas Irmer, „… eine Art Sklavenhandel" – Zwangsarbeit bei AEG/Telefunken in Berlin und Wedding, in: Arbeitskreis Berliner Regionalmuseen (Hrsg.), Zwangsarbeit in Berlin 1938–1945, S. 154–166; Thomas Irmer, „allmand cochon" – widerständiges Verhalten von ausländischen Zwangsarbeiterinnen und Zwangsarbeitern am Beispiel von AEG/Telefunken in Berlin, in: Hans Coppi/Stefan Heinz (Hrsg.), Der vergessene Widerstand der Arbeiter. Gewerkschafter, Kommunisten, Sozialdemokraten, Trotzkisten, Anarchisten und Zwangsarbeiter, Berlin 2012, S. 248–262.

Orte der Kontaktaufnahmen: Siemens-Zivilarbeiterinnen vor Aschinger, 1943
BArch, Bild 183-S68041

Der Großteil der hier untersuchten Zivilarbeitenden kam im Sommer 1941 freiwillig nach Berlin. Unter den Angeklagten sind aber auch gegen ihren Willen zum Einsatz im Reichsgebiet „Dienstverpflichtete" aus späteren Jahren.[21] Die verfolgten Kontaktaufnahmen beziehen sich überwiegend auf die Jahre 1941 bis 1942, was vermutlich mit dem Status der Zivilarbeitenden zusammenhing. Mit dem Urlaubsverbot 1942 entfiel auch die Möglichkeit, Papiere von Zivilarbeitenden für eine Heimreise zu nutzen.

Aus den Gerichtsakten geht hervor, dass der Großteil der Männer als Facharbeiter wie Fräser, Dreher, Mechaniker oder Schlosser beschäftigt wurde,

---

21 Zum Begriff der Freiwilligkeit vgl. Fauroux, Produire la guerre, produire le genre, S. 80 f.

während die Frauen zumeist als ungelernte Hilfsarbeiterinnen eingestuft wurden. Viele Frauen hatten Beziehungen in Frankreich, ohne – anders als viele männliche Zivilarbeiter – schon verheiratet zu sein.

In Bezug auf die französischen Kriegsgefangenen scheinen die in den Gerichtsakten enthaltenen Angaben zu Familie und Beruf bisherige Forschungserkenntnisse zu bestätigen. Sie waren durchschnittlich etwa 30 Jahre alt und häufig verheiratet. Viele von ihnen hatten Kinder und vor der Einberufung als Arbeiter oder Handwerker gearbeitet.[22]

Orte der Kontaktaufnahmen

Die Orte der Kontaktaufnahmen waren vielfältig. Kontakte fanden im öffentlichen Raum, in Gaststätten und Unterkünften von Zivilarbeitenden statt, und sogar in Unterkünften von Kriegsgefangenen. Bei einigen der hier vorliegenden Fälle kamen die ersten Kontakte zwischen Kriegsgefangenen und französischen Frauen in Gaststätten zustande, die in der Nähe von Unterkünften französischer Zivilarbeitender lagen. Dies traf insbesondere bei Fällen von geflüchteten französischen Kriegsgefangenen zu, die oft an solchen Orten unübersichtlicher und kurzer Begegnungen Kontakt zu Landsleuten aufzunehmen versuchten.

Auch die Unterkünfte in sogenannten Saallagern oder die Gefangenenlager nahmen eine wichtige Rolle als Orte ein, an denen Kontakte geknüpft werden konnten. Im Fall von Kriegsgefangenenlagern fanden Begegnungen zwischen Gefangenen und französischen Arbeiterinnen vor allem am Lagerzaun statt. Aufgrund der Bewachung der Lager durch Wehrmachtssoldaten waren diese Treffen mit hohen Risiken verbunden. Mehrfach wurden Frauen dort verhaftet.[23] Neben den Bewachern konnten ihnen auch deutsche Passanten gefährlich werden, die sie – wie im Fall der Französinnen Marie Antoinette A. und Josephine D. – denunzierten.[24]

Im Fall von Kontakten zu Zivilarbeitern hatten die Unterkünfte auch eine wichtige Funktion als Treffpunkte. Ein Besuch von Männern in einem Männerlager fiel weniger auf als der von Frauen. Bei Kontakten in Barackenlagern kam hinzu, dass Kriegsgefangene und Zivilarbeitende teilweise in denselben oder

---

22 Rüdiger Overmans, Die Kriegsgefangenenpolitik des Deutschen Reiches, in: Jörg Echternkamp (Hrsg.), Die Deutsche Kriegsgesellschaft 1939 bis 1945, München 2005, S. 729–875, hier S. 762.
23 Schreiben Stalag III D Abwehr-Offizier an Gestapo Berlin, 5. September 1942, Landesarchiv Berlin (LAB), A Rep. 358-02, Nr. 2045.
24 Anklageschrift, 9. Dezember 1942, LAB, A Rep. 358-02, Nr. 1760.

Zwangsarbeit von Kriegsgefangenen am Koppenplatz, 1940
Landesarchiv Berlin, F Rep. 290 (01), Nr. 0194652 / Foto: Rudolf Steinhäuser

in nahe beieinander liegenden Lagern untergebracht waren. So im Fall von André R. und Georges E., die als Spritzer bzw. Hilfsschlosser im Karosserie- und Presswerk der Firma Ambi-Budd arbeiteten. Sie halfen Kriegsgefangenen, die ebenfalls für das Unternehmen arbeiteten und wie sie in einem Barackenlager in Johannisthal untergebracht waren.[25] Unterkünfte dienten außerdem als temporäre Verstecke für Kriegsgefangene, die sich auf der Flucht befanden. Das zeigt der Fall des 38-jährigen französischen Zivilarbeiters Paul L. aus Chartres. Er arbeitete im Werkskomplex Oberschöneweide der AEG. Paul L. wurde unter anderem beschuldigt, mehrmals Kriegsgefangenen Unterschlupf in einem Saal-

---

25 Anklageschrift, o. D., LAB, A 358-02, Nr. 157240.

lager ermöglicht zu haben, das in einem Restaurant in Rahnsdorf eingerichtet worden war.[26]

Motive der Kontaktaufnahmen

Die Motive für die Kontaktaufnahmen waren vielfältig. In den untersuchten Fällen überwog das Motiv der Hilfe, die insbesondere durch die Bereitstellung von Schriftstücken wie Ausweisen oder Urlaubsscheinen erfolgte. Liebesbeziehungen oder sexuelle Affären zwischen französischen Kriegsgefangenen und französischen Zivilarbeiterinnen nahmen in der Stichprobe eine untergeordnete Rolle ein. In einigen Fällen hatte es vor den Hilfeleistungen eher flüchtige Treffen in Parks und an anderen Orten im öffentlichen Raum gegeben.

Eine besondere Rolle bei der Kontaktaufnahme scheinen verwandtschaftliche Beziehungen eingenommen zu haben. Mehrfach waren solche Beziehungen der Grund für die Kontaktaufnahme. So im Fall des in einem „Gemeinschaftslager" in Alt-Stralau untergebrachten französischen Zivilarbeiters André B., der vor dem Berliner Amtsgericht wegen „verbotenen Umgangs" mit einem französischen Kriegsgefangenen angeklagt werden sollte. Bei dem Kriegsgefangenen handelte es sich um seinen Bruder Lucien. Im Fall der wegen Fluchthilfe verdächtigten, damals 33-jährigen Französin Georgette Ch. war der Kriegsgefangene ihr Schwager. Georgette Ch. wurde aufgegriffen, als sie ihn am Lagerzaun besuchte. Bei der Verhaftung wurden bei ihr ein Zivilanzug, Briefe an den Kriegsgefangenen und Fotos von ihrem Schwager entdeckt.[27] Auch Freundschaftsbeziehungen aus der Zeit vor dem Krieg oder die gemeinsame Herkunft aus einem Ort oder Stadtteil scheinen eine Kontaktaufnahme motiviert zu haben.

Die Motive der Hilfe waren aber nicht nur durch landsmannschaftliche Anteilnahme oder Familienbande geprägt. Zu ihnen zählten offenbar auch finanzielle Interessen oder Eigennutz. So scheint sich in Gaststätten eine Art illegaler Markt entwickelt zu haben, auf dem Urlaubsscheine und Ausweispapiere gehandelt wurden. Die Französin Susanne F., zum Zeitpunkt des Verfahrens in U-Haft im Gerichtsgefängnis Charlottenburg, hatte ihren Urlaubsschein in einer Gaststätte verkauft.[28] Möglicherweise war sie Teil einer Gruppe von angeblichen Kleinkriminellen, der nach Angaben der deutschen Ermittlungsbehörden

---

26 Generalstaatsanwaltschaft an Amtsgericht Berlin (AG), 19. August 1942, LAB, A Rep. 358-02, Nr. 157046.
27 Stalag III D Abwehr-Offizier an Gestapo Berlin, 5. September 1942, LAB, A Rep. 358-02, Nr. 2045.
28 Generalstaatsanwaltschaft an AG Berlin, 24. April 1942, Anklageschrift, LAB, A Rep. 358-02, Nr. 2452.

weitere französische und belgische Zivilarbeitende und ein Deutscher angehört haben sollen. Einer Geheimdienstabteilung der Stalag-Kommandantur zufolge soll diese Gruppe Ausweise für „Kriegsgefangene, aber auch für emigrierende Juden und andere dunkle Existenzen" gefälscht und verkauft haben.[29]

Ein unbekannter Akteur der Verfolgung – Die Kommandantur des Stalag III D

Bei der Verfolgung verbotenen Umgangs nahm die Kommandantur des Berliner Stalag III D eine wichtige Funktion ein. Die Kommandantur wurde im August 1940, nach Beginn des sogenannten Westfeldzuges, in mehreren Gebäuden an der damaligen Belle-Alliance-Straße (heute: Mehringdamm) am Halleschen Tor in Kreuzberg eingerichtet. Ein Teil der Gebäude befand sich auf dem Gelände der heutigen Amerika-Gedenkbibliothek am Blücherplatz, ein anderer Teil am Tempelhofer Ufer.

Die Kommandantur koordinierte die Unterbringung von zeitweise über 56 000 Kriegsgefangenen in Berlin. Franzosen waren die der Kommandantur am längsten unterstehende Gruppe von Kriegsgefangenen in Berlin. Unter den vom Stalag III D verwalteten Kriegsgefangenen befanden sich aber auch Italienische Militärinternierte sowie Soldaten aus Großbritannien, Serbien, der Sowjetunion und weiterer Nationen. Eine andere zentrale Aufgabe der Kommandantur war die Organisation des Arbeitseinsatzes, insbesondere die Verteilung der Kriegsgefangenen auf Arbeitskommandos und die Einteilung von deren Bewachern. Kriegsgefangene wurden beim Bau von Luftschutzbunkern eingesetzt. In Dachdecker- und Glaserkommandos mussten sie Bombenschäden reparieren. Von der Gefangenenarbeit profitierten städtische Betriebe wie die Stadtgüter, die städtische Berliner Verkehrs-Gesellschaft (BVG), die Heilanstalt Buch oder die Gas- und Wasserwerke. Handwerksbetriebe setzten Kriegsgefangene ebenso ein wie eine Schultheiß-Brauerei, das Kaufhaus Hertie oder Unternehmen der Metall- und Elektroindustrie. Auch in der Kommandantur des Stalag III D arbeiteten französische Kriegsgefangene.[30]

Zu den ersten Akteuren, die mit Kriegsgefangenen und Zivilarbeitenden bei deren Kontaktaufnahmen in Berührung kamen, zählten die durch das Stalag III D eingeteilten Bewacher der Kriegsgefangenen. Im Berliner Fall handelte es

---

29 Abwehr Stalag III D an Gestapo Berlin, 5. Januar 1943, betr.: Herstellung gefälschter Ausweise für Kriegsgefangene, LAB, A Rep. 358-02, Nr. 16809.
30 Irmer, Zur Geschichte des Kriegsgefangenenlager Lichterfelde-Süd des Berliner Stalag III D, S. 20–27.

Stalag III D-Kommandantur am Halleschen Tor, 1920er-Jahre | *Stadtmuseum Berlin, IV 85/426 V*

sich um Angehörige von bis zu fünf Landesschützenbataillonen.[31] Diese Wehrmachtsverbände setzten sich aus Männern älterer Jahrgänge zusammen, die nicht für den Fronteinsatz geeignet waren. Unter ihnen war der damals 36-jährige Unteroffizier Willi K., der 1942 zur Bewachung eines Kriegsgefangenen-Arbeitskommandos in Spandau eingesetzt war. Willi K. beobachtete, wie sich zwei französische Kriegsgefangene mit zwei Zivilisten unterhielten. Er schritt ein und ließ die Zivilisten von der Schutzpolizei festnehmen.[32] Eine Meldung an die Kommandantur machte K. jedoch nicht und zeigte offenbar auch die

---

31 Protokoll Vernehmung Hans Kolhorn, 10. Mai 1972, BArch, B 162 Nr. 17325, Bl. 43 VS+ RS, hier VS.
32 Gestapo Berlin, Aussage Willi Koch, 16. Oktober 1942, LAB, A Rep. 358-02, Nr. 6415.

Kriegsgefangenen nicht an. Bei den beiden Festgenommenen handelte es sich um französische Arbeiter, die bei Siemens beschäftigt waren.[33] Bei den weiteren Ermittlungen wurden sie von der Gestapo der Fluchthilfe verdächtigt, weil sie einen Zivilanzug mit sich geführt hatten. Zu einem Verfahren kam es aber wohl nicht, da der Anzug den Arbeitern wieder ausgehändigt wurde.[34]

Zur Unterbindung oder Verfolgung von verbotenen Kontakten zwischen Kriegsgefangenen und Zivilisten verfügte die Kommandantur über eine eigene Abteilung, die Ermittlungen und Verhöre durchführte. Es handelte sich um die Abteilung IX, hinter der sich die militärische Abwehr verbarg. In den Dienstgebäuden der Stalag-Kommandantur befand sich auch die „Zentrale Vernehmungsstelle" des Wehrkreises III, in der Offiziere der Abwehr Kriegsgefangene, ausländische Zivilarbeitende und auch deutsche Zivilisten verhörten.[35] Berichte über diese Verhöre leitete die Abwehr in der Regel an die Gestapo weiter.[36] Dort bearbeiteten dann Kriminalbeamte des Referats IV A 1 d die Fälle. Dieses war u. a. für „Kommunismus", „Marxismus", „Kriegsdelikte", „Feindpropaganda" und „Rundfunkverbrechen" zuständig. Im Juni 1944 wurde die militärische Abwehr dem RSHA unterstellt.[37]

Im Zusammenhang mit den Abwehrmaßnahmen war auch eine Postzensurstelle von großer Bedeutung. Sie befand sich am Tempelhofer Ufer. Dort kontrollierten Mitarbeitende der Abteilung IX Briefe von und für Kriegsgefangene, die zentral für deren Kontakt zu Angehörigen waren. Außerdem wurden dort Pakete durchsucht. Um solche Kontrollen zu umgehen, versuchten Kriegsgefangene, Briefe von Zivilarbeitenden verschicken, empfangen oder nach Frankreich transportieren zu lassen.[38]

Die Abwehr war außerdem bestrebt, Kriegsgefangene und Zivilarbeitende durch Spitzel zu überwachen. Dies geschah durch Infiltration, die ein klassisches Instrument der militärischen Abwehr war. Sie wurde nun auch auf Kriegsgefangene und zivile Zwangsarbeitende angewendet. Durch Informanten, zu denen auch Zwangsarbeitende selbst zählen konnten, versuchte die Abwehr sowohl Kriegsgefangene als auch Zivilarbeitende zu beobachten. Wenn einer

---

33 Gestapo Berlin, Bericht, 20. Oktober 1942, LAB, A Rep. 358-02, Nr. 6415.
34 Gestapo Berlin, Aussage Willi Koch, 16. Oktober 1942, LAB, A Rep. 358-02, Nr. 6415.
35 Zentrale Vernehmungsstelle im Wehrkreis III, Verhandlungsprotokoll, 29. September 1943, LAB, A Rep. 358-02, Nr. 2026, Bl. 2.
36 Stalag III D Abwehr an Stapoleitstelle Berlin, 17. März 1943, Betr.: Ch., Georgette, LAB, A Rep. 358-02, Nr. 2015, Bl. 3.
37 Andreas Toppe, Militär und Kriegsvölkerrecht. Rechtsnorm, Fachdiskurs und Kriegspraxis in Deutschland, München 2008, S. 198.
38 Anklageschrift Staatsanwaltschaft beim AG Berlin im Verfahren gegen Jean V., 5. Januar 1945, LAB, A Rep. 358-02, Nr. 6956.

ihrer Zuträger auffiel, intervenierte sie zu dessen Gunsten. So im Fall des französischen Zivilarbeiters André B., der vor dem Berliner Amtsgericht wegen des Umgangs mit einem französischen Kriegsgefangenen angeklagt werden sollte.[39] Bei dem Kriegsgefangenen handelte sich um seinen Bruder Lucien. André B. wurde vorgeworfen, ihm „einen Lagerschein zur Täuschung im Rechtsverkehr überlassen" zu haben.[40] Möglicherweise ging es um einen Ausweis oder einen Urlaubsschein. Die Militärdienststelle intervenierte zugunsten des Spitzels. „Der Beschuldigte", so die Abwehr-Abteilung, „ist als Vertrauensmann für die [...] Dienststelle tätig, eine Durchführung des Verfahrens würde erhebliche Nachteile zur Folge haben."[41] Das Berliner Amtsgericht stellte das Verfahren daraufhin noch am selben Tag ein.

Juristische Ahndung

Bei den vor dem Berliner Amtsgericht verhandelten Fällen gegen französische Zivilarbeitende nannte die Anklage neben dem Vorwurf des verbotenen Umgangs häufig weitere Anklagepunkte, darunter Hilfe zur „Selbstbefreiung", Befreiung „aus der Gewalt der bewaffneten Macht" oder „Täuschung eines Rechtsverkehrs". Bei den Landgerichtsverfahren kamen Anklagepunkte wie Verstoß gegen die Wehrkraftschutzverordnung, Fluchthilfe oder Urkundenfälschung hinzu.

Die verfolgten Verhaltensweisen deuten sowohl auf Zufalls- bzw. Einzelfälle als auch auf systematischere Formen von widerständigem Verhalten hin. Zu Letzterem zählt der Fall des französischen Zivilarbeiters Jean V., der 1944 23 Jahre alt war. Ihm wurde vorgeworfen, als Tarnadresse für über 1000 Briefe von französischen Kriegsgefangenen und deren Angehörigen fungiert und die Briefe verschickt bzw. empfangen zu haben.[42] In einem anderen Fall schrieb die damals 21-jährige Französin Paulette P. ihren Eltern, dass sie gemeinsam mit vier anderen Frauen einen Kriegsgefangenen bei der Flucht unterstützt habe. „Wir haben ihm Zivilkleider gegeben und hopp geht er weg", so Paulette P., die zuletzt bei Siemens gearbeitet hatte.[43] Es gebe noch drei weitere Kriegsgefangene, „denen zur Flucht verholfen werden muss".[44] Eine andere Kameradin habe allein neun

---

39 Schreiben Oberstaatsanwalt Herder an AG Berlin, LAB, A Rep. 358-02, Nr. 2015, Bl. 2.
40 Ebenda.
41 Schreiben Stalag III D, 15. Mai 1944, LAB, A Rep. 358-02, Nr. 2015, Bl. 4.
42 Anklageschrift Staatsanwaltschaft beim AG Berlin, 5. Januar 1945, LAB, A Rep. 358-02, Nr. 6956.
43 Übersetzung Brief Paulette P., 12. März 1942, LAB, A Rep. 358-02, Nr. 2035, Bl. 2.
44 Ebenda.

Neues Kriminalgericht Moabit, um 1900 | bpk Bildagentur

Kriegsgefangenen zur Flucht verholfen. Der Brief von Paulette P. fiel in die Hände der Abwehr des Stalag III D, die ihn bei einem gefassten flüchtigen Kriegsgefangenen entdeckte.[45] In einem Verhör mit der Gestapo bestritt Paulette P., zu einer Widerstandsgruppe zu gehören oder Kriegsgefangenen geholfen zu haben. Den Brief habe sie nur geschrieben, „um mich wichtig zu machen".[46] Auch die damals 19-jährige Französin Raymonde C., die für Siemens und Telefunken gearbeitet hatte, bestritt den Vorwurf der Fluchthilfe. Sie war erst aufgrund der Denunziation einer Kameradin verhaftet worden, die sie beschuldigte, zwei geflüchteten Kriegsgefangenen die Haare gefärbt und für einen weiteren Kriegsgefangenen eine Geldsammlung durchgeführt zu haben.[47] Insgesamt machen diese Fälle den Eindruck, dass die Zivilarbeitenden nicht über größere Erfahrungen im politischen Widerstand verfügten. Möglicherweise gibt es hier Parallelen zu widerständigem Verhalten von Zwangsarbeitenden anderer Nationen, von denen

45 Aktenvermerk Abwehr Stalag III D, 28. März 1942, Kriegsgefangenenpost, LAB, A Rep. 358-02, Nr. 2035.
46 Verhörprotokoll der Gestapo Berlin, 25. August 1943, LAB, A Rep. 358-02, Nr. 2035.
47 Landgericht Berlin (LG) (7. Strafkammer), Urteilsschrift, 14. September 1942, LAB, A Rep. 358-02, Nr. 18903.

ebenfalls weniger ein organisierter oder kollektiver Widerstand als vielmehr individuelle Selbstbehauptungshandlungen ausgingen.[48]

Ein Großteil der untersuchten Fälle endete mit Verurteilungen. Die Strafzumessungen reichten von Geld- bis zu Gefängnisstrafen. Letzte umfassten bei dieser Stichprobe eine durchschnittliche Dauer von mehreren Monaten bis zu anderthalb Jahren. Die Geldstrafen konnten durchaus hoch sein, wie im Fall der Französin Ernestine V., die 1944 für einen Briefwechsel mit einem Kriegsgefangenen anstelle einer einmonatigen Gefängnishaft eine Geldstrafe von 100 RM erhielt, was etwa einem Monatslohn einer ungelernten Arbeiterin entsprach.[49]

Mehrfach gab es Verurteilungen wegen der Weitergabe von Dokumenten wie Ausweisen oder Urlaubsscheinen. Die Französin Raymonte L., Zivilarbeiterin im Röhrenwerk von Telefunken in Moabit, wurde zu sieben Monaten Haft verurteilt, weil sie einem Kriegsgefangenen einen Urlaubsschein gegeben hatte.[50] Eine viermonatige Gefängnisstrafe erhielt der damals in U-Haft in Moabit einsitzende Fräser Jean F., weil er einen „Rückwandererschein" und einen Pass an einen Kriegsgefangenen weitergeleitet hatte.[51] Zu zehn Monaten Haft wurde 1943 der damals 20-jährige Bäcker Marcel D. aus Goulain verurteilt, weil er einem geflüchteten Kriegsgefangenen einen Personalausweis und eine Arbeitsjacke überlassen hatte.[52]

Noch härter bestraft wurden Handlungen, die als größere Abweichung oder systematischerer Widerstand eingestuft wurden. Letzteres traf offenbar auf den französischen Zivilarbeiter Jean V. zu, der angeblich 1000 Kriegsgefangenen-Briefe verschickt hatte. Er saß nach seiner Verhaftung zunächst im Gefängnis Plötzensee ein. Noch Mitte Februar 1945 wurde er zur einem Jahr Gefängnis verurteilt.[53] Ebenfalls eine Strafe von einem Jahr Gefängnis erhielt Marcelle C., die bei einem Fluchtversuch mit ihrem Geliebten festgenommen worden war. Die damals 24-Jährige war beschuldigt worden, Ausweispapiere für ihren Geliebten gestohlen zu haben. Zum Zeitpunkt des Verfahrens war sie wegen „Arbeitsvertragsbruchs" im KZ Ravensbrück inhaftiert, weil sie unerlaubt ihre Arbeitsstelle bei Osram verlassen hatte.[54] Bei der damals 19-jährigen, geständigen Siemens-Arbeiterin Raymonde C., die im August 1941 freiwillig nach Deutschland gekommen war, wollten die Richter offenbar eine aus ihrer Sicht belehrende Milde

---

48 Irmer, „allmand cochon", S. 248–262.
49 Amtsgericht Berlin, Strafbefehl für Ernestine V., o. J., LAB, A Rep. 358-02, Nr. 6860.
50 Urteil des AG Berlin, 18. Februar 1943, LAB, A Rep. 341-02, Nr. 8643.
51 Anklageschrift, 15. Juni 1942, LAB, A Rep. 358-02, Nr. 1927.
52 Anklageschrift, 10. April 1943, LAB, A Rep. 358-02, Nr. 1982.
53 Anklageschrift Staatsanwaltschaft beim AG Berlin, 5. 1. 1945, LAB, A Rep. 358-02, Nr. 6956.
54 Urteil des LG Berlin, 20. Dezember 1943, LAB, A Rep. 358-02, Nr. 1671.

walten lassen. „Was die Strafzumessung anbetrifft", hieß es im Urteil mit einer immerhin einjährigen Haftstrafe, „so war zugunsten der Angeklagten ihre Unbedarftheit, ihre Jugend, ihr Geständnis und die von ihr gezeigte Reue zu berücksichtigen, ferner, dass sie die Tat aus Unbesonnenheit und kameradschaftlichen Gefühlen für ihre Landsleute ohne materielle Vorteilsziehung begangen hat. Andererseits musste der Angeklagten vor Augen geführt werden, dass sie die Gesetze des Landes zu achten hat, in dem sie als Gast weilt."[55]

Einige Ermittlungsverfahren wurden wegen Mangels an Beweisen eingestellt. Das war 1943 der Fall bei der Französin Georgette Ch., die möglicherweise ihrem Schwager zur Flucht verhelfen wollte. Vielleicht war auch ausschlaggebend, dass sich ihr Meister bei Siemens und auch die Lagerleiterin des Siemens-Unterkunftslagers positiv über Ch. geäußert und sie als „gute Arbeitskraft" geschildert hatten.[56] Ähnlich endeten 1942 die Ermittlungen der Gestapo im Fall des damals 45-jährigen Charles M. aus Reims. Er arbeitete als Elektriker im Forschungsinstitut der AEG in Reinickendorf. Den Verlust eines Urlaubsscheins erklärte Charles M. mit Diebstahl. Da ein beteiligter Kriegsgefangener nicht mehr ausfindig gemacht werden konnte, stellte der Gestapo-Beamte das Verfahren ein.[57]

Resümee

Die vorliegende Untersuchung bestätigt, dass es im Reichsgebiet nicht nur Kontakte zwischen französischen Kriegsgefangenen und Deutschen, sondern auch zwischen französischen Kriegsgefangenen und französischen Zivilarbeitenden gab. Eine unbekannte Zahl dieser Kontakte diente nicht weitergehenden Beziehungen, sondern in erster Linie der Durchführung einer Flucht. Unklar ist ebenso, wie hoch der Anteil der französischen Zivilarbeitenden an der Flucht der etwa 70 000 aus dem Reichsgebiet entkommenen französischen Kriegsgefangenen war. Allerdings bezieht sich für Berlin der Großteil der vorliegenden Gerichtsfälle mit diesen beiden Personengruppen auf Fluchthilfe. Die von ihren Landsleuten übernommenen Aufgaben reichten von der Besorgung von Zivilkleidung, Geld und Lebensmitteln, der Gewährung von längerfristigem Unterschlupf bis hin zur Beschaffung von Papieren. Französische Zivilarbeitende wurden zu „Logistiker:innen der Flucht". Wahrscheinlich boten gerade sie aus Sicht

---

55 LG Berlin (7. Strafkammer), Urteil, 14. September 1942, LAB, A Rep. 358-02, Nr. 18903.
56 Schreiben Gestapo Berlin an Generalstaatsanwalt beim LG Berlin, 23. Juli 1943, LAB, A Rep. 358-02, Nr. 2045.
57 Bericht Gestapo Berlin, Referat IV A 1 d., 16. Juni 1942, LAB, A Rep. 358-02, Nr. 34817.

von fluchtwilligen Kriegsgefangenen einen entscheidenden Vorteil: Neben der gleichen nationalen Herkunft und Sprache konnten beispielsweise Arbeits- oder Ausweispapiere einen glaubwürdigen Identitätswechsel für eine Rückkehr in die Heimat ermöglichen – vor allem auch deshalb, weil französische Zivilarbeitende bis zur Urlaubssperre 1942 noch über Bewegungsfreiheiten verfügten und zwischen Heimatland und Arbeitsort hin und her reisen konnten.

Der „verbotene Umgang" zwischen diesen westeuropäischen Landsleuten lässt sich deutlich als Ausdruck von resilientem Verhalten charakterisieren. Es ging hier weniger darum, unmittelbar zur Niederschlagung des NS-Regimes beizutragen, sondern darum, gefangene Soldaten dem System der Kriegsgefangenschaft zu entziehen. Auch aus Sicht der Kriegsgefangenen stand nicht die Aufnahme von zwischenmenschlichen Beziehungen im Vordergrund, sondern das Ziel, nach Hause zu kommen. Widerständiges Verhalten aufseiten der Zivilarbeitenden übten junge, überwiegend unorganisierte und ungebundene Frauen und Männer aus. Bei den Motiven nahmen neben Hilfsbereitschaft auch Verwandtschaftsbeziehungen eine wichtige Rolle ein. Insgesamt stellt diese Fluchthilfe für französische Kriegsgefangene eine wenig bekannte und kaum gewürdigte Facette widerständigen Verhaltens in der NS-Zeit dar.

Aus Sicht der deutschen Akteure, insbesondere der Staatsgewalt, konnten diese Hilfeleistungen zur Flucht nicht ignoriert werden. Flucht entwickelte sich zu einem Massenphänomen. Hinzu kam, dass in diesem Fall Landsleute miteinander kooperierten. An der Verfolgung dieser Kontakte beteiligten sich mehrere Behörden, unter denen die deutsche Militärverwaltung, hier die Kommandantur des Stalag III D, eine wichtige und bislang ebenfalls wenig erforschte Rolle einnahm. Wehrmachtsangehörige wie die Bewacher oder Diensthabende der Stalag-Kommandantur waren häufig die Ersten, die wegen des „verbotenen Umgangs mit Kriegsgefangenen" aktiv wurden. Die Methoden der Verfolgung waren vielfältig, sie reichten von Verhaftungen am Lagerzaun über Verhöre bis hin zu Infiltrationsversuchen. Auch die Gestapo hatte Anteil an der Verfolgung von VUK-Fällen mit französischen Kriegsgefangenen und französischen Zivilarbeitenden, insbesondere wenn es um den Verdacht auf Fluchthilfe und Widerstand ging.

Mit der juristischen Ahndung befassten sich, abgestuft nach der Schwere des Delikts, Amts- und Landgerichte. Im Vordergrund der Motive für die Bestrafungen von Zivilarbeitenden standen Einschüchterung oder die Verfolgung von organisierten Widerstandsformen, nicht aber sexistische oder rassistische Gründe. Die für Kontaktaufnahmen nicht unerheblichen Geld- und Haftstrafen lassen dennoch vermuten, dass die Reintegration der Arbeitskräfte in den Arbeitsprozess Vorrang hatte.

GWENDOLINE CICOTTINI

Verbotene Beziehungen zwischen deutschen Frauen und französischen Kriegsgefangenen

Strafrechtliche Konsequenzen und individuelle Schicksale

80 % der vom 1. Januar bis 30. September 1942 im Oberlandesgerichtsbezirk Dresden ausgesprochenen Verurteilungen deutscher Frauen wegen „verbotenen Umgangs" standen in Verbindung mit französischen Kriegsgefangenen.[1] So lautet das Ergebnis einer im Oktober 1942 von Reichsjustizminister Otto Thierack beauftragten Untersuchung. Dieser Befund ist im gesamten Deutschen Reich zu beobachten.[2] Wie lässt er sich erklären?

Mehr als eine Million französische Kriegsgefangene wurden im Verlauf des Zweiten Weltkrieges ins Deutsche Reich gebracht, wo viele deutsche Frauen ohne ihre zur Wehrmacht einberufenen Männer zurückgeblieben waren.[3] Bei der Arbeit und im Alltagsleben waren Begegnungen unvermeidlich, sodass Kriegsgefangene und Frauen Kontakte miteinander knüpften: ein Umgang, der gesetzlich streng verboten war, aber dennoch vielfach stattfand.[4]

Der Umgang mit französischen Kriegsgefangenen lässt sich als Besonderheit einstufen, denn im Vergleich zu anderen Nationen konnten die Franzosen sich relativ frei bewegen: zum Teil, weil eine Lockerung der Bewachung für Franzosen schon Ende 1941 erlassen wurde,[5] aber auch, weil sie ab 1943 „beurlaubte

---

1 Berichte der OLG-Präsidenten, v. a. über Verurteilungen von Frauen, 1942, Bundesarchiv (BArch), R 3001/23238, Bl. 30–38; Bl. 58–69.
2 Der Reichsminister der Justiz an den Oberlandesgerichtspräsidenten und Generalstaatsanwälte, betr. „Verbotener Umgang mit Kriegsgefangenen", 10.10.1942, BArch, R 3001/20066.
3 Mark Spoerer, Zwangsarbeiter unter dem Hakenkreuz. Ausländische Zivilarbeiter, Kriegsgefangene und Häftlinge im Deutschen Reich und im besetzten Europa 1939–1945, Stuttgart 2001, S. 221.
4 Verordnung zur Ergänzung der Strafvorschriften zum Schutz der Wehrkraft des Deutschen Volkes vom 25. November 1939, RGBl. 1939 I, Bl. 2319, sowie die Verordnung über den Umgang mit Kriegsgefangenen vom 11. Mai 1940, RGBl. 1940 1, Bl. 769.
5 Abschrift des Oberkommandos der Wehrmacht, betr.: „Auflockerung der Bewachung kr. Gef. Franzosen", 3.10.1941, BArch, R 58/272, Bl. 121–123.

Kriegsgefangene" *(prisonniers de guerre transformés)* sein konnten. Dies bedeutete eine formale Entlassung aus der Armee und eine Überführung in den Zivilstatus. Unabhängig von ihrem Status galt die 1939 in Kraft getretenen Verordnung des „verbotenen Umgangs" aber weiterhin für alle Kriegsgefangenen, auch für die „Beurlaubten".[6] Zahlreiche Frauen und Kriegsgefangene wurden wegen dieses Deliktes verurteilt, die französischen Kriegsgefangenen vor Militärgerichten, die Frauen vor Zivilgerichten.

Zentraler Quellentypus dieser Untersuchung sind die Akten aus Prozessen und Ermittlungen gegen deutsche Frauen zum „verbotenen Umgang mit Kriegsgefangenen". Der Fokus liegt auf drei Wehrkreisen: Wehrkreis III (Berlin), Wehrkreis IV (Dresden) und Wehrkreis V (Stuttgart). Insgesamt wurden 1785 Akten ausgewertet.[7] Hinzu kommen zum Abgleich die Akten französischer Kriegsgefangener.[8] Außerdem wurden Interviews mit Kindern aus verbotenen Beziehungen und mit zwei Zeitzeuginnen, die eine Beziehung mit einem französischen Kriegsgefangenen hatten, geführt.

Als Erstes wird der vorliegende Artikel die Besonderheiten der verbotenen Beziehungen mit französischen Kriegsgefangenen beleuchten. Neben französischen zivilen Zwangsarbeitern und -arbeiterinnen befanden sich von 1940 bis 1945 ca. 1 285 000 französische Kriegsgefangene im Reichsgebiet.[9] Für diese Gruppe galten besondere Regelungen sowohl im Vergleich zu ihren zivilen Landsleuten als auch zu Kriegsgefangenen aus anderen Nationen. Sie genossen wegen des Waffenstillstandes und der Kollaboration des französischen Staates einen besonderen Status, auch in den Augen der Bevölkerung.

Ferner werden die strafrechtlichen Konsequenzen vertiefend untersucht. Die Strafzumessungen gegenüber deutschen Frauen wegen „verbotenen Umgangs" mit französischen Kriegsgefangenen werden unter Berücksichtigung folgender Fragen analysiert: Gab es verschärfte Strafen, wenn die Beziehung zur Geburt eines Kindes geführt hatte? Wie wurden die französischen Kriegsgefangenen im

---

6   Siehe Anm. 4.
7   1785 Akten von deutschen Frauen, die mit französischen Kriegsgefangenen Umgang gepflegt haben: 748 Akten für den Wehrkreis III (Landesarchiv Berlin/LAB, Bundesarchiv Berlin-Lichterfelde, Brandenburgisches Landeshauptarchiv Potsdam/BLHA), 453 Akten für den Wehrkreis IV (Sächsisches Staatsarchiv, Staatsarchiv Leipzig/SächsStA-L), 584 Akten für den Wehrkreis V (Landesarchiv Baden-Württemberg).
8   In den Archives Nationales (AN) in Pierrefitte-sur-Seine gibt es insgesamt 21 000 Akten im Register der Gerichtsverfahren betreffend Kriegsgefangene, numerische und alphabetische Reihen siehe: AN Pierrefitte, F/9/2562–2566 und F/9/2795–2798. 66 % (13 966 Fälle) der Straftaten betreffen den „verbotenen Umgang" mit deutschen Frauen. Zum Abgleich mit den deutschen Akten wurden 92 dieser Akten untersucht.
9   Spoerer, Zwangsarbeiter, S. 221.

Vergleich zu den Frauen bestraft? Zuletzt beleuchtet der Artikel die Behandlung ihrer Kinder: Das betrifft die Maßnahmen des NS-Regimes ihnen gegenüber ebenso wie die Frage, wie diese Kinder mit ihrer besonderen deutsch-französischen Identität aufgewachsen sind.

Die besonderen Lebensumstände der französischen Kriegsgefangenen

Die Überrepräsentation der Franzosen bei den Fällen „verbotenen Umgangs" gegenüber anderen Nationalitäten lässt sich dadurch erklären, dass die Gruppe der französischen Kriegsgefangenen die größte Gruppe war, die in Kontakt mit der Bevölkerung kommen konnte. Es waren zwar größere Gruppen von Ausländern im Deutschen Reich anwesend, die jedoch eine viel strengere Behandlung und willkürlichere Repressionen erfuhren, insbesondere was den Umgang mit deutschen Frauen anging.[10]

Gefangene Franzosen im „Dritten Reich"

Die in Deutschland lebenden Franzosen lassen sich in vier Gruppen unterteilen: rund 1 285 000 Kriegsgefangene, davon ungefähr 220 000 „beurlaubte" Kriegsgefangene ab 1943, die 450 000 Zivilarbeiter im Rahmen des *Service du Travail Obligatoire* ab 1943 und zwischen 60 000 und 80 000 Freiwillige (*volontaires français*) die zu Beginn des Krieges angeworben wurden.[11] Diese verschiedenen Status bedeuteten unterschiedliche Behandlung bzw. Lebensbedingungen und je eigene Regeln zum Umgang mit ihnen. Durch den Mangel an Unterkünften waren viele französische Kriegsgefangene nicht nur in Lagern, sondern auch in Schulen, öffentlichen Gebäuden oder im selben Haus wie die Bevölkerung untergebracht.[12] Auch wenn eine Verallgemeinerung unzutreffend wäre, lässt sich beobachten, dass diese räumliche Nähe den Kriegsgefangenen die Möglichkeit gab, direkt und oft Kontakte mit deutschen Frauen zu pflegen, ohne unmittelbar entdeckt zu werden.

---

10 Zu polnischen und sowjetischen Kriegsgefangenen siehe Silke Schneider, Verbotener Umgang. Ausländer und Deutsche im Nationalsozialismus. Diskurse um Sexualität, Moral, Wissen und Strafe, Baden-Baden 2010, S. 186.
11 Zu den *volontaires français* und zum *Service du Travail Obligatoire* siehe Patrice Arnaud, Les STO: histoire des Français requis en Allemagne nazie 1942–1945, Paris 2010, S. 23. Zu Kriegsgefangenen siehe Spoerer, Zwangsarbeiter, S. 221.
12 Als Beispiel siehe Dokument der NSDAP, Gau Berlin, Kreisleitung II Wilmersdorf-Zehlendorf an die Gestapo Berlin, 25. 5. 1944, LAB, A Rep. 358-02/2078 Nr. 4657.

Die Freiheit, über die französische Kriegsgefangene verfügten, ist außergewöhnlich, weil diese für die NS-Führung trotz allem ein militärischer und „rassischer" Feind blieben. Die Franzosen waren „Angehörige nicht-germanischer Völker, mit denen [Deutschland] verbündet" war.[13] Das bedeutet, dass ihre Behandlung korrekt erfolgen musste, aber jeder Umgang mit Deutschen unerwünscht war. Sie blieben Feinde, und insbesondere Beziehungen mit deutschen Frauen waren streng verboten.

Die Rechtsprechung folgte diesem Feindbild aber nicht durchgängig: Das Sondergericht Frankfurt/Oder etwa positionierte sich ab 1942 nachsichtiger gegenüber den sexuellen Beziehungen mit französischen Kriegsgefangenen. Bei diesen sei nicht mehr ein schwerer Fall anzunehmen, weil solche Beziehungen „nicht der Spionage oder der Beihilfe zur Flucht dienen" würden.[14] Manche Richter stellten die Franzosen nicht mehr als Feinde dar, sondern als Alliierte, die mit Deutschland am „neuen Europa" zusammenarbeiten müssten.[15] Bereits seit dem 22. Juni 1940 befanden sich Frankreich und Deutschland nämlich offiziell im Waffenstillstand, und am 16. November 1940 verlieh ein deutsch-französisches Abkommen Frankreich den Status einer Schutzmacht. Zur Verbesserung der Lage der Kriegsgefangenen vor Ort bot die *mission Scapini* eine Betreuung;[16] dazu gehörten z. B. Besuche in Lagern oder Verhandlungen über Freilassungen.

Zudem waren Beziehungen mit französischen Zivilarbeitern aus politischen Gründen nicht gesetzlich verboten. Ein generelles Verbot von Beziehungen konnte nach Ansicht des NS-Regimes die außenpolitischen Beziehungen gefährden.[17] Dieses Argument nutzten viele deutsche Frauen zu ihrer Verteidigung. So sagte Marzella B. aus: Weil sie im Radio gehört habe, dass die Franzosen Seite an Seite mit Deutschland gegen Russland kämpfen, dachte sie, dass es „nicht mehr so schlimm sein kann, wenn man mit französischen Kriegsgefangenen verkehrt".[18]

Der Unterschied zwischen Kriegsgefangenen und Zivilarbeitern war für die Bevölkerung nicht immer eindeutig. Eine Meldung des Sicherheitsdienstes der

---

13 Ulrich Herbert, Fremdarbeiter. Politik und Praxis des „Ausländer-Einsatzes" in der Kriegswirtschaft des Dritten Reiches, Berlin 1985, S. 220.
14 Berichte der OLG-Präsidenten, BArch, R 3001/23238, Bl. 6–10.
15 Urteil von Elisabeth K., Landgericht Konstanz, SächsStA-L, E 356i, Nr. 7963, Bl. 7.
16 Zur *mission Scapini* siehe Raffael Scheck, Love between Enemies. Western Prisoners of War and German Women in World War II, Cambridge 2020, S. 28–33.
17 Schneider, Verbotener Umgang, S. 204; Gwendoline Cicottini, Relations interdites, enfants oubliés? Les relations entre femmes allemandes et prisonniers de guerre français pendant la Seconde Guerre mondiale, Dissertation (unveröffentlicht) an der Aix-Marseille Université 2020, S. 405–411.
18 Akte von Ruth K., Landgericht Karlsruhe, GLAK, 309/2166, Bl. 37.

SS von Dezember 1943 lautete: „Es werde in der Bevölkerung nicht verstanden, warum die Frau, die mit einem kriegsgefangenen Franzosen verkehre, zu einer Zuchthausstrafe verurteilt werden müsse, während eine andere Frau, die mit dessen Bruder, einem Zivilarbeiter, verkehre, straflos bleibe."[19]

Außerdem gab es den Sonderstatus des „beurlaubten" Kriegsgefangenen. Theoretisch waren diese als ehemalige Kriegsgefangene zu betrachten, sie unterlagen also weiterhin der Verordnung zum „verbotenen Umgang", auf der anderen Seite mussten sie wie Zivilarbeiter behandelt werden. Der Kriegsgefangene Maurice D. berichtete: „Als ich in das Zivilarbeiter-Verhältnis umgeschrieben worden bin, [habe ich] einen kleinen grauen Ausweis erhalten, auf dem auf der Rückseite unter Ziffer 5 stand, dass jeder Verkehr mit einer Reichsdeutschen für mich verboten und unter Strafe gestellt ist."[20] Dies verursachte laut den Quellen große Verwirrungen: einerseits bei den deutschen Frauen, die glaubten, der Umgang mit beurlaubten Kriegsgefangenen sei nicht mehr strafbar, andererseits aufseiten der Behörden, z. B. der Polizei während der Ermittlungen oder sogar der Richter bei der Urteilsfindung.

Diese Beispiele spiegeln die Widersprüchlichkeit der NS-Ideologie wider: Die Franzosen galten einerseits als Feinde des Regimes, wurden aber gleichzeitig für das Funktionieren der „Volksgemeinschaft" als Arbeitskräfte und als potenzielle zukünftige Alliierte für das „neue Europa" notwendig erachtet. Diese Kontextualisierung ist entscheidend, um die Kontakte zwischen deutschen Frauen und französischen Kriegsgefangenen besser einordnen zu können.

Orte und Kontexte der verbotenen Treffen

Die Prozess- und Ermittlungsakten bieten einen zum Teil detaillierten Zugang, um die Orte und Kontexte der Treffen zu analysieren, und sie bestätigen die vergleichsweise große Bewegungsfreiheit der französischen Kriegsgefangenen.[21]

67 % des Korpus können eine Liebes- oder sexuelle Beziehung beweisen, und in 145 (von 1785) Fällen wird die Geburt eines gemeinsamen Kindes dokumentiert. Es gab aber auch andere Arten von Umgang, die unter Strafe standen:

---

19 „SD-Berichte zu Inlandsfragen vom 13. Dezember 1943", in: Heinz Boberach (Hrsg.), Meldungen aus dem Reich 1938–1945. Die geheimen Lageberichte des Sicherheitsdienstes der SS, 17 Bde., Herrsching 1984, hier Bd. 15: SD-Berichte zu Inlandsfragen, 13. Dezember 1943 (Gelbe Serie), S. 6139–6147, hier S. 6146.

20 Urteil von Raimunda M., Landgericht Konstanz, Staatsarchiv Freiburg (StAF), D81/1/739, Bl. 44.

21 Diese Argumentation stützt sich auf die in Kapitel 4 der Dissertation vorgestellten Ergebnisse: Cicottini, Relations interdites, enfants oubliés?, S. 203–248.

z. B. freundschaftliche Verhältnisse, Lebensmittelaustausch, Warentausch. Ein großer Teil der Strafverfahren betrifft jedoch die Liebesbeziehungen. Demzufolge fand ein Drittel der Treffen direkt am Arbeitsplatz statt, etwa als diskreter Austausch von Briefen und Zetteln sowie in Form von Treffen in Aborten oder abgelegenen Räumen. In Fabriken oder Firmen waren zum Beispiel die Küchen oder Keller häufig Orte von Begegnungen, während es auf dem Land mehr Möglichkeiten gab: Scheunen, Ställe, Felder usw.

Alle anderen Treffen fanden meist abends, draußen unter freiem Himmel oder in den Wohnungen der deutschen Frauen statt. So berichtet Gertrude K. während eines Interviews, dass sie den Kriegsgefangenen Maurice L. meist im Wald traf. In Warin (bei Schwerin) gab es viele Wälder, die Möglichkeiten für heimliche Verabredungen boten.[22] Im Gegensatz dazu steht das Beispiel von Marcel A., der Edith M. regelmäßig in ihrer eigenen Wohnung besuchte, für die er sogar einen Schlüssel besaß.[23]

Die Treffpunkte belegen die Vielfältigkeit der Beziehungen und gleichzeitig das Risiko, das eingegangen wurde – sei es auf der Arbeit, im ländlichen Raum oder in Städten: Wachmänner, Vorgesetzte oder Mitarbeiter waren potenzielle Augenzeugen und Denunzianten. So gab es zwischen 1940 und 1945 mindestens 14 000 Beziehungen zwischen deutschen Frauen und französischen Kriegsgefangenen, zu denen heute noch eine Strafakte vorliegt.[24]

Strafrechtliche Konsequenzen:
Von einer Geldstrafe über Zuchthaus bis zum Militärgefängnis

„Butterbrot – ein Jahr Gefängnis, Kuss – zwei Jahre Gefängnis, Geschlechtsverkehr – Kopf ab!" Dies soll der Kölner Landgerichtspräsident Walter Müller deutschen Frauen verkündet haben, die „verbotenen Umgang" zu Kriegsgefangenen pflegten.[25] Die untersuchten Quellen überliefern aber ein viel breiteres Spektrum an Strafen. Sie waren zwar streng, wenn es sich um ein Liebesverhältnis handelte, blieben aber weit entfernt von den Empfehlungen des Kölner Landgerichtspräsidenten. Wie lassen sich die unterschiedlichen Sanktionen von der Geldstrafe bis zur mehrjährigen Zuchthausstrafe beschreiben?

22 Interview mit Gertrude K., Warnemünde, 20. 9. 2017.
23 Akte von Edith M., Sondergericht Jena, SächsStA-L, 20036/9162.
24 Siehe Anm. 8.
25 Zitiert in: Michael Löffelsender, Strafjustiz an der Heimatfront. Die strafrechtliche Verfolgung von Frauen und Jugendlichen im Oberlandesgerichtsbezirk Köln, 1939–1945, Tübingen 2012, S. 296.

Verurteilungen deutscher Frauen wegen „verbotenen Umgangs" mit französischen Kriegsgefangenen

Die Ergebnisse der oben genannten Untersuchung von Thierack aus dem Jahr 1942[26] sind deshalb so wertvoll, weil sie einen quantitativen Überblick (4622 Verurteilungen innerhalb von neun Monaten) und einen qualitativen Überblick über jeden Oberlandesgerichtsbezirk ermöglichen. Am 1. März 1943 erschien ein Richterbrief zum Thema „verbotener Umgang mit Kriegsgefangenen". Am Beispiel von Urteilen aus dem Jahr 1942 versuchte dieser, die jeweiligen Strafen nach verschiedenen Handlungen des „verbotenen Umgangs" zu klassifizieren. Die Stellungnahme des Reichsjustizministers war stark auf die Entscheidung des Richters ausgerichtet, der „in jedem Einzelfall" erkennen sollte, ob die Tat den „Schutz der Wehrkraft und Sicherheit des Reiches" oder „die Reinheit des Blutes des deutschen Volkes" verletzte oder ob sie lediglich „menschliche Schwäche" war.[27]

Urteile gegen deutsche Frauen wegen „verbotenen Umgangs" mit französischen Kriegsgefangenen in den Wehrkreisen III, IV, V nach Strafen und Handlungen zwischen 1940 und 1945[28] (Tabelle von der Autorin erstellt)

Strafen	Gesamt (1785)	%	Fälle mit Geschlechtsverkehr (908)	%	Fälle mit einem Kind (141)	%
Freigesprochen	12	0,6	4	0,4	1	0,7
Geldstrafe	54	3	1	0,1	0	0
Gefängnis	758	42,5	316	34	60	42
Im Durchschnitt (Monate)	7,4		10,5		9,9	
Zuchthaus	574	32	475	52	68	48
Im Durchschnitt (Monate)	23,4		23,5		22	
Jugendarrest	17	1	10	1,1	2	1,5
Unbekannt	370	20	106	11,6	11	7

26 BArch, R 3001/20066.
27 Heinz Boberach, Richterbriefe. Dokumente zur Beeinflussung der deutschen Rechtsprechung 1942–1944, Boppard am Rhein 1975, S. 81–95, hier S. 88.
28 In dem untersuchten Korpus gab es keine Fälle, die sich auf eine Inhaftierung in KZ beziehen. Dennoch gibt es Hinweise darauf, dass mehr als einhundert Frauen wegen „Verkehrs mit Franzosen" im KZ Ravensbrück inhaftiert waren. Siehe Auszug aus den Personendatenbanken der Mahn- und Gedenkstätte Ravensbrück.

Der Quellenkorpus aus den drei Wehrkreisen zeigt, dass die deutschen Frauen im Durchschnitt zu 7,4 Monaten Gefängnis (42 %) oder zu 2 Jahren Zuchthaus (32 %) verurteilt wurden. Für die Beziehungen mit einem sexuellen Verhältnis fielen die Strafen im Durchschnitt etwas höher aus: 10 Monate Gefängnis (34 %) bzw. 2 Jahre Zuchthaus (52 %). Das Strafmaß hing von der „Schwere" der Tat ab, die jeweils als ein „schwerer Fall" oder „kein schwerer Fall" eingeordnet wurde. Als ein Kriterium für die „Schwere" der Tat galt Geschlechtsverkehr, der im Allgemeinen, jedoch nicht immer, die Strafe verschärfte. So lautete das Urteil im Strafverfahren gegen Edith V. auf 18 Monate Zuchthaus und „zwar in einem besonders schweren Fall, da es sich um die unwürdigste Art dieses Umganges, den Geschlechtsverkehr handelt".[29]

Dennoch konnten auch Fälle, die mit Intimverkehr verbunden waren, als „nicht schwerer Fall" eingeordnet werden, wenn es mildernde Umstände gab. Editha S. beispielsweise erhielt für eine Beziehung mit einem französischen Kriegsgefangenen eine Strafe von zwei Monaten Gefängnis.[30] Dabei wurden der Angeklagten mehrere Umstände zugute gehalten: der „gute Leumund" im Heimatort, die Tatsache, dass sie „unbescholten und unbestraft" war, der „gute Eindruck", den sie hinterlassen, und dass sie ihre Tat gleich gestanden hatte.

Wie aber fiel das Strafmaß in den Fällen aus, in denen aus der Beziehung ein Kind hervorgegangen ist? Die „Reinheit des Blutes des deutschen Volkes", ein Kriterium für die „Schwere" der Tat, wäre hier am stärksten betroffen. Dennoch war die Zeugung eines Kindes nicht mit einem härteren Urteil verbunden. Das Strafmaß war im Durchschnitt sogar etwas milder als bei Strafen für Geschlechtsverkehr, aus dem kein Kind hervorging. Bei den nur für Geschlechtsverkehr verurteilten Frauen (908) wurden zu etwa 35 % Gefängnisstrafen und zu 52 % Zuchthausstrafen verhängt, mit einer durchschnittlichen Länge von 10,5 bzw. 23,5 Monaten.[31] Von den 141 Frauen, die ein oder zwei Kinder aus der Beziehung mit einem Kriegsgefangenen geboren haben, wurden 42 % zu einer Gefängnisstrafe und 48 % zu einer Zuchthausstrafe verurteilt, mit einer durchschnittlichen Länge von 9,9 bzw. 22 Monaten. Was die Strafe verschärfte, war also hauptsächlich die Tatsache, dass eine sexuelle Beziehung stattgefunden hatte.

Im Fall von Agnes D. zum Beispiel stellten die Richter fest, dass die Schwangerschaft für sie selbst eine Belastung darstelle und dass eine höhere Strafe deshalb nicht notwendig sei. Tatsächlich verbüßte sie eine achtmonatige Gefängnis-

---

29 Akte von Edith V., Landgericht Berlin, BLHA, Rep. 12C Landgericht Berlin II, Nr. 7109, Bl. 32.
30 Akte von Editha S., Sondergericht Frankfurt/Oder, BLHA, Rep. 12C Landgericht Berlin II, Nr. 1449, Bl. 22.
31 Siehe Tabelle.

strafe. Das Gericht stellte fest, dass sie, indem sie das Kind eines französischen Kriegsgefangenen zur Welt gebracht hatte, bereits sichtbar das Stigma dieser verbotenen Beziehung trage.[32]

Prozesse gegen französische Kriegsgefangene vor dem Militärgericht wegen „Ungehorsams"

Die französischen Kriegsgefangenen wurden wegen „Ungehorsams" gemäß § 92 Militärstrafgesetzbuch (MStGB) verurteilt. Für sie waren Militärgerichte zuständig. Im Durchschnitt bekamen sie eine Strafe von zwei Jahren und zwei Monaten Militärgefängnis.[33] In einer Vergleichsstichprobe[34] betrafen 13 Fälle eine Beziehung, in der ein Kind geboren wurde. Im Durchschnitt waren die Strafen für die Väter etwas härter (2,5 Jahre). So galt im Fall von Roger B. zum Beispiel der Umstand, dass „der Geschlechtsverkehr ferner nicht ohne Folgen geblieben ist", als „strafschärfend".[35] Dennoch schweigt in mehr als der Hälfte der Fälle (8) die Akte über das mögliche Kind. Die Vorwürfe richteten sich in erster Linie auf die geschlechtlichen Handlungen.

Ein außergewöhnlicher Fall war der von Paul B., der ein Verhältnis zu Ilse B. unterhielt.[36] Beide wurden 1942 bei der Gestapo denunziert. Paul B. erhielt dafür im Januar 1943 eine Disziplinarstrafe von 21 Tagen verschärftem Arrest. Dennoch wurde im Juni 1943 erneut Anklage gegen ihn erhoben. Währenddessen verbüßte Ilse B. seit dem Frühjahr 1943 ihre Strafe im Gefängnis, bis sie vier Monate später entlassen wurde, sehr wahrscheinlich für die Entbindung ihres Kindes.[37] Dank der Zeitzeugenaussage von Ilse B. ist heute klar, dass der Kriegsgefangene der Kindsvater war. Dies gab auch ihr Ehemann in seiner Aussage an. Doch die Richter schenkten dem Ehemann keinen Glauben und befanden, dass es keinen Beweis dafür gebe, dass Paul B. der Vater des Kindes war. Das Gericht stellte das Verfahren mangels Beweisen, und weil Paul B. schon eine Disziplinarstrafe verbüßt hatte, schließlich ein.[38] Dieses Beispiel legt einerseits die Pluralität der Bestrafungen wegen „verbotenen Umgangs" dar. Andererseits erfolgte eine Disziplinarstrafe auch ohne Strafverfahren und ist dementsprechend schwieriger

---

32 Urteil von Agnes D., Landgericht Ravensburg, SächsStA-L, E356i, Nr. 5223.
33 Diese Zahlen beziehen sich auf die Gesamtzahl der Fälle sowie auf die gesamte Bandbreite „verbotenen Umgangs" in den Wehrkreisen III, IV, V (3394 Fälle).
34 Siehe Anm. 8.
35 Akte von Roger B., AN Pierrefitte, F/9/2364, Nr. 4759.
36 Interview mit Ilse B., Potsdam, 31. 3. 2019.
37 Dies bleibt eine Vermutung, da Ilse B.s Akte nicht im Archiv gefunden werden konnte.
38 Akte von Paul B., AN Pierrefitte, F/9/2500, Nr. 9233.

in den Quellen nachzuvollziehen. Außerdem zeigt dieser Fall, so überraschend dies sein mag, dass das „verbotene" Kind trotz des Prozesses nicht von der NS-Justiz als solches erkannt worden ist. Man kann also davon ausgehen, dass solche Beziehungen und die daraus hervorgegangenen Kinder ein viel breiteres Phänomen gewesen sein dürften.

Unerwünschte deutsch-französische Kinder?

Das Stigma des „verbotenen Umgangs" betraf aber nicht nur die Paare, sondern auch die Kinder. Einerseits als uneheliche Kinder, andererseits als Kinder eines als Feind betrachteten Vaters. Was passierte mit ihnen? Wie reagierte das NS-Regime auf diese Geburten?

Behandlung der werdenden Mütter und ihrer Kinder während des Krieges

In den untersuchten Quellen werden 145 Kinder von französischen Vätern genannt, dennoch liefern diese Akten nur bruchstückhafte Informationen.[39] Die Dokumente enthalten entweder Informationen zur Geburt des Kindes, den Kosten der Geburt, der Unterbrechung der Haft oder der Identität bzw. Nationalität des Vaters.

Manche der im Raum Berlin–Brandenburg verurteilten Frauen wurden zur Entbindung in das Frauengefängnis Barnimstraße eingeliefert, da sich dort eine Mutter-Kind-Gefängniszelle befand. Andere erhielten wegen der Geburt eine Haftunterbrechung, so wie Martha S., die zwei Monate nach der Geburt den Rest der Strafe antrat.[40] Fragen nach den Entbindungskosten waren direkt mit der Identität des Vaters verknüpft, weil diese zur Kostenerstattung herangezogen werden konnten. Viele deutsche Frauen gaben aber, so wie Katharina S., einen „unbekannten deutschen Soldaten" an. Im Laufe des Prozesses gestand sie jedoch, dass das Kind von einem französischen Kriegsgefangenen war.[41] Aus Angst vor einer schärferen Bestrafung verschwiegen manche Frauen zunächst die Nationalität des Vaters.[42]

---

39 Schätzungen zur Anzahl von Kindern französischer Kriegsgefangener in Deutschland gibt es noch nicht. Zur Schätzung der Anzahl der „Kinder des Krieges" in der französischen Forschung (von 68 372 bis 203 350) siehe Fabrice Virgili, Naître ennemi. Les enfants de couples franco-allemands nés pendant la Seconde Guerre mondiale, Paris 2009, S. 187.
40 Akte von Martha S., Sondergericht Dresden, SächsStA-L, 20036/9651, Bl. 14.
41 Akte von Katharina S., Landgericht Offenburg, StAF, A 43/1/601.
42 Als Beispiele siehe StAF, B18/4/278; StAF, A 43/1/980; SächsStA-L, E356i, Nr. 5081.

Anschreiben Vaterschaftsanerkennung von André P., 2. August 1944
Private Sammlung, Lutz W., Leipzig

Lutz W. und seine Mutter, Leipzig, ca. 1947
Private Sammlung, Lutz W., Leipzig

Trotz Verbot bekundeten einige Väter ihre Bereitschaft, sich um ihr Kind zu kümmern. André P. beispielsweise, beurlaubter französischer Kriegsgefangener, hatte schon im August 1944 sein Kind, Lutz W., beim Jugendamt Leipzig anerkannt.

Dieser Fall blieb einzigartig. André P. war nicht nur in der Lage, das Anschreiben offiziell einzureichen, er und seine Partnerin hatten auch keine Probleme mit der Gestapo oder der NS-Justiz. Der Sohn Lutz W. vertraute seiner Gesprächspartnerin in einem Interview an, dass seine Mutter immer wieder erzählte, wie ihn sein Vater sein „Püppchen" genannt hat.[43]

In den meisten Fällen galten die Kinder jedoch als sichtbare „Schande" für ihre angeklagten Mütter. Deshalb verschwiegen und versteckten die Kinder ihre Doppelidentität häufig, sodass es heute schwierig ist, ihr Schicksal nachzuverfolgen.

---

43 Interview mit Lutz W., Leipzig, 13. 12. 2016.

Nachkriegsfolgen: Der Fall der repatriierten Kinder

Nach dem Zweiten Weltkrieg waren Kinder deutscher Frauen und französischer Kriegsgefangener nicht die einzigen Kinder mit ausländischen Vätern in Deutschland.[44] Sie gehörten zur größeren Gruppe der „Kinder des Krieges":[45] Kinder, die während des Krieges als Kinder deutscher Wehrmachtssoldaten,[46] aber auch infolge des Krieges geboren wurden, wie die „Besatzungskinder" der Alliierten.[47] Die französische Regierung hat die Kinder französischer Besatzungssoldaten oft nach Frankreich gebracht. Der Grund war die *politique populationniste*, deren Ziel eine wachsende Bevölkerung war.[48] Für die Regierung hatte das Bevölkerungswachstum hohe Priorität, daher richtete sie ab 1945 *pouponnières* (Kinderkrippen) ein, um Kinder französischer Väter zentral zu sammeln und in Frankreich zur Adoption freizugeben.[49] Diese Maßnahmen betrafen vor allem Kinder der französischen Besatzungssoldaten. Trotzdem waren auch die anderen „deutsch-französischen" Kinder, die im Krieg geboren waren, davon betroffen.

Um diese Kinder zu finden, gab die französische Regierung vor, den deutschen Müttern finanzielle Unterstützung zu zahlen. Die Zeitzeugin Gertrude K. machte mit ihrer Tochter Barbara selbst diese Erfahrung. Barbara K. wurde im Oktober 1945 als Tochter eines französischen Kriegsgefangenen geboren. Einige Jahre später stellte Gertrude K. einen Antrag auf finanzielle Unterstützung an die französische Regierung. Von dem Tag, als sie sich persönlich im Amt vorstellte, berichtet sie: „Jedenfalls haben sie mich als Erstes gefragt, wo das Kind war? Wo das Kind ist? Barbara wollten sie verschicken. Zu … Ja, und [ich] hätte

---

44 Siehe Michael Kvaniscka/Dirk Bethmann, World War II, Missing Men, and Out-of-Wedlock Childbearing, Berlin 2007, S. 1–37.
45 Zum Begriff siehe Ebba Drolshagen, Besatzungskinder und Wehrmachtskinder. Germany's War Children, in: Kjersti Ericsson/Eva Simonsen (Hrsg.), Children of World War II. The Hidden Enemy Legacy, London 2005, S. 229–248.
46 Siehe Virgili, Naître ennemi; Ebba Drolshagen, Wehrmachtskinder. Auf der Suche nach dem nie gekannten Vater, München 2005.
47 Siehe Silke Satjukow/Rainer Gries, „Bankerte!" Besatzungskinder in Deutschland nach 1945, Frankfurt a. M. 2015; siehe das Forschungsprojekt „Children Born of War – Past, Present, Future" im Rahmen eines H2020 Marie Curie Projektes (ITN). Mehrere größere Studien zum Thema Besatzungskinder sind in Vorbereitung.
48 Siehe Paul-André Rosental, L'intelligence démographique. Sciences et politiques des populations en France (1930–1960), Paris 2003.
49 Diese Pouponnières erinnern an die Methoden der Lebensborn, eine eugenische Sortierung wird durchgeführt. Mehr zum Thema: Satjukow/Gries, „Bankerte!", S. 159–177; Yves Denéchère, Des adoptions d'Etat: les enfants de l'occupation française en Allemagne, 1945–1952, in: Revue d'Histoire Moderne et Contemporaine 2 (2010) 57/2, S. 159–179.

[…] sie nie wiedergesehen."⁵⁰ Manche „Kinder der Schande" sind auf diese Weise nach Frankreich gebracht worden. Solche Informationen finden sich jedoch nur in den Aussagen von Betroffenen.

Von Archiven zu Zeugenaussagen: Die Kinder des Krieges heute

Seit den 2000er-Jahren besteht ein besonderes Interesse an der Geschichte der deutsch-französischen Kinder des Krieges, und seit 2005 bzw. 2006 gibt es zwei Vereine, die sich um diese Kinder kümmern: *Cœurs Sans Frontières/Herzen ohne Grenzen* und *Amicale Nationale des Enfants de la Guerre* (ANEG). Ihr Ziel ist es vor allem, all jenen, die ähnliche Erfahrungen gemacht haben, einen „Raum zur Aussprache" zu bieten. Interviews mit Kindern des Krieges haben gezeigt, dass ihr Leben seit der Kindheit von Einsamkeit bestimmt war und dass das Interesse an ihrer Herkunft im eigenen Umfeld oft gering war. Die Verbände haben einen Rahmen geschaffen, um ohne Schamgefühl über derartige Themen sprechen zu können. Die Kinder des Krieges haben mehr und mehr das Bedürfnis und den Wunsch, ihre Geschichte und Erfahrung zu vermitteln, und inzwischen sind sie auch für die historische Forschung von Interesse.⁵¹

Die Aussagen der in Deutschland geborenen Kinder aus verbotenen Beziehungen zeigen im Gegensatz zu den „Wehrmachtskindern" in Frankreich, dass die Stigmatisierung unterschiedlich erfolgte. Sie wurden stigmatisiert, weil sie uneheliche Kinder waren, weil sie ohne Vater aufgewachsen waren, aber nicht unbedingt, weil der Vater „Franzose" war. In Frankreich wiederum trugen die *„Enfants de Boches"* das Stigma des deutschen Feindes, der Frankreich im Zweiten Weltkrieg besetzt hatte. Anders als diese berichtete Lutz W., dass er unter seiner Herkunft nicht gelitten habe. Selbst wenn es „ein bisschen unter der Decke gehalten" wurde, wusste er immer, dass er einen französischen Vater hatte, und er teilte „stolz" mit, französischer Herkunft zu sein. Nach vielen Jahren erfolgloser Suche traf er 1987 zum ersten Mal seine französische Familie, die ihn und seine Frau Monika „mit sehr offenen Herzen"⁵² aufnahm. Ingrid K. entdeckte erst in der Pubertät, dass ihr leiblicher Vater ein französischer Kriegsgefangener war.⁵³

---

50 Interview mit Gertrude K., Warnemünde, 20. 9. 2017.
51 Siehe Virgili, Naître ennemi; Jean-Paul Picaper/Ludwig Norz, Die Kinder der Schande, München 2005; Gwendoline Cicottini, Les enfants illégitimes de la Seconde Guerre mondiale: le cas des enfants allemands nés de père français, Masterarbeit (unveröffentlicht) an der Aix-Marseille Université 2015.
52 Interview mit Lutz W., Leipzig, 13. 12. 2016.
53 Ingrid K. ist die früher erwähnte Tochter von Ilse B. und Paul B. Siehe Akte von Roger B., AN Pierrefitte, F/9/2364, Nr. 4759.

Für sie war es damals eine Erleichterung, dass sie nur „halb Deutsche" war, denn so fühlte sie sich auch nur „halb schuld" an den Verbrechen des Holocaust.[54] Im Prisma einer Vergangenheit, die für Ingrid K.s Generation besonders schwer zu ertragen war, erwies sich ihre Herkunft als Vorteil. Eine Reaktion wie bei Ingrid K. ist nicht selten, und das Schuldgefühl kehrt als Leitmotiv in den Geschichten der Kinder des Krieges immer wieder zurück.

Zudem entdeckten die Kinder des Krieges ihre Identität oft sehr spät, so wie Rainer S., der erst im Alter von 70 Jahren von seiner Herkunft erfuhr.[55] 2017 meldeten sich seine französischen Halbgeschwister bei ihm und erzählten, dass ihr Vater ein Kind in Deutschland gehabt habe. Fotos und Briefe der Mutter von Rainer S. bestätigten diese Behauptungen, ebenso ein 2019 durchgeführter DNA-Test.[56] Rainer S. hatte weder von seiner Mutter noch von seinem nicht-leiblichen Vater je etwas davon erfahren.

Diese wenigen Beispiele sollten nicht verallgemeinert werden. Jedes Kind des Krieges hat eine einzigartige Geschichte. Die Quellen bleiben sporadisch, Zeitzeugenaussagen selten. Die Berichte der Kinder des Krieges sind jedoch sehr erhellend, weil sie die Geschichte ihrer Eltern sowie die eigenen Erfahrungen anschaulich vermitteln.

Abschließend lässt sich festhalten: Die untersuchte Stichprobe zeigt, dass die deutschen Frauen, die ein Kind von einem französischen Kriegsgefangenen bekamen, bezeichnenderweise nicht härter bestraft wurden als die Frauen, deren Sexualkontakte ohne Folgen blieben. Dies hatte mehrere Gründe: Die angeklagten Frauen konnten die Identität des Vaters verheimlichen oder infrage stellen, indem sie ihren Ehemann oder einen „unbekannten deutschen Soldaten" angaben. Oder das „Kind der Schande" wurde sogar strafmildernd ausgelegt.[57]

Dies belegt die Besonderheit der Behandlung französischer Kriegsgefangener. Gemäß der NS-Rassenideologie wollten die Behörden keine „Rassenmischung" mit Franzosen. Zugleich aber war ein konfliktfreies Auskommen mit diesen Arbeitskräften erwünscht. In der Praxis setzten sich zahlreiche Personen über das Umgangsverbot hinweg und bauten Kontakte zueinander auf. Im Vergleich erhielten Franzosen zudem milde Urteile, ganz anders etwa als Zwangsarbeiter aus der Sowjetunion und Polen, die oft schon aufgrund des bloßen Verdachts auf „verbotenen Umgang" zum Tode verurteilt wurden.[58]

---

54 Interview mit Ingrid K., Hamburg, 2. 5. 2019.
55 Interview mit Rainer S., Potsdam, 26. 6. 2017.
56 E-Mail von Rainer S. am 3. 4. 2020.
57 Siehe Urteil von Agnes D., Landgericht Ravensburg, SächsStA-L, E356i, Nr. 5223.
58 Schneider, Verbotener Umgang, S. 205.

Das Schicksal der Kinder zeigt: Sie waren die Folge von Beziehungen, die gerichtlich geahndet wurden und in denen die Eltern Opfer waren. Neben der gerichtlichen Suche nach der Abstammung des Vaters und der „Jagd nach Kindern" durch die französische Besatzungsregierung ist es die Suche nach der Identität des Vaters, die diese Kinder beschäftigt – ihr Leben lang oder ab dem Zeitpunkt, als sie davon erfahren haben.

Das Verbrechen des „verbotenen Umgangs", das fester Bestandteil der nationalsozialistischen Ideologie war, ist ein Indiz für die umfassende Kontrolle des Privatlebens durch das nationalsozialistische Regime. Gleichzeitig symbolisiert es jedoch eine Schwachstelle: die Widersprüche zwischen nationalstaatlichem Anspruch und individuellem Handeln. Trotz aller Gesetze und Repressionen konnte der nationalsozialistische Staat nicht verhindern, dass sich mindestens 14 000 deutsch-französische Paare bildeten.[59]

---

59 Mit Blick auf die Akten in den Archives Nationales (siehe Anm. 8), die Untererfassung durch verlorene Akten und Disziplinarstrafen, sowie die Dunkelziffer.

Kapitel 3: Haftorte

LENA HAASE · BEATE WELTER

„Als Einzelgänger eindeutschungsfähig"[1]

Zur Praxis des „Wiedereindeutschungsverfahrens" im SS-Sonderlager Hinzert

„In zahlreichen Fällen wurde festgestellt, daß polnische Zivilarbeiter, die wegen unerlaubten Geschlechtsverkehres zur Sonderbehandlung vorgeschlagen worden sind, nordischen Rasseeinschlag aufweisen, gut aussehen und auch charakterlich sehr günstig beurteilt werden. Derartige Personen eignen sich unter Umständen für eine Eindeutschung."[2]

Mit dem sogenannten Polen-Erlass vom 8. März 1940 war polnischen Zivilarbeitern und Kriegsgefangenen der „Umgang" mit deutschen Frauen und Mädchen unter Androhung der Todesstrafe verboten worden.[3] Um jedoch die seit 1939 geführte Suche nach „gutem Blut" auch unter den wegen eines Umgangsdeliktes zur „Sonderbehandlung" vorgesehenen Männern fortzuführen, sollten diese einem dreistufigen Bewährungs- und Prüfungsverfahren – dem sogenannten Wiedereindeutschungsverfahren (WED-Verfahren) – unterzogen werden.

Wiedereindeutschung – Die Suche nach dem „guten Blut"

Bereits unmittelbar nach der Besetzung Polens wurden Versuche unternommen, dort „deutschblütige" Menschen ausfindig zu machen. Koordinierungszentrale der nationalsozialistischen Rassenpolitik war das Rasse- und Siedlungshauptamt

---

1 Übliche vom Rasse- und Siedlungshauptamt (RuSHA) verwendete Formulierung, die nach der „rassischen Überprüfung" des Betroffenen zur Überstellung in das SS-Sonderlager Hinzert führte. Die Eindeutschungsfähigkeit des Einzelnen wurde demnach zunächst „vorbehaltlich der positiven Sippenbeurteilung" angenommen.
2 Schnellbrief des Reichsführers-SS vom 5. Juli 1941, 2.2.0/82385195-82385199/ITS Digital Archive, Arolsen Archives.
3 Ulrich Herbert, Fremdarbeiter. Politik und Praxis des „Ausländer-Einsatzes" in der Kriegswirtschaft des Dritten Reiches, Bonn 1999, S. 89.

der SS (RuSHA).[4] Etwa 500 sogenannte Rasseexperten waren dort während des Krieges mit der Auslese und Überprüfung von Personen auf ihre Eignung zur Eindeutschungsfähigkeit beschäftigt. Die zur Eindeutschung Vorgesehenen wurden dann in das Deutsche Reich umgesiedelt. Umgesetzt wurde diese Bevölkerungspolitik mittels der am 28. Oktober 1939 zunächst für den Warthegau eingeführten „Deutschen Volksliste"[5] (DVL). In dieser Liste wurden sowohl im Ausland lebende und aus dem Ausland über die Einwandererzentralstelle (EWZ) zurückkehrende Volksdeutsche – mit Einstufung in die Gruppen 1 und 2 – als auch polnische (mit fortschreitender Besetzung auch ukrainische und russische) Staatsangehörige mit potenziell deutscher Abstammung – in die Gruppen 3 und 4 – aufgenommen. Das Reichsministerium des Innern legte in einem Erlass vom 25. November 1939 eine verbindliche Regelung zur Klärung der Volkszugehörigkeit im Wartheland fest. Mit Verweis auf einen entsprechenden Erlass für das Gebiet der ehemaligen Tschechischen Republik vom 29. März 1939 hieß es nun: „Deutscher Volkzugehörigkeit ist, wer sich selbst als Angehöriger des deutschen Volkes bekennt, sofern dieses Bekenntnis durch bestimmte Tatsachen wie Sprache, Erziehung, Kultur usw. bestätigt wird."[6]

Bei Unklarheiten bezüglich der genannten Kriterien sollte schlussendlich entscheidend sein, ob der Antragsteller „einen erwünschten Bevölkerungszuwachs"[7] darstelle. Besonders an dieser letzten Bestimmung machte sich der Unmut Heinrich Himmlers fest, da keinerlei rassische Kriterien in die Bewertung einzufließen schienen. Erst mit seinem Erlass vom 12. September 1940 bzw. der zugehörigen Durchführungsverordnung vom 13. März 1941 wurde die Aufnahme in die „Deutsche Volksliste" enger an die „rassische Eignung" geknüpft, sodass nur noch aufgenommen werden konnte, gegen wen „keine Bedenken in rassischer Hinsicht bestehen".[8] Die Interessenskonflikte zwischen der DVL und dem Rasse- und Siedlungshauptamt in der Frage des Stellenwertes der rassischen Zugehörigkeit in Bezug auf die allgemeine Volkstums- und Germanisierungspolitik in den besetzten Gebieten Osteuropas konnten nicht beigelegt werden.[9]

---

4   Vgl. zum RuSHA: Isabel Heinemann, „Rasse, Siedlung, deutsches Blut". Das Rasse- und Siedlungshauptamt der SS und die rassenpolitische Neuordnung Europas, Göttingen 2003.
5   Zur Deutschen Volksliste vgl. Gerhard Wolf, Deutsche Volksliste, in: Michael Fahlbusch u. a. (Hrsg.), Handbuch der völkischen Wissenschaften. Akteure, Netzwerke, Forschungsprogramme, Teilband 1, 2. Aufl., München 2017, S. 998–1006.
6   Ebenda, S. 998.
7   Ebenda.
8   Erlass vom 4. März 1941, zitiert nach: Heinemann, „Rasse, Sidung, deutsches Blut", S. 265.
9   Wolf, Deutsche Volksliste, S. 1002 f.

Lediglich bei einer kleinen Gruppe, auf die er alleinigen Zugriff hatte, konnte Heinrich Himmler seine Vorstellung, ausschließlich rassische Kriterien zur Eindeutschung anzuwenden, durchsetzen: den wegen „verbotenen Umgangs" mit einer deutschen Frau verhafteten Männern ursprünglich polnischen, ukrainischen oder tschechischen „Volkstums" mit polnischer Staatsangehörigkeit. „War der Fall des strikt verbotenen Geschlechtsverkehrs zwischen Deutschen und ‚Fremdvölkischen' eingetreten, so rückte Himmler auch hier von der ursprünglich ausnahmslos vorgesehenen rigorosen Bestrafung ab und ordnete ein differenziertes Verfahren an, das von einem ‚rassischen' Befund des involvierten ‚Fremdvölkischen' ausging und sicherstellen sollte, dass kein ‚wertvolles' Blut verloren ging."[10]

„Verbotener Umgang"

Dem Erlass zur „Sonderbehandlung der im Reich eingesetzten polnischen Kriegsgefangenen und Zivilarbeiter" zufolge, den Heinrich Himmler am 5. Juli 1941[11] verfügt hatte, sollten „polnische Zivilarbeiter, die wegen unerlaubten Geschlechtsverkehres zur Sonderbehandlung vorgeschlagen worden sind, [jedoch] nordischen Rasseeinschlag aufweisen, gut aussehen und auch charakterlich sehr günstig beurteilt werden", auf ihre Eindeutschungsfähigkeit überprüft werden. Fortan sollte „vor Einreichung des Sonderbehandlungs-Vorschlages"[12] eine umfassende rassische Begutachtung durchgeführt werden, die von der für die Exekution zuständigen Staatspolizeistelle zu beantragen und von den entsprechenden Rasseexperten im RuSHA durchzuführen war. Die ausgefertigten Gutachten sollten Aussagen zu „Rasse", Körpergröße, Körperbau sowie Haut-, Augen- und Haarfarbe machen und – falls vorhanden – hervorstechende Merkmale beschreiben.

Neben der Sanktionierung des „verbotenen Umgangs" mit „Sonderbehandlung" für den betroffenen Mann sollte auch die Frau einer harten Bestrafung unterzogen und in das Frauen-Konzentrationslager Ravensbrück überstellt werden.[13] Da mit der Möglichkeit zur (Wieder-)Eindeutschung des beschuldigten

---

10 Peter Longerich, Heinrich Himmler. Biographie, München 2008, S. 613.
11 Schnellbrief des Reichsführers-SS vom 5. Juli 1941, 2.2.0/82385195-82385199/ITS Digital Archive, Arolsen Archives.
12 Schnellbrief [5. Juli 1941], 2.2.0/82385196/ITS Digital Archive, Arolsen Archives.
13 Vgl. dazu auch: Insa Eschebach, „Verkehr mit Fremdvölkischen". Die Gruppe der wegen „verbotenen Umgangs" im KZ Ravensbrück inhaftierten Frauen, in: dies. (Hrsg.), Das Frauen-Konzentrationslager Ravensbrück. Neue Beiträge zur Geschichte und Nachgeschichte, Berlin 2014, S. 154–173.

Mannes auch die Frau bei einem positiven Verfahrens- und Begutachtungsabschluss auf Straffreiheit hoffen konnte, wurde am 10. März 1942 in einem erneuten Erlass des Reichsführers-SS verfügt:

> „In Fällen, in denen bei erwiesenem Geschlechtsverkehr polnischer Kriegsgefangener oder Zivilarbeiter mit deutschen Frauen und Mädchen beiden Teilen hinsichtlich ihrer sonstigen Führung ein gutes Zeugnis ausgestellt ist, diese rassisch einigermaßen gut beurteilt werden, der Fremdvölkische eingedeutscht werden möchte und er das deutsche Mädchen heiraten will, ist kein Strafverfahren gegen das beschuldigte Mädchen einzuleiten. Wegen der Haftfrage ist in jedem Fall die Entscheidung des Reichsführers-SS einzuholen."[14]

Im Falle einer positiven Bilanz des Wiedereindeutschungsverfahrens sollten schließlich die Haftentlassung des Mannes und die „weiteren hinsichtlich der Eindeutschung zu treffenden Maßnahmen" erfolgen – „[b]ei negativem Ausfall ist wie üblich Sonderbehandlungsvorschlag [...] vorzulegen".[15]

Bemerkenswert ist hier die Aussage „wenn der Fremdvölkische eingedeutscht werden möchte". Welchen Stellenwert diese vermeintliche Freiwilligkeit zur Aufnahme in das WED-Verfahren tatsächlich hatte, muss noch geklärt werden. Im Erlass vom Februar 1943 ist darüber kein Wort mehr zu finden. Dort heißt es, dass „in Zukunft eindeutschungsfähige Polen und sonstige Fremdvölkische aus dem Osten, die mit deutschen Frauen oder Mädchen Geschlechtsverkehr unterhalten haben und eingedeutscht werden sollen, für die Dauer von sechs Monaten in eine beim Sonderlager Hinzert eingerichtete Abteilung für Wiedereindeutschungsfähige einzuweisen sind".[16]

Das (Wieder-)Eindeutschungsverfahren

In das (Wieder-)Eindeutschungsverfahren waren einbezogen: der Höhere SS- und Polizeiführer des Gebietes, in dem der „verbotene Umgang" stattgefunden hatte, das Reichssicherheitshauptamt (RSHA), das Rasse-und Siedlungshauptamt (RuSHA) sowie der Reichskommissar für die Festigung des deutschen Volkstums. Beschloss die für die Strafverfolgung des „Umgangsdeliktes" örtlich zuständige

---

14 Schnellbrief des Reichsführers-SS vom 10. März 1942, 2.2.0/82385240-82385242/ITS Digital Archive, Arolsen Archives.
15 Ebenda.
16 Erlass vom 20. Februar 1943, Stadtarchiv Nürnberg, Bestand Ankl. Umdr. Deutsch, Nr. 3271-NO.

Staatspolizeistelle, für den betroffenen Polen einen Antrag auf Prüfung zur Übernahme in das WED-Verfahren zu stellen, so ordnete der zuständige Höhere SS- und Polizeiführer gegenüber dem RuSHA das dreistufige Verfahren an.

Für die sogenannte Einzelgängerprüfung, die rassische Überprüfung des Einzudeutschenden, war das RuSHA zuständig. Hinzu kam eine charakterliche Bewährung über einen Zeitraum von planmäßig sechs Monaten im Lager in Hinzert mit einer abschließenden charakterlichen Beurteilung durch den Lagerkommandanten Paul Sporrenberg.[17] Schließlich erfolgte eine Sippenüberprüfung, d. h. die Überprüfung der engsten Familienmitglieder nach denselben rassischen Kriterien wie bei der „Einzelgängerprüfung". Hier lag die Zuständigkeit wiederum beim RuSHA. Im Fall einer Eindeutschung sollte der Betreffende wieder in den Bereich des zuständigen Höheren SS- und Polizeiführers überstellt werden. Über alle Schritte des Verfahrens wurde der Reichskommissar für die Festigung des deutschen Volkstums – Stabshauptamt unterrichtet. Dieses Stabshauptamt hielt alle beteiligten Stellen auf dem Laufenden und erfragte dort auch jeweils den Stand des Verfahrens.

Die rassische Überprüfung jedes Einzelnen wurde auf der Grundlage einer Rassenkarte, die 21 verschiedene Kriterien auflistete, durchgeführt. Mittels dieser Karte sollte schließlich die „Rassezugehörigkeit" festgestellt werden. Die genannten Kriterien reichten von der Einteilung der Beinlänge („sehr lang, lang, mittel, kurz, sehr kurz") bis hin zur Augenfaltenbildung („leichte Deckfalte, schwere Deckfalte, deckfaltenlos, Epikanthus, Mongolenfalte"). Das Erscheinungsbild sollte in einer mathematischen Formel – der ebenso rassistischen wie pseudowissenschaftlichen „Rassenformel" – zum Ausdruck gebracht werden, aus der dann die Rassezugehörigkeit errechnet wurde. Die Sippenprüfung der engsten Familienangehörigen erfolgte in enger Rücksprache mit dem Reichskommissar für die Festigung des deutschen Volkstums nach derselben Vorgehensweise in Litzmannstadt. Dort war 1940 eine Außenstelle des Reichssicherheitshauptamtes eingerichtet worden, die zunächst für die „Deutsche Volksliste" und später auch für die Wiedereindeutschung zuständig war. Kriegsbedingt war es teilweise schwer bis unmöglich, den Aufenthaltsort der engsten Familien-

---

17 Paul Sporrenberg (1896–1961). Seit Februar 1940 im SS-Führungsstab des SS-Sonderlagers, ab April 1942 bis zu dessen Unterstellung unter das KZ Buchenwald am 24. November 1944 Lagerkommandant. Nach dem Krieg gelang es ihm unterzutauchen, sodass er erst 1959 verhaftet wurde. Die Staatsanwaltschaft Trier erhob Anklage gegen ihn, Sporrenberg starb noch vor Eröffnung des Prozesses. Vgl. dazu: Beate Welter, Ermittlungsverfahren gegen die Wachmannschaften und den letzten Lagerkommandanten des SS-Sonderlagers/KZ Hinzert, in: Wolfgang Bohnen/Lena Haase (Hrsg.), Kontrolle, Konflikt und Kooperation. Festschrift 200 Jahre Staatsanwaltschaften Koblenz und Trier (1820–2020), München 2020, S. 327–344, hier v. a. S. 330–334.

angehörigen ausfindig zu machen beziehungsweise diesen aufgrund des näher rückenden Frontverlaufs überhaupt zu erreichen, sodass sich die Sippenüberprüfung häufig deutlich länger als vorgesehen hinzog. In einigen Fällen lag bis zur Auflösung des Lagers in Hinzert im März 1945 noch kein Ergebnis vor.

Die Häftlingsgruppe der „Eindeutschungspolen" in Hinzert

Das SS-Sonderlager/Konzentrationslager Hinzert existierte von Oktober 1939[18] bis März 1945 und war ausschließlich für Männer vorgesehen. In dieser Zeit passierten etwa 10 000 Häftlinge das Lager als Zwischen- oder Endstation auf ihrem Haft- und Deportationsweg. Während seines Bestehens wurde es mit zahlreichen Sonderfunktionen betraut, die die teils wechselvolle und von Kompetenzrangeleien geprägte Geschichte des Lagers erklären. Bereits in der Frühphase, als Hinzert noch als Zentrale der Westlager fungierte und als Polizeihaftlager, erweitertes Polizeihaftlager bzw. mindestens seit dem 23. November 1939 als SS-Sonderlager für straffällig gewordene Westwallarbeiter diente, betonte der erste Lagerkommandant Hermann Pister[19] die besonderen Erfolge der im Lager geleisteten Erziehung. Als der gewonnene Westfeldzug und die damit verbundene Verlagerung des Einsatzes der Organisation Todt (OT) nach Frankreich zur Schließung der Westlager führten, bemühte sich Pister mittels eines „Berichts über Aufbau und Führung der SS Polizeihaftlager am Westwall, sowie das SS Sonderlager Hinzert"[20] um die Aufrechterhaltung der Lagerstruktur und verwies auf den „grossen Erfolg der Erziehungsmethode".[21] Heinrich Himmler als Reichsführer-SS zeigte sich schließlich von der Bedeutung Hinzerts überzeugt, und so wurde das Lager am 1. Juli 1940 der Inspektion der Konzentrationslager (IKL) und am 7. Februar 1942 dem SS-Wirtschafts-Verwaltungshauptamt (WVHA) zugeordnet.

18 Zur Entstehungsgeschichte vgl. Beate Welter, Die Anfänge des SS-Sonderlagers/KZ Hinzert: Das Polizeihaftlager, in: GedenkstättenRundbrief 159 (2011), S. 15–20; Gabriele Lotfi, SS-Sonderlager im nationalsozialistischen Terrorsystem. Die Entstehung von Hinzert, Stutthof und Soldau, in: Norbert Frei u. a. (Hrsg.), Ausbeutung, Vernichtung, Öffentlichkeit. Neue Studien zur nationalsozialistischen Lagerpolitik, München 2000, S. 209–229.
19 Hermann Pister (1885–1948). Seit dem 14. Januar 1932 Mitglied der SS, seit 1. Februar des Jahres der NSDAP, seit 1936 hauptberuflich in der SS. Von Oktober 1939 bis Dezember 1941 Lagerkommandant des SS-Sonderlagers Hinzert, vom 21. Dezember 1941 bis Kriegsende Kommandant des KZ Buchenwald. Nach dem Krieg wurde er wegen seiner in Buchenwald begangenen Verbrechen zum Tode verurteilt, das Urteil wurde jedoch nicht vollstreckt.
20 BArch, NS 4-Hi/2, Bl. 2–11. Der Bericht wurde versandt an die Inspektion der Konzentrationslager (IKL), das „SS-Führungshauptamt" und das „Hauptamt Dienststelle SS-Obergruppenführer Heißmeyer".
21 Ebenda, Bl. 9.

Blick über das SS-Sonderlager Hinzert, um 1941.
Die Fotografie stammt von einem Mitglied der SS-Mannschaft.
Privat / Gedenkstätte SS-Sonderlager/KZ Hinzert

Nach der Zuständigkeit für die Sanktionierung und „Erziehung" der straffällig gewordenen Westwallarbeiter, die die erste Sonderaufgabe für Hinzert darstellten, übernahm das SS-Sonderlager in der Folgezeit noch weitere Aufgaben, die ein Alleinstellungsmerkmal im Vergleich zu anderen Konzentrationslagern darstellten und insbesondere im Kontext der „Erziehung" bzw. „Arbeitserziehung" standen. Zu nennen sind an dieser Stelle auch die Fremdenlegionäre. Diejenigen unter ihnen, die sich in Hinzert bewährten,[22] hatten einen ähnlichen Sonderstatus wie die „Eindeutschungspolen". Sie waren meistens in geschlossenen Kommandos im

---

22 In den letzten Jahren sind zu dieser Häftlingsgruppe an den Universitäten Mainz, Aix-Marseille und Tübingen folgende Arbeiten erstellt worden: Anne Huwer, Deutsche Fremdenlegionäre im Dritten Reich (1940–1945), Mainz 2017; Michel Livage, De la Légion étrangère au camp du concentration Hinzert (Allemagne). Parcours d'anciens légionnaires allemands entre la France et l'Allemagne (1919–1941), Aix-Marseille 2018; Michel Livage, Die Rückkehr ehemaliger deutscher Fremdenlegionäre in das ‚Dritte Reich'. Eine Geschichte der Konstruktion von nationaler Zugehörigkeit während des Zweiten Weltkrieges, Tübingen 2019.

Arbeitseinsatz, so z. B. in Trier in der Nähe des Hauptbahnhofes und im Westen der Stadt auf einem Flugplatz. Fremdenlegionäre als Häftlingsgruppe waren nachweislich zwischen Juni 1941 und Dezember 1942 in Hinzert eingewiesen worden und anschließend auf Erlass Himmlers in andere Arbeitserziehungslager (AEL) bzw. Konzentrationslager überstellt worden.[23] Ihre Einlieferung in Hinzert erfolgte jedoch aus vergleichbaren Gründen wie die der Wiedereindeutschungshäftlinge, wie aus einer Anordnung des RSHA vom 3. Mai 1943 hervorgeht:

> „Die Überprüfung nach volkstumsmäßigen und rassischen Gesichtspunkten der nach Deutschland zurückgeführten französischen Fremdenlegionäre hat ergeben, daß bei den Legionären, die aus den eingegliederten Gebieten stammen und somit irgendeine ausländische Staatsangehörigkeit besitzen, eine ganze Reihe Menschen befindet, die als wiedereindeutschungsfähig beurteilt werden muß. [...] Die Legionäre [...] sind daher den wiedereindeutschungsfähigen Polen und Slowenen gleichzustellen und entsprechend zu behandeln."[24]

Von Mai 1943 an sollten dann alle polnischen Zivilarbeiter, deren Eindeutschungsfähigkeit überprüft werden sollte, in das SS-Sonderlager Hinzert gebracht werden, um sich dort charakterlich zu bewähren.[25] Aus diesem Grund wurden sie von der Lager-SS sehr häufig als Kapos von Arbeitskommandos eingesetzt. Zeitzeugen aus Frankreich, Luxemburg oder auch aus Polen berichteten in Zeugenaussagen und autobiografischen Aufzeichnungen von sehr schlechten Erfahrungen mit diesen Kapos.[26]

Das SS-Sonderlager/KZ Hinzert wurde bereits vor der offiziell übertragenen Aufgabe, als „Eindeutschungslager" zu fungieren, in einem Schreiben aus dem RSHA an das Stabshauptamt des Reichskommissars für die Festigung des deutschen Volkstums vom 16. Januar 1943 als solches bezeichnet.[27] Kriegsbedingt

---

23 Matthias Alexander Gerstlauer, Die Häftlinge des SS-Sonderlagers/KZ Hinzert, in: Hans Berkessel/Hans-Georg Meyer (Hrsg.), Die Zeit des Nationalsozialismus in Rheinland-Pfalz, Bd. 2: „Für die Außenwelt seid Ihr tot!", Mainz 2000, S. 167–181, hier S. 170.
24 IfZ München, NO-3271, zitiert nach: Matthias Gerstlauer, Das SS-Sonderlager Hinzert im Organisations- und Machtgefüge der SS, Magisterarbeit Trier 1996, S. 70.
25 Zuvor waren die wegen „verbotenen Umgangs" verhafteten polnischen Zwangsarbeiter keiner systematischen Überprüfung der Eindeutschungsfähigkeit unterzogen worden.
26 So Eduard Korbut, der selbst „Eindeutschungshäftling" gewesen war, bei einem Zeitzeugentreffen in der Gedenkstätte und auch der Luxemburger Jos Meunier auf einer Veranstaltung in Trier am 25. Februar 2004.
27 Reichssicherheitshauptamt an den Reichskommissar für die Festigung deutschen Volkstums – Stabshauptamt Berlin, Berlin 16. Januar 1943, BArch, Best. „Sonderbehandlung", Mikrofilm (MF) 164, Bl. 48.

wurde das Eindeutschungsverfahren ab dem 27. November 1944 eingestellt.[28] Im selben Monat erfolgte auch die Unterstellung des SS-Sonderlagers Hinzert unter die Kommandantur des Konzentrationslagers Buchenwald. Fast alle Eindeutschungshäftlinge wurden beim Vorrücken der Alliierten von Westen in das Außenlager Mannheim/Sandhofen[29] verlegt, wo sie auch befreit wurden.

Innerhalb dieser anderthalb Jahre durchliefen mindestens 916 „Eindeutschungspolen" (im SS-Sonderlager auch als „E-Polen" bezeichnet) das Wiedereindeutschungsverfahren. Diese Zahl resultiert aus der bisher höchsten für Eindeutschungshäftlinge eigens vergebenen Häftlingsnummernserie „E-916".[30] Im Bundesarchiv Berlin liegen 892 personenbezogene Akten vor, die den Vermerk „Sonderbehandlung" tragen. In 461 dieser Fälle waren die Betreffenden nachweislich zur Prüfung der Eindeutschungsfähigkeit in das SS-Sonderlager Hinzert überstellt worden. Nachgewiesen sind bisher 161 Fälle von Eindeutschung im Anschluss an diesen Lageraufenthalt, in 101 Fällen wurde auf nichteindeutschungsfähig entschieden, die restlichen 199 Fälle sind offenen Ausgangs. Entweder war das Verfahren bis Kriegsende noch nicht abgeschlossen oder aber ein Ergebnis geht aus den vorliegenden Unterlagen nicht hervor. Beispielsweise wurde Johann Baplinski am 8. Oktober 1943 nach dem Gutachten des Lagerkommandanten Paul Sporrenberg als „eindeutschungsfähig" beurteilt. Ein noch auf den 15. März 1945 datiertes Schreiben war jedoch mit dem Hinweis versehen, dass mit einem Abschluss der Angelegenheit (Sippenüberprüfung) „vorläufig" nicht gerechnet werden könne – der Brief trägt den Stempel „W[ieder]V[orlage] 1. 6. 45".[31]

---

28 In einem von Ernst Kaltenbrunner stellvertretend für Himmler als Reichsführer-SS verfügten Rundschreiben vom 27. November 1944 hieß es dazu: „Zur Entlastung der beteiligten Dienststellen ist ab sofort für die Kriegsdauer in Geschlechtsverkehrsfällen von der rassischen Überprüfung des Fremdvölkischen abzusehen. […] Eine Eheschließung ist in Zukunft nicht mehr möglich. […] Die beteiligten Fremdvölkischen sind nunmehr sofort nach Abschluß der Vernehmung in ein KL einzuweisen. Die Zeitdauer wird wie bisher von hier aus festgesetzt. Zur Zeit noch in den Polizeigefängnissen einsitzende, wegen Geschlechtsverkehres festgenommene Fremdvölkische, die bereits rassisch überprüft wurden, jedoch infolge Fehlens des Gutachtens oder wegen Transportschwierigkeiten nicht in das SS-Sonderlager Hinzert überstellt werden konnten, sind ebenfalls in ein KL einzuweisen." Stadtarchiv Nürnberg, Bestand Ankl. Umdr. Deutsch., No 3271–43.
29 Zum diesem Außenlager vgl. Uwe Bader/Beate Welter, Das SS-Sonderlager/KZ Hinzert, in: Wolfgang Benz/Barbara Distel (Hrsg.), Der Ort des Terrors. Geschichte der nationalsozialistischen Konzentrationslager, Bd. 5: Hinzert – Auschwitz – Neuengamme, München 2007, S. 17–74, hier S. 61.
30 Mit dieser höchsten Häftlingsnummer wurde Stanislaw Ksiazek, geboren am 27. April 1918 in Sprytkowski, gekennzeichnet. Weitere Informationen zu seinem Schicksal liegen leider nicht vor. 1.1.13.5/459127#1/ITS Arolsen Archives.
31 Johann Baplinski, geb. 2. Oktober 1914, BArch, Best. „Sonderbehandlung", MF 163, Bl. 0296.

Die eklatante Quellenlücke in Bezug auf die persönlichen Schicksale – nur höchstens 50 Prozent der in Hinzert zwecks „Eindeutschung" internierten Männer sind namentlich bekannt – gilt es in weiteren Forschungen zu schließen.

„Wiedereindeutschungshäftlinge" hatten gegenüber den anderen Lagerhäftlingen einen Sonderstatus inne. Sie wurden in einer aus „E" und der Häftlingsnummer zusammengesetzten Nummer in einer gesonderten Liste geführt. Da diese spezielle Nummer auch auf der Häftlingskleidung angebracht war, unterschied sie dies auch von den anderen Häftlingen, auf deren Kleidung nur das entsprechende Länderkürzel oder auch „NN" (für französische „Nacht-und-Nebel"-Gefangene[32]) angebracht war. Sie waren außerdem sofort zu erkennen, da ihre Haare nicht so kurz geschoren waren. Auch von dem so typischen, ganz kurz geschorenen Streifen über den Kopf, der sogenannten Autobahn, der den anderen Häftlingen des Lagers zur Identifizierung, aber auch zur Stigmatisierung verpasst wurde, blieben sie verschont.

Während die das Wiedereindeutschungsverfahren durchlaufenden Männer in Hinzert inhaftiert waren, wurden die Prüfung der „charakterlichen Bewährung" im SS-Sonderlager und die sogenannte Sippenüberprüfung durch die Rasseexperten des RuSHA[33] in deren Heimatort parallel durchgeführt. Die rassische Musterung jedes Einzelnen war zu diesem Zeitpunkt bereits abgeschlossen und positiv beschieden worden. Entgegen der vorgesehenen Verfahrenspraxis dauerten die Aufenthalte im Lager jedoch meist deutlich länger als sechs Monate, und dies manchmal auch, obwohl das Ergebnis der „Sippenüberprüfung" bereits vorlag.[34] Weiterhin hat die statistische Auswertung der bisher bekannten Fälle ergeben, dass der „Sippenüberprüfung" im Vergleich zum

---

32 „Nacht-und-Nebel"-Häftlinge stellten ebenfalls eine besondere Häftlingsgruppe in Hinzert dar. Identifiziert wird mit dieser Häftlingsgruppe in der allgemeinen Wahrnehmung wie meist auch in der historischen Forschung jedoch lediglich das Konzentrationslager Natzweiler-Struthof im Elsaß, wo „NN"-Häftlinge ab Sommer 1943 eingewiesen wurden. Mit dieser verkürzten Betrachtung wird jedoch ein großer Teil dieser Häftlinge nicht wahrgenommen. Vgl. Lena Haase, Verurteilt um zu Verschwinden. „Nacht-und-Nebel"-Häftlinge in der Großregion Trier, in: Kurtrierisches Jahrbuch 56 (2016), S. 289–320 und Beate Welter, NN-Deportierte im SS-Sonderlager/KZ Hinzert, in: Albrecht Pohle/Martin Stupprich/Wilfried Wiedemann (Hrsg.), NS-Justiz und Nachkriegsjustiz. Beiträge für Schule und Bildungsarbeit, Schwalbach/Ts. 2014, S. 15–25.

33 Zu dieser Personengruppe vgl. Isabel Heinemann, Amivalente Sozialingenieure? Die Rasseexperten der SS, in: Gerhard Hirschfeld/Tobias Jersak (Hrsg.), Karrieren im Nationalsozialismus. Funktionseliten zwischen Mitwirkung und Distanz, Frankfurt a. M. 2004, S. 73–95.

34 Vgl. auch: Felix Klormann, „Eindeutschungs-Polen" im SS-Sonderlager/Konzentrationslager Hinzert. Zur Praxis des „Wiedereindeutschungsverfahrens", in: Thomas Grotum (Hrsg.), Die Gestapo Trier. Beiträge zur Geschichte einer regionalen Verfolgungsbehörde, Köln u. a. 2018, S. 115–128.

charakterlichen Gutachten eine übergeordnete Bedeutung beigemessen wurde. Im Fall einer negativen charakterlichen Beurteilung und einer positiven „Sippenüberprüfung" war demzufolge häufig eine „Prioritätenverschiebung" zugunsten der „Sippenüberprüfung" zu beobachten.[35]

Dass ein Verfahren auch trotz ablehnender Beurteilung durch den Lagerkommandanten weitergeführt werden konnte, zeigt etwa das Beispiel von Wladislaus Grudziak, der seit dem 9. Dezember 1943 im SS-Sonderlager Hinzert interniert war. Lagerleiter Sporrenberg urteilte am 2. März 1944, dass Grudziak sich nicht zur Eindeutschung eigne. Der Chef des Rasse- und Siedlungshauptamtes jedoch kam am 17. Mai 1944 zu dem Schluss, dass man ihm, da die Sippenüberprüfung eine Eindeutschungsfähigkeit ergeben hatte, nach weiteren sechs Monaten einen erneuten Führungsbericht aus Hinzert bis zum 25. Oktober 1944 vorlegen möge, um dann zu entscheiden: „Nach hiesiger Auffassung sind jedoch die in der Beurteilung angeführten Mängel weniger als schwerwiegende Charakterfehler, die eine Einbeziehung in das Wiedereindeutschungsverfahrens nicht rechtfertigen würden, sondern vielmehr als Auswirkung der sich aus der Inhaftierung ergebenden besonderen Umstände zu werten."[36] Als Nächstes ist über Grudziak seine Entlassung in den Befehlsbereich des Höheren SS- und Polizeiführers West in Düsseldorf am 1. November 1944 bekannt.[37]

In einigen Fällen entschied jedoch auch die Beurteilung des Lagerkommandanten über das Schicksal des „Eindeutschungshäftlings". Wladislaw Gontarek etwa wurde aus dem Eindeutschungsverfahren herausgenommen, da er sich aus Sicht der Lagerleitung charakterlich nicht bewährt hatte. In einem ersten Gutachten vom 13. März 1944 sprach sich Sporrenberg gegen dessen Eindeutschung aus, nach einer Verlängerung der Bewährungszeit um sechs Monate kam es zu keiner anderen Bewertung. Das Eindeutschungsverfahren wurde eingestellt und Gontarek „auf längere Zeit einem KL überstellt".[38] Bis zu diesem Zeitpunkt

---

35 Ebenda, S. 125.
36 BArch, Best. „Sonderbehandlung", MF 164, Bl. 754. Auszug aus dem Führungsbericht Sporrenbergs vom 2. März 1944: „Durch kleine körperliche Mängel – Senkfuß und Krampfadern – versteht er es immer wieder, sich von der Arbeit zu drücken. Seit dem 9. 12. 1943 befindet sich G. wegen Furunkulose an beiden Beinen in der Revierkrankenstube. [...] Trotzdem erweckt er den Eindruck eines verbissenen verstockten Polen, der dem Eindeutschungsprozeß gleichgültig gegenüber steht." Ebenda, Bl. 764.
37 Schreiben an den Höheren SS- und Polizeiführer West vom 17. Januar 1945, ebenda, Bl. 774.
38 Das Reichssicherheitshauptamt an den Reichskommissar für die Festigung des deutschen Volkstums – Stabshauptamt, Berlin 10. November 1944, BArch, Best. „Sonderbehandlung", MF 163, Bl. 552. Von Gontarek ist bekannt, dass er am 4. Mai 1942 in das Gefängnis Regensburg eingeliefert wurde, wo er bis zum 30. September blieb. An diesem Tag erfolgte die Überstellung in das KL Flossenbürg. Von dort wurde er am 27. Oktober 1942 nach Dachau gebracht. Wann er in das SS-Sonderlager Hinzert eingeliefert wurde, ist bisher unbekannt.

lag kein Ergebnis der Sippenüberprüfung vor. Ähnlich erging es dem Ukrainer Michael Jurenko.[39] Laut Führungsbericht hatte er sich nicht bewährt und galt als „nicht eindeutschungsfähig". Mit Schreiben vom 15. Oktober 1943 wurde das Eindeutschungsverfahren eingestellt und das Ergebnis der Sippenüberprüfung gar nicht erst abgewartet.[40] Leider liegt der Bericht Sporrenbergs über Jurenko nicht vor, sodass nicht nachvollzogen werden kann, was zu dieser Beurteilung führte. In der Regel wurde nach einem ersten negativ ausgefallenen Führungsbericht das Verfahren nicht abgebrochen, sondern die Bewährungszeit um weitere sechs Monate verlängert, um das Ergebnis der Sippenüberprüfung abzuwarten.

Umgekehrt konnte auch eine positive Führung im Lager die nicht abgeschlossene Sippenüberprüfung ersetzen – so im Fall von Anton Dembski.[41] Obwohl in seinem Fall die Sippenüberprüfung bis zum 24. März 1945 nicht abgeschlossen werden konnte, war er zu diesem Zeitpunkt bereits nicht mehr als Häftling in Hinzert interniert. Auf Anordnung des Reichssicherheitshauptamtes vom 5. Dezember 1944 war Dembski am 15. Dezember des Jahres entlassen worden, „da hier angenommen wird, daß die Sippenüberprüfung für den Ukrainer in absehbarer Zeit nicht abgeschlossen werden kann". Der Grund für seine Entlassung war, dass er sich „während seiner Schutzhaft im SS-Sonderlager Hinzert als Facharbeiter hervorragend bewährt"[42] habe. Dies betonte auch der Lagerkommandant Sporrenberg in seinem positiven Gutachten vom 10. August 1943, in dem er erklärte, dass Dembski sich im Außenkommando der Firma ROMIKA „als Einsteller von Spezialmaschinen hervorragend bewährt hat" und im Fall seiner Entlassung nach Möglichkeit dort weiterhin zum Arbeitseinsatz verpflichtet werden solle.[43]

39 Michael Jurenko, geb. 14. September 1916, wurde am 12. August 1942 an die Gestapo Weimar ausgeliefert, die ihn am 20. August 1942 in das KL Buchenwald einliefern ließ. Am 25. Februar 1943 wurde er in das SS-Sonderlager Hinzert, Abteilung „Eindeutschung", überstellt. Nachdem er aus dem Verfahren herausgenommen worden war, wurde er in das KL Buchenwald rücküberstellt. Dort ist er am 11. Januar 1944 als Neuzugang verzeichnet. Im März 1945 ist er in Schörzingen, einem Außenlager von Natzweiler, zu finden und im April 1945 ist er als Häftling des KL Dachau verzeichnet. Vgl. BArch, Best. „Sonderbehandlung", MF 164; 1.1.5.3/Jure-Juss/00106176/002/ITS Digital Archive, Arolsen Archives; 1.1.29.1/3131363#1/ITS Digital Archive, Arolsen Archives; 1.1.6.1/9915281#1/ITS Digital Archive, Arolsen Archives.

40 Schreiben des RSHA an den Reichskommissar zur Festigung des deutschen Volkstums – Stabsstelle – BArch, Best. „Sonderbehandlung", MF 164, Bl. 1576.

41 Anton Dembski, geboren am 2. Januar 1905, war mit der Häftlingsnummer „E-64" in Hinzert gekennzeichnet worden. Sein Einlieferungsdatum ist jedoch nicht bekannt.

42 BArch, Best. „Sonderbehandlung", MF 163, Bl. 2122.

43 Aus den wenigen vorhandenen Unterlagen geht nicht hervor, ob Dembski nach der Entlassung an seinen alten Arbeitsplatz bei der Firma ROMIKA überstellt wurde oder eine andere Arbeitsstelle annehmen musste.

Bei einem negativen Ergebnis des Wiedereindeutschungsverfahrens war die sofortige Überstellung in das Konzentrationslager, das dem Ort des „Verbrechens" – also dem „verbotenen Umgang" mit einer deutschen Frau – am nächsten gelegen war, vorgesehen.

Zum Abbruch eines laufenden Wiedereindeutschungsverfahrens in Hinzert konnte es aus verschiedenen Gründen kommen: Neben dem Tod des betreffenden Häftlings oder einer schwerwiegenden Erkrankung[44] konnte auch eine zurückgezogene Heiratseinwilligung seitens der Frau ausschlaggebend sein.

Die junge Charlotte Saager hatte ein verbotenes Verhältnis mit dem polnischen Zwangsarbeiter Heinrich Derwonski unterhalten. 1942 wurde Derwonski deshalb verhaftet, seine „Einzelüberprüfung" ordnete der Höhere SS- und Polizeiführer Nordost in Königsberg am 19. Dezember 1942 an. Nach bereits einjähriger Verfahrensdauer ging aus einem Schreiben vom 29. November 1943 – Derwonski war zu diesem Zeitpunkt im SS-Sonderlager Hinzert zur „Bewährung" interniert – hervor, dass Charlotte Saager nicht mehr die Absicht hatte, ihn zu heiraten, es wurde daher befürwortet, das Eindeutschungsverfahren abzubrechen.[45] Das Reichssicherheitshauptamt schaltete sich ein und ordnete am 27. Januar 1944 an, zunächst die Sippenüberprüfung abzuwarten. Das positive Ergebnis, demzufolge Derwonski als eindeutschungsfähig galt, lag am 28. August 1944 vor. Daraufhin erfolgte Anfang September 1944 die Anordnung, ihn in den Befehlsbereich des Höheren SS- und Polizeiführer Nordost, Königsberg zu entlassen – obwohl die ursprünglich festgelegte Heirat mit der deutschen Frau nicht zustande kam.[46]

Bei dem Schicksal von Theofil Lucian handelt es sich um einen der wenigen Fälle, in denen auch die Ermittlungsunterlagen der Gestapo noch vorhanden sind, die in der Regel Vernehmungsprotokolle enthalten und einen genaueren Einblick in die Umstände des „verbotenen Umgangs" zulassen wie auch Auskunft über die Ermittlungen der Gestapobeamten in solchen Fällen geben.

---

44 Schwere Krankheiten führten beispielsweise im Fall von Mieczislaus Maciuga zum Abbruch des Verfahrens: Nach einem Schreiben vom 29. Juni 1943 des RSHA an den Reichskommissar für die Festigung des deutschen Volkstums – Stabsstelle sollte das Verfahren beendet werden, da er mit offener Lungentuberkulose in das Krankenhaus in Hermeskeil eingeliefert worden war. Da eine Heirat nun nicht mehr infrage kommen würde, sollte er in seine Heimat in Polen abgeschoben werden. BArch, Best. „Sonderbehandlung", MF 164, Bl. 1586.

45 Schreiben des Höheren SS- und Polizei-Führer beim Oberpräsidenten von Ostpreußen im Wehrkreis I an das Stabshauptamt des Reichskommissars für die Festigung deutschen Volkstums in Königsberg, BArch, Best. „Sonderbehandlung", MF 163, Bl. 2170.

46 Schreiben des Reichskommissars für die Festigung des deutschen Volkstums – Stabshauptamt an das Reichssicherheitshauptamt vom 10. September 1944. ebenda, Bl. 2178.

Dieser Fall bezieht sich auf ein Ermittlungsverfahren der Geheimen Staatspolizeistelle Würzburg, deren Akten in großem Umfang überliefert sind.[47] Der am 10. März 1917 geborene Theofil Lucian geriet am 13. September 1939 in deutsche Kriegsgefangenschaft. Am 27. Juni 1940 wurde er aus der Kriegsgefangenschaft entlassen und in den Zivilarbeiterstatus überführt. Auf den Hof der Familie Büchner in der Gemeinde Gückelhirn/Mainfranken kam er am 2. Juli 1940. Am 4. April 1942 wurde er wegen der verbotenen Beziehung zu Sophie Büchner verhaftet. Büchner blieb frei, da sie noch stillte, denn kurz zuvor, am 15. März 1942, war die gemeinsame Tochter geboren worden. In einer ersten Vernehmung vom 4. April 1942 hatten beide ihre Verbindung noch abgestritten. Sophie Büchner gab zunächst an, dass der Vater ihres Kindes ein deutscher Soldat sei. Erst im Verhör vom 14. April widerrief sie ihre Aussage und nannte Lucian als Vater des Kindes. Sie korrigierte ihre Aussage laut Aktenlage, weil sie Angst vor einem angedrohten Vaterschaftstest hatte, der die Wahrheit ans Licht gebracht hätte. Lucian leugnete in den weiteren Verhören vom 14. April und 19. Mai, der Vater des Kindes zu sein und ein Verhältnis mit Büchner gehabt zu haben. Erst am 23. Mai 1942 bei einer Gegenüberstellung gab er das Verhältnis und die Vaterschaft zu.

Bei den Verhören stellte sich zudem heraus, dass Lucian bereits am 24. Dezember 1941 einen Antrag zur Aufnahme in die „Deutsche Volksliste" gestellt hatte. Vor dem Ersten Weltkrieg war die Region, in der er geboren war und in der seine Familie lebte, Teil des Kaiserreiches gewesen. Sein Vater hatte den deutschen Militärdienst abgeleistet, und zu Hause sei fast nur Deutsch gesprochen worden. Der Posener Oberbürgermeister bestätigte den Eingang dieses Antrages am 13. Januar 1942, wies aber darauf hin, dass dieser wegen Personalmangels und dringender Terminsachen erst zu einem späteren Zeitpunkt bearbeitet werden könne. Ein Ergebnis zu diesem Antrag liegt nicht vor. In den Unterlagen aus Würzburg ist auch ein Gutachten des Rassenpolitischen Amtes der NSDAP Gauleitung Mainfranken enthalten, das zu dem Schluss kam, „Lucian würde nach dem äußeren Eindruck nicht als Nichtdeutscher zu erkennen sein und auch innerhalb des deutschen Volkes zum rassisch besser

---

47 Nach Angaben des Staatsarchivs Würzburg sind insgesamt rund 25 000 Personenakten der Würzburger Gestapostelle überliefert. Damit ist dieser Bestand der zweitgrößte noch vorhandene Gestapoakten-Bestand nach jenem zur Staatspolizeileitstelle Düsseldorf im Landesarchiv Nordrhein-Westfalen, Abt. Rheinland. Ausgewertet wurde der Würzburger Bestand bisher insbesondere unter dem Gesichtspunkt der rassischen Verfolgung von jüdischen Personen wie auch polnischen Zwangs- und Zivilarbeitern. Vgl. Robert Gellately, Die Gestapo und die deutsche Gesellschaft. Die Durchsetzung der Rassenpolitik 1933–1945, 2. Aufl., Paderborn u. a. 1993, hier v. a. S. 262–275 zur Verfolgung „verbotenen Umgangs" durch die Würzburger Gestapo.

gebildeten Teil der Bevölkerung gerechnet werden".[48] Von Würzburg wurde Lucian am 5. November 1942 in das Notgefängnis, die sogenannte Russenwiese, in Nürnberg überstellt.

Die am 14. November 1942 in München durchgeführte „Einzelgängerprüfung" ergab die Eindeutschungsfähigkeit Lucians,[49] sodass die Geheime Staatspolizeistelle Nürnberg-Fürth am 27. Januar 1943 darum ersuchte, Lucian in die Sonderabteilung für Eindeutschungsfähige des SS-Sonderlagers in Hinzert zu überstellen. Die Überführung erfolgte schließlich Anfang Februar 1943. Theophil Lucian verstarb jedoch am 11. August 1943 im Krankenhaus Hermeskeil.[50] Noch im November 1943 fragte das Rasse- und Siedlungshauptamt beim Stabshauptamt des Reichskommissars für die Festigung des deutschen Volkstums nach dem Stand der Sippenüberprüfung. Am 11. Juli 1944 erkundigte sich das Stabsamt beim Rasse- und Siedlungshauptamt nach dem Stand des Verfahrens. Erst am 28. September 1944 unterrichtete die Geheime Staatspolizeistelle Nürnberg-Fürth das Rasse- und Siedlungshauptamt vom Tode Lucians, und erst am 9. Oktober 1944 leitete dieses die Information an den Reichskommissar für die Festigung des deutschen Volkstums weiter. Zu diesem Zeitpunkt war Lucian bereits 14 Monate tot.

Recherchen in den Unterlagen des Bundesarchivs Berlin und den Arolsen Archives können nur wenige Eheschließungen zwischen den wegen eines verbotenen Verhältnisses verfolgten Personen belegen. Jaroslav Bilinski und Olga Streich hatten beide in Schacht Audorf im Kreis Rendsburg gearbeitet und eine Beziehung begonnen. Nach seiner „Einzelgängerprüfung" wurde er in das SS-Sonderlager Hinzert überstellt, ist dort am 23. September 1944 allerdings als nicht eindeutschungsfähig erklärt worden.[51] Gleichwohl heirateten Jaroslav Bilinski und Olga Streich am 14. Juli 1945.[52]

Der gemeinsame Sohn von Daniel Opalka und Babette Meyer wurde am 26. Januar 1942 geboren. Nach der „Einzelgängerprüfung" wurde Opalka am 13. Januar 1943 vom Gefängnis Nürnberg in das SS-Sonderlager Hinzert überstellt. Das Ergebnis der Sippenüberprüfung, das ein Jahr später vorlag, lautete

---

48 Gutachten des Rassenpolitischen Amtes in Würzburg vom 24. Juni 1942, in: Gestapo Akten Würzburg, 1.2.3.12/12360178#1/ITS Digital Archive, Arolsen Archives.
49 No 11344318#1 (1.2.2.1/0190-0374/0335/014 ITS Digital Archive, Arolsen Archives).
50 Lucian verstarb laut Todesbescheinigung vom 12. August 1943 an einer Herzlähmung infolge von Lungen- und Darmtuberkulose. Nr. 454649#1 (1.1.13.2/K-M/00000821/0004 Individuelle Unterlagen Hinzert/ ITS Digital Archive, Arolsen Archives.
51 Mitteilung des Rasse- und Siedlungshauptamtes an den Reichskommissar für die Festigung des deutschen Volkstums – Stabshauptamt vom 23. September 1944, 1.2.2.1/11342125#1/ ITS Digital Archive, Arolsen Archives.
52 Heiratsurkunde, 2.2.2.2/76706865#1/ITS Digital Archive, Arolsen Archives.

zwar auf „nicht eindeutschungsfähig".[53] Als Familie waren die drei gemeinsam in Obermögersheim am 15. Mai 1947 gemeldet.[54]

Fazit

„Eindeutschungshäftling" war eine besondere Häftlingskategorie, für die das SS-Sonderlager Hinzert in der Zeit von 1943 bis 1944 allein zuständig war. In der Mehrzahl fielen unter diese Kategorie polnische Zwangsarbeiter, denen ein verbotenes Verhältnis zu einer deutschen Frau vorgeworfen worden war. In der Regel wurde dieses „Vergehen" mit „Sonderbehandlung", d. h. mit der Hinrichtung durch Erhängen, bestraft. Die Ausnahme von dieser drakonischen Bestrafung war die „Eindeutschung": Hinterließ der polnische oder auch ukrainische Zwangsarbeiter bei seiner Verhaftung bei der Gestapo den Eindruck, aufgrund seines äußeren Erscheinungsbildes „eindeutschungsfähig" zu sein, wurde er in das Lager im Hochwald gebracht. In dem SS-Sonderlager wurde er einer charakterlichen Überprüfung unterzogen. Während seines Aufenthaltes, der für die Dauer von sechs Monaten vorgesehen war, sollten die nächsten Familienangehörigen im Rahmen der „Sippenüberprüfung" ebenfalls auf ihre „Eindeutschungsfähigkeit" überprüft werden. Im Fall einer erfolgreichen Eindeutschung war die Heirat vorgesehen. Kam eine Eindeutschung nicht infrage, war die Einweisung in das Konzentrationslager, das dem Ort des „Verbrechens" am nächsten gelegen war, vorgesehen. Kriegsbedingt wurde das Wiedereindeutschungsverfahren ab dem 27. November 1944 eingestellt.

Das Wiedereindeutschungsverfahren wurde damit nicht nur zu einem perfiden Mittel der nationalsozialistischen Rassenpolitik. Es gestaltete darüber hinaus die Inklusions- und Exklusionspraktiken der Besatzungsregime entscheidend mit und gestand den Entscheidungsträgern im Rasse- und Siedlungshauptamt wie auch im SS-Sonderlager Hinzert einen großen persönlichen Handlungsspielraum zu, der insbesondere in den charakterlichen Beurteilungen der Eindeutschungshäftlinge zum Ausdruck kam.

---

53 Schreiben des RuSHA vom 25. Februar 1944 an den Reichskommissar für deutsches Volkstum, No. 11345030#1 (1.2.2.1/0190-0374/0338/0173 Personalakte ITS Digitale Archive, Arolsen Archives).
54 Meldeunterlagen, 2.1.1.1/69877481#1/ITS Digital Archive, Arolsen Archives.

HARRY STEIN

Gestapo, Konzentrationslager und Öffentlichkeit

Die Verfolgung des „verbotenen Umgangs" mit polnischen Zwangsarbeitern im Umfeld des KZ Buchenwald 1940–1942

Verfolgen und öffentliches Anprangern

Folgt man dem Bericht des Generalstaatsanwalts beim Oberlandesgericht Jena von Ende März 1940, so war die Verfolgung von deutschen Frauen und polnischen Männern wegen verbotener geschlechtlicher Beziehungen zum Zeitpunkt der sogenannten Polen-Erlasse des Reichssicherheitshauptamtes[1] bereits im Gange. Rundfunkverbrechen und „Verkehr mit Polen" stünden bei den Sondergerichtssachen ganz oben; die Frauen würden vom Sondergericht mit 5–7 Jahren Zuchthaus bestraft. In Thüringen sei es außerdem „üblich, solche Frauen, noch bevor die Staatsanwaltschaft Anzeige erhält, zu scheren und öffentlich durch ihren Heimatort zu führen".[2]

Ebenfalls im März 1940 mahnte der Oberstaatsanwalt beim Sondergericht Weimar in seinem Vierteljahresbericht, man solle, was das Verhältnis der Bauern zu ihren polnischen Arbeitskräften betrifft, bei der Bestrafung der Bauern vorsichtig sein, da eine größere Tätigkeit der Sondergerichte auf diesem Gebiet „möglicherweise auf die Stimmung der Landbevölkerung sich unliebsam auswirken könnte".[3]

Mit viereinhalbtausend polnischen Landarbeiterinnen und Landarbeitern war die Thüringer Landwirtschaft bereits in der Vorkriegszeit von ausländischen

---

1 Vgl. Silke Schneider, Verbotener Umgang. Ausländer und Deutsche im Nationalsozialismus. Diskurse um Sexualität, Moral, Wissen und Strafe, Baden-Baden 2010. Ein kurzer Überblick dazu: Cord Pagenstecher/Ewa Czerwiakowski, Vor 75 Jahren: Die Polen-Erlasse. Ein zentrales Instrument nationalsozialistischer Ausgrenzungs- und Ausbeutungspolitik, in: zeitgeschichte | online, April 2015, https://zeitgeschichte-online.de/geschichtskultur/vor-75-jahren-die-polen-erlasse [8. 9. 2022].
2 Bericht des Generalstaatsanwaltes Jena, 30. 3. 1940. Landesarchiv Thüringen – Hauptstaatsarchiv Weimar, Generalstaatsanwalt Jena, Nr. 442, Bl. 126.
3 Lagerbericht des Oberstaatsanwalts beim Sondergericht Weimar, 13. 3. 1940, ebenda, Nr. 439, Bl. 102.

Arbeitskräften abhängig; im Jahr 1940 hatte sich diese Zahl mehr als verdoppelt. In einigen Landkreisen war sie um das Fünffache gestiegen. Der Oberstaatsanwalt fürchtete ernsthafte Störungen, wenn man in die überwiegend auf den Mittel- und Kleinbetrieb gestützte Landwirtschaft mit zahlreichen kleineren Strafen restriktiv eingriff. Außerdem sah man sich nach den sogenannten Polen-Erlassen einer Massenflucht polnischer Arbeitskräfte gegenüber. Deshalb gab es von Beginn an eine stille Übereinkunft zwischen Justiz und Gestapo, diese Situation durch exemplarische öffentliche Strafen und Strafrituale zu beherrschen. Als im Mai 1940 erstmals ein Pole aus einer Justizhaftanstalt von der Gestapo abgeholt wurde, hieß es im Bericht des Generalstaatsanwalts:

> „Das Sondergericht hat wieder eine Frau wegen Geschlechtsverkehrs mit einem polnischen Kriegsgefangenen zu 7 Jahren Zuchthaus verurteilt. Der Pole war unterdessen aus der Kriegsgefangenschaft entlassen worden. Das Divisionsgericht in Kassel meinte, er könne nun ebenfalls vom Sondergericht bestraft werden. Da das nicht möglich ist, erschien ein Beamter der Geheimen Staatspolizei, nahm Aktenabschriften und erklärte, das Sicherheitshauptamt in Berlin habe Anweisung erteilt, den Polen zu hängen. Die Justiz ist mit der Sache nicht mehr befasst."[4]

Etwa zur gleichen Zeit verhaftete die Polizei im Reichsautobahnlager bei Gotha den 18-jährigen Polen Heinrich Morawa. Er verbrachte drei Monate im dortigen Gerichtsgefängnis, bevor er im August 1940 am Straßenrand nahe der Ortschaft Hörselgau an einem Baum erhängt wurde. Es war der erste öffentliche polizeiliche Lynchmord in Thüringen. Vorgeschichte und Inszenierung dieses Mordes verliefen nach einem in der Folgezeit immer wieder angewendeten Muster: Schon Ende April 1940 hatte man ihn und die 19-jährige Fabrikarbeiterin Wally Quendt verhaftet, die Frau geschoren, durch den Ort Waltershausen geführt, auf einem Wagen auf dem Marktplatz angeprangert und anschließend im Schnellverfahren zu einer Zuchthausstrafe verurteilt. Fotos von der Anprangerung entstanden, die Presse berichtete. Man heftete ihr das Etikett der leichtlebigen, verrufenen Frau an – ausgrenzende Stereotype, die sich in späteren Fällen wiederholten. Die Staatsanwaltschaft kolportierte in ihrem Bericht ohne Weiteres das Gerücht, sie betreibe gewerbsmäßig Unzucht. Für die öffentliche Ermordung Morawas wählte die Gestapo einen Termin nach dem deutschen Sieg über Frankreich im Juni 1940. Sie überließ dem NSDAP-Kreisleiter von Gotha die Bühne. Dieser ließ die SA der umliegenden Dörfer im Karree um die geplante Mordstätte antreten

---

4 Bericht des Generalstaatsanwaltes Jena, 31. 5. 1940, ebenda, Nr. 442, Bl. 132.

und 50 polnische Arbeitskollegen aus dem nahe gelegenen Autobahnlager holen; die Gestapo erhängte den Polen, ein Amtsarzt bestätigte den Tod. Danach blieb der Tote weitere 24 Stunden am Baum hängen.[5]

Ende Januar 1941 hieß es im Bericht des Generalstaatsanwalts: „Das Scheren und öffentliche Hängen geht weiter." Die Justiz setzte der Gestapo nichts entgegen. In Bezug auf einen in Eisenach errichteten Schandpfahl[6] bemerkte der Jurist nur: Die „Stimmung in der Bevölkerung wird immer ablehnender".[7]

„Überführt und geständig" – diese Formel der Gestapo zog auch in den Sprachgebrauch der Thüringer Justiz ein, die damit das Tun der Gestapo und die sogenannte Volksjustiz legitimierte. Und „überführt" hieß, wie Robert Gellately eindrucksvoll belegt, in der Regel denunziert. Sein Urteil, dass Denunziationen häufig nichts mit der aktiven Unterstützung des nationalsozialistischen Rassismus zu tun hatten, sondern vielmehr „zu instrumentellen oder eigennützigen Zwecken benutzt wurden",[8] kann man auch für Thüringen belegen. In Bezug auf die polnischen Zwangsarbeiter kam hinzu, dass die Schwelle, um sie bei der Gestapo anzuzeigen, denkbar niedrig war. Denn mit der Eröffnung eines Arbeitserziehungslagers im Konzentrationslager Buchenwald im April 1941 gab es die Möglichkeit, sie nach kurzem Lageraufenthalt als Arbeitskraft zurückzuerhalten und gleichzeitig als warnendes Beispiel für andere Zwangsarbeiter und Zwangsarbeiterinnen zu instrumentalisieren. Tatsächlich entließ die Gestapo vier von fünf Zwangsarbeitern des Arbeitserziehungslagers Buchenwald zurück an ihre Arbeitsplätze. Vorausgegangen war eine acht Wochen umfassende, harte Bestrafung durch schwere Arbeit im Steinbruch Buchenwald. Blutige Denkzettel für unangepasste Zwangsarbeiter wurden dadurch möglich. Neben zahlreichen Denunziationen polnischer Arbeiter wegen Fernbleiben vom Arbeitsplatz gab es seit Frühjahr 1941 auch Haftgründe, wie: „hat Pflaumen aus dem Garten gestohlen", „ungenügend auf das Vieh aufgepasst", „Streit mit der Dienstmagd" oder „hat einen

---

5 Sigmar Löffler, Geschichte der Stadt Waltershausen, Erfurt/Waltershausen 2000, S. 259 f.
6 Am 15.11.1940 wurden auf dem Markt der Stadt Eisenach Hedwig Hattenhauer und der polnische Hotelangestellte Edward Pędracki an einen Schandpfahl gefesselt und öffentlich angeprangert. Edward Pędracki wurde anschließend in das KZ Buchenwald gebracht. Er starb am 3.9.1942 im KZ Mauthausen-Gusen. Häftlingspersonalunterlagen Eduard Pendracki (Edward Pędracki), 1.1.5.3./6795175ff./ITS Digital Archive, Bad Arolsen. Fotos vgl. Klaus Hesse/Philipp Springer, Vor aller Augen. Fotodokumente des nationalsozialistischen Terrors in der Provinz, Essen 2002, S. 121.
7 Bericht des Generalstaatsanwaltes Jena, 31.1.1940, Landesarchiv Thüringen – Hauptstaatsarchiv Weimar, Generalstaatsanwalt Jena, Nr. 442, Bl. 151.
8 Robert Gellately, Hingeschaut und weggesehen. Hitler und sein Volk, Stuttgart/München 2002, S. 223.

Schuhbezugsschein zerrissen". Anzeigen wegen verbotenen Umgangs stellten nur mehr einen Bruchteil – im untersuchten Zeitraum 1940 bis 1942 etwa 20 von 100 – der Haftgründe polnischer Bürger dar. Selbst diese reichen von „ist mit einem deutschen Mädchen spazieren gegangen" bis zum folgenreichen Vorwurf „Verkehr mit einer deutschen Frau".

Dankmarshausen (Thüringen) – Ravensbrück – Buchenwald

Mit der niedrigen Schwelle zur Einweisung in das Konzentrationslager war ab 1941 der Selbstermächtigung zur Verfolgung von polnischen Arbeitern Tür und Tor geöffnet. Hunderte, vor allem Bauern, machten davon Gebrauch. Besonders im ländlichen Bereich entstand ein Klima, in dem der Denunziant sich in und mit der Gemeinschaft handeln sah und im sozialen Rang noch stieg, indem er andere als Komplizen beteiligte. Beispielhaft zeigt das die Verfolgung einer Frau und eines polnischen Arbeiters im Dorf Dankmarshausen südlich von Eisenach.[9]

Die Geschichte beginnt im Frühjahr 1941 mit einer zufälligen Begegnung auf dem Arbeitsweg. Der Denunziant, ein Kesselschmied, Mitglied der NSDAP und der SA, sah zufällig den polnischen Zwangsarbeiter Stanisław Wojtas[10] in das Haus von Else Langlotz ging. Fortan überwachte er das Haus, zog seinen Arbeitskollegen, den Blockleiter der NSDAP, ins Vertrauen und bezog einen weiteren Kollegen in die Überwachung des Hauses ein. Der Blockleiter erstattete schließlich Anzeige bei der Kreispolizei, der Denunziant wurde dorthin vorgeladen und gab die Ergebnisse seiner privaten Ermittlung zu Protokoll. Gemeinsam mit einem Polizisten setzten sie die Überwachung des Polen und die nächtliche Überwachung des Hauses so lange fort, bis sie sicher sein konnten, dass sie dort beide, die Frau und den Polen, überraschen könnten. An diesem Abend Ende Mai 1941 holte der Blockleiter den Bürgermeister sowie aus der Dorfkneipe eine Anzahl Feuerwehrleute, die das Haus umstellten und sich nach Eintreffen des Kreispolizisten Zugang verschafften. Neugierige fanden sich ein; die folgende Verhaftung von Stanisław Wojtas und Else Langlotz war nunmehr Sache des

---

9 Nachfolgende Beschreibung der Vorfälle stammt aus der Rekonstruktion des Gerichts in der Urteilsbegründung, in: Christiaan F. Rüter (Bearb.), DDR-Justiz und NS-Verbrechen, Sammlung ostdeutscher Strafurteile wegen nationalsozialistischer Tötungsverbrechen, Bd. IX, S. 589 ff.

10 Stanisław Wojtas, geb. 5. 5. 1906 in Łódz, Weber, wohnhaft in Łódz, war vermutlich ein zur Zwangsarbeit im Ziegelwerk Heringen entlassener Kriegsgefangener. Häftlingspersonalunterlagen Stanisław Wojtas, 1.1.5.3./7438116ff./ITS Digital Archive, Bad Arolsen.

Dorfes geworden. Beide wurden in den Direktionsräumen des ortsansässigen Betriebes, in dem der Denunziant arbeitete, inhaftiert, am nächsten Tag von der Polizei verhört und geschlagen.

Am Nachmittag des nächsten Tages sammelten sich SA-Männer des Dorfes vor der Betriebsleitung, um die Frau zu scheren und durch das Dorf zu führen. Der Betriebsleiter lehnte ab. Die SA wandte sich nun an den Oberstaatsanwalt aus Eisenach, der sich wegen einer Brandermittlung zufällig im Dorf aufhielt. Dieser sagte, die SA dürfe handeln. Die SA-Leute schnitten Else Langlotz die Haare ab, setzten sie und Stanisław Wojtas auf zwei Stühle an die Straße und hingen ihr ein Schild um mit der Aufschrift „Ich Sau habe mich mit einem Polen eingelassen". Das Dorf versammelte sich vor diesen Stühlen, die Menge beschimpfte und bespuckte die schon durch Schläge gezeichneten Menschen, Erwachsene und Kinder aus den Nachbardörfern fanden sich ein – ein Menschenauflauf, wie ihn das Dorf noch nicht gesehen hatte. Danach führte man die Frau durch das Dorf. Ein Zeitzeuge berichtet, dass Else Langlotz schon bei der Verhaftung blutig geschlagen wurde. Vernehmung bis zum Geständnis hieß auch hier das Prinzip der Gestapo.

Else Langlotz wurde später ins KZ Ravensbrück eingewiesen, wo sie im Dezember 1942 an Typhus starb. Der polnische Zwangsarbeiter Stanisław Wojtas wurde am 7. Juni 1941 in das Arbeitserziehungslager der Weimarer Gestapo im KZ Buchenwald gebracht,[11] Haftgrund: „Verkehr mit einer deutschen Frau". Nach zehn Wochen im Arbeitskommando Steinbruch, im August 1941, starb er, angeblich an Herzinsuffizienz.

Das Verbrechen trat einige Jahre nach Kriegsende in den Fokus der an der Tat nicht unbeteiligten Eisenacher Staatsanwaltschaft. Die Urteilsbegründung im Verfahren gegen die Täter des öffentlichen Exzesses in Dankmarshausen zeigt, wie Juristen in einem 1948 in der Sowjetischen Besatzungszone geführten Prozess immer noch der Vorstellung einer spontanen „Volksjustiz" aufsaßen und die kriminelle Energie der Täter ignorierten. Dort heißt es: „Strafmildernd ist bei allen Angeklagten […] die Tatsache zu berücksichtigen, dass ihre Opfer, die L. und der Pole, keineswegs als schuldlos gelten können. Das Verbot intimen Verkehrs deutscher Frauen mit Angehörigen der Feindstaaten hätten sie beachten und respektieren müssen. Für Frau L. galt das in erhöhtem Maße

---

11 Der erste polnische Zwangsarbeiter mit dem Haftgrund „verbotener Umgang" wurde Ende Juli 1940 eingeliefert. Das Arbeitserziehungslager innerhalb des KZ Buchenwald bestand von April 1941 bis 1943. Es diente zur Bestrafung von Zwangsarbeitern und als Zwischenhaftstätte der Gestapostelle. Die meisten Insassen wurden nach 8 Wochen wieder an ihre Arbeitsstellen entlassen. Die wegen „verbotenen Umgangs" eingelieferten Polen wurden nach Ablauf dieser Frist zu Schutzhäftlingen und blieben im Lager.

als Frau eines im Feld stehenden Soldaten."¹² Auffällig bei der zeitnahen juristischen Aufarbeitung von Denunziationsverbrechen ist die Kälte gegenüber den Opfern. Die Staatsanwaltschaft ermittelte den Namen des polnischen Opfers häufig gar nicht. Im 1948 durchgeführten Verfahren um die Vorgänge in Dankmarshausen hieß er nur „der Pole", sein weiterer Leidensweg blieb ohne genaue Beschreibung.

Serba (Thüringen) – Ravensbrück – Buchenwald

Ein Fall gemeinschaftlicher Denunziation ereignete sich im August 1941 im thüringischen Dorf Serba. Dort hatte die Gestapo Ende Mai 1941 schon den Maschinisten Otto Teichert verhaftet. Der Vorwurf lautete: „Verkehr mit einer Polin". Zwei Monate später, im August 1941, wies ihn die Gestapo Weimar in das KZ Buchenwald ein, wo er als „Arbeitserziehungshäftling", später als Schutzhäftling K¹³ bis Mai 1942 inhaftiert blieb. Zum Zeitpunkt seiner Einweisung nach Buchenwald traf sich seine Frau in der Wohnung mit dem polnischen Landarbeiter Jan Pięta.¹⁴ Die Frau des Hausbesitzers empörte sich lautstark darüber; ihr Ehemann, früheres Mitglied der SA, verwies Pięta des Hauses. Der NSDAP-Zellenleiter erfuhr von dem Vorfall, forschte nach und forderte den Hausbesitzer auf: „Wenn ihr die Sache nicht anzeigt, seid ihr mitschuldig und macht euch strafbar."¹⁵ Daraufhin meldete der Hausbesitzer den Fall beim Dorfgendarmen, der jedoch wenig Interesse daran zeigte und die Geschichte für sich behielt. Im Hintergrund aber hatte die NS-Frauenschaftsführerin darauf gedrängt, die Sache weiter zu verfolgen. Der NSDAP-Kreisleiter erfuhr davon. Er ließ Hildegard Teichert und Jan Pięta im September 1941 verhaften. Einige Wochen später wurde Frau Teichert im Dorf öffentlich geschoren, anschließend weggebracht

---

12 Urteilsbegründung Landgericht Eisenach, 15. 12. 1948, in: Rüter (Bearb.), DDR-Justiz und NS-Verbrechen, Bd. IX, S. 595.
13 Mit dem Buchstaben „K" ließ die Gestapo in den Unterlagen des KZ Buchenwald und auf der Häftlingskleidung Gefangene wegen Verstoß gegen Kriegsverordnungen kennzeichnen. Sie wurden in die „K-Kompanie" eingegliedert, eine Strafabteilung, die vor allem im Steinbruch arbeitete. Häftlingspersonalunterlagen Otto Teichert, 1.1.5.3./7261284ff./ITS Digital Archive, Bad Arolsen.
14 Im Prozess vor dem Landgericht Weimar 1949 fälschlich Johann Piento genannt. Jan Pięta, geb. 15. 6. 1915 in Dąbrówka, Maurer, ledig, starb am 19. 10. 1941 im KZ Buchenwald. Häftlingspersonalunterlagen Jan Pienta (Jan Pięta), 1.1.5.3./6817266ff./ITS Digital Archive, Bad Arolsen. Vgl. Rüter (Bearb.), DDR-Justiz und NS-Verbrechen, Bd. IX, S. 154 ff.
15 Zit. in: Urteilsbegründung Landgericht Weimar, 3. 8. 1949, in: Rüter (Bearb.), DDR-Justiz und NS-Verbrechen, Bd. IX, S. 156.

und kam nie zurück.[16] Jan Pięta starb zwei Wochen nach seiner Einweisung in das KZ Buchenwald an „akuter Herzschwäche"; als Insasse der „Strafkompanie" ist er vermutlich ermordet worden.

Schöten (Thüringen) – Ravensbrück – Buchenwald

Wenn Denunziation den Ausgangspunkt der Verfolgung bildete, erzwang die Gestapo mit allen Mitteln Geständnisse. Für Thüringen ist nur ein einziger Fall überliefert, in dem eine Frau der Folter widerstand und ein Geständnis verweigerte. Die Geschichte spielt im Sommer 1941 in einem Dorf unweit von Weimar und entspricht dem häufigen Muster von Denunziationen: Zwei Nachbarsfrauen, beide Mütter von drei Kindern, beider Männer an der Front. Der Denunziantin war zu Ohren gekommen, dass ihre Nachbarin, Frau Reimann, angeblich über ihre eheliche Treue im Dorf klatschte. Verärgert darüber teilte sie dem Dorfgendarmen mit, sie habe Frau Reimann mit einem polnischen Landarbeiter gesehen. Als der Dorfgendarm sie darauf hinwies, was ein solches Gerede für Folgen haben könnte, drohte sie, selbst zum Landrat zu gehen und auch den Polizisten wegen Untätigkeit anzuzeigen. Dieser machte daraufhin Meldung, beide Beschuldigten wurden verhaftet. Frau Reimann weigerte sich, etwas zu gestehen, und musste, da sich Stanisław Pawelski[17] offensichtlich ebenfalls weigerte, zunächst entlassen werden.

Die Gestapo brachte Pawelski nach Buchenwald und holte ihn dort mehrfach zum Verhör ab. Im März 1942 fuhr sie ihn nach Schöten und erhängte ihn dort öffentlich. Frau Reimann, kurz zuvor erneut verhaftet, wurde von der Gestapo gezwungen, sich neben dem Galgen aufzustellen. Danach brachte man sie in das KZ Ravensbrück. Dort musste sie, wie es im späteren Urteil gegen die Denunziantin heißt, „unmenschliche Folterungen erdulden […]: vielfach wurde sie unter Anwendung von Daumenschrauben verhört, einmal erhielt sie auf einem Bock geschnallt 25 Schläge mit einer Stahlrute auf das nackte Gesäß, anschließend wurde sie in einen dunklen Bunker gesteckt, wo sie 7 Tage verbringen musste, einmal musste sie nackt 8 Stunden in einem Bottich mit eiskaltem Wasser stehen. Da sie sich standhaft weigerte, Geschlechtsverkehr mit dem Polen zuzugeben, wurde sie nach 4 Wochen entlassen. Durch die Behandlung hat sie

---

16 Laut Gerichtsunterlagen wurde sie „in ein Konzentrationslager gebracht, in dem sie wahrscheinlich umgekommen" ist. Zit. in: ebenda, S. 158.
17 Stanisław Pawelski, geb. 23. 10. 1911 in Siedlec, Steinmetz, verhaftet am 17. 9. 1941, Buchenwald seit 18. 9. 1941, ermordet am 24. 3. 1942. Häftlingspersonalunterlagen Stanisław Pawelski, 1.1.5.3./6785441ff./ITS Digital Archive, Bad Arolsen.

sich ein schweres Herzleiden zugezogen."[18] Die Gestapo musste Frau Reimann, Ehefrau eines Wehrmachtsoldaten, der zu ihr hielt, nach Hause entlassen. Als sie 1946 einen Antrag auf Anerkennung als Verfolgte des Naziregimes stellte, lehnte das Amt den Antrag mit der Begründung ab, sie habe nur zwei Monate im Konzentrationslager verbringen müssen.

Schmölln (Thüringen) – Ravensbrück – Buchenwald

Von Frühjahr 1940 bis Herbst 1941 gehörte die öffentliche Anprangerung von Frauen in Thüringen – wenn auch nicht massenhaft, so doch kontinuierlich – zum gesellschaftlichen Alltag. Betrachtet man die Schauplätze, so lässt sich sogar eine zunehmende Öffentlichkeit feststellen. Nach dem Sieg über Frankreich fanden öffentliche Anprangerungen verstärkt in Kleinstädten und sogar in zwei Kreisstädten statt. Die bekannten Fotoserien von der öffentlichen sozialen Hinrichtung von Frauen in Eisenach (November 1940), Schmölln (Dezember 1940), Altenburg (Februar 1941)[19] und Hohenleuben (Juli 1941) zeugen nicht nur von der Kontinuität rassistischer Praxis, sondern in ihrer Anlage und mitunter professionellen Ausführung von der Entschlossenheit, diese Ereignisse als Kampf an der inneren Front und als Erfolgsgeschichte der Gemeinschaft für die Nachwelt zu dokumentieren.[20] Die Fotoserien[21] belegen die Teilnahme der Bevölkerung an den öffentlichen Spektakeln. Diese Teilnahme entstand nicht nur spontan. Für Eisenach ist belegt, dass das Netzwerk der NSDAP mit seinen Funktionären das Zuschauen in den Rang eines Loyalitätsbeweises hob und entsprechend propagierte. In Schmölln lief ein Funktionär der NSDAP als Ausrufer mit einer Handglocke durch die Straßen der Kleinstadt, um Publikum anzuziehen. Auch während des Gangs der drei geschorenen Frauen durch Schmölln gab es von SA-Leuten initiierte Sprechchöre.

Schmölln stellt im Verfolgungskontext eine Ausnahme dar, weil die Gestapo hier in ein resistentes Arbeitermilieu einbrach. Mehrere polizeiliche Ver-

---

18 Zit. in: Urteilsbegründung Landgericht Weimar, 7. 2. 1948, in: Rüter (Bearb.), DDR-Justiz und NS-Verbrechen, Bd. IX, S. 552. Wichtige Quellen und Hinweise zu dieser Geschichte verdanke ich Herrn Udo Wohlfeld, Weimar.
19 Vgl. Hesse/Springer, Vor aller Augen.
20 Analogien ergeben sich zum Beispiel in Eisenach, wo eine Fotoserie vom letzten Gang der jüdischen Einwohner durch die Stadt 1942 Teil der offiziellen Stadtchronik wurde.
21 Die Fotografen der in Thüringen entstandenen Fotos blieben anonym. Die Qualität der Inszenierung der Fotos verweist auf Profifotografen, doch auch private „Knipser"-Fotos sind darunter.

warnungen an die Arbeiterfrauen einer städtischen Ziegelei gingen voraus, die Unterstützung der dort arbeitenden polnischen Kriegsgefangenen mit zusätzlicher Verpflegung einzustellen. Wenigstens in einem Fall ist belegt, dass auch der Ehemann in die solidarische Hilfe mit einbezogen war, sich – *vor* den sogenannten Polen-Erlassen – sogar polizeiliches Einverständnis dafür geholt hatte. Nach den Erlassen kam es dann zum Verbot, schließlich zur Anzeige. Unter der Folter gestanden drei der polnischen Arbeiter geschlechtliche Beziehungen zu den deutschen Frauen. Unter Vorhalt und Folter gestanden dann auch die drei Frauen. Elli Hofbauer berichtete später, sie habe mit dem Geständnis vor allem ihren Mann und ihre Kinder schützen wollen. Die Schilder, die ihr im Dezember 1940 auf dem Schmöllner Markt um den Hals gehängt wurden, trugen die Aufschrift: „Ich bin aus der Volksgemeinschaft ausgestoßen." Die drei verhafteten polnischen Männer wurden aus der Kriegsgefangenschaft entlassen und an die Gestapo übergeben. Sie blieben fast ein Jahr im KZ Buchenwald und wurden, nach Ablehnung ihrer Eindeutschungsfähigkeit, im Rahmen einer „Sühnemaßnahme" in Bechstedt öffentlich erhängt. Elli Hofbauer kehrte nach über vier Jahren aus dem KZ Ravensbrück nach Schmölln zu ihrer Familie zurück. Ihrer mutigen Haltung ist es mit zu verdanken, dass auf dem Marktplatz der Kleinstadt seit 2012 ein Gedenkstein liegt, der dezidiert an eine öffentliche Anprangerung erinnert.[22]

Hohenleuben (Thüringen) – Ravensbrück – Buchenwald

Ähnlich wie in Schmölln nahm das Geschehen in der Kleinstadt Hohenleuben im Juli 1941 seinen Ausgang mit einer seit Längerem befreundeten Gruppe von Frauen und polnischen Männern, entlassenen Kriegsgefangenen, die sich gemeinsam trafen und auch in der Öffentlichkeit gesehen wurden. Die Frauen stammten überwiegend nicht aus dem Ort, sondern waren dorthin zur Arbeit dienstverpflichtet. Das Spektrum der Kontakte in der Gruppe reichte vom freundschaftlichen Zusammentreffen bis zu intimen Beziehungen. Offensichtlich war die Gruppe längere Zeit toleriert worden. Doch Ende Juli 1941 wurde ihre Verfolgung Teil des Weltanschauungskrieges an der „Heimatfront" und Mittel zum Appell an die nationalsozialistische Gemeinschaft. Die Gestapo verhaftete fünf Frauen und sechs polnische Männer. Bald darauf zog man die Frauen auf einem Leiterwagen mit der Aufschrift: „Verräterin

---

[22] Wolfgang Bauer, Schmölln, in: Stadtgeschichte (2004) 10, S. 23 ff.; Amtsblatt der Stadt Schmölln, Nr. 01/2012, S. 6 f., Nr. 02/2012 mit Foto der Gedenkplatte.

am deutschen Blut" durch die Ortschaft. Örtliche Funktionäre der NSDAP schnitten ihnen vor Publikum auf dem Marktplatz das Kopfhaar ab.[23] Kurze Zeit später wies die Gestapo vier der Frauen in das Arbeitserziehungslager Breitenau ein, später in das KZ Ravensbrück. Eine der Frauen, Elfriede Gläser, entband noch das Kind des polnischen Zwangsarbeiters Adam Szczerkowski[24] und wurde anschließend nach Ravensbrück gebracht, wo sie umkam. Es war die größte öffentliche Anprangerung von Frauen in Thüringen. Die sechs polnischen Zwangsarbeiter kamen ins Konzentrationslager Buchenwald. Keiner von ihnen überlebte. Adam Szczerkowski wurde später bei einer „Sühnemaßnahme" nahe Poppenhausen mit 19 anderen Polen öffentlich erhängt. Darüber an späterer Stelle.

Mindestens zwei Fotografen hielten das Geschehen im Bild fest.[25] Sie dokumentieren eine zahlreich erschienene Menge von Zuschauerinnen und Zuschauern. Trotzdem war, wie auch von anderen Orten überliefert, die Aufnahme des öffentlichen Exzesses in der Bevölkerung differenziert. Der Bürgermeister von Hohenleuben, Herbert Scharf, hielt deshalb vier Wochen später eine versteckte öffentliche Drohung für notwendig: „Die Angelegenheit wird aber meist nicht richtig geschildert, so dass sehr geteilte Meinungen entstehen", hielt er im „Heimatbrief Nr. 12", einem mehrseitigen hektographierten Pamphlet für die zur Wehrmacht eingezogenen Männer der Stadt, fest. Und ließ eine von Ideologie und Hass getragene Ansprache folgen, die sich offensichtlich auch an die Einwohner richtete. „Diese Weiber verletzten die deutsche Frauenehre und mussten dafür büßen", heißt es dort, nicht ohne darauf hinzuweisen, dass vier der fünf Frauen gar nicht aus der Stadt, sondern Fremde gewesen seien.

---

23 Vgl. Buchenwaldarchiv, 50-2-36. Die Gedenkstätte verdankt zahlreiche Hinweise zu den Vorgängen in Hohenleuben, Fotos und Dokumente Herrn Dr. Ernst Woll, Erfurt. Vgl. Ernst Woll, Kindheitserlebnisse in den Jahren 1936 bis 1945 in der Ostthüringer Kleinstadt Hohenleuben, S. 49 f., https://docplayer.org/61757235-Ernst-woll-kindheitserlebnisse-in-den-jahren-1936-bis-1945-in-der-ostthuueringer-kleinstadt-hohenleuben.html [5. 9. 2022].
24 Adam Szczerkowski, geb. 24. 11. 1904 in Dzialoszyn, Schuster, ermordet am 10. 5. 1942, Häftlingspersonalunterlagen Adam Szczerkowski, 1.1.5.3./7234265ff./ITS Digital Archive, Bad Arolsen.
25 Einzelne Fotos in: Volkhard Knigge (Hrsg.), Buchenwald. Ausgrenzung und Gewalt 1937–1945. Begleitband zur Dauerausstellung in der Gedenkstätte Buchenwald, Göttingen 2016.

Scheren und Anprangern von Frauen in Hohenleuben, Juli 1941
Amateurfotos, Sammlung Gedenkstätte Buchenwald/courtesy of Dr. Ernst Woll

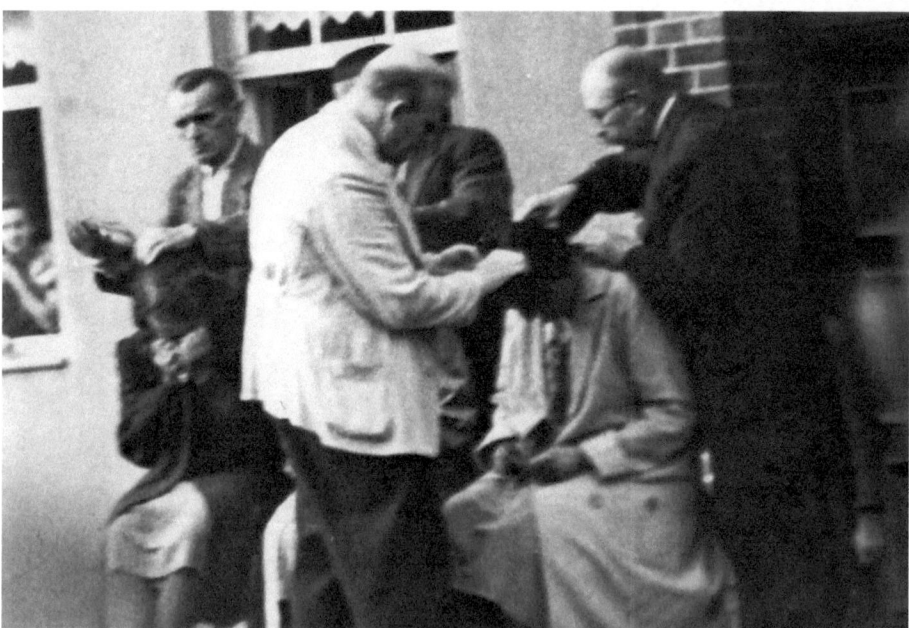

Scheren und Anprangern von Frauen in Hohenleuben, Juli 1941
Amateurfotos, Sammlung Gedenkstätte Buchenwald/courtesy of Dr. Ernst Woll

Scheren und Anprangern von Frauen in Hohenleuben, Juli 1941
Amateurfotos, Sammlung Gedenkstätte Buchenwald/courtesy of Dr. Ernst Woll

Scheren und Anprangern von Frauen in Hohenleuben, Juli 1941
Amateurfotos, Sammlung Gedenkstätte Buchenwald/courtesy of Dr. Ernst Woll

Buchenwald, Haftgrund: „verbotener Umgang"

Für die Region um das Konzentrationslager Buchenwald liegen, anders als bei den von Robert Gellately, Gisela Schwarze[26] und anderen untersuchten Verhaftungsgebieten der Gestapostellen Würzburg, Düsseldorf und Neustadt, weder entsprechende Verfolgungsakten der Gestapo, noch der Polizeihaftstätten, noch nennenswerte Überlieferungen der Sondergerichte vor. Sofern es bisher in der Geschichtsschreibung der Region überhaupt eine Erwähnung dieser öffentlichen Exzesse gab, so in einzelnen mehr oder weniger zufälligen, nicht selten unscharf beschriebenen Episoden.[27] Auch für das Konzentrationslager Buchenwald war eine Analyse auf der Grundlage von Haftunterlagen jahrzehntelang nicht möglich. Die beim damaligen Internationalen Suchdienst (ITS) dafür vorhandenen Quellen blieben der wissenschaftlichen Recherche lange Zeit verschlossen. Sich daraus erst ergebende weiterführende lokale Forschungen konnten so kaum noch mit Erfahrungsberichten von Zeitzeugen rechnen.

Im Zeitraum von 1940 bis Anfang 1943[28] wiesen verschiedene Gestapo-Stellen 400 Polen, neun Tschechen und einen Belgier wegen „verbotenen Umgangs mit deutschen Frauen" in das KZ Buchenwald ein. Die Quelle führt über den Rahmen der Region hinaus zu Ortschaften, Bauern und Unternehmen im Rheinland, in Franken, Mecklenburg, Brandenburg, Sachsen (38 Fälle), Ostpreußen, Schlesien, Hessen (25 Fälle), Niedersachsen und in der Provinz Sachsen (60 Fälle). Der Schwerpunkt liegt auf den Verhaftungsaktivitäten der Thüringer Gestapostelle Weimar (130 Fälle), die ihre Gefangenen ausschließlich nach Buchenwald einwies. Die Auswertung ergab mehr als 300 Verhaftungsorte, mehrheitlich im ländlichen Raum, nur selten in Städten. Es entsteht der Eindruck einer flächendeckenden Verfolgung in der Provinz. In einer Reihe von Fällen ergeben sich direkte Bezüge zu bislang bekannt gewordenen öffentlichen Anprangerungen

---

26 Vgl. Gellately, Hingeschaut und weggesehen, S. 211 ff.; Gisela Schwarze, Es war wie Hexenjagd … Die vergessene Verfolgung ganz normaler Frauen im Zweiten Weltkrieg, Münster 2009.
27 Vgl. Heinz Koch/Ursula Krause-Schmitt (Hrsg.), Heimatgeschichtlicher Wegweiser zu Stätten des Widerstandes und der Verfolgung 1933–1945: Thüringen, Stuttgart 2003.
28 Die zeitliche Rahmung ergibt sich aus einer spezifischen Quelle. Es handelt sich um Aufnahmebögen der KZ-Bürokratie, die nur für dieses Zeitfenster annähernd vollständig vorhanden sind. Der Fragebogen enthält Angaben zur Person, die einweisende Gestapostelle, den Tag der Verhaftung, den letzten Wohnort und Arbeitsort, den Namen des Arbeitgebers, den Haftgrund. Bei der Auswertung der Quelle haben die wissenschaftlichen Volontäre der Gedenkstätte Gerrit Schirmer und Richard Korinth mitgearbeitet, denen ich danke.

von Frauen. Doch auch ohne diese Befunde kann angenommen werden, dass die Verhaftung von polnischen Zwangsarbeitern wegen „verbotenen Umgangs" im ländlichen Raum weithin bekannt geworden ist.

Ab Herbst 1940 trafen fast jede Woche polnische Zwangsarbeiter mit dem Haftgrund „verbotener Umgang" im Konzentrationslager Buchenwald ein. In den Unterlagen der SS-Lagerverwaltung bekamen sie keine besondere Haftgruppe oder Kennzeichnung, sondern gingen in der wachsenden Gruppe der polnischen Häftlinge auf. Der erste polnische Häftling in diesem Kontext war Henryk Siejak, ein 20-jähriger Pole, verhaftet im thüringischen Berga/Elster. In seinem Einlieferungsbogen steht: „Hat mit deutschen Mädchen verkehrt."[29] Obwohl er vermutlich kein ehemaliger Kriegsgefangener war, verweist das Datum seiner Einweisung, Ende Juli 1940, auf die veränderte Situation bei der Durchsetzung der im März verfügten „Polen-Erlasse". Im gleichen Monat begannen die Entlassung polnischer Kriegsgefangener und ihre Verpflichtung durch deutsche Arbeitsämter und damit eine deutliche Veränderung der Anzahl der unter rassistischen Zwangsbestimmungen in Deutschland festgehaltenen polnischen Arbeiter.

In der Erinnerung der Überlebenden des KZ Buchenwald ließ die SS die meisten der wegen „verbotenen Umgangs" in Buchenwald eingelieferten polnischen Männer erhängen. Tatsächlich wurden in den Jahren 1940 bis 1942 in einem umzäunten Areal neben dem Kommandantenhaus immer wieder polnische Häftlinge am Galgen ermordet, die Mehrheit gehörte zweifellos zur genannten Gruppe. Auf die Gesamtzahl der 400 Verhafteten gesehen, ließ die Gestapo jeden zehnten erhängen, meist nach längerer Haft oder als „Sühnemaßnahme" in der Öffentlichkeit. Aus einem Vorgang, der zur „Sonderbehandlung" führte, ist zufällig ein Schreiben des stellvertretenden Chefs der Gestapostelle Weimar vom 20. September 1941[30] erhalten. Es betrifft die ehemaligen polnischen Kriegsgefangenen Johann Sladek, Franciszek Owczarek und Antoni Lucki. Alle drei gehörten zur Gruppe in Schmölln. Unter Folter gestanden sie intime Beziehungen. Nach ihrer Einweisung in Buchenwald im Dezember 1940 hatte die Gestapo Weimar beim Reichssicherheitshauptamt Antrag auf „Sonderbehandlung" gestellt. Rassegutachten waren angefertigt worden, und nach neun Monaten Haft wurde nunmehr die „Eindeutschungsfähigkeit in Aussicht gestellt". Eine von der

---

29 Häftlingspersonalunterlagen Henryk Siejak, 1.1.5.3./7108153ff./ITS Digital Archive, Bad Arolsen. Henryk Siejak, geb. 20. 5. 1920 in Pabianice, starb am 19. 10. 1942 in Buchenwald

30 Marlis Gräfe/Bernhard Post/Andreas Schneider, Die Geheime Staatspolizei im NS-Gau Thüringen 1933–1945, II. Halbband (Quellen zur Geschichte Thüringens, 24/II), Erfurt 2004, S. 449 f.

Lager-SS abgegebene „charakterliche Beurteilung" und ein Führungsbericht sollten schließlich den Ausschlag über Leben oder Tod geben. Ende September 1941 kam die SS dieser Aufforderung nach. Drei Monate später wurden Sladek,[31] Owczarek[32] und Lucki[33] bei einer „Sühnemaßnahme" in Bechstedt (Thüringen) öffentlich erhängt. Bislang ist im Kontext des KZ Buchenwald kein Fall von „Eindeutschung" nachgewiesen, über die wenigen in diesem Zusammenhang als „entlassen" vermerkten Polen ist nichts bekannt. Als die SS Anfang 1943 im SS-Sonderlager Hinzert eine Abteilung für „Eindeutschungsfähige" einrichtete, betraf dies nur verschwindend wenige aus dieser Gruppe der in Buchenwald inhaftierten Polen.[34]

Aus den Fällen öffentlichen polizeilichen Lynchmords mithilfe der Lager-SS des KZ Buchenwald ragen zwei Ereignisse heraus: Im Dezember 1941 wurden in Bechstedt, weithin sichtbar auf einem Hügel vor dem Dorf, 11 Polen erhängt, im Mai 1942 bei Poppenhausen 20. Fast alle Ermordeten waren Häftlinge des KZ Buchenwald. Buchenwald stellte mit einem eigens konstruierten transportablen Galgen die Mordtechnik und die Henker. NS-Parteifunktionäre nahmen teil. Die polnischen Zwangsarbeiter der Umgebung mussten stundenlang stehen und dem Morden zusehen. Die Gestapo ließ in beiden Fällen in polnischer Sprache verlesen, die Polen seien wegen intimen Verkehrs mit deutschen Frauen „zum Tode verurteilt" worden – was dem wirklichen Sachverhalt nicht entsprach. Der Anlass aber war ein gänzlich anderer: die Tötung eines deutschen Bauern und eines Landgendarmen. Mit diesen Lynchmorden entkoppelte die Gestapo den unmittelbaren Zusammenhang zwischen „verbotenem Umgang" und der Ermordung der beteiligten Polen. Die zur „Sonderbehandlung" bestimmten Polen wurden zur allgemeinen Abschreckung der Zwangsarbeiter öffentlich gehängt.

Nach Berichten des SD nahmen an dem polizeilichen Lynchmord bei Poppenhausen 800 bis 1000 Menschen, überwiegend polnische Zwangsarbeiter, teil. Außerhalb der Absperrungen, im Wald, seien weitere 600 bis 700 Frauen und Kinder aus umliegenden Dörfern zugegen gewesen. Ein katholischer Priester schrieb in der Pfarrchronik des benachbarten Autenhausen:

---

31 Johann Sladek, geb. 13. 2. 1917 in Schweizerhof, Kraftfahrer. Häftlingspersonalunterlagen Johann Sladek, 1.1.5.3./7132909ff./ITS Digital Archive, Bad Arolsen.
32 Franciszek Owczarek, geb. 17. 2. 1908 in Praszka, Schuhmacher. Häftlingspersonalunterlagen, Franz Owczarek, 1.1.5.3./6760593ff./ITS Digital Archive, Bad Arolsen.
33 Antoni Lucki, geb. 17. 1. 1911 Praszka, Schuhmacher. Häftlingspersonalunterlagen Anton Lucki, 1.1.5.3./6524793ff./ITS Digital Archive, Bad Arolsen.
34 Vgl. den Beitrag von Lena Haase und Beate Welter in diesem Band.

„Die reinste Wallfahrt [...] Frauen, die sich durch den Wald neugierig vorgedrängt hatten und zurückgewiesen worden waren, kommen uns entgegen. ‚Es hat schon begonnen!', ‚Die ersten hängen schon!' rufen sie uns roh und gefühllos zu. [...] Schon sehen wir die Menschenmenge, 500, 700 Mann! Auch einige Frauen und Mädchen! Gleich gefasst und mutig und stumm sterben alle zwanzig. Zuletzt der Mörder. Einige rufen ihm zu: ‚Sauhund! An den Füßen hängen! Langsam hängen!' Und die Henker tun es langsam. [...] Noch eine kurze Ansprache: ‚Ein Verbrechen hat seine gerechte Sühne gefunden. Einer war ein Mörder! Die anderen haben sich vergangen an deutschen Frauen und Mädchen. Genauso wie heute wird verfahren, wenn sich wieder so etwas ereignet.' (Ein Dolmetscher übersetzt es für die Polen). Die anderen 19 waren nicht Polen aus der Umgebung, sondern aus dem Lager Buchenwalde bei Weimar. 20 Polen aufgehängt in einer Reihe! Ich gehe gleich fort! Aber das schreckliche Bild geht einem nach und man bringt es so schnell nicht aus dem Kopf."[35]

Die Durchsetzung rassistischer Kontaktverbote in der deutschen Kriegsgesellschaft traf die Beziehungen zwischen polnischen Zwangsarbeitern und deutschen Frauen mit großer Brutalität und in besonderem Umfang. Eine adäquate Verfolgung deutscher Männer wegen „verbotenen Umgangs" mit polnischen Frauen ist in den Unterlagen des KZ Buchenwald nicht nachweisbar. Bei wenigen, bis jetzt gefundenen Beispielen stand das exemplarische Abstrafen einzelner NSDAP-Funktionäre, die sich nicht an die rassistischen Kontaktverbote hielten, offensichtlich im Vordergrund. Der erste in den Quellen nachweisbare Fall datiert vom Sommer 1940. Die Gestapo verhaftete den Bürgermeister des sauerländischen Dorfes Brunskappel und brachte ihn für ein Jahr nach Buchenwald. Als Haftgrund ist angegeben: „Intimer Verkehr mit einer Polin. Hat dadurch Ansehen geschädigt und Unruhe in die Bevölkerung gebracht (war Bürgermeister u. Ortsgruppenleitung)."[36] Es handelte sich ohne Zweifel um eine exemplarische und aufgrund der Stellung der Person auch öffentliche Strafe. In den Folgejahren finden sich weitere Einzelfälle exemplarischer Bestrafung von NSDAP-Funktionären, die ihre Stellung als Angestellte einer Stadtverwaltung oder Lagerführer eines Zwangsarbeiterlagers nutzten, um polnische Frauen zum Geschlechtsverkehr zu nötigen. Das entscheidende Kriterium für ihre Verhaftung war wohl, dass sie ins öffentliche Gerede kamen.

35 Archiv des Erzbistums Bamberg, Pfarrchronik Autenhausen. Für den Hinweis auf dieses Dokument, das auch in der ständigen Ausstellung in der Gedenkstätte Buchenwald gezeigt wird, danke ich dem Regionalforscher Bernd Ahnicke, Hildburghausen.
36 Häftlingsaufnahmebogen Heinrich Stemmer, 1.1.5.3./7190420_1/ITS Digital Archive, Bad Arolsen.

Nur in wenigen Fällen verweisen die Dokumente auf regimekritisches Verhalten als eigentlichen Grund für die Verfolgung wegen „verbotenen Umgangs". Auch hier ging es der Gestapo um exemplarische Bestrafung. So heißt es im Haftgrund von Jodokus Engelmeier: „Soll geduldet haben, dass seine Tochter Geschlechtsverkehr mit einem Polen unterhielt."[37] Die Aufarbeitung des Falles durch den Delbrücker Lokalhistoriker Martin Kolek ergab, dass dem eine Denunziation aus dem Dorf zugrunde lag. Tatsächlich hatte die Tochter von Engelmeier mit einem polnischen Zwangsarbeiter getanzt, und Engelmeier hatte die Ziehharmonika dazu gespielt. Doch Engelmeier, vor 1933 Mitglied der Zentrumspartei, war schon durch kritische Äußerungen gegen die NS-Euthanasie aufgefallen. Er kam 1944 im Konzentrationslager Buchenwald ums Leben. Seine Tochter Teresia, die aufgrund der Denunziation ebenfalls verhaftet wurde, überlebte das KZ Ravensbrück. Später gelang es ihr, die Denunziation zu entlarven und öffentlich zu machen.[38]

Ausblick

Die späte Öffnung der Buchenwald-Akten des International Tracing Service Bad Arolsen (heute: Arolsen Archives. International Center on Nazi Persecution) bildete einen neuen Ausgangspunkt für die Erforschung des nationalsozialistischen Terrors im Umfeld des Konzentrationslagers. Über hundert Orte allein im Einzugsbereich dieses Lagers, wo polnische Zwangsarbeiter wegen „verbotenen Umgangs" mit deutschen Frauen verhaftet worden sind, rückten damit erstmals in den Fokus der Forschung. Die Verfolgung der Frauen in diesem Kontext erscheint als kaum beschriebenes Blatt. Lokale Forschungen, wie sie auch in der vorliegenden Studie ausgewiesen sind, leisten auf diesem Feld immer noch die Hauptarbeit.

Der in der vorliegenden Studie gesetzte zeitliche Rahmen umfasst jene Jahre, in denen Repressionen gegen polnische Zwangsarbeiter bis zum öffentlichen polizeilichen Lynchmord und die Anprangerungen „verbotenen Umgangs"

---

37   Häftlingsaufnahmebogen Jodokus Engelmeier, 1.1.5.3./5821386_1/ITS Digital Archive, Bad Arolsen. Jodokus Bernhard Egelmeier, geb. 25. 4. 1886 in Westenholz, Landwirt, eingeliefert im KZ Buchenwald am 18. 12. 1942, gest. 3. 1. 1944.
38   Vgl. Martin Kolek, Zwangsarbeiter und Kriegsgefangene aus Polen und der Sowjetunion, die in der Region um Delbrück in der Zeit zwischen 1939 und 1945 arbeiteten und lebten, in: damals & heute. Informationen zur Geschichte, Natur und Heimatpflege aus Delbrück, Nr. 24, 8. 5. 2013; ders., Die Frau, die mit einem Polen tanzte, in: Neue Westfälische, 27. 1. 2015.

gegenwärtig waren. Gewalt gegen Zwangsarbeiterinnen und Zwangsarbeiter veralltäglichte sich, Teile der deutschen Bevölkerung gewöhnten sich daran – es lässt sich noch nicht schätzen, in welchem Maße. In diesem Zusammenhang bleiben Fragen nach den Akteuren der Verfolgung, nach der Binnendynamik in Dörfern oder Kleinstädten, nach der Rolle der NSDAP-Mitglieder in der Provinz und nach der Stellung traditioneller Institutionen, zum Beispiel der Kirchen. Gesellschaftsgeschichte des nationalsozialistischen Deutschlands, aber auch der deutschen Nachkriegsgesellschaft kommt in den Blick. Schließlich stützt sich die Studie auf die wenigen juristisch aufgearbeiteten Fallgeschichten, die, wie jetzt deutlich geworden ist, nur einen Bruchteil des Geschehens repräsentieren. Viele Fälle wurden nie untersucht, die Opfer dieser Verfolgung, polnische Männer wie deutsche Frauen, sind vielerorts vergessen. Dem entspricht, dass die Anzahl der Geschichtszeichen und Gedenkstätten, die auf Opfer dieser Verfolgung verweisen, denkbar gering ist.[39]

Im Jahr 2016 öffnete in der Gedenkstätte Buchenwald eine neue Dauerausstellung unter dem Titel „Ausgrenzung und Gewalt".[40] Neben der Geschichte des Konzentrationslagers rückt sie die Frage in den Mittelpunkt, wie eine auf Rassismus gegründete Gemeinschaft, in der verfassungsmäßige Rechte außer Kraft gesetzt sind, durch Ausgrenzung permanent Gewalt produziert und in diesem Prozess zivilisatorische Grenzen niederreißt.

Erstmals in einer historischen Dauerausstellung der Gedenkstätte Buchenwald wird die brutale Durchsetzung rassistischer Umgangsverbote dargestellt. Die Ausstellung thematisiert die Vorgänge in Hohenleuben und den polizeilichen Lynchmord im südthüringischen Poppenhausen. Beide Ereignisse markieren den Höhepunkt des öffentlichen Anprangerns und Mordens in der Region, aber nicht den Endpunkt. In der Ausstellung stehen sie im Zentrum eines Narrativs, das die Täter, die Zuschauer und die Opfer eines Gesellschaftsverbrechens vorstellt.

---

39 Vgl. den Beitrag von Christine Glauning in diesem Band.
40 Vgl. Knigge, Buchenwald. Ausgrenzung und Gewalt.

CHRISTA SCHIKORRA

Unerlaubte Beziehungen

Wegen „verbotenen Umgangs" inhaftierte Männer
im KZ Flossenbürg

Die Inhaftierung in einem Konzentrationslager war für die wegen eines Umgangsdelikts verfolgten polnischen Männer, die in Deutschland zur Arbeit gezwungen wurden, eigentlich nicht vorgesehen. Mit den sogenannten Polen-Erlassen vom 8. März 1940 wurde ein ausdifferenziertes System repressiver Maßnahmen gegenüber polnischen Zwangsarbeitern eingeführt. Dazu gehörte auch das Verbot der Kontaktaufnahme mit Deutschen außerhalb der Arbeit; insbesondere bei intimen Kontakten mit Deutschen wurde die „Sonderbehandlung", sprich: Todesstrafe angesetzt. Den Deutschen, mehrheitlich Frauen, drohte die Einweisung in ein Konzentrationslager. Analog zu diesen Polen-Erlassen wurden am 20. Februar 1942 die sogenannten Ostarbeiter-Erlasse eingeführt, die die aus den Gebieten der Sowjetunion kommenden Zwangsarbeiter betrafen und die strikten Regularien ihres Aufenthaltes und Arbeitseinsatzes festlegten. Nach heutigen Schätzungen leisteten rund 13 Millionen Menschen Zwangsarbeit im Deutschen Reich.[1] Das Delikt des „verbotenen Umgangs" steht im Spannungsfeld zwischen den wirtschaftlichen Notwendigkeiten eines umfangreichen Einsatzes ausländischer Arbeitskräfte einerseits und den sicherheitspolitischen Bedenken der Führungsebene vor dem Hintergrund der nationalsozialistischen Rassenpolitik andererseits.

Die Skala der Bestrafungen reichte von Verwarnung bis zur Einweisung ins KZ; wurden jedoch sexuelle Kontakte von Polen und „Ostarbeitern" mit deutschen Frauen unterstellt, hatte das die Todesstrafe für die Zwangsarbeiter zur Folge. Den Frauen drohte vielfach KZ-Haft, in der Regel wurden sie zuvor im Ort öffentlich angeprangert und gedemütigt.

Aussagen über die „Gruppe" der wegen des Umgangsdelikts inhaftierten Männer für das KZ Flossenbürg zu machen ist schwierig, denn in der Überlieferung existiert diese Gruppe nicht. Die Quellenlage zu Männern, die wegen

---

[1] https://www.zwangsarbeit-archiv.de/zwangsarbeit/zwangsarbeit/index.html [9. 9. 2022].

„verbotenen Umgangs" in das KZ Flossenbürg deportiert wurden, ist äußerst disparat – ganz anders als in der Historiografie des Frauen-KZ Ravensbrück, wo in den Zugangslisten Vermerke zum „GV [Geschlechtsverkehr]-Verbot" notiert sind und im Lagerjargon der Begriff der „Bettpolitischen" geprägt wurde.[2]

Das KZ Flossenbürg

Die Entscheidung für den KZ-Standort Flossenbürg fiel in den Jahren 1937/38.[3] SS-Kommissionen sondierten damals zum einen potenzielle Standorte neuer Konzentrationslager mit den Möglichkeiten der Baustofferzeugung (Granitsteinbrüche/Ziegeleiwerke), zum anderen wurden die Verfolgungs- und Repressionsmaßnahmen auf weitere Bevölkerungsgruppen ausgedehnt. Dies betraf vor allem die Vorbereitung und Durchführung groß angelegter Verhaftungsaktionen seitens der Polizei und die Einweisung der Gefangenen in die arbeitsökonomisch umstrukturierten bzw. neu gegründeten Konzentrationslager. Im Vordergrund der staatspolizeilichen Maßnahmen stand nun nicht mehr nur die Verfolgung der politischen Gegner, sondern eine als gesellschaftliche Säuberungsarbeit begriffene, als „rassische Generalprävention" gesehene Zunahme und systematisch organisierte Verfolgung gesellschaftlicher Außenseiter.[4]

Die KZ-Häftlinge von Flossenbürg wurden in dem von der SS-eigenen Deutschen Erd- und Steinwerke (DESt) betriebenen Granit-Steinbruch vor Ort ausgebeutet, ab 1943 wurde das Lager zum Rüstungsstandort für die Firma Messerschmitt. Ein System von über 80 Außenlagern erstreckte sich von Bayern über Böhmen und Sachsen. Rund 100 000 Häftlinge hielt die SS zwischen 1938 und 1945 im Konzentrationslager Flossenbürg und seinen Außenlagern gefangen. Sie stammten aus über 30 Ländern, die meisten von ihnen aus Osteuropa. Mindestens 30 000 Gefangene kamen während der Haft zu Tode.

Das Gelände der heutigen Gedenkstätte umfasst rund die Hälfte des ehemaligen Häftlingsbereichs und Teile des SS-Bereichs. Einige der Originalgebäude sind erhalten geblieben. Zwei Dauerausstellungen widmen sich der Geschichte

---

2 Insa Eschebach, „Verkehr mit Fremdvölkischen". Die Gruppe der wegen „verbotenen Umgangs" im KZ Ravensbrück inhaftierten Frauen, in: dies. (Hrsg.), Das Frauen-Konzentrationslager Ravensbrück. Neue Beiträge zu Geschichte und Nachgeschichte, Berlin 2014, S. 154–173.
3 Jörg Skriebeleit, Flossenbürg – Hauptlager, in: Wolfgang Benz/Barbara Distel (Hrsg.), Flossenbürg. Das Konzentrationslager Flossenbürg und seine Außenlager, München 2007, S. 11–60, hier S. 12.
4 Nikolaus Wachsmann, KL. Die Geschichte der nationalsozialistischen Konzentrationslager, München 2015, S. 168 ff.

Unerlaubte Beziehungen

Teilansicht des Häftlingslagers, April 1945
National Archives, Washington D. C.

des KZ und den Nachwirkungen des Konzentrationslagers bis in die Gegenwart. Die heutige Gedenkstätte als arbeitende Einrichtung ist vergleichsweise jung, erst seit Ende der 1990er-Jahre wurde die Einrichtung aufgebaut.

Unter den derzeit mehr als 92 000 nachweisbaren namentlich bekannten Zugängen in das KZ Flossenbürg gibt es einige wenige Einträge, die auf den Haftgrund „verbotener Umgang" hinweisen. Die in Flossenbürg eingelieferten kriminalisierten Zwangsarbeiter waren Polen, Russen, Ukrainer und wurden als solche registriert. Darunter befanden sich auch die wegen des vermeintlichen oder realen Kontakts mit deutschen Frauen Inhaftierten, ohne dass dies systematisch aufgenommen worden wäre. Ein zusätzlicher Vermerk bzw. Rückschluss aus weiteren Quellen, der auf „verbotenen Umgang" hindeutet, lässt sich derzeit nur für 21 Namen in den Memorial Archives, der Datenbank der KZ-

Gedenkstätte, nachweisen.⁵ Die Dunkelziffer wird größer sein, da ein Vermerk, der Aufschluss über das „Umgangsdelikt" gibt, die Ausnahme ist und nicht die Regel. So sind aus anderen Sammlungen und Archiven bekannte Namen in der Datenbank der Kategorie nicht ersichtlich zu zuordnen.

Hintergründe

Bei den sogenannten Umgangsdelikten handelt es sich um die Kriminalisierung von sozialen und intimen Beziehungen zwischen Deutschen und Zwangsarbeitern bzw. Kriegsgefangenen während des Zweiten Weltkriegs. Silke Schneider analysiert in ihrer wegweisenden Studie zum Thema⁶ die zugrunde liegenden Ordnungsvorstellungen, die wesentlich von der nationalsozialistischen Rassenpolitik geprägt waren und die den Anspruch formulierten, das Private den rassepolitischen Vorgaben zu unterstellen.

Ulrich Herbert verweist in seinen frühen Veröffentlichungen zu Zwangsarbeit darauf, dass die Kriegswirtschaft des Deutschen Reiches spätestens seit 1942 alternativlos auf ausländische Zwangsarbeiter:innen angewiesen war.⁷ Dabei standen die wirtschaftlichen Erwägungen immer in einem Spannungsfeld zur rassistischen Ideologie. Es ging stets auch – so Isabel Heinemann, „um die Verschränkung von wirtschaftlicher Ausbeutung, Lebensraum-Eroberung und Umsetzung einer rassistischen Ideologie, die zwischen deutschen ‚Herrenmenschen' und ‚slawischen Untermenschen' differenzierte".⁸ Der zwangsweise Arbeitseinsatz von Millionen von ausländischen Arbeiter:innen vollzog sich quasi vor der eigenen Haustür bzw. auf dem eigenen Hof. Xenophobe und rassistische Demütigungen und Diskriminierungen gehörten zum Kriegsalltag der deutschen Mehrheitsgesellschaft.

Die Kriminalisierung der Kontakte zwischen Deutschen und Ausländern fußte auf der NS-Rassenpolitik, proklamierte völkisch definierte Ordnungs-

---

5   Abfrage Memorial Archives (MemArc), Online-Datenbank der KZ-Gedenkstätte Flossenbürg vom 26. 4. 2021.
6   Silke Schneider, Verbotener Umgang. Ausländer und Deutsche im Nationalsozialismus. Diskurse um Sexualität, Moral, Wissen und Strafe, Baden-Baden 2010.
7   Ulrich Herbert, Fremdarbeiter. Politik und Praxis des „Ausländer-Einsatzes" in der Kriegswirtschaft des Deutschen Reiches, Berlin 1985; ders., Der „Ausländereinsatz" in der deutschen Kriegswirtschaft 1939–1945, in: Rimco Spanjer u. a. (Hrsg.), Zur Arbeit gezwungen. Zwangsarbeit in Deutschland 1940–1945, Bremen 1999, S. 13–21, hier S. 17 f.
8   Isabel Heinemann, Ökonomie der Ungleichheit. Unfreie Arbeit und Rassenideologie in der ethnischen Neuordnung Europas 1939–1945, in: Geschichte in Wissenschaft und Unterricht 66 (2015) 5/6, S. 302–322, hier S. 302.

vorstellungen, die Sondergerichtsbarkeit und Polizei repressiv durchsetzten, und maßregelte das Verhalten Einzelner im Sinne einer angestrebten Volksgemeinschaft. Reguliert wurde der Kontakt zwischen ausländischen Zwangsarbeiter:innen und deutscher Zivilbevölkerung durch ein ganzes Paket von Maßnahmen, die mit Ziel einer „rassischen" Neuordnung Europas einhergingen. Mitte Januar 1941 reglementierte ein Erlass des Reichssicherheitshauptamtes (RSHA) die Behandlung von ausländischen Arbeitskräften im Deutschen Reich.[9] Die daraus folgenden Maßnahmen wurden in Form von Erlassen und Verordnungen fixiert, propagandistisch verbreitet und von der örtlichen Polizei geahndet.

Verfolgungskontexte

In der Historiografie zum KZ Flossenbürg ist ein herausragendes Beispiel zum Themenkomplex „verbotener Umgang" die Foto-Dokumentation der Ermordung des polnischen Zwangsarbeiters Julian Majka am 8. Mai 1942 in Michelsneukirchen in der Nähe von Cham.[10] Die fünf Aufnahmen dieser Fotoserie zeigen eindrücklich, wie sich die Erhängung eines Zwangsarbeiters vollzogen hat. Unter der erzwungenen Zuschauerschaft von Zwangsarbeiter:innen aus den umliegenden Ortschaften führte ein sogenanntes Exekutionskommando die Hinrichtung durch. Dieses setzte sich aus Angehörigen der Gestapo Regensburg, Mitgliedern der Politischen Abteilung des KZ Flossenbürg, einem Lagerarzt und zwei KZ-Häftlingen zusammen. Das Flossenbürger Kommando war in den Jahren 1941 und 1942 im gesamten Gau Bayerische Ostmark und darüber hinaus tätig.[11]

Die Fall-Geschichten der Männer, die wegen des Delikts „Verbotener Umgang" in das KZ Flossenbürg deportiert wurden, in den Blick zu nehmen, ist ein mühsames Unterfangen. Letztlich besteht die Datengrundlage, um über Verfolgungswege der Betroffenen bis zur Einweisung in das Konzentrationslager Flossenbürg sprechen zu können, aus Aktensplittern und Zufallsfunden. Das wenige, was zu diesen KZ-Häftlingen bislang bekannt ist, liegt nicht in einem in

---

9 Mark Spoerer, Zwangsarbeit unter dem Hakenkreuz. Ausländische Zivilarbeiter, Kriegsgefangene und Häftlinge im Deutschen Reich und im besetzten Europa 1939–1945, Stuttgart 2001, S. 25.
10 Vgl. Thomas Muggenthaler, Verbrechen Liebe. Von polnischen Männern und deutschen Frauen: Hinrichtungen und Verfolgungen in Niederbayern und der Oberpfalz während der NS-Zeit, Viechtach 2010, vgl. auch den Beitrag von Thomas Muggenthaler in diesem Band.
11 Jörg Skriebeleit, „Ein normales Ereignis". Fünf Erinnerungsfotos aus Flossenbürg, in: Muggenthaler, Verbrechen Liebe, S. 7–17, hier S. 15 f.

sich geschlossenen Aktenkonvolut vor. Für das Lager selbst sind umfangreiche Namensauflistungen der Zugänge in den Nummernbüchern aus der Registratur des Konzentrationslagers überliefert. Doch diese Einträge lassen keinerlei Rückschlüsse auf die Verfolgungswege zu.

Darum ist es unabdingbar, die Verfolgungskontexte in den Blick zu nehmen. Wichtige Akteure bei der Ahndung der Umgangsdelikte sind die einweisenden Polizeidienststellen. In von der Gestapo Würzburg geführten Personenakten finden sich einzelne Unterlagen zu dem betreffenden Personenkreis. Die Personenakten enthalten in der Regel den Schriftverkehr der befassten Dienststellen. Daneben sind Protokolle von umfangreichen Vernehmungen überliefert, die vielfach mit voyeuristischem Blick geführt wurden und die die Umstände des „Vergehens" zu ergründen suchen. Neben den Daten des im Polizeiarrest befindlichen osteuropäischen Zwangsarbeiters enthalten die Dokumente Informationen zu der betreffenden deutschen Frau, wurden Denunziant:innen benannt, Einlassungen von Nachbarn oder Familie skizziert, über Fragen nach Einvernehmlichkeit und „Verführung" spekuliert sowie die beteiligten Stellen dokumentiert. So scheint in den Personenakten ein breiter Kontext sozialer Bezüge auf, der letztlich auf die Perspektive der aktenführenden Personen beschränkt bleibt. Im Bestand der Gestapo Würzburg sind Überstellungen in das KZ Flossenbürg zu belegen, aber auch von anderen Gestapo-Dienststellen wie Regensburg, Karlsbad oder Nürnberg-Fürth sind Transporte nach Flossenbürg bekannt.

Die im Folgenden zitierten Fallbeispiele sind Zufallsfunde aus den Würzburger Gestapo-Akten.[12]

KZ-Haft nicht die Regel, sondern die Ausnahme

Die betroffenen Ausländer wurden nach einer Denunziation in der Regel in Polizeihaft genommen und meist in der Nähe ihres Arbeitsortes vor den Augen anderer Zwangsarbeiter hingerichtet; wie die erwähnte Fotoreihe von Michelsneukirchen eindrücklich dokumentiert. Ob die KZ-Haft – jedenfalls zu Beginn der 1940er-Jahre – eher die Regel oder die Ausnahme war, kann bislang auf Basis der fragmentiert überlieferten Dokumente nicht eindeutig beantwortet werden. Anzunehmen ist, dass sich im Verlauf des Krieges die Praxis der Hinrichtungen

---

12 Staatsarchiv Würzburg (StAWü), Bestandsbezeichnung „Gestapo Würzburg" umfasst rund 25 000 Personenakten der Staatspolizeistelle Würzburg, seit 1941 Außendienststelle Würzburg der Stapo-Stelle (seit 1943 Geheime Staatspolizei-Leitstelle) Nürnberg-Fürth, von denen fast 6000 erst nach 1990 vom ehemaligen Berlin Document Center übernommen wurden.

änderte. Als Tendenz zeichnet sich ab, dass die Hinrichtung vor Ort mit (zwangsweise zugeführten) Zuschauer:innen aufgegeben und stattdessen vermehrt zu Einweisungen in Konzentrationslager übergegangen wurde. Die Exekutionen an männlichen Zwangsarbeitern aus Polen und der Sowjetunion wurden somit in die Konzentrationslager verlagert.

Im Einzelfall schlägt sich das wie folgt in den Akten der Gestapo Würzburg nieder: Im März 1941 nimmt die örtliche Gendarmerie den 32-jährigen Ludvik Czaban in einem Dorf im Landkreis Kitzingen fest. Margarete Hofmann hatte ihn wegen Vergewaltigung angezeigt. Hofmann war die Ehefrau des Inhabers eines Hofes, auf dem Czaban Zwangsarbeit leisten musste. Ihr Mann war zu der Zeit an der Front, sie war im sechsten Monat schwanger. In den Vernehmungen, die einen Großteil der Würzburger Gestapo-Akten[13] ausmachen, geht es aus Sicht der Behörde vor allem darum zu ergründen, ob es sich bei dem angezeigten Delikt um einen einmaligen Gewaltakt gehandelt habe oder um eine einvernehmliche Beziehung. Warum dieses Beispiel hier aufgeführt ist, liegt in einem weiteren Hinweis begründet, der ebenfalls dem Schriftverkehr der Polizeidienststellen zu entnehmen ist. Im August 1941 – Czaban war in Schutzhaft genommen worden und befand sich im Polizeigefängnis – schreibt die Außendienststelle Würzburg an die zuständige Stapo-Stelle Nürnberg, „[...] bitte, darauf hinzuwirken, dass die evtl. Hinrichtung in einem KL. erfolgt, da diese in der Nähe des Tatortes zweifellos eine starke Erregung in der kath. Bevölkerung Mainfrankens hervorrufen würde".[14] Daraus lässt sich schließen, dass erstens im Jahr 1941 die Hinrichtung eines Zwangsarbeiters in der Nähe des Lebensumfeldes des Betroffenen die gängige Praxis war und dass zweitens die Verfolgungsbehörden Konzentrationslager bereits als alternative Exekutionsorte in den Kanon ihrer Maßnahmen aufgenommen hatten.

Was dieser Vermerk letztlich über die katholische Bevölkerung Mainfrankens aussagt, unterstützt die These, dass die katholische Landbevölkerung Bayerns eine gewisse Resistenz gegenüber nationalsozialistischen Maßnahmen einnahm, insbesondere wenn diese katholische polnische Zwangsarbeiter:innen betraf.[15] Dass trotz staatlicher Verbote insbesondere für die katholische Landbevölkerung ihre kulturelle Identität und ihre traditionelle Arbeits- und Lebensweise entscheidend waren für ihren Umgang mit den bei ihnen beschäftigten

---

13 StAWü, Gestapo 19239, ohne Seitenangaben.
14 Ebenda, Schreiben Stapo-Außenstelle Würzburg an die Stapo-Stelle Nürnberg, Referat II E 3 vom 29. 9. 1941.
15 John J. Delaney, Rassistische gegen traditionelle Werte. Priester, Bauern und polnische Zwangsarbeiter im ländlichen Bayern, in: Andreas Heusler u. a. (Hrsg.), Rüstung, Kriegswirtschaft und Zwangsarbeit, München 2010, S. 163–178, hier S. 169 ff.

polnischen Zwangsarbeitern, ist vielfach belegt. Die Mahlzeiten wurden gemeinsam eingenommen, es gab Einladungen zu Familienfesten oder an kirchlichen Feiertagen der gemeinsame Besuch der Heiligen Messe. Die nationalsozialistische Rassenpolitik konnte sich in dem Milieu kaum durchsetzen.

Das Zitat aus dem Schreiben der Stapo-Außendienststelle Würzburg belegt, dass bereits im Sommer 1941 Konzentrationslager als Exekutionsorte für kriminalisierte Zwangsarbeiter vorgeschlagen wurden. Der aus Tarnopol stammende Ludvik Czaban wurde als Polizeihäftling im Januar 1942 in das KZ Flossenbürg deportiert, wo er am 5. Juli 1942 als Abgang nach Stutthof verzeichnet ist. Die Todesmeldung aus dem KZ Stutthof ein halbes Jahr später, vom 22. Januar 1943, findet sich lediglich als Stempel auf der Effektenkarte aus dem KZ Stutthof wieder.[16] Ob sein Tod durch Exekution oder durch den Terror der KZ-Haft erfolgte, bleibt offen.

Ludvik Czaban ist einer der 21 Flossenbürger Häftlinge, die derzeit unter dem Stichwort „verbotener Umgang" in der Datenbank namentlich recherchierbar sind. Sein Name ist zwar auch in der Zugangs- und Abgangsregistrierung verzeichnet, jedoch nicht mit einem Vermerk „verbotener Umgang". Dass er aus diesem Grund in KZ-Haft kam, erschließt sich ausschließlich aus den überlieferten Würzburger Gestapo-Akten, die bislang nicht systematisch ausgewertet werden konnten.

Veränderte Praxis im Kriegsverlauf

Obwohl die Überlieferung als fragmentarisch bezeichnet werden muss, lässt sich erkennen, dass sich die Ahndung von sogenannten GV-Verbrechen im Verlauf des Krieges änderte. Wurde im Jahr 1942 eine Mehrzahl der Männer hingerichtet, änderte sich diese Praxis in den folgenden Jahren. Das zeichnet sich in den Unterlagen der Gestapo Würzburg zu Feodor Butrej ab.[17] Im Sommer 1942 verhaftete die Polizei den Ukrainer Feodor Butrej und die Deutsche Margarete Sch. nach einer Denunziation der Ehefrau des Bauern, bei dem beide arbeiteten. Diese schilderte gegenüber dem örtlichen Gendarmerieposten ausführlich, wie sie die beiden beobachtet und des Geschlechtsverkehrs überführt habe.[18] Während die Bauersleute den Ukrainer als fleißig und für die Feldarbeit unverzichtbar

---

16 USHMM, ITS 4444423.1, in MemArc AGFl S.21.12036.2101.
17 StAWü, Gestapo-Akten, 13448, ohne Seitenangaben.
18 Auch nachfolgende Zitate aus StAWü, Gestapo-Akten, 13448, Vernehmungsprotokoll des Gendarmerieposten R., LK Ebern, Reg. Bez. Mainfranken an die Geheime Staatspolizei, Staatspolizeistelle Nürnberg-Fürth, Außendienststelle Würzburg, vom 23. 7. 1942.

beschrieben, bescheinigten sie der Deutschen, die als ledige Dienstmagd ihr uneheliches Kind bei ihrer Schwester in Pflege untergebracht habe, einen schlechten Leumund, außerdem habe sie „seit ihrem Dienstantritt nur Unfrieden ins Haus gebracht". Die Polizeiakte der Würzburger Gestapo enthält eine Aktennotiz über die fernmündliche Anordnung der Schutzhaft gegen beide Beschuldigten durch das Reichssicherheitshauptamt Berlin IV C2 in Berlin als oberste Polizeibehörde.[19] Der Vermerk bezieht sich auf einen Polizeibericht vom 19. Januar 1943. Angeordnet wurde die Schutzhaft gegen Butrej mit der Begründung: „indem er dadurch, daß er mit einer deutschen Frau in einer das gesunde Volksempfinden gröblichst verletzenden Weise intim verkehrte, erhebliche Unruhe in weite Kreise der Bevölkerung trägt". Gegen Sch. wurde Schutzhaft angekündigt und erklärt: „indem sie dadurch, dass sie mit einem Ukrainer intim verkehrte, die gegenüber einem Angehörigen eines fremden Volkstums selbstverständliche Zurückhaltung vermissen läßt und das gesunde Volksempfinden gröblichst verletzt". Abschließend hieß es: „Die Sch[...] ist in das KL. Ravensbrück und Butrej in das KL. Floßenbürg als Facharbeiter, worauf ich das KL. hinzuweisen bitte, zu überführen."[20] Beide befanden sich bis zu dem Zeitpunkt in Würzburg in Polizeihaft. Feodor Butrej wurde im Frühjahr 1943 als Zugang im KZ Flossenbürg registriert, nach einigen Wochen kam er auf Transport in das KZ Dachau. Er wurde laut US-amerikanischer Dokumentation im Mai 1945 im Außenlager Schleißheim befreit.[21]

Ebenso wie der kriminalisierte Zwangsarbeiter Butrej auf Anordnung des RSHA ausdrücklich als Facharbeiter in das KZ Flossenbürg eingewiesen wurde, zogen die Verfolgungsbehörden auch im folgenden Fall eine KZ-Einweisung der Todesstrafe vor, auf eine „Sonderbehandlung" sollte verzichtet werden. Im März 1943 verhaftete die örtliche Polizei den ukrainischen Zwangsarbeiter Wasyl Dazkiw im Landkreis Marktheidenfeld, Mainfranken. Der Vorwurf: „verbotener Umgang" mit Bertha M., der Tochter des Bauern, bei dem er arbeiten musste. Auch Bertha M. wurde verhaftet und zur Sache vernommen. In den Akten sind verschiedene Protokolle von Vernehmungen überliefert, in denen vorrangig erörtert wurde, ob das Verhältnis einvernehmlich gewesen oder Zwang ausgeübt worden sei.[22] Diesbezüglich wurden gegenseitig Schuldvorwürfe erhoben. Dieser

---

19 StAWü, Gestapo-Akten, 13448, Geheime Staatspolizei, Staatspolizeistelle Nürnberg-Fürth, Fernschreibnebenstelle, FS Nr. 704, Berlin Nr. 19934.
20 Ebenda.
21 USHMM, ITS Digital Archive/1.1.8.1/10797060_1, in: MemArc AGFl S.21.362.83.
22 StAWü, Gestapo-Akten, 7010. Vernehmungsprotokoll vom 2. 3. 1943, 5. 3. 1943 und 9. 3. 1943, alle Geheime Staatspolizei, Staatspolizeistelle Nürnberg-Fürth, Außenstelle Würzburg, B-Nr. II A R.

zum Teil sehr voyeuristisch anmutende Versuch der Klärung des Tatvorwurfs findet sich in den Akten zum „verbotenen Umgang" immer wieder. Im vorliegenden Fall sind zwei Sachverhalte bemerkenswert. Die Bauerntochter Bertha M. wird nach 14-tägiger Haft mit der Auflage einer Kaution entlassen. Der Aktenvermerk vom 6. Mai 1943 gibt zu den Beweggründen Auskunft: „Bertha M. ist neben ihrer 55 Jahre alten Mutter die einzige Arbeitskraft im Betrieb und haben beide das 35 Morgen umfassende Anwesen zu bewirtschaften. Der Vater starb vor einem Jahr. Ein Bruder fiel im September 1941 in Rußland. Drei weitere Brüder stehen noch an der Front. Bertha M. wird deshalb zur geordneten Weiterführung des landwirtschaftlichen Betriebs dringend benötigt. Die Inschutzhaftnahme der M. würde die Fortführung des Betriebs ernstlich gefährden [...], da z. Zt. brauchbare Arbeitskräfte nicht zu bekommen sind."[23] Im selben Vermerk wird zum weiteren Vorgehen zu Wasyl Dazkiw festgestellt: „Das RSHA hat mit FS-Erlaß vom 20. 4. 43 entschieden, daß die Voraussetzungen für eine Sonderbehandlung des Ostarbeiters Dazkiw nicht gegeben sind. Dazkiw ist einem KL. zum Arbeitseinsatz zuzuführen." Dazkiw befand sich bereits seit dem 30. März 1943 im KZ Flossenbürg, im November 1944 wurde er in das Außenlager Mülsen St. Micheln transportiert. Dort mussten die KZ-Häftlinge unter lebensbedrohlichen Arbeitsbedingungen Triebwerke für den Flugzeugbau fertigen. Einen Monat später, am 19. 12. 1944, wurde in der Registratur die Todesmeldung zu Wasyl Dazkiw notiert.[24]

Im Fall von Wasyl Dazkiw wurde statt der Todesstrafe, in der NS-Diktion „Sonderbehandlung", die Einweisung in ein Konzentrationslager zum Arbeitseinsatz angeordnet. Wenngleich Dazkiw die KZ-Haft nicht überlebte, macht auch sein Beispiel deutlich, dass seit Frühjahr 1943 rassistische Motive gegenüber ökonomischen Interessen nachrangig behandelt wurden: Der Bedarf an Arbeitskräften hatte Priorität. Es zeichnet sich ab, dass spätestens ab 1943 die KZ-Haft im Kanon der Strafen für die wegen „Umgangsverbots" kriminalisierten Zwangsarbeiter zur Regel wurde. Gezielte Exekutionen von Zwangsarbeitern in den Konzentrationslagern fanden kaum noch statt. Das lässt sich untermauern mit Angaben über polnische Zwangsarbeiter, die in das KZ Flossenbürg gebracht und dort durch Erhängung ermordet wurden. Ihre Schicksale sind größtenteils in den Akten der Gestapo Regensburg[25] wegen des sogenannten GV-Verbots überliefert. Von den 15 namentlich bekannten Zwangsarbeitern wurden neun

---

23 Ebenda, Vermerk Geheime Staatspolizei, Staatspolizeistelle Nürnberg-Fürth, Außenstelle Würzburg, B-Nr. II A R.
24 U.S. National Archives, Washington D.C, NARA Entry Number P 60 (ARC Identifier: 6274000); in: MemArc AGFl S.22.61.32.
25 StA Amberg, Staatsanwaltschaft Regensburg 147.

hingerichtet, acht im Verlauf des Jahrs 1942. Weitere Namenseinträge verzeichnen den Tod von zwei Zwangsarbeitern für das Jahr 1944.

Bislang stehen in den Einzelfallschilderungen die polizeilichen Maßnahmen im Vordergrund. Es soll jedoch nicht unerwähnt bleiben, dass alle in den Würzburger Gestapo-Akten dokumentierten „GV-Verbrechen" – mit Ausnahme einer Selbstanzeige – den Behörden durch Denunziation von Privatpersonen bekannt wurden. Die Beteiligung der Bevölkerung an der Ahndung von Beziehungen zwischen Ausländern und Deutschen scheint erheblich gewesen zu sein. Für die Durchdringung des Privaten war das Engagement von Familienangehörigen, Nachbarn, Bekannten eine wesentliche Voraussetzung. Der Verfolgungsapparat von Justiz und Polizei allein hätte ein solches Ausmaß an Überwachung und Einschüchterung niemals gewährleisten können.

Aussagen über die Haft- und Überlebensbedingungen der wegen verbotenen Umgangs inhaftierten Männer im KZ Flossenbürg zu machen ist nach derzeitigem Forschungsstand unmöglich. In den überlieferten Berichten, Aussagen und Interviews ist meines Wissens dieser Haftgrund in Schilderungen zum Lageralltag schlicht nicht existent.

Ein geschlechterperspektivischer Blick

Betrachtet man die Praxis der Verfolgung „Verbotenen Umgangs", ist die Geschlechterperspektive unumgänglich. Für die Kriminalisierung von sozialen und intimen Beziehungen zwischen Deutschen und Zwangsarbeitern, die als „Umgangsverbot" bezeichnet werden, ist festzustellen, dass die Zwangsarbeiter bis auf wenige Ausnahmen männlich, die beteiligten Deutschen in der Regel weiblich waren. Anfänglich sahen die Verfolgungsbehörden für die kriminalisierten deutschen Frauen KZ-Haft vor, während über die kriminalisierten osteuropäischen Zwangsarbeiter die Todesstrafe verhängt wurde. Diese wurde – wie skizziert – ab spätestens 1943 in KZ-Haft umgewandelt.

Die Verfolgung der Frauen hatte dabei einen deutlich sexualisierten Charakter. Bereits in ihren Heimatorten wurden sie in der Regel öffentlich gedemütigt. Sie mussten auf dem Dorfplatz quasi am Pranger stehen oder wurden durch die Straßen getrieben, bevor sie in Polizeihaft kamen. Diese Praxis diente mit Blick auf die Zivilbevölkerung an der „Heimatfront" nicht zuletzt der Abschreckung. Das „Vergehen" der deutschen Frauen wurde als „Rassen- bzw. Volksverrat"[26] gewertet.

26 Schneider, Verbotener Umgang, S. 191.

Die Polizeihaft der Frauen war lediglich eine Zwischenstation auf dem Weg ins Konzentrationslager. Dort wurden Frauen, denen „verbotener Umgang" zum Vorwurf gemacht wurde, zwar als politische Häftlinge registriert und mit dem roten Winkel gekennzeichnet. Im Lagerjargon der Mithäftlinge galten sie jedoch als „Bettpolitische". Mit dieser abwertenden und diffamierenden Bezeichnung wurde ihnen deutlich ihr Platz in der Häftlingsgesellschaft zugewiesen.[27]

Anders die Gruppe der mit dem „Umgangsverbot" kriminalisierten Männer, die nicht mehr hingerichtet, sondern in KZ-Haft genommen wurden. Sie waren im KZ Flossenbürg nicht als eigene Gruppe sichtbar. Weder wurden „Umgangsdelikte" in den Namensbüchern für die Zugänge ins Lager systematisch erfasst, noch sind Häftlinge mit diesem Haftgrund in Erinnerungsberichten als Gruppe präsent. Die kriminalisierten Zwangsarbeiter wurden mit ihrer Inhaftierung im KZ Flossenbürg wie auch in den anderen Konzentrationslagern mit dem roten Winkel gekennzeichnet und sind als politische Häftlinge in den Lagerregistraturen verzeichnet. Ein Zusatzvermerk klassifizierte sie als Polen, Russen, Ukrainer, und als solche wurden sie wohl auch von den anderen Häftlingen wahrgenommen.

Das Stigma „Bettpolitische" für die inhaftierten Frauen drängt die rassenideologische Grundierung des Delikts in den Hintergrund. Die Wahrnehmung dieser Frauen ist vor allem eine sexistische, sie werden im Lager aufgrund ihres tatsächlichen oder unterstellten Verhaltens gedemütigt und erniedrigt; dass das ihnen vorgeworfene Delikt „rassenideologische" Grenzen überschritt, hat kaum mehr Relevanz. Die Männer dagegen verlassen den Kontext des Delikts und gehen in der nationalen Zuordnung auf.

---

27 Vgl. Eschebach, „Verkehr mit Fremdvölkischen", S. 171.

SEBASTIAN BONDZIO · MICHAEL GANDER

„Das gesunde Volksempfinden gröblichst verletzt"[1]

Die Verfolgung „verbotenen Umgangs" durch die Osnabrücker Gestapostelle

Die Gestapo hatte ab spätestens 1941 die „Federführung bei der Überwachung der Fremd- und Zwangsarbeiter" übernommen und widmete dieser Aufgabe einen Großteil ihrer Ressourcen.[2] Damit kam der nationalsozialistischen Staatspolizei eine zentrale Rolle bei der Identifizierung und Sanktionierung verbotener Beziehungen zu, die der Ideologie einer homogenen „Volksgemeinschaft" zuwiderliefen.[3] Dafür legte die Gestapo Akten zu den ihr bekannt gewordenen Fällen solchen Umgangs an. Auch wenn sich Verdächtigungen dann nicht bestätigten, wurden staatspolizeiliche Routinemaßnahmen[4] ergriffen, die dafür sorgten, dass den Betroffenen der Kontakt mit der Geheimen Staatspolizei in Erinnerung blieb. Sie entschied über Maßnahmen gegen beschuldigte Personen, sanktionierte Zwangsarbeiter, übergab Kriegsgefangene an die Militärjustiz und andere Personen an die Gerichte und Sondergerichte. Das Spektrum der Fälle in den Gestapo-Quellen ist breit. Um nun herauszuarbeiten, was sich hinter „der Bezeichnung des verbotenen Umgangs tatsächlich verbarg",[5] betont

---

1 Aus der Gestapo-Karteikarte über den kath. Pfarrer Gustav Görsmann, angelegt am 24. September 1941, Niedersächsisches Landesarchiv (NLA) OS Rep. 439 Nr. 11972.
2 Vgl. Carsten Dams/Michael Stolle, Die Gestapo. Herrschaft und Terror im Dritten Reich, München 2008, S. 126; Ulrich Herbert, Fremdarbeiter. Politik und Praxis des „Ausländer-Einsatzes" in der Kriegswirtschaft des Dritten Reiches, Bonn 1999, S. 142.
3 Eine Übersicht über die kodifizierten Umgangsverbote bietet: Silke Schneider, Verbotener Umgang. Ausländer und Deutsche im Nationalsozialismus. Diskurse um Sexualität, Moral, Wissen und Strafe, Baden-Baden 2012, S. 166–218.
4 Vgl. Sebastian Bondzio, „At least he got cautioned". Digitally Researching the Gestapo's Ruling Practices, in: Julia Timpe/Frederike Buda (Hrsg.), Writing the Digital History of Nazi Germany. Potentialities and Challenges of Digitally Researching and Presenting the History of the „Third Reich", World War II and the Holocaust, (im Erscheinen).
5 Urszula Lang, Zur Kriminalisierung und Verfolgung der Kontakte zwischen Deutschen und Ausländern während des Zweiten Weltkriegs in Nordbayern, Neustadt an der Aisch 2017, S. 94. Einen solchen Ansatz verfolgt auch: Eginhard Scharf, Die Verfolgung pfälzischer Frauen wegen „verbotenen Umgangs" mit Ausländern, in: Hans-Georg Meyer/Hans

Lang in ihrer Regionalstudie zu Nordbayern die Bedeutung praxeologischer Ansätze.[6]

Im Unterschied zur umfangreichen, wenn auch lückenhaften Würzburger Überlieferung sowie Teilbeständen aus Düsseldorf, Neustadt an der Weinstraße und Trier sind andernorts nicht einmal Bruchstücke der Gestapo-Akten erhalten. Die Sachakten der Osnabrücker Gestapostelle wurden vollständig vernichtet. Ihre Personenkartei[7] dagegen, die der Behörde als zentraler Wissens- bzw. Vorratsdatenspeicher diente, ist weitgehend erhalten geblieben.

Die Osnabrücker Gestapo-Kartei ist eine von den insgesamt nur sechs teilweise oder ganz erhaltenen Personenkarteien von Gestapostellen im Deutschen Reich.[8] In ihr speicherte die Gestapo auf 48 767 Karteikarten Informationen zu 48 015 Personen. Jede Karteikarte enthält Angaben zur Person sowie zu „Sachverhalten". Dabei handelte es sich um kurze, objektivierende und ideologisch konforme Beschreibungen dessen, was die Aufmerksamkeit der Gestapo erregt hatte. Mit Blick auf die Arbeitsabläufe der Staatspolizei ermöglichten diese Karteikarten erste personenbezogene Recherchen und erschlossen den Zugang zu den ausführlicheren Akten. Auf insgesamt 30 225 Karten wurden ein oder mehrere „Sachverhalte" aufgetragen, die Informationen zu den die jeweilige Person betreffenden Vorgängen enthalten, wie insbesondere Anschuldigungen und von der Gestapo getroffene Maßnahmen. Die insgesamt 40 934 „Sachverhalte" bilden die personenbezogene Tätigkeit der Osnabrücker Gestapostelle zwischen 1933 und 1945 fast vollständig ab.[9]

Eingang in die sogenannte Gestapo-Kartei fanden im August 1941 auch Angaben über Anni Witte. Die damals in Osnabrück lebende 31-jährige deutsche Staatsangehörige war durch ihr Verhalten gegenüber einer polnischen Person aufgefallen. Die Gestapo hielt im „Sachverhalt" fest: „Die W. hatte wiederholt mit einer [sic] Polen in Verkehr gestanden, der nicht den Abstand bewies, den eine Deutsche den Polen gegenüber zeigen musste, sie wurde vernommen und

---

Berkessel (Hrsg.), „Unser Ziel – die Ewigkeit Deutschlands" (Die Zeit des Nationalsozialismus in Rheinland-Pfalz, Bd. 3), Mainz 2001, S. 79–88.

6   Vgl. Dams/Stolle, Die Gestapo, S. 171 f.
7   Die Osnabrücker Gestapo-Kartei ist Teil der Bestände des Niedersächsischen Landesarchivs, Abteilung Osnabrück, und trägt die Signatur NLA OS Rep. 439.
8   Vgl. Sebastian Weitkamp, Die Kartei der Politischen Polizei/Gestapo-Stelle Osnabrück 1929–1945, in: Niedersächsisches Jahrbuch für Landesgeschichte 89 (2017), S. 107–119, hier S. 110 f.
9   Eine nähere Beschreibung der Personenkartei findet sich in: Sebastian Bondzio/Christoph Rass, Allmächtig, allwissend und allgegenwärtig? Die Osnabrücker Gestapo-Kartei als Massendatenspeicher und Weltmodell, in: Osnabrücker Mitteilungen 124 (2019), S. 223–260.

ernstlich gewarnt."¹⁰ Nähere Auskünfte zu den konkreten Formen der beanstandeten Kontakte oder wie die Gestapo Kenntnis davon erhielt, liefert der aufgetragene Sachverhalt nicht, und auch die Vernehmungsergebnisse fehlen. Klar ist nur, dass die Gestapo Anni Witte anschließend routinemäßig verwarnte und ihr damit sehr deutlich machte, dass das ihr vorgeworfene Verhalten nicht im Einklang mit den Vorstellungen der „Volksgemeinschaft" stand, als deren Exekutivorgan sich die Gestapo sah.¹¹

Trotz der begrenzten Aussagekraft der einzelnen Karteikarte wird die Bedeutung der Osnabrücker Gestapo-Kartei als Quelle zur Erforschung staatspolizeilicher Praktiken der Überwachung und Verfolgung von verbotenen Beziehungen bereits im Einzelfall sichtbar. Neben den Fällen, die zu größerem juristischen Aufwand oder zu Internierungen in Konzentrationslagern geführt haben, umfasst die Gestapo-Kartei auch diejenigen Fälle, die lokal und ohne Mobilisierung weiterer NS-Institutionen bearbeitet wurden. Durch ihre annähernde Vollständigkeit bietet die umfassend digitalisierte Kartei deshalb auch ohne die personenbezogenen Akten die Möglichkeit, die Praxis der Gestapo Osnabrück im Feld verbotener Beziehungen zu untersuchen.¹²

Ziel dieses Beitrags ist es, die in der Osnabrücker Gestapo-Kartei enthaltenen Informationen zu verbotenem Umgang strukturanalytisch auszuwerten. Auf drei Ebenen werden deshalb zunächst Profile sichtbar gemacht, die das Phänomen des verbotenen Umgangs greifbar machen. Nach einleitenden Bemerkungen werden das Sozialprofil der verfolgten Personen, das Profil der verfolgten Handlungen sowie das Profil der Maßnahmen, mit denen die Gestapo dem verbotenen Umgang begegnete, herausgearbeitet. Im vorletzten Abschnitt führen wir die drei in den Profilen entwickelten Perspektiven zusammen und diskutieren am Beispiel der Subkategorie sexueller Kontakte die Bedeutung der Faktoren Geschlecht und Nationalität für die Verhängung von Maßnahmen durch die Gestapo eingehender. Reflexionen über verbotenen Umgang und die Gestapo-Karteien als Quelle schließen diesen Beitrag ab. Sein begrenzter Umfang bietet uns dabei die Möglichkeit, das Potenzial der Gestapo-Kartei als Quelle aufzu-

---

10 NLA OS Rep. 439 Nr. 47278.
11 Vgl. Klaus-Michael Mallmann/Gerhard Paul, Die Gestapo. Weltanschauungsexekutive mit gesellschaftlichem Rückhalt, in: dies. (Hrsg.), Die Gestapo im Zweiten Weltkrieg. „Heimatfront" und besetztes Europa, Darmstadt 2000, S. 599–650, hier S. 612.
12 Die Hauptkartei der Osnabrücker Gestapostelle wurde an der Universität Osnabrück im DFG-Forschungsprojekt „Überwachung. Macht. Ordnung. Personen- und Vorgangskarteien als Herrschaftsinstrument der Gestapo" (DFG-Projektnummer: 394480672) digitalisiert, die enthaltenen Informationen wurden extrahiert und in eine Forschungsdatenbank überführt.

zeigen. Zugleich kann nur eine bestimmte Tiefe der Differenzierung erreicht werden. Deshalb möchte dieser Beitrag in erster Linie die intensivere Nutzung der Gestapo-Karteien zur Erforschung des Komplexes „verbotener Umgang" anregen.

„Verbotener Umgang" in der Osnabrücker Gestapo-Kartei

Insgesamt 604 „Sachverhalte" lassen sich in der Osnabrücker Gestapo-Kartei der Verfolgung und Bestrafung von Beziehungen zwischen deutschen und ausländischen Personen zurechnen. Zwischen 1939 und 1945 machten sie damit rund drei Prozent aller „Sachverhalte" aus. Bei aller Vorsicht mit Vergleichen weisen die reichsweiten Verhaftungszahlen der Gestapo wegen des Umgangs mit Ausländer:innen auf einen ähnlichen Anteil der Gestapotätigkeit hin[13] Diese 604 „Sachverhalte" finden sich auf den Karten von insgesamt 592 Personen. Die Zahl der namentlich erfassten Personen war allerdings höher, da die Gestapo nicht zu jeder beteiligten Person eine eigene Karteikarte anlegte. So lässt sich z. B. keine Karteikarte zu der polnischen Person nachweisen, der Anni Witte angeblich mit zu geringem Abstand begegnet war. Dies war die Regel. Da die Gestapo auf den Karteikarten auch die Aktenzeichen der zum „Sachverhalt" zugehörigen Fallakte notierte, können wir feststellen, dass nur eine Minderheit der „Sachverhalte", etwa jeder sechste, ein Fall war, dessen Aktenzeichen auf mehreren Karteikarten vorkam. Dem verbotenen Umgang lassen sich 517 verschiedene Aktenzeichen der Gestapo zuordnen.[14] Hierbei handelt es sich um die Fälle, die der Gestapo bekannt wurden. Es ist darüber hinaus von einer unbekannten Anzahl unerlaubter Beziehungen auszugehen, die der Gestapo verborgen blieben.

Verbotener Umgang verteilte sich über den gesamten räumlichen Zuständigkeitsbereich der Osnabrücker Gestapostelle (siehe die Abbildung auf der folgenden Seite). Auffällig sind die Räume mit erhöhter Konzentration der Gestapotätigkeit im Süden des Osnabrücker Regierungsbezirks, die im Kontrast zu den dünn besiedelten Landkreisen Meppen und Aschendorf-Hümmling stehen. Die genauen Gründe für die Differenz sind noch genauer zu untersuchen. Sie ergeben sich aus der Kombination einer heterogenen Besiedlungsstruktur des Regierungs-

---

13 Vgl. Herbert, Fremdarbeiter, S. 142.
14 Lang kommt für Würzburg zu einer ähnlichen Zahl. Vgl. Lang, Kriminalisierung und Verfolgung, S. 93 f. Gellately zählt 150 Vorgänge zu verbotenem Umgang allein zwischen „polnischen Fremdarbeitern und Deutschen" in den Akten der Gestapo Neustadt. Vgl. Robert Gellately, Hingeschaut und weggesehen. Hitler und sein Volk, Bonn 2005, S. 223.

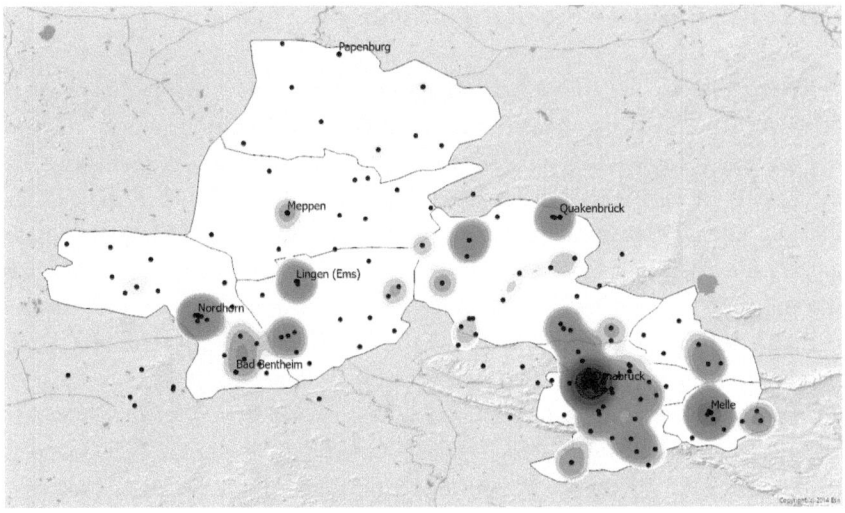

Räumliche Verteilung verbotenen Umgangs
im Osnabrücker Regierungsbezirk (1939–1945)
Sebastian Bondzio/Michael Gander

bezirks, den industriellen Zentren in Osnabrück und Nordhorn sowie der Präsenz der Gestapostellen in Osnabrück und Bentheim, unweit von Nordhorn. In die Industriezentren wurden weitaus mehr Zwangsarbeiter:innen deportiert,[15] und zugleich war der Weg zur Gestapo für Denunzierende nicht weit. Welche Rolle außerdem die jeweils unterschiedlich intensive Zusammenarbeit der verschiedenen Polizeidienststellen und Landratsämter mit der Gestapo spielte, lässt sich auf der Basis der Gestapo-Kartei nicht sagen. Sicher ist aber, dass z. B. die Landratsämter in Bersenbrück und Melle Zwangsarbeiter:innen weitaus häufiger sanktionierten als andere.[16] In den meisten Fällen ging es dabei um die Aufrechterhaltung der erzwungenen Arbeitskraft für die deutsche Kriegswirtschaft.[17] Die Fälle verbotenen Umgangs treten aufgrund ihres genuin völkisch-ideologischen Charakters deshalb umso mehr hervor.

---

15 Zu Zwangsarbeit in den Industriezentren des Regierungsbezirks Osnabrück siehe: Michael Gander/Hubert Titz (Schriftleitung), Zwangsarbeiter und Kriegsgefangene in der Grafschaft Bentheim, Nordhorn 2005; Michael Gander, Die Lager für Zwangsarbeiterinnen und Zwangsarbeiter während des Zweiten Weltkrieges, in: Thorsten Heese (Hrsg.), Topografien des Terrors. Nationalsozialismus in Osnabrück, Bramsche 2015, S. 324–352.
16 Vgl. Bondzio/Rass, Allmächtig, allwissend und allgegenwärtig?, S. 258.
17 Vgl. Sebastian Bondzio, Doing ‚Volksgemeinschaft'. Wissensproduktion und Ordnungshandeln der Gestapo, in: Geschichte und Gesellschaft 47 (2021) 3, S. 343–379, hier S. 375.

Das Sozialprofil der verfolgten Personen

Personen, die von der Gestapo in Osnabrück wegen verbotenen Umgangs verfolgt wurden, waren durchaus divers. „Volksgenossen", also diejenigen die von der Gestapo als zugehörig zur deutschen „Volksgemeinschaft" gedacht wurden, machten etwa zwei Drittel dieser Opfergruppe aus. Polnische Staatsangehörige bildeten mit 16 Prozent die zweitgrößte Gruppe, „Russen"[18] und Niederländer kamen mit 6 Prozent bzw. 4 Prozent weit dahinter. Auffällig ist der deutlich höhere Anteil polnischer Personen gegenüber niederländischen und sowjetischen. Die Gesamtzahl der letzteren Gruppen war im Bezirk der Gestapo Osnabrück nämlich deutlich größer. Niederländische Staatsangehörige unterlagen allerdings nicht den völkischen Sonderregeln. Von den 18 verschiedenen Staatsangehörigkeiten, die die Gestapo erfasste, hatten nur die vier größten Gruppen jeweils einen Anteil von über zwei Prozent. Seltener finden sich die Angaben französisch, belgisch, ukrainisch, lettisch, serbisch, kroatisch und tschechisch sowie völkische Kategorien jenseits heutigen Staatsangehörigkeitsrechtes wie „Ostarbeiter", „böhmisch/mährisch", „danziger", „deutsch/roma", „roma" und „volksdeutsch".

Das rassenpolitische Kalkül, das hinter dieser Verfolgung stand, zeigt sich in den Geschlechterverhältnissen. Insgesamt betreffen 56 Prozent der Karteikarten männliche Personen und 44 Prozent weibliche. Wird diese Aufstellung allerdings nach deutsch/nicht-deutsch differenziert, verschiebt sich dieses Verhältnis. Während 53 Prozent der „Volksgenossen" weiblich waren, lag dieser Anteil bei den Nicht-Deutschen bei 30 Prozent.[19] Deutlich wird, dass es der Gestapo nicht nur darum ging, nicht-deutsche Personen zu bestrafen. Ihre Kartei legt nahe, dass sie im Kontext verbotenen Umgangs ebenfalls Energie darauf verwendete, die Handlungen von „Volksgenossen" zu sanktionieren und so die „Volksgemeinschaft" zu „schützen". Dabei waren es vor allem die Fälle sexuellen Kontaktes und sexueller Gewalt zwischen deutschen Frauen und nicht-deutschen Männern, die zu einer vermehrten Registrierung deutscher Frauen in der Kartei führte.

Unterschiede weisen auch die von der Gestapo notierten Geburtsdaten von in verbotenen Umgang involvierten Personen auf, die sich ebenfalls entlang der Geschlechterlinien manifestieren. Frauen, die wegen verbotenen Umgangs

---

18 Die Eintragung „Russisch" in der Kartei umfasst auch Angehörige anderer Sowjetrepubliken.
19 Dabei ist anzumerken, dass der Gesamtanteil von Frauen unter den zivilen und kriegsgefangenen Zwangsarbeiter:innen im August 1944 bei rund 22 % lag.

erfasst wurden, waren durchschnittlich deutlich jünger als die Männer in dieser Kategorie. Das höhere Alter der Männer lässt sich vor allem auf die deutschen Männer zurückführen. Die Gruppe der Personen ohne deutsche Staatsangehörigkeit war dabei insgesamt deutlich jünger als die deutsche Gruppe. Bei Ersteren betrug der Anteil der Altersgruppe zwischen 15 und 34 Jahren fast 80 Prozent, während nur knapp die Hälfte der deutschen Personen dieser Altersgruppe angehörte.

Die Heterogenität der von der Gestapo angegebenen Berufe aller deutschen und nicht-deutschen Personen deutet daraufhin, dass es verbotenen Umgang nicht nur an den Hauptstätten der Zwangsarbeit gab, sondern auch darüber hinaus. Zwar verweisen viele Berufsangaben auf unqualifizierte und qualifizierte Industriearbeiter oder in der Landwirtschaft Tätige, es finden sich aber auch eine Reihe von Handwerker:innen, Angestellte, Beamt:innen, Militärangehörige oder im Kirchendienst Tätige. Für deutsche Frauen wurde dagegen meistens die Angabe „Ehefrau" festgehalten.

Rund 330 „Sachverhalte" zu verbotenem Umgang, also 55 Prozent, betreffen zivile ausländische Zwangsarbeiter:innen. Neben rund 13 000 Kriegsgefangenen waren im August 1944 insgesamt etwa 30 000 weitere Personen im Regierungsbezirk Osnabrück im erzwungenen Arbeitseinsatz. Im Vergleich zu Delikten wie Arbeitsvergehen oder Flucht registrierte die Gestapo solche Fälle relativ selten. Auffällig an der Entwicklung der jährlichen Auftragungszahlen zu verbotenem Umgang von zivilen Zwangsarbeiter:innen sind die im Vergleich zu den Vorjahren starken Anstiege 1941 und 1943 sowie der leichte Rückgang 1944, obwohl die Zahl der ausländischen Personen im Regierungsbezirk noch zunahm. Die beiden Anstiege korrespondieren mit jeweils sehr starken Zunahmen der Zahl der Zwangsarbeiter:innen im Gestapobezirk. Die Auftragungen der Kategorie des verbotenen Umgangs von Kriegsgefangenen, insgesamt 153, stiegen in den Jahren 1942 und 1944 stark an. Ging dem Anstieg in 1942 eine starke Zunahme der Arbeitseinsätze von Kriegsgefangenen voraus, so änderte sich am Umfang dieses Arbeitseinsatzes 1944 wenig. Ob sich an den Gelegenheiten des Kontaktes zu Deutschen etwas änderte, die Gestapo dem Kontakt zu Kriegsgefangenen, die nun zunehmend aus der Sowjetunion stammten, mehr Aufmerksamkeit schenkte oder etwas anderes dafür ursächlich war, gilt es noch zu klären.

Das Profil verfolgten Verhaltens

In den „Sachverhalten" ihrer Kartei beschrieb die Gestapo die kriminalisierten Kontakte kurz.[20] Mehr als die Hälfte der insgesamt 604 „Sachverhalte" fallen in die Kategorie sozialer Kontakte. Zu ihnen gehört auch der eingangs zitierte Fall von Anni Witte. Andere Sachverhalte beschrieben die Formen des verbotenen Umgangs genauer. So wurde beispielsweise die 30-jährige Henny Lachmund von der Staatspolizei verwarnt, weil sie „den bei ihr beschäftigten polnischen Landarbeiter zusammen mit Volksdeutschen an einem Tisch hat essen lassen".[21] Profiteure der Zwangsarbeit hatten dafür zu sorgen, dass die ideologisch gewollte Ordnung auch in ihrem Haus realisiert wurde.

Von diesen sozialen Kontakten sind sexuelle Kontakte zu unterscheiden. Ein Viertel der Fälle bezieht sich auf intime Verhältnisse zwischen deutschen und anderen Staatsangehörigen. In der Gestapo-Kartei lassen sich insgesamt 123 solcher „Sachverhalte" identifizieren. Meistens betreffen sie deutsche Frauen oder nicht-deutsche Männer. Der Fall der Deutschen Lina Surmann[22] und des Polen Boleslaw Wernicki[23] veranschaulicht erneut die Bedeutung, die die Gestapo der rassenpolitischen Dimension der „Volksgemeinschaft" beimaß. Der polnische Zwangsarbeiter wurde am 10. Juli 1942 „auf Befehl des Reichsführers-SS in einem Waldstück in Andervenne erhängt".[24] Zuvor hatte er laut Angaben der Gestapo Lina Surmann geschwängert und war daraufhin untersucht worden, ob er den „Anforderungen für eine Eindeutschung"[25] entsprach. Das positive Ergebnis dieser Untersuchung schützte ihn dennoch nicht vor der Hinrichtung. Für die werdende Mutter bedeutete das Ergebnis allerdings, dass sie das Kind austragen und ohne Vater großziehen musste. Gegen Lina Surmann ergriff das Reichssicherheitshauptamt (RSHA) nach einer verkürzten Haft wegen ihrer Schwangerschaft keine weiteren Maßnahmen.[26] Die Gestapo nutzte hier ihre Macht, um im Namen der imaginierten „Volksgemeinschaft" gewaltvoll in Lebensplanungen einzugreifen und zu entscheiden, wer sterben und wer leben sollte.

---

20 Bei den „Sachverhalten" handelt es sich um wenig formalisierte Freitextfelder. Ein „Sachverhalt" kann deshalb mehreren Kategorien zugeordnet werden. Siehe: Bondzio/Rass, Allmächtig, allwissend und allgegenwärtig?, S. 240.
21 NLA OS Rep. 439 Nr. 23140.
22 NLA OS Rep. 439 Nr. 41881.
23 NLA OS Rep. 439 Nr. 46234.
24 Ebenda.
25 Ebenda.
26 Vgl. NLA OS Rep. 439 Nr. 41881.

Kontakt- art	1933	1934	1935	1936	1937	1938	1939	1940	1941	1942	1943	1944	1945	Gesamt
Ehe- ngele- genheiten	–	–	–	–	–	–	–	–	2	–	1	–	–	3
Gewalt	–	–	–	–	–	–	–	2	2	1	–	–	–	5
Handel	–	–	–	–	–	–	–	–	2	8	6	14	3	33
Hilfeleis- tungen	–	1	–	–	–	–	–	5	8	6	19	16	2	57
sexuelle Gewalt	–	–	–	–	–	–	–	1	3	1	4	2	–	11
sexuelle Kontakte	–	–	–	2	1	4	2	2	20	42	37	37	3	150
Sonstiges	–	–	–	–	–	–	2	–	1	–	12	2	3	21
soziale Kontakte	–	–	–	–	1	–	1	16	49	55	95	92	15	324

Arten des verbotenen Umgangs in der Osnabrücker Gestapokartei nach Jahren
Sebastian Bondzio/Michael Gander

Weitere relevante Kategorien verbotenen Umgangs waren Hilfeleistungen an Personen, die von der „Volksgemeinschaft" ausgeschlossen waren (10 %), oder Handelsbeziehungen mit ebendiesen (5 %). Im Mai 1943 wurde etwa Erna Hawighorst staatspolizeilich gewarnt, „weil sie an einen Ostarbeiter Brotmarken verschenkt hatte".[27] Im November desselben Jahres wurde Marie Wiegand genötigt, 20 RM an das Deutsche Rote Kreuz zu zahlen, weil sie Brot an einen „Ostarbeiter" verkauft hatte. Die Gestapo war bemüht, diese Geldstrafe als freiwillig einzuordnen, und hielt deshalb fest: „Sie hat ihre verwerfliche Handlung bereut und RM 20 an das DRK als Sühne bezahlt."[28]

Die Häufigkeit der Kontaktkategorien variierte von Jahr zu Jahr. Die Tabelle zeigt die Frequenz der Notiz unterschiedlicher Kategorien kriminalisierter Kontakte durch die Gestapo in Osnabrück. Sie bestanden zunächst hauptsächlich in Kontakten zu jüdischen Deutschen. Diese relativ wenigen Fälle zeigen bereits an, dass die Gestapo Osnabrück schon vor Kriegsbeginn über Erfahrungen in der

---

27 NLA OS Rep. 439 Nr. 17375.
28 NLA OS Rep. 439 Nr. 46559.

Kriminalisierung, Verfolgung und Sanktionierung von unerwünschten Kontakten verfügte. Als sich nach 1939 zunehmend mehr Nicht-„Volksgenossen" im Regierungsbezirk aufhielten, kam es zu einer systematischeren Registrierung der Fälle. Die Zahl stieg bis 1943 jährlich an und ging 1944 leicht zurück. Dabei blieb der Anteil der Kategorie „Soziale Kontakte" relativ stabil bei 50 bis 60 Prozent. Der Anteil sexueller Kontakte nahm nach einem Anstieg von 10 auf 40 Prozent bis 1942 anschließend leicht ab, blieb in absoluten Zahlen aber weitgehend gleich. Dies kann als Folge erfolgreicher Abschreckungsmaßnamen der Gestapo gedeutet werden, aber auch auf bessere Formen der Verheimlichung durch die Beteiligten oder ein verändertes Denunziationsverhalten hindeuten. Bemerkenswert ist die deutliche Zunahme der „Hilfeleistungen" ab 1943. Der in deutscher Perspektive ungünstige Kriegsverlauf sowie eine erhöhte Aufmerksamkeit der Gestapo für Fälle dieser Art sind als Gründe plausibel. Dabei ist es nicht unwahrscheinlich, dass es zwischen beiden eine kausale Verbindung gab. Schließlich machten sich die Gestapo und SD regelmäßig ein Bild von der Stimmung in der Bevölkerung und reagierten in ihrer Überwachung darauf.

Das Maßnahmenprofil der Gestapo

Den unterschiedlichen Formen verbotenen Umgangs setzte die Gestapo ein differenziertes Set an Maßnahmen entgegen. Am häufigsten und in jedem zweiten Fall setzte die Gestapo ihre routinemäßige Maßnahmenfolge bestehend aus Festnahme, Vernehmung und Verwarnung ein. Fast jede dritte Maßnahme war über die routinemäßige Festnahme hinaus mit einer Inhaftierung der beschuldigten oder verdächtigten Personen verbunden. Die Inhaftierung konnte während der Ermittlungen in eigenen Haftzellen und als Strafe in „Arbeitserziehungslagern" oder Konzentrationslagern erfolgen. Im geringeren Umfang verhängte die Gestapo Geldstrafen (6 %), überstellte Personen an die Justiz (4 %) oder schränkte deren Mobilität ein (3 %).

Als rassenpolitische Maßnahmen nutzte die Gestapo Sterilisierungen, erzwungene Schwangerschaftsabbrüche oder „Sonderbehandlungen". Letztere umschrieben die Hinrichtung von Menschen euphemistisch und wurden insbesondere im Zusammenhang mit sexuellen Kontakten gegen Männer aus Osteuropa verhängt (3 %). Die „Sonderbehandlung" war die härteste Maßnahme der Gestapo, wurde allerdings nicht in jedem Fall vollzogen. In manchen Fällen entschied das RSHA auf einen Arbeitseinsatz im Konzentrationslager.

Die Gesamtzahl der Maßnahmen entwickelte sich parallel zu den Zahlen der kriminalisierten Kontakte in zwei Stufen (Tabelle S. 227). Beginnend auf einem

Maßnahme	1936	1937	1938	1939	1940	1941	1942	1943	1944	1945	Gesamt
Arbeitspolizeiliche Maßnahme	1	–	–	–	1	1	1	–	4	–	8
Bio-/Bevölkerungspolitische M.	–	–	–	–	–	4	4	7	3	–	18
Einschränkung von Mobilität und anderen Freiheiten	–	–	–	–	–	1	–	11	3	2	17
Geldstrafe	–	–	–	–	–	5	2	9	19	4	39
Haft	–	–	–	1	9	30	51	52	42	5	190
Konfiszierung	–	–	–	–	–	–	–	1	1	–	2
Kooperation mit anderer Institution	–	–	–	–	1	1	3	12	8	–	25
Maßnahme aufgehoben	–	–	–	–	–	–	–	–	1	–	1
Politische Maßn.	–	–	1	–	–	1	–	–	–	–	2
Sonstige Maßn.	–	–	–	–	–	1	2	1	3	–	7
Staatspolizeiliche Routine	2	1	1	–	14	69	65	84	82	22	340
Überwachung / Kontrolle	–	–	–	–	1	–	–	1	1	–	3

Maßnahmen bei verbotenem Umgang in der Osnabrücker Gestapo-Kartei nach Jahren
Sebastian Bondzio/Michael Gander

niedrigen Niveau im Jahr 1940, folgte ein starker Anstieg 1941 und ein weniger starker 1943. In dem Jahr erreichte die Zahl der Maßnahmen insgesamt ihren höchsten Wert. Auch die beiden schärfsten Maßnahmenarten, Haft und rassenpolitische Maßnahmen, wurden 1943 am häufigsten verhängt. Das Jahr 1943 war somit hinsichtlich Umfang und Schwere der Maßnahmen dasjenige, in dem die Gestapo Osnabrück am stärksten gegen verbotenen Umgang vorging. 1944 zeigte sich eine Tendenz zur Reduzierung dieser scharfen Maßnahmen. Es wurden nun häufiger Geldstrafen und arbeitspolizeiliche Maßnahmen angeordnet.

Bei allen Formen des verbotenen Umgangs wendete die Gestapo Routinemaßnahmen an. Denn häufig fiel es der Gestapo schwer, einer verdächtigen Person die vorgeworfene Handlung tatsächlich nachzuweisen. Das zeigt auch der

Maßnahme \ Kontaktart	Gewalt	Handel	Hilfeleistungen	Sexuelle Gewalt	Sexuelle Kontakte	Sonstiges	Soziale Kontakte
Arbeitspolizeiliche Maßnahme	–	–	–	–	4	–	4
Bio-/Bevölkerungspolitische Maßnahme	–	–	1	2	12	1	2
Haft	3	12	4	7	82	5	77
Geldstrafe	–	3	8	–	1	1	26
Konfiszierung	–	–	1	–	–	–	1
Einschränkung von Mobilität u. a. Freiheiten	–	–	4	–	4	–	9
Kooperation mit anderer Institution	–	1	2	–	6	–	16
Maßnahme aufgehoben	–	–	–	–	–	–	1
Politische Maßnahme	–	–	–	–	2	–	–
Sonstige Maßnahme	–	–	1	–	1	–	5
Staatspolizeiliche Routine	3	19	37	4	53	16	208
Überwachung/Kontrolle	–	1	–	–	1	–	1
Gesamt	6	36	58	13	166	23	350

Maßnahmen bei verbotenem Umgang nach Kontaktarten
in der Osnabrücker Gestapo-Kartei
Sebastian Bondzio/Michael Gander

Fall der 34-jährigen Anna Jürgens-Barlag: „Die J. wurde am 6. 12. 40 festgenommen, weil sie im Verdacht stand, mit einem polnischen Landarbeiter geschlechtlich verkehrt zu haben. Hinreichende Beweise hierfür waren nicht zu erbringen. Nach verantwortlicher Vernehmung und ernstlicher Warnung, wurde sie [...] wieder entlassen. Ein Strafverfahren wurde [...] nicht eingeleitet."[29]

Die bloße Vermutung eines verbotenen Kontaktes reichte aus, um Anna Jürgens-Barlag für zwei Wochen in Haft zu nehmen. Obwohl ihr kein Fehlverhalten nachzuweisen war, wurde sie in der Vernehmung so behandelt, als sei sie des ihr vorgeworfenen „Verbrechens" schuldig, anschließend wurde sie eindringlich verwarnt. Der vermeintliche Schutz eines vorgestellten völkisch-ideologischen Konstruktes hatte hier sehr reale Konsequenzen.

29 NLA OS Rep. 439 Nr. 18218.

Während „soziale Kontakte" am häufigsten zu Routinemaßnahmen führten, wurde in Fällen sexuellen Kontakte am häufigsten zu längeren Haftmaßnahmen gegriffen (Tabelle S. 228). War das vorgeworfene intime Verhältnis nicht nachzuweisen, blieb es bei Routinemaßnahmen. Handelte es sich um einen als besonders schwer eingestuften Fall, wurden rassenpolitische Maßnahmen verhängt. Im Unterschied dazu führten Hilfeleistungen selten zu schwereren Strafmaßnahmen. Gemeinsam ist den drei Kontaktarten, soziale und sexuelle Kontakte sowie Hilfeleistungen, dass das Spektrum der verhängten Maßnahmen relativ breit war. Dabei deuten die einzelnen Maßnahmenprofile durchaus auf gewisse Regelmäßigkeiten bei der Sanktionierung verschiedener Formen des verbotenen Umgangs hin. Abhängig vom Ermittlungserfolg konnte die Gestapo unterschiedliche Stufen der Disziplinierung mobilisieren und sich so immer sicher sein, dass ihre Präsenz eine in ihren Augen angemessene Wirkung entfalten würde.

Zur Bedeutung völkischer und geschlechtlicher Zuordnungen bei verbotenen sexuellen Kontakten

Die Art des verbotenen Kontaktes war also ein bedeutender Faktor für die Wahl der Maßnahmen. Lang arbeitete in ihrer Untersuchung der Würzburger Gestapo-Akten außerdem heraus, dass auch die Kategorien Nationalität und Geschlecht der verdächtigten Personen relevant für das Strafmaß waren.[30] Diesem Befund folgend, wird die Bedeutung dieser beiden Attribute im Nexus mit sexuellen Kontakten und sexueller Gewalt für die Maßnahmen der Osnabrücker Gestapo analysiert.

In der Kartei finden sich ab Kriegsbeginn 123 „Sachverhalte" zu sexuellen Kontakten und sexueller Gewalt zwischen deutschen und anderen Personen. In den „Sachverhalten" lassen sich außerdem 50 weitere Personen identifizieren, für die die Gestapo keine eigene Karteikarte anlegte, für die aber eine Zuschreibung von Geschlecht und Nationalität oder „Rassenzugehörigkeit" existiert. Mehrere Personen konnten dabei in denselben Fall verwickelt sein. Insgesamt finden wir 76 Ermittlungsfälle gegen 170 Personen. Von diesen waren 86 weiblichen Geschlechts und 84 männlich. Homosexuelle Beziehungen verfolgte die Gestapo in Osnabrück auf Basis des § 175 RStGB ausschließlich zwischen männlichen „Volksgenossen".

Bemerkenswerte Befunde ergeben sich aus der gemeinsamen Betrachtung von Geschlecht und Nationalität. Deutsche Frauen bildeten in dieser Kategorie

---

30 Vgl. Lang, Kriminalisierung und Verfolgung, S. 194.

mit mehr als zwei Dritteln der Frauen die größte Gruppe. Deutsche Männer machten dagegen nur etwa ein Fünftel ihrer Geschlechtergruppe aus. Diese Verhältnisse zeigen gerade im Vergleich zu allen Personen, die im Zusammenhang mit verbotenem Umgang aktenkundig wurden (44 % weiblich; 56 % männlich), und mehr noch zur Gesamtpopulation der Osnabrücker Gestapo-Kartei (11 % weiblich; 87 % männlich) den intersektionalen Charakter der Diskriminierung bei der Verfolgung sexueller Handlungen. „Vergehen" deutscher Frauen wurden in diesem Kontext weitaus häufiger geahndet als diejenigen deutscher Männer.

Unter den 64 nicht-deutschen männlichen Personen bildeten polnische Staatsangehörige die größte Gruppe. 31 Polen standen zahlenmäßig 17 Franzosen gegenüber. Bis zu fünf Männer kamen jeweils aus Tschechien, Serbien und den Niederlanden. Von den 21 nicht-deutschen Frauen waren 10 aus Polen und 10 aus der Sowjetunion. Offen bleibt die Frage, weshalb sowjetische Männer trotz der hohen Zahl, in der sie im Regierungsbezirk präsent waren, kaum wegen sexueller Kontakte zu „Volksgenossinnen" mit der Gestapo in Berührung kamen. Denkbar ist, dass solche Beziehungen besser verborgen wurden oder angesichts schärferer Bewachung und Kontrolle schlicht seltener vorkamen.

Der Vorwurf eines sexuellen Verhältnisses zwischen einer deutschen Frau und einem polnischen Mann war bedrohlich. „Sonderbehandlung" wurde im Osnabrücker Regierungsbezirk nur gegen polnische Männer verhängt. In den 31 Fällen wurden zwischen 1941 und 1944 sechs Männer mittels „Sonderbehandlung" erhängt und neun auf Jahre in die Konzentrationslager Neuengamme, Buchenwald oder Sachsenhausen eingewiesen. Nur einem Polen gelang es, seine Freilassung zu erwirken, indem er sich erfolgreich der Überprüfung seiner „Eindeutschungsfähigkeit" unterzog und ihm gestattet wurde, die deutsche Staatsangehörigkeit anzunehmen.

Wurden zwischen November 1941 und März 1943 die wegen sexueller Kontakte zu deutschen Frauen beschuldigten polnischen Männer in fast jedem dritten Fall exekutiert, so berichtet die Kartei davor und danach von keiner „Sonderbehandlung". In den 15 Monaten bis März 1943 blieben zwei polnische Männer der Gestapo unbekannt, einem gelang die Flucht, und sieben Personen wurden in ein Konzentrationslager deportiert. Solche KZ-Einweisungen lassen sich darüber hinaus noch bis November 1944 nachweisen. Die Entscheidung über eine „Sonderbehandlung" oblag letztlich dem RSHA in Berlin, die Gestapo Osnabrück hatte in diesem Prozess aber eine entscheidende Rolle: Sie war es, die dem RSHA Personen zur „Sonderbehandlung" vorschlug, vor Ort die Ermittlungen führte und die entsprechenden Indizien und Beweise beizubringen hatte. Im Fall des 32 Jahre alten Mieczislaus Muszkieta gelang ihr Letzteres nicht. Die Gestapo hielt am 31. März 1943 auf seiner Karteikarte fest: „M. wurde festgenommen, weil er mit einer deutschen Frau geschlechtlich verkehrt hat. Er bestreitet dieses aber entschieden. Da es aber keinem Zweifel unterliegen kann, dass er mit einer Deutschen verkehrt hat, der einwandfreie Beweis dafür aber nicht zu führen ist, ist [sic] von einer Sonderbehandlung Abstand genommen."[31]

Deutlich wird hier einmal mehr, dass dem NS-Regime die Unschuldsvermutung als juristisches Prinzip fremd war. Vielmehr bringt die Gestapo in diesem „Sachverhalt" ihre generelle Schuldvermutung zum Ausdruck, die ihre Interaktion mit Personen vorprägte. Trotz mangelnder Beweislage gab es für sie keinen Zweifel an der Schuld von Mieczislaus Muszkieta. Deshalb entschied sie: „M. wird auf längere Zeit einem KL. als Facharbeiter überstellt."[32]

Frieda Büscher, die deutsche Frau, die Muszkieta angeblich geschwängert haben sollte, wurde nicht weniger scharf diszipliniert. Auf ihrer Karteikarte notierte die Gestapo: „Die B. wurde festgenommen, weil die mit einem Polen geschlechtlich verkehrt hat. Da die B. einem Kinde das Leben geschenkt hat und der Vater desselben unbekannt ist, ist anzunehmen, dass der Pole der Vater ist. Die B. wird für vier Jahre in das KL Ravensbrück überstellt."[33] Für die Gestapo war die Ungewissheit des Vaters Grund genug, ihrer unfundierten Vermutung zu folgen und die junge Mutter für mehrere Jahre in einem KZ zu internieren. Was mit dem Säugling geschah, bleibt ungeklärt.

Die harte Bestrafung deutscher Frauen mit längerer Lagerhaft ist auch für den einzigen Verdachtsfall homosexueller Interaktion zwischen Frauen belegt. Eine deutsche stellvertretende Lagerführerin wurde beschuldigt, in einem Lager in der Nähe von Nordhorn intime Kontakte mit russischen Frauen unterhalten zu haben. Sie wurde daraufhin für sechs Wochen im KZ Ravensbrück inhaftiert.[34]

Deutsche Männer wurden für sexuelle Kontakte mit nicht-deutschen Frauen dagegen weit weniger hart bestraft. Häufig kamen sie mit einer Ermahnung davon, manchmal wurden sie mit „Schutzhaft" bestraft, die bis zu mehreren Wochen dauern konnte. Eine Ausnahme war der Fall des Bauern Heinrich auf der Heide aus Kalkriese. Ihn beschuldigte die Gestapo, eine polnische Landarbeiterin geschwängert zu haben. Er wurde im KZ Sachsenhausen interniert und, nachdem er nach seiner Entlassung den Briefkontakt mit der Polin wieder aufnahm, erneut verhaftet und in das KZ Niederhagen überstellt. Dort verstarb er am 12. Juli 1942.[35]

---

31 NLA OS Rep. 439 Nr. 28878.
32 Ebenda.
33 NLA OS Rep. 439 Nr. 5400.
34 Vgl. NLA OS Rep. 439 Nr. 10335.
35 Vgl. NLA OS Rep. 439 Nr. 14560.

Für nicht-deutsche Frauen wurde im Zusammenhang mit einem sexuellen Kontakt nur selten eine eigene Karteikarte angelegt. In den wenigen dokumentierten Fällen wies das Arbeitsamt den Frauen einen neuen Arbeitsplatz zu. Sollte es zur Schwangerschaft gekommen sein – ein Umstand, der die Arbeitskraft einschränkte –, wurden die Frauen bis Ende 1942 in ihr Herkunftsland abgeschoben. Nur selten wurde gegen sie „Schutzhaft" verhängt. Eine Überstellung in ein Konzentrationslager ist nachweisbar.

Gewalttätige sexuelle Übergriffe von Deutschen auf Nicht-Deutsche verfolgte und ahndete die Gestapo ebenfalls kaum. Als die 28 Jahre alte Russin Stefanja Drowalowa festgenommen wurde, weil sie ihre Arbeitsstelle verlassen hatte, gab sie an, der Grund sei, „dass ihr Arbeitgeber schon öfters versucht hatte, mit ihr geschlechtlich zu verkehren".[36] Die Gestapo ließ ihr kurzerhand einen neuen Arbeitsplatz zuweisen. Konsequenzen für den angeblichen Täter vermerkte die Gestapo entgegen ihrer üblichen Praxis nicht.

In dieser unterschiedlichen Behandlung von deutschen bzw. nicht-deutschen Männern und Frauen drückt sich das biologistische und zugleich außerordentlich sexistische Kalkül der „NS Volksgemeinschaft" aus. In diesem System hatten deutsche Männer das Privileg, für dieselbe Handlung weitaus mildere Konsequenzen erwarten zu können als nicht-deutsche Männer. Zugleich wurden deutsche Frauen für eine intime Beziehung über rassistisch gedachte Grenzen hinweg weitaus schwerer zur Rechenschaft gezogen als ihre nicht-deutschen Geschlechtsgenossinnen.

Fast gleichgültig stand die Gestapo Beziehungen zwischen Personen gegenüber, die als der Volksgemeinschaft nicht zugehörig gedacht wurden. Ersichtlich wird dies aus dem „Sachverhalt", den die Gestapo am 18. August 1944 auf der Karteikarte von Robert Laubinger notiert hatte: „L. wurde am 11. 8. 44 wegen Geschlechtsverkehrs mit einer Ostarbeiterin festgenommen. Da er Zigeuner ist, wurde von weiteren Massnahmen abgesehen. Nach staatspolizeilicher Warnung wurde er am 15. 8. 44 zur alten Arbeitsstelle entlassen."[37] Als Einwohner des Regierungsbezirks Osnabrück weckte Robert Laubinger zunächst das Interesse der Gestapo. Als diese ihn dann aber als Sinto und damit als außerhalb der „Volksgemeinschaft" stehend eingeordnet hatte, verzichtete sie auf Sanktionen. Die vermeintliche „Reinheit", eine rassistisch gedachte Homogenität eines imaginierten „deutschen Volkes", war für die Gestapo, anders als in Fällen, an denen „Volksgenossen" beteiligt waren, im Falle Laubingers nicht gefährdet.

---

36 NLA OS Rep. 439 Nr. 8178.
37 NLA OS Rep. 439 Nr. 23668.

„Volksempfinden", verbotener Umgang und Gestapo-Karteien

Als „Weltanschauungsexekutive" des NS-Regimes war die Geheime Staatspolizei jederzeit darauf bedacht, den ideologischen Leitgedanken einer „Volksgemeinschaft" gesellschaftlich zu implementieren. Inwieweit ihr dies bis Mai 1945 gelungen ist, ist nach wie vor Gegenstand historiografischer Diskussion.[38] Die Auswertung der Gestapo-Kartei zeigt aber deutlich, dass der von den individuellen Opfern der Gestapo häufig empfundenen Willkür durchaus so etwas wie ein System gegenübergestanden hat, in dem sich Gesetzmäßigkeiten in der Sanktionierung andeuten.[39] Sie verweisen auf Systematiken in der praktischen Umsetzung der erwünschten sozialen Ordnung.[40] Die Tatsache, dass es gerade im Kontext von „Sachverhalten", die von Fällen verbotenen Umgangs berichten, zur Mobilisierung eines „Volksempfinden"[41] kam, verweist darüber hinaus auf eine emotionale Dimension des ideologischen Konstruktes. Als argumentatives Fundament war es nicht hinterfragbar und wurde überaus wirkmächtig. Die weitere Erforschung dieses Komplexes steht noch aus.

Die in diesem Beitrag vorgelegten Auswertungen der Personen- und Vorgangskartei der Gestapo in Osnabrück im Hinblick auf verbotenen Umgang eignen sich zunächst für eine differenzierte Modellierung von Sozial-, Verfolgungs- und Maßnahmenprofilen. Über die Erforschung der Praktiken der Gestapo hinaus erlaubt die Quelle eine empirisch dichte Erforschung der Sicht der Gestapo Osnabrück auf kriminalisierte Kontakte im Rahmen des nationalsozialistischen Zwangsarbeitssystems. Im Unterschied zu Gerichtsakten, zeitgenössischen Akten, statistischen Meldungen und rückblickenden Interviews mit Zeitzeuginnen und Zeitzeugen bietet die Gestapo-Kartei einen fast vollständigen Überblick über die den nationalsozialistischen Stellen bekannt gewordenen Fälle verbotenen Umgangs mit mittlerer Detailschärfe. Einschränkungen ergeben sich primär aus der Praxis der Karteiführung. So sollten beispielsweise Karteikarten über verstorbene oder ermordete Personen grundsätzlich drei Jahre nach deren Tod aus der Kartei entfernt werden. Aus dieser Überlieferungssituation ergibt sich die nahezu ideale Möglichkeit, quantifizierende Auswertungen auf der Grundlage einer quasi-Vollerhebung aller entsprechenden Fälle im Zuständigkeitsgebiet einer Gestapostelle durchzuführen. Vergleichende Untersuchungen mit anderen Gestapostellen liegen auf der Hand.

---

38 Vgl. Bondzio, *Doing* ‚Volksgemeinschaft', S. 375–379.
39 Vgl. Bondzio, At least he got cautioned (im Erscheinen).
40 Vgl. Bondzio, *Doing* ‚Volksgemeinschaft', S. 379.
41 NLA OS Rep. 439 Nr. 42084.

Unsere Exploration des historischen Datenbestands im Hinblick auf verbotenen Umgang hat zunächst gezeigt, dass sich auf drei Ebenen differenzierte Profile ermitteln lassen, die erklärungsbedürftige Befunde aufweisen. Im Sozialprofil treten besonders die Verfolgung deutscher Frauen und die geringe Zahl sowjetischer Männer hervor, das Profil der verfolgten Handlungen zeigt auf, dass mehrere Formen verbotenen Umgangs verfolgt wurden, und aus dem Maßnahmenprofil wird sichtbar, welche Bedeutung die Gestapo dieser Form der kriminalisierten Handlung beigemessen hat. Hohe KZ-Strafen, erzwungene Abtreibungen und Hinrichtungen waren keine Seltenheit bei der Implementierung der völkischen Ideologie. Die Analyse der Faktoren Geschlecht und Nationalität in der Subkategorie sexueller Kontakte verwies abschließend auf die Intersektionalität nationalsozialistischer Diskriminierung, in der Sexismus neben Rassismus trat, und zeigte auf, dass die Gestapo diesen Fällen besondere Aufmerksamkeit widmete und mit voller Härte gegen sie vorging.

Diese unterschiedlichen Perspektiven machen Gestapo-Karteien zu einer überaus vielseitigen und ertragreichen Quelle für die Erforschung verbotenen Umgangs. Strukturanalytische Befunde und fallspezifische Ergebnisse lassen sich durch den Ansatz des *scalable readings*, bei dem *distant* und *close reading* produktiv verbunden werden, kombiniert erarbeiten und zueinander in Beziehung setzen. Darüber treten die Facetten des Phänomens deutlicher hervor und machen Systematiken sozialer Exklusion im Nationalsozialismus sichtbar.

UTA GERLANT

„Verhaftet wegen menschlicher Beziehungen"

Potsdam als Ort rassistischer Verfolgung im Nationalsozialismus

Potsdam war während der NS-Zeit ein zentraler Gerichts- und Gefängnisort im Land Brandenburg. Im Zusammenhang mit dem Vorwurf, gegen die nationalsozialistischen „Umgangsverbote" verstoßen zu haben, wurden polnische ehemalige Kriegsgefangene im Potsdamer Polizeigefängnis Priesterstraße 11/12 (heute Henning-von-Tresckow-Straße) inhaftiert; deutsche Frauen wurden in diesem Kontext in das Amts- und Landgerichts-Gefängnis in der Lindenstraße 54/55 eingeliefert und in der Regel vom Land- oder Amtsgericht Potsdam in der Kaiser-Wilhelm-Straße 8 (heute Hegelallee) verurteilt.[1]

Anhand konkreter Beispiele aus Zeitungsmeldungen, Gerichtsakten und KZ-Unterlagen soll im Folgenden die Verfolgung wegen nationalsozialistischer „Umgangsverbote" lokalgeschichtlich beleuchtet und historisch eingeordnet werden. Dabei stehen drei Aspekte im Fokus: die vom Regime nicht intendierte, aber tatsächlich existierende Internationalität der NS-Gesellschaft, die Handlungsoptionen der Beteiligten unter den Bedingungen der staatsterroristischen Diktatur sowie die rassistische und sexistische Handhabung der an sich bereits rassistischen „Umgangsverbote".

Der zweite Teil dieses Beitrags ist der biografischen Studie eines jungen Paares gewidmet, das infolge der „Umgangsverbote" verfolgt wurde. Auch die Denunziantin am Arbeitsort, die Gestapo-Mitarbeiter aus Potsdam und das aufsichtführende Personal des „Jugendschutzlagers Uckermark" finden Erwähnung. Zudem wird die intergenerationelle Wirkung der Traumatisierung durch NS-Unrecht gezeigt.

---

1 Landgericht: Potsdamer Tageszeitung, 30. 10. 1944 und 27. 11. 1944; Amtsgericht: Brandenburgisches Landeshauptarchiv (BLHA), Rep. 5E Amtsgericht Potsdam, Nr. 5172 und BLHA, Rep. 5E Amtsgericht Potsdam, Nr. 5167; Adressbuch Potsdam, Nowawes und Werder 1934, S. 34, https://opus4.kobv.de/opus4-slbp/frontdoor/index/index/docId/13051 [3. 9. 2022].

Internationalität angesichts intendierter Homogenität

Der nationalsozialistische Staat hatte es von Anfang an mit einem Paradox zu tun: Seine rassistische Ideologie traf auf eine heterogene Gesellschaft. Mit Ausgrenzung, Diskriminierung und Vernichtung, durchgesetzt mittels Anordnungen, Zwangsmaßnahmen, Terror und Massenmord, sollte eine Homogenisierung nach rassistischen Kriterien erreicht werden. Während diese Politik mit grausamer Konsequenz verwirklicht wurde, brachte der Krieg infolge des Fronteinsatzes deutscher Männer einen Mangel an Arbeitskräften mit sich. Dieser konnte nur durch die Deportation ausländischer Arbeitskräfte ins Reich ausgeglichen werden – die Gesellschaft wurde internationalisiert, das Paradox erneuert. Um neben den kriegswirtschaftlichen Erfordernissen auch den diesen entgegenstehenden ideologischen Erwägungen Rechnung zu tragen, erließ die NS-Führung ein Regelwerk, in dem festgelegt war, wie sich die deutsche Bevölkerung und die ausländischen Kriegsgefangenen bzw. zivilen Zwangsarbeiter zueinander zu verhalten hatten. Dieses Regelwerk war rassistisch abgestuft und fand insbesondere in den Polen-Erlassen vom 8. März 1940 und den Ostarbeiter-Erlassen vom 20. Februar 1942 seinen Ausdruck. Verboten waren jegliche Kontakte über das für die Arbeit notwendige Maß hinaus: Kameradschaftlichkeit oder Geselligkeit und erst recht Intimitäten. Der Umgang mit Kriegsgefangenen war bereits laut Wehrkraftschutzverordnung von 1939 verboten worden.[2] Ulrich Herbert betont, dass die NS-Führung mit der Kodifizierung des Herrenmenschenstatus der Reichsdeutschen zugleich die Erwartungen ihrer Anhänger befriedigte.[3] Doch auch wenn durch Regeln und „Maßnahmen", durch Unterbringung in Lagern, Bewachung und soziale Kontrolle Begegnungen zwischen Ausländern und Deutschen minimiert werden sollten, war es faktisch nicht durchsetzbar, jedwedes über das im Arbeitsprozess „Notwendige" hinaus reichende Miteinander zu unterbinden.

Die *Potsdamer Tageszeitung* gab am 30. Oktober 1944 die Urteile des Landgerichts Potsdam gegen sechs Frauen bekannt, die sich mit französischen, polnischen oder serbischen Kriegsgefangenen „eingelassen" hätten. Gelegenheit dazu ergab sich bei der Arbeit, beispielsweise in einer Fleischerei in Rhinow, bei der Kartoffelernte in Brädikow, beim Putzen eines Arbeitszimmers in Friesack

---

2 Ulrich Herbert, Fremdarbeiter. Politik und Praxis des „Ausländer-Einsatzes" in der Kriegswirtschaft des Dritten Reiches, 2. Aufl., Berlin 1986, S. 74 ff. und 154 ff.; Silke Schneider, Verbotener Umgang. Ausländer und Deutsche im Nationalsozialismus, Baden-Baden 2010, S. 182 ff.

3 Herbert, Fremdarbeiter, S. 76.

Potsdamer Tageszeitung, 30. Oktober 1944.
Über Urteile gegen deutsche Frauen, die wegen „verbotenen Umgangs" verfolgt wurden, berichteten die Tageszeitungen. Dies sollte andere Frauen zur „Zurückhaltung" mahnen.
Brandenburgisches Landeshauptarchiv

Mit Kriegsgefangenen eingelassen

Es gehört zu den Selbstverständlichkeiten eines Volkskrieges, daß die Heimat durch ihre geistige und moralische Haltung den Rückhalt für die Gemeinschaft zwischen Front und Heimat bietet. Hierzu gehört neben vielen anderen Dingen die Zurückhaltung im Umgang mit Kriegsgefangenen. Die Millionen Kriegsgefangenen, die in Deutschland in den Arbeitsprozeß eingegliedert sind, bleiben Gefangene. Es wird nicht verkannt, daß besonders in ländlichen Bezirken, in denen die Gefangenen vielfach in der Hausgemeinschaft der Arbeitgeber leben, diese Unterschiede leicht verwischt werden können. Trotzdem bleibt es nach wie vor eine Unmöglichkeit, wenn sich zu diesen Gefangenen, die ja nach wie vor Gegner des deutschen Volkes sind, engere Beziehungen anbahnen oder wenn gar deutsche Frauen mit ihnen intimen Umgang pflegen.

Es haben sich in der letzten Zeit mehrere Fälle ereignet, in denen deutsche Frauen diesen ihren selbstverständlichen Verpflichtungen schwer zuwidergehandelt haben. Einige Urteile des Landgerichts in Potsdam zeigen, wie derartige Verfehlungen gesühnt werden.

Frieda Detschades war in Rhinow bei einem Fleischermeister tätig, der auch zwei französische Kriegsgefangene beschäftigte. Mit einem dieser Gefangenen knüpfte die Detschades ein Liebesverhältnis an, obwohl sie mit einem deutschen Soldaten, der in Finnland kämpft, befreundet ist. Die Strafkammer des Landgerichts Potsdam verurteilte Frieda Detschades zu einem Jahr Zuchthaus. — Die Ehefrau Grete Lamprecht aus Brädikow bei Rothenow, deren Ehemann seit vier Jahren Soldat ist, fing mit einem französischen Kriegsgefangenen ein Liebesverhältnis an. Sie wurde zu einem Jahr drei Monaten Zuchthaus verurteilt. — Wanda Kraatz aus Friesack freundete sich mit einem polnischen Kriegsgefangenen in Friesack an. Sie besuchte sogar den Polen in Damm. Kurze Zeit später lernte die Angeklagte einen anderen polnischen Kriegsgefangenen kennen, mit dem sie sich ebenfalls einließ. Wanda Kraatz wurde zu einem Jahr neun Monaten Zuchthaus verurteilt, wobei die besondere Würdelosigkeit der Angeklagten strafschärfend ins Gewicht fiel. — Ilse Wendt aus Brädikow lernte im vorigen Jahr einen französischen Kriegsgefangenen bei der Kartoffelernte kennen, den sie in diesem Sommer wiedertraf. Der Amtsvorsteher, der sie beobachtete, ließ sie festnehmen. Ilse Wendt wurde von der Strafkammer zu einem Jahr Zuchthaus verurteilt. — Erika Glawe aus Friesack war Reinigungsfrau bei einer dortigen Firma und hatte die Arbeitszimmer einer Baracke sauber zu halten. Bei dieser Tätigkeit kam sie öfter mit einem polnischen Kriegsgefangenen zusammen, mit dem sie sich einließ. Die Strafkammer des Landgerichts Potsdam verurteilte Erika Glawe zu einem Jahr Gefängnis und sah nur deswegen von der Verhängung einer Zuchthausstrafe ab, weil sie unwiderlegt angab, daß sie unter Alkohol gestanden und deswegen nicht den erforderlichen Widerstand geleistet habe. — Charlotte Warmuth aus Werder arbeitete im Obstzuchtbetrieb ihres Vaters mit einem serbischen Kriegsgefangenen zusammen, woraus sich ein Liebesverhältnis ergab. Die Strafkammer des Landgerichts Potsdam erkannte gegen die Warmuth auf ein Jahr Gefängnis, wobei mildernd berücksichtigt wurde, daß die Angeklagte durch die lange Pflege ihres inzwischen verstorbenen Mannes mit den Nerven herunter war und dem fortgesetzten Drängen des Kriegsgefangenen, für dessen spätere Entfernung sie selbst sorgte, unterlegen ist.

oder in einem Obstanbaubetrieb in Werder.[4] Am 27. November 1944 berichtete die *Potsdamer Tageszeitung* über eine weitere Frau, Herta Koster[5] aus Bamme, sie habe während ihrer Arbeit in der Wirtschaft ihrer Großeltern einen französischen Kriegsgefangenen kennengelernt, „mit dem sie in nähere Beziehung trat".[6]

Gerade in kleineren, oft ländlichen Betrieben und dort, wo Kriegsgefangene nicht in Lagern untergebracht waren, entwickelten sich Freundschaften und kam es zu intimen Begegnungen. Für viele Deutsche war die gemeinsame Arbeit mit ausländischen Saisonkräften oder eingewanderten Arbeitnehmern bereits seit Jahrzehnten gelebte Praxis.[7]

Darauf verweist auch der Umstand, dass von acht Polen, die zwischen April 1941 und Oktober 1942 wegen „verbotenen Umgangs" von der Stapo Potsdam in das KZ Buchenwald eingewiesen wurden, drei in Deutschland zur Welt gekommen waren.[8] Wiktor Siuda war 1902 und Leo Dolatowski 1917 in Hamborn (Duisburg) geboren, wo eine bedeutende polnische Minderheit lebte.[9] Johann Durda war 1913 in Hannover zur Welt gekommen. Aufgewachsen in Deutschland, sprachen sie vermutlich gut Deutsch und waren mit dem Land vertraut. Die drei Männer gehörten offenbar zu jenen Polen, die nach der Optierung ihrer Familien für Polen zu Beginn der 1920er-Jahre dorthin ausgereist waren[10] und später als Kriegsgefangene in das Deutsche Reich deportiert worden sind.[11]

Während die Meldungen über die verurteilten deutschen Frauen in der *Potsdamer Tageszeitung* keinerlei Auskünfte über die an den ihnen vorgeworfenen Taten beteiligten ausländischen Männer (außer zu deren Nationalität) geben, erfahren wir aus den Unterlagen der acht polnischen Männer aus dem KZ

---

4 Potsdamer Tageszeitung, 30. 10. 1944.
5 Namen von Opfern der NS-Verfolgung aus veröffentlichten Quellen sind vollständig genannt; bei Informationen zu NS-Opfern aus unveröffentlichten Quellen wird nur der erste Buchstabe des Nachnamens angeführt.
6 Potsdamer Tageszeitung, 27. 11. 1944.
7 Herbert, Fremdarbeiter, S. 130.
8 Für die Übermittlung der Liste aus der Gedenkstätte Buchenwald danke ich Harry Stein. Archiv Stiftung Gedenkstätte Lindenstraße (SGL).
9 https://www.lwl.org/fremde-impulse-download/start/LWL/Kultur/fremde-impulse/die_impulse/arbeitsmigration-bruckhausen/Jupp-Kolonie-Duisburg.html.
10 Mirosław Piotrowski, Die Polen im Ruhrgebiet in den deutsch-polnischem Beziehungen von 1918 bis 1939, in: Dittmar Dahlmann/Albert S. Kotowski/Zbigniew Karpus (Hrsg.), Schimanski, Kuzorra und andere. Polnische Einwanderer im Ruhrgebiet zwischen der Reichsgründung und dem Zweiten Weltkrieg, Essen 2005, S. 201–226.
11 Häftlingspersonalbogen Viktor Siuda, Buchenwald, 1.1.5/7122405/ITS Digital Archive, Arolsen Archives; Häftlingspersonalbogen Leo Dolatowski, Buchenwald, 1.1.5/5767496/ITS Digital Archive, Arolsen Archives; Häftlingspersonalbogen Johann Durda, Buchenwald, 1.1.5/5797755/ITS Digital Archive, Arolsen Archives.

Buchenwald wiederum nichts über die jeweils in ihren Fällen von Verfolgung betroffenen deutschen Frauen. Zwei der Polen hatten in Potsdam gearbeitet, wobei zu Wiktor Siuda überliefert ist, dass er im Holz-, Kohlen- und Fuhrgeschäft Ewald Krüger in der Viktoriastraße 84 (heute Geschwister-Scholl-Straße) beschäftigt war und dort auch wohnte.[12] Vier der polnischen Kriegsgefangenen waren bei Bauern oder Gärtnern im Land Brandenburg eingesetzt gewesen, Leo Dolatowski in den Kalkbergwerken Rüdersdorf und Artur Libicz in einer Schuhfabrik in Berlin-Britz.[13]

Handlungsoptionen: Zwischen Denunziation und Gnadengesuch

Anklagen unter dem Vorwurf der „Heimtücke" wurden mehrheitlich durch Denunziationen ausgelöst.[14] Dies lässt sich auf die „Umgangsverbote" übertragen. „Ohne das Heer der freiwilligen Zuträger wäre die Gestapo nahezu blind gewesen."[15] Karol Sauerland erklärt, dass Denunziation oft „um der vermeintlichen Ordnung willen" geschah, aus einer „Mitteilsamkeit, die nicht verordnet werden mußte". Außerdem konnte sich der Denunziant „als Teil einer großen Sache fühlen".[16] Insbesondere bei der relativen Freizügigkeit, die Gefangenen aus Westeuropa zugestanden wurde, war eine strikte Durchsetzung der Verordnungen nicht möglich. Stattdessen wurden in Einzelfällen mit hohem Propagandaaufwand harte Strafen verhängt, was Denunziantentum begünstigte: „Wenn verboten war, was alle taten, konnte der Umgang mit Kriegsgefangenen zum einfachen Mittel werden, um mißliebige Nachbarn oder Kollegen bei den Behörden anzuschwärzen."[17]

---

12 Effektenkarte Viktor Siuda, Buchenwald, 1.1.5/7122406/ITS Digital Archive, Arolsen Archives; Adressbuch Potsdam, S. 101; zu Johann Wierzowiecki siehe Liste aus der Gedenkstätte Buchenwald, Archiv SGL.

13 Häftlingspersonalbogen Johann Durda; Häftlingspersonalbogen Walerian Gil, Buchenwald, 1.1.5/5948083/ITS Digital Archive, Arolsen Archives; Schreibstubenkarte Josef Miszczak, Buchenwald, 1.1.5/6642396/ITS Digital Archive, Arolsen Archives; Schreibstubenkarte Adam Pomorski, Buchenwald, 1.1.5/6854666/ITS Digital Archive, Arolsen Archives; Schreibstubenkarte Leo Dolatowski, Buchenwald, 1.1.5/5767505/ITS Digital Archive, Arolsen Archives; Häftlingspersonalbogen Artur Libicz, Buchenwald, 1.1.5/6490242/ITS Digital Archive, Arolsen Archives.

14 Peter Hüttenberger, Heimtückefälle vor dem Sondergericht München, in: Martin Broszat u. a. (Hrsg.), Bayern in der NS-Zeit, München 1981, S. 518, zit. nach Karol Sauerland, 30 Silberlinge. Denunziation – Gegenwart und Geschichte, Berlin 2000, S. 29.

15 Klaus-Michael Mallmann/Gerhard Paul, Herrschaft und Alltag: Ein Industrierevier im Dritten Reich, Bonn 1991, S. 241, zit. nach Sauerland, 30 Silberlinge, S. 21.

16 Sauerland, 30 Silberlinge, S. 15, 18 und 49.

17 Herbert, Fremdarbeiter, S. 122.

Dagegen steht die Verteidigung von Angeklagten durch couragierte Angehörige oder einen Rechtsanwalt. Sie zeigen Handlungsräume auf, die es selbst in der Diktatur gab.

Anni M. aus Brück war von ihren Vermietern des Umgangs mit französischen Kriegsgefangenen bezichtigt worden; sie habe diese Holz sägen lassen, Zigaretten von ihnen angenommen und nicht verhindert, dass ihre Kinder Süßigkeiten geschenkt bekommen hätten. Der Ehemann von Anni M. – ein Frontsoldat – suchte diese Vorwürfe in seinem Gnadengesuch als Rache des Vermieters dafür zu entlarven, dass seine Frau das ältere Vermieterehepaar nicht mehr so unterstützen könne wie früher, da sie sich um die Kinder zu kümmern habe, woraufhin der Vermieter sie denunziert und ihr die Wohnung gekündigt habe.[18]

In einem weiteren Fall hatte eine Zeugin Hildegard J. aus Glindow unterstellt, sich mit dem französischen Kriegsgefangenen Guillaume Q. eingelassen zu haben. Der Anwalt der Angeklagten legte dem Amtsgericht Potsdam mit Schreiben vom 25. Mai 1943 dar, dass er die Aussage für eine Denunziation aus persönlichen Motiven halte, da der Sohn der Zeugin „durch Urteil des Landgerichts Potsdam (Berufungskammer) vom 17. November 1942 [...] als Vater des unehelichen Kindes der Angeklagten festgestellt worden ist. Es liegt auf der Hand, dass es der Zeugin R[...] bei Erstattung ihrer Anzeige in erster Linie darauf ankam, eine Bestrafung der Angeklagten zu erreichen, um sich und ihrem Sohn für den verlorenen Unterhaltsprozess Genugtuung zu verschaffen. Dies beweist insbesondere die Tatsache, dass der vom Amtsgericht festgestellte verbotene Umgang sich im Sommer 1940 und im Sommer 1941 – also schon längere Zeit zurückliegend – ereignet hat."[19]

Denunziationen wurden ganz selbstverständlich veröffentlicht wie beispielsweise im Fall von Ilse Wendt aus Brädikow: „Der Amtsvorsteher, der sie beobachtete, ließ sie festnehmen."[20] Selbst innerhalb von Familien kam es zu Denunziationen.[21] So wurde die in der *Potsdamer Tageszeitung* bloßgestellte Herta Koster von ihrem Ehemann, der als Soldat an der Front war, einer unerlaubten Beziehung bezichtigt. Der Ehemann reichte außerdem die Scheidung ein.[22]

---

18 BLHA, Rep. 5E Amtsgericht Potsdam, Nr. 5172.
19 BLHA, Rep. 5E Amtsgericht Potsdam, Nr. 5167.
20 Potsdamer Tageszeitung, 30. 10. 1944.
21 Katrin Dördelmann, Denunziationen im Nationalsozialismus. Geschlechtsspezifische Aspekte, in: Günter Jerouschek/Inge Marßolek/Hedwig Röckelein (Hrsg.), Denunziation. Historische, juristische und psychologische Aspekte, Tübingen 1997, S. 157, zit. nach Sauerland, 30 Silberlinge, S. 53.
22 Potsdamer Tageszeitung, 27. 11. 1944.

In deutlichem Gegensatz dazu bat der Ehemann von Anni M. aus Brück am 21. Oktober 1942 in seinem Gnadengesuch darum, die zum Teil bereits verbüßte Freiheitsstrafe seiner Frau von einem Monat Haft in eine Geldstrafe umzuwandeln, weil er nach zwei Jahren Fronteinsatz bis zum 6. November auf Urlaub käme. Die Gefängnisstrafe von Anni M. im Landgerichtsgefängnis Potsdam wurde daraufhin unterbrochen.[23] Hinsichtlich der Handlungsoptionen ist auch das erwähnte Schreiben des Rechtsanwaltes von Hildegard J. interessant, der als Grund der Denunziation persönliche Motive sah und die viermonatige Gefängnisstrafe anfocht, indem er auf Hildegard J.s junges Alter von 20 bzw. 21 Jahren verwies und zu bedenken gab, dass sie zum einen täglich mit dem französischen Kriegsgefangenen zusammenarbeiten musste und andererseits deren Beziehung relativ harmlos gewesen sei.[24]

Rassistisch und sexistisch:
Die Verfolgung von Verstößen gegen die „Umgangsverbote"

„Verbotener Umgang" wurde zum Massenphänomen.[25] Die Gestapo verhaftete mit diesem Vorwurf Tausende Deutsche.[26] Wenn wir davon ausgehen, dass nur ein Teil der „Delikte" bekannt wurde und verfolgt werden konnte, wird deutlich, wie begrenzt die Herrschaft der Ideologie von Segregation und Diskriminierung war – selbst die Strafandrohung bestimmte das tägliche Miteinander von Deutschen und Ausländern nicht uneingeschränkt.[27]

Staatlicherseits ging es um die Verhinderung von Verbindungen Einheimischer mit dem „doppelten Feind", wie Silke Schneider ausführt: dem militärischen und dem „rassischen". In den sowjetischen Zwangsarbeitern habe das Regime zudem noch den politischen Feind gesehen.[28] Nach dem deutschen Sieg in Frankreich wurde die Todesstrafe gegen polnische Männer bei sogenannten

---

23 BLHA, Rep. 5E Amtsgericht Potsdam, Nr. 5172; BLHA, Rep. 5E Amtsgericht Potsdam, Nr. 5071, Anni M. war zusammen mit drei anderen Ehefrauen, Else Z., Rosa M. und Irmgard R., des „verbotenen Umgangs" mit französischen Kriegsgefangenen, die in Brück in einem Lokal untergebracht waren, angeklagt.
24 BLHA, Rep. 5E Amtsgericht Potsdam, Nr. 5167.
25 Herbert, Fremdarbeiter, S. 122.
26 Mai–August 1942: 4952, Juli–September 1943: 4637 Deutsche. Robert Gellately, Die Gestapo und die deutsche Gesellschaft. Die Durchsetzung der Rassenpolitik 1933–1945, Paderborn/München/Wien/Zürich 1993, S. 256, angegeben nach Sauerland, 30 Silberlinge, S. 46.
27 Schneider, Umgang, S. 217.
28 Ebenda, S. 191 und 209.

GV-Verbrechen rigoros umgesetzt; Hunderte Polen fielen den Morden zum Opfer.[29]

Ein großer Teil der polnischen Zwangsarbeiter waren in den Zivilstatus überführte Kriegsgefangene.[30] Als der Reichsführer SS und Chef der Deutschen Polizei Heinrich Himmler seinen Machtbereich immer weiter ausdehnte, wurden sie der Zuständigkeit der Justiz weitgehend entzogen. Das hatte zur Folge, dass die polnischen ehemaligen Kriegsgefangenen von Gestapo oder Sicherheitsdienst zur „Sonderbehandlung" (Hinrichtung) oder in Konzentrationslager überstellt wurden.[31] Französische Kriegsgefangene unterstanden den Militärgerichten und wurden wegen „Ungehorsams" meist zu Gefängnisstrafen von drei Jahren verurteilt.[32] Grundsätzlich wurden aufgrund der rassistischen Hierarchisierung durch die Nationalsozialisten Polen und Ostarbeiter bei vergleichbaren „Vergehen" deutlich härter bestraft als Westarbeiter.[33]

Die Verfolgungspraxis bei den „GV-Verbrechen" richtete sich auch nicht gegen alle Deutschen gleichermaßen, sondern vor allem gegen die deutschen Frauen und Mädchen (und ihre ausländischen Partner). Diese Ungleichbehandlung deutscher Männer und Frauen im Hinblick auf intime Handlungen mit Ausländern führte zu einer doppelten Verfolgung der Frauen: aus rassistischen und sexistischen Gründen – dem Rassismus war die Frauenverachtung gewissermaßen eingeschrieben.[34]

So glaubte das Gericht Herta Koster nicht, deren Mann in Verbindung mit dem Vorwurf des Verstoßes gegen das „Umgangsverbot" die Scheidung eingereicht hatte, sondern allein ihrem Ehemann. In ihrem Fall erkannte das Potsdamer Landgericht 1944 auf ein Jahr Zuchthaus und zwei Jahre Ehrverlust.[35] Die im *Potsdamer Tageblatt* vom 30. Oktober 1944 genannten Frauen verurteilte das Landgericht Potsdam zu Strafen von einem Jahr Gefängnis bis zu einem Jahr

---

29 Herbert führt den Zeitpunkt auf die Aufkündigung von Rücksichtnahme gegenüber dem neutralen Ausland zurück, das sich an der deutschen Polenpolitik hätte stören können. Herbert, Fremdarbeiter, S. 127; Beispiele siehe Thomas Muggenthaler, Verbrechen Liebe. Von polnischen Männern und deutschen Frauen: Hinrichtungen und Verfolgung in Niederbayern und der Oberpfalz während der NS-Zeit, Viechtach 2010; GV steht für Geschlechtsverkehr.
30 Herbert, Fremdarbeiter, S. 81.
31 Ebenda, S. 82.
32 Schneider, Umgang, S. 184.
33 Vgl. Almuth Püschel, Zwangsarbeit in Potsdam. Fremdarbeiter und Kriegsgefangene, Wilhelmshorst 2002, S. 127 ff.
34 Herbert, Fremdarbeiter, S. 80 f.; Sauerland, 30 Silberlinge, S. 40 und 45. Es ist daher kein Zufall, dass es in diesem Beitrag um die Verfolgung deutscher Frauen und ausländischer Männer geht.
35 Potsdamer Tageszeitung, 27. 11. 1944.

und neun Monaten Zuchthaus. Die höchste Strafe erhielt Wanda Kraatz, die mit polnischen Kriegsgefangenen befreundet gewesen war.[36]

Die bereits erwähnten acht polnischen Männer waren zwischen August 1940 und Mai 1942 durch die Potsdamer Stapo verhaftet, im Polizeigefängnis Priesterstraße inhaftiert und später in das KZ Buchenwald eingewiesen worden. Die Vorwürfe lauteten „Verkehr mit deutschem Mädchen", „Belästigung deutscher Frauen" und „Verkehr mit französischen Kriegsgefangenen". Vier von ihnen wurden in weitere Konzentrationslager verschickt, zwei starben und zwei wurden in Buchenwald befreit:[37]

Name	Stapo Potsdam	KZ Buchenwald	Weiteres
Durda, Johann	21. 8. 1940	7. 8. 1941	befreit in Buchenwald
Gil, Walerian	4. 3. 1941	22. 1. 1942	14. 3. 1942 KZ Ravensbrück
Siuda, Wiktor	25. 3. 1941	10. 4. 1941	22. 5. 1941 KZ Mauthausen
Wierzowiecki, Johann	31. 7. 1941	6. 3. 1942	26. 10. 1943 gestorben
Miszczak, Józef	4. 8. 1941	23. 4. 1942	5. 1. 1943 KZ Neuengamme
Libicz, Artur	15. 2. 1942	25. 6. 1942	befreit in Buchenwald
Dolatowski, Leo	21. 5. 1942	20. 8. 1942	15. 12. 1942 gestorben Außenkdo. Köln-Deutz
Pomorski, Adam	27. 5. 1942	8. 10. 1942	24. 10. 1942 KZ Groß-Rosen

36 Potsdamer Tageszeitung, 30. 10. 1944. Es fällt auf, dass hier durchgehend von Kriegsgefangenen die Rede ist. Möglicherweise handelte es sich zumindest bei den Polen um zivile Zwangsarbeiter. Vgl. Herbert, Fremdarbeiter, S. 81.

37 Auf den Häftlingspersonalbögen ist jeweils „Stapo Potsdam" vermerkt: Häftlingspersonalbogen Josef Miszczak, Buchenwald, 1.1.5/6642395/ITS Digital Archive, Arolsen Archives; Häftlingspersonalbogen Adam Pomorski, Buchenwald, 1.1.5/6854667/ITS Digital Archive, Arolsen Archives; die übrigen Häftlingspersonalbögen siehe Anm. 11 u. 13; Angaben „Weiteres" in der Tabelle: Effektenkarte Johann Durda, Buchenwald, 1.1.5/5767749/ITS Digital Archive, Arolsen Archives; Effektenkarte Walerian Gil, Buchenwald, 1.1.5/5948081/ITS Digital Archive, Arolsen Archives; Effektenkarte Viktor Siuda; zu Johann Wierzowiecki vgl. Liste Gedenkstätte Buchenwald, Archiv SGL (Anm. 8); Effektenkarte Josef Miszczak, Buchenwald, 1.1.5/6642397/ITS Digital Archive, Arolsen Archives; Effektenkarte Artur Libicz, Buchenwald, 1.1.5/6490247/ITS Digital Archive, Arolsen Archives; Sterbeurkunde Leo Dolatowski, Buchenwald, 1.1.5/5767504/ITS Digital Archive, Arolsen Archives; Effektenkarte Adam Pomorski, Buchenwald, 1.1.5/6854662/ITS Digital Archive, Arolsen Archives.

„Wir hatten die Absicht, für immer zusammenbleiben" – Erika Martins und Kazimierz Zaborowski

In der Potsdamer Gedenkstätte Lindenstraße wird das Thema „Verbotener Umgang" anhand des Schicksals von Erika Klinikowski, geb. Martins, dargestellt. Auch in der Mahn- und Gedenkstätte Ravensbrück ist ihr eine Tafel gewidmet.[38] Im Gegensatz zu den Zeitungsmeldungen über in Potsdam verurteilte deutsche Frauen oder zu den Dokumenten über die acht polnischen Männer aus dem KZ Buchenwald geben die zu Erika Klinikowski überlieferten Dokumente ein vollständigeres Bild ihrer Geschichte mit unterschiedlichen Akteuren. Wichtige Quellen sind ihre Anträge auf Anerkennung als Opfer des Faschismus aus den Jahren 1945 und 1970, Korrespondenzen aus dem Archiv der Mahn- und Gedenkstätte Ravensbrück sowie Auskünfte der Arolsen Archives und polnischer Archive. Ein Teil der Unterlagen geht auf Recherchen von Erika Klinikowskis Tochter Monika Jarju zurück.

Erika Klinikowski kam als Erika Martins am 8. Mai 1928 in Berlin-Steglitz zur Welt. Sie wuchs bei ihrem Großvater in der Neumark auf. 1935 starb ihre Mutter im Alter von nur 27 Jahren. Von 1940 bis 1942 wohnte Erika bei Vater und Stiefmutter in Berlin-Kreuzberg, wo sie die achte Klasse abschloss. „Dann wurde mein Vater eingezogen, ich mußte ins Pflichtjahr. Und dann ging alles kaputt!",[39] gab Frau Klinikowski 1993 in einem Interview zu Protokoll.

Das Pflichtjahr absolvierte Erika Martins in Woltersdorf bei Luckenwalde auf dem Hof von Theodor Schulze. Erika freundete sich dort mit polnischen Zwangsarbeitern an, die Artur, Josef, Maria und Stefan hießen. 1970 schrieb sie: „Dadurch, daß wir im Stall, Scheune, Felder usw. immer zusammen arbeiten mussten, ergaben sich natürlich menschliche Kontakte."[40] Sie beschreibt, dass sie den polnischen Zwangsarbeitern Essen und Geld und Maria Kleidung gab. „Mit der Zeit merkte natürlich Frau Schulze alles […]. Man behandelte mich dann auch genauso als wäre ich eine polnische Zwangsarbeiterin. […] Dann ergab es sich, daß sich eine Freundschaft mit dem polnischen Zwangsarbeiter Casimir Sabarowski anbahnte, er wohnte auch in Woltersdorf."[41] Erika verliebte sich in

---

38 Vgl. Alyn Beßmann/Insa Eschebach (Hrsg.), Das Frauen-Konzentrationslager Ravensbrück. Geschichte und Erinnerung, Berlin 2013, S. 193–211, zu Erika Klinikowski S. 206 f.
39 Interview von Vera Böhm in Berlin im Dezember 1993 mit dem ehemaligen Häftling des Jugend-KZ Uckermark Frau Erika Klinikowski geb. Martins, Transkript, S. 13, Privatarchiv Monika Jarju.
40 Landesarchiv Berlin (LAB), C Rep. 118-0A, Nr. 27479, Lebenslauf, 11. 12. 1970, S. 1.
41 Ebenda, S. 2. Die abweichende Schreibweise des Namens von Kazimierz Zaborowski im Zitat erklärt sich dadurch, dass Erika Klinikowski offenbar eine „eingedeutschte" Schreibweise des Namens verwendete.

Kazimierz, der bei einem anderen Bauern eingesetzt war. Ab April 1943 arbeitete Erika in der Försterei im nahe gelegenen Dobbrikow; den Kontakt zu Kazimierz hielt sie aufrecht. „Wir beide waren noch sehr jung, hatten aber die Absicht, für immer zusammenzubleiben."[42] Sie trafen sich sonntags und schrieben einander Briefe. „Als ich an einem Sonntag von einem Treffen (Casimir) in die Försterei zurückkam, das war im Sept.-Okt. 1943 – sagte der Förster zu mir, ich sollte mich morgen früh beim Dorf-Polizisten melden. [...] Es wurde bei ihm ein Protokoll aufgenommen über den (für) geschilderten Tatvorfall das Verhältnis zum Casimir."[43]

Beide, Erika und Kazimierz, wurden festgenommen und in das Gefängnis Luckenwalde gebracht. Nach der Befreiung 1945 gab Erika Martins in einem Fragebogen den 3. September 1943 als Tag der Verhaftung an.[44] Im Gefängnis Luckenwalde kam Erika Martins in Einzelhaft, musste Tüten kleben und Gartenarbeiten verrichten. Ihrer Erinnerung nach wurden Erika und Kazimierz nach etwa drei Wochen von demselben Beamten, der sie verhaftet hatte, nach Potsdam gebracht.[45]

Über ihre Zeit im Gefängnis in der Potsdamer Lindenstraße schrieb Erika Klinikowski 1970: „Der Gestapo-Sachbearbeiter der für unseren Fall zuständig war, hieß Heinz Kulakowski,[46] wohnhaft Potsdam Kastanien-Allee 128. Vom Gefängnis wurde ich zur Arbeit bei Gestapoleuten im Haushalt bereitgestellt."[47] Sie nennt die Haushalte von Heinz Kulakofske, Reinhold Heller,[48] Frau Scholkemeier und Hausmeister Münzel. Außerdem habe sie den Gefängniskeller des Öfteren von Blut und Kot reinigen müssen. Im Frauentrakt war sie zusammen mit anderen Frauen in der ersten Etage in Zelle 42 untergebracht. „Anfang 1944 bekam ich Scharlach und wurde in Einzelhaft gelegt. Ärztliche Hilfe wurde nicht

---

42 Ebenda, S. 3.
43 Ebenda.
44 LAB, C Rep. 118-0A, Nr. 12640, Fragebogen, 11.12.1945, S. 2; der 3. September 1943 war ein Freitag.
45 LAB, C Rep. 118-0A, Nr. 27479, Lebenslauf, 11.12.1970, S. 4.
46 Laut Auskunft aus dem Bundesarchiv vom 25.7.2011 an Horst Günther hieß er Heinz Kulakofske, geboren am 30. November 1909 in Breslau, und war bei der Geheimen Staatspolizei, Staatspolizeileitstelle Potsdam tätig. Hinweise auf ihn finden sich in den Beständen NSDAP-Mitgliederkartei und RS (Rasse- und Siedlungshauptamt). Privatarchiv Monika Jarju.
47 LAB, C Rep. 118-0A, Nr. 27479, Lebenslauf, 11.12.1970, S. 4 f.
48 Es handelt sich um Reinhold Heller, geboren am 15. Juli 1885, auf den es Hinweise in den Beständen NSDAP-Mitgliederkartei, SS-Führer-Personalunterlagen, R 601 Präsidialkanzlei und R 58 Reichssicherheitshauptamt gibt. Auskunft aus dem Bundesarchiv vom 10.10.2011 an Horst Günther, Privatarchiv Monika Jarju.

gewährt. Folgende Gefängnisbeamte sind mir noch bekannt: Wachtmeister Vogel,[49] Wachtmeister Doberschütz, Aufseherin Nikitz, Aufseherin Jonas."[50] 1993 erinnerte sich Erika Klinikowski: „Ich habe niemals ein schriftliches Urteil oder eine richtige Begründung für meine Verhaftung bekommen, nur als ich ins Jugendlager Ravensbrück/Uckermark auf Transport ging, sagte mir der Hauptwachmeister Voigt in Potsdam, daß ich zu vier Jahren und 30 Hiebe verurteilt worden bin."[51]

Am 4. Juni 1944 wurde Erika Martins in das „Jugendschutzlager Uckermark" eingewiesen: „Dort bekam ich die Nummer 828 an meiner gestreiften Strafkleidung, die am linken Ärmel befestigt wurde. [...] Folgende Namen sind mir in Erinnerung: Dienstführerin Schulz, Dienstführerin Thiele und Hauptführerin Simon."[52] Sie musste Strümpfe stricken, in einem Lorenkommando arbeiten und wurde in der Küche sowie bei Reinigungsarbeiten eingesetzt. „Eines Tages brachte mich die Hauptführerin Simon runter zum Hauptlager nach Ravensbrück. Ich durfte den Wagen kutschieren. Ich kam zum Strafvollzug und wurde auf einen Tisch angeschnallt, vorher die Schlüpfer runter, und bekam 30 Hiebe. Es war grausam. Bis heute habe ich das nicht vergessen."[53]

Im Spätherbst 1944 wurde Erika Martins aus dem KZ entlassen. Zuvor hatte sie unterschreiben müssen, über das Erlebte zu schweigen. Erika Martins musste dann im Haushalt des Gestapo-Beamten Beetz in Eiche/Golm arbeiten. Später kam sie in den Haushalt des Gestapo-Mannes Kulakofske, der im Gefängnis Potsdam für ihren Fall zuständig gewesen war. Dort blieb sie bis Kriegsende „sozusagen in persönlicher Gestapo-Haft", wie sie 1993 bemerkte.[54]

Und Kazimierz Zaborowski? Der am 2. März 1924 in Kijowskie Nowiny bei Konin geborene Pole war gemeinsam mit seinem Bruder Jan (1920–1995) zur Zwangsarbeit nach Deutschland deportiert worden.[55] Erika Martins hatte noch im Gefängnis Potsdam gehört, er sei im KZ Sachsenhausen ermordet worden.[56]

---

49 In einem Brief an Herrn Guse, der Frau Klinikowski bei ihren Bemühungen um Entschädigung unterstützte, nennt Frau Klinikowski den Namen Voigt. Sammlungen Mahn- und Gedenkstätte Ravensbrück/Stiftung Brandenburgische Gedenkstätten (MGR/SBG), A 2014/242, Brief Erika Klinikowski an Herrn Guse vom 21.12.1993, S. 2.
50 LAB, C Rep. 118-0A, Nr. 27479, Lebenslauf, 11.12.1970, S. 4 f.
51 Sammlungen MGR/SBG, A 2014/242, Brief Erika Klinikowski an Herrn Guse vom 21.12.1993, S. 2.
52 Ebenda, S. 3.
53 Ebenda, S. 3 f.
54 Ebenda, S. 4 f.
55 E-Mail-Korrespondenz von Monika Jarju mit der Stiftung Polnisch-Deutsche Aussöhnung vom 1./2.12.2010, Privatarchiv Monika Jarju.
56 LAB, C Rep. 118-0A, Nr. 27479, Lebenslauf, 11.12.1970, S. 9.

Das glaubte sie bis zum Ende ihres Lebens, und so wird es auch in der Ausstellung in der Gedenkstätte Lindenstraße mitgeteilt. Aber nach Auskunft des Polnischen Roten Kreuzes kehrte er nach seiner Befreiung nach Polen zurück.[57] Inzwischen liegt ein Brief vor, den Kazimierz Zaborowski 1975 an den Internationalen Suchdienst in Bad Arolsen schrieb: „Nach der Festnahme wurde ich in das Polizeipräsidium Potsdam-Priesterstraße gebracht und von dort aus nach einigen Monaten in das Lager Sachsenhausen, wo ich die Nummer 72933 mit dem roten Winkel bekam."[58] Er schildert, dass er bei einem Bombenangriff auf die Heinkel-Werke Oranienburg schwer verletzt wurde. „Nach der Bombardierung wurde ich nach Leonberg bei Stuttgart geschickt, wo ich in der Flugzeugfabrik Messerschmitt arbeiten musste. Das Lager in Leonberg war eine Filiale des Lagers Natzweiler, aber an meine Nummer aus diesem Lager erinnere ich mich nicht."[59] Er war dort am 11. Juli 1944 mit der Häftlingsnummer 20072 registriert worden.[60] Von Stuttgart-Leonberg aus wurden die Häftlinge am 30. März 1945 in die Außenlager Kaufering und Mühldorf des Konzentrationslagers Dachau geschickt. Kazimierz Zaborowski erinnert sich, zuerst nach Landsberg und dann nach Allach gekommen zu sein, wo er von den Amerikanern befreit wurde.[61]

Danach: „Ein Wald aus Verschweigen, aus Angst und Ohnmacht"

Erika Martins heiratete 1947 den Kommunisten und ehemaligen Sachsenhausen-Häftling Peter Wiesen und brachte 1947 und 1949 zwei Töchter zur Welt. Nach der Scheidung heiratete sie 1951 Günter Klinikowski. 1956 wurde die Tochter Monika geboren. Erika Klinikowski arbeitete ungelernt bei verschiedenen Stellen. Infolge der Haft litt sie unter Herz-Kreislauf-Beschwerden und Schwerhörigkeit. Ihre Lebensqualität war stark eingeschränkt durch die schweren

---

57 Auskünfte des ITS an Monika Jarju vom 28. 1. 2011 und 19. 9. 2011, Privatarchiv Monika Jarju.
58 Brief von Kazimierz Zaborowski an ITS vom 22. 12. 1975, 6.3.3.2/110555621/ITS Digital Archive, Arolsen Archives (übersetzt von der Autorin). Diese Nummer wurde zwischen dem 8. und 17. November 1943 vergeben. Auskunft Gedenkstätte und Museum Sachsenhausen/SBG vom 7. 10. 2016 an die Autorin, Archiv SGL.
59 Brief von Kazimierz Zaborowski an ITS vom 22. 12. 1975, 6.3.3.2/110555621/ITS Digital Archive, Arolsen Archives.
60 Häftlingsnummernbuch KZ Natzweiler, 1.1.29.1/ITS Digital Archive, Arolsen Archives.
61 E-Mail vom ITS Bad Arolsen an die Autorin vom 12. 10. 1916, Archiv SGL; Brief von Kazimierz Zaborowski an ITS vom 22. 12. 1975, 6.3.3.2/110555621/ITS Digital Archive, Arolsen Archives.

Misshandlungen, die nicht therapiert wurden. 1945 beantragte sie in der Sowjetischen Besatzungszone und 1970 in der DDR vergeblich ihre Anerkennung als NS-Opfer und entsprechende Entschädigung. Sie bemühte sich um Unterlagen von ihren Arbeitsstellen und über die Haft, aber weder seitens der Familien der ehemaligen „Arbeitgeber" Schulze und Kulakofske noch in Archiven oder Amtsstuben fand sie Freundlichkeit, Respekt oder Unterstützung. Erst 1994 wurde sie als Verfolgte des Nationalsozialismus anerkannt. Am 12. August 2004 starb Erika Klinikowski im Alter von 76 Jahren.[62]

Kazimierz Zaborowski lebte nach dem Krieg in Wałbrzych und starb am 9. April 1991 mit 67 Jahren.[63] Er hatte einen Sohn Zbigniew, der 2015 verstorben ist. Dessen Witwe Elżbieta weiß nur, dass ihr Schwiegervater während des Krieges in Deutschland arbeiten musste.[64] Monika Jarju, die Tochter von Erika Klinikowski, bestätigt dieses familiäre Schweigen aus eigener Erfahrung: „Darüber wurde nicht gesprochen in der Familie, alles wurde verdrängt."[65]

In der Geschichte von Erika und Kazimierz gibt es noch eine wichtige Akteurin: die Denunziantin, die das Strafverfahren überhaupt ins Rollen brachte, Bäuerin Schulze aus Woltersdorf bei Luckenwalde.[66] In ihren Erinnerungen beschrieb Erika Klinikowski, wie brutal diese und ihr Mann zu ihr und den polnischen Zwangsarbeitern gewesen waren.[67]

Erika Klinikowskis Tochter Monika Jarju erinnert sich an eine Situation aus ihrer Kindheit, als sie mit ihren Eltern vor dem Gartenzaun der Bäuerin Schulze stand, die ihre Mutter verraten hatte:

„Ich habe mein bestes Kleid an, meine Mutter trägt eine weiße Bluse zum engen Rock, mein Vater Anzug und Krawatte. Wie Bittsteller stehen sie da. Röte brennt im Gesicht meiner Mutter. Fallen scharfe Worte, spricht mein Vater? Die Worte habe ich gehört und wieder vergessen. Wusste ich als Kind überhaupt, worum es ging? Die Frau hinter dem Zaun, eine rundliche Person, gesichtslos, während ich sie betrachte, erscheint allmählich ihr Gesicht, argwöhnisch und abweisend, voll Erschrecken und Unsicherheit, zornig und

---

62 Monika Jarju, Kurzbiografie meiner Mutter Erika Klinikowski, geb. Martins, unveröffentlichtes Typoskript, Archiv SGL.
63 Auskunft ITS an Monika Jarju vom 19. 9. 2011.
64 Brief von Elżbieta Zaborowska an Monika Jarju vom 3. 12. 2016, Privatarchiv Monika Jarju.
65 Sammlungen MGR/SBG, A2014/240, Monika Jarju an Katja Limbächer 2011.
66 LAB, C Rep. 118-0A, Nr. 12640, Fragebogen, 11. 12. 1945, S. 2.
67 LAB, C Rep. 118-0A, Nr. 27479, Lebenslauf, 11. 12. 1970, S. 1 f.

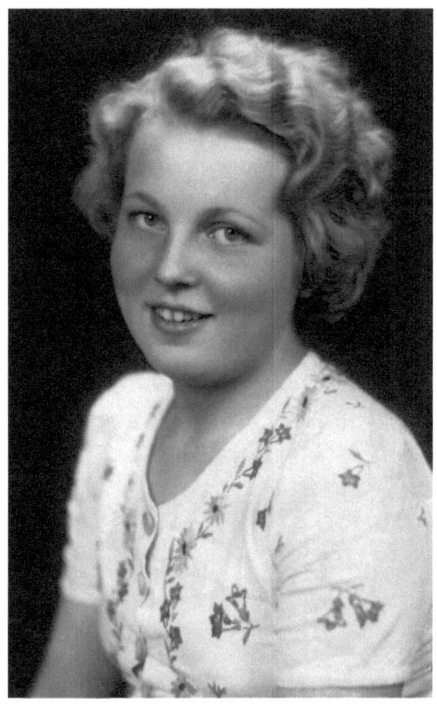

Erika Martins 1946
Fotograf/in unbekannt,
Privatarchiv Monika Jarju

ängstlich zugleich. Ich sehe der Verwandlung zu. Und als ob sie das merkte, dreht sich die Frau um und geht in ihr Haus zurück. Wieder im Auto […] Wie mehrfach eingeschlossen fühle ich mich. […] ein Wald aus Verschweigen, aus Angst und Ohnmacht – das mein Leben überschattet hat. […] Während des Schreibens […] begreife ich, dass meine Mutter sich ein weiteres Mal von der Denunziantin demütigen lässt. Der Zaun zwischen uns trennt die Schuld von der Scham."[68]

Auch die Tochter leidet gesundheitlich unter den Folgen der Haft ihrer Mutter. Erst seit einigen Jahren weiß sie überhaupt, was eigentlich passiert war.[69] Sie versucht mit umfangreichen Recherchen, Licht ins Dunkel zu bringen; ihre Erkenntnisse und Empfindungen verarbeitet sie darüber hinaus in eindrücklichen Texten.

---

68 Monika Jarju, Erinnerungen an meine Mutter, unveröffentlichtes Typoskript, Archiv SGL.
69 Sammlungen MGR/SBG, A2014/240, Monika Jarju an Katja Limbächer 2011.

Die NS-„Umgangsverbote" als sozialhistorisches und beziehungsgeschichtliches Thema

Erika Martins und Kazimierz Zaborowski wären nicht in Konzentrationslager gekommen, wären sie nicht denunziert worden, so wie viele der in der vorliegenden Skizze[70] zur Verfolgung der „Umgangsverbote" in Potsdam Genannten auch. Zugleich ist davon auszugehen, dass viele solidarische Handlungen gegenüber Ausländern oder Beziehungen mit ihnen nicht entdeckt bzw. nicht zur Anzeige gebracht wurden. Die rassistische Ideologie, die den „Umgangsverboten" zugrunde lag, stieß im täglichen Miteinander von Reichsdeutschen und Ausländern an ihre Grenzen (und umgekehrt). Die Bandbreite der Handlungsoptionen auch unter den Bedingungen der NS-Diktatur wird insbesondere dann deutlich, wenn nicht allein auf die Opfer, sondern auf alle Beteiligten geschaut wird: Angehörige, Kollegen, Nachbarn, Polizisten, Anwälte, Richter ...

Wünschenswert wäre es, das Thema des menschlichen Umgangs und seiner Verfolgung im Nationalsozialismus stärker beziehungsgeschichtlich zu bearbeiten und dabei international zu kooperieren.

---

70 Eine umfassende lokalhistorische Untersuchung zum „Umgangsverbot" in Potsdam steht noch aus.

ANNE KATRIN DÜBEN

Verfolgt wegen „Verbotenen Umgangs"

Deutsche Frauen im „Arbeitserziehungslager" Breitenau und ihr Bemühen um Anerkennung

Frauen, die wegen „verbotenen Umgangs" im Arbeitserziehungslager (AEL) Breitenau, einem Lager der Geheimen Staatspolizei Kassel, inhaftiert waren, rückten erstmals in einem zwischen 1992 und 1995 durchgeführten Forschungsprojekt zu weiblichen Gefangenen und Aufseherinnen in den Fokus. Umgesetzt wurde das Projekt von Mitarbeiterinnen des Archivs der deutschen Frauenbewegung in Kassel und in Kooperation mit der Gedenkstätte Breitenau.[1] Die Forscherinnen Leonie Wagner, Gudrun Maierhof und Silke Mehrwald führten in einem ersten Zwischenbericht aus:

„Zahllose Ermahnungen, Merkblätter und Anordnungen sollen die Frauen auf die ‚Schamlosigkeit' einer solchen Verbindung [Beziehung zu Kriegsgefangenen und Zwangsarbeitern] und die daraus resultierenden Folgen wie strafrechtliche Verurteilung, Haft oder die Einweisung in ein Konzentrationslager abschrecken. Nicht selten werden eben zu diesem Zweck Frauen, die einer Verbindung zu einem ausländischen Mann überführt werden, als ‚Polenliebchen' öffentlich an den Pranger gestellt und durch die Straßen getrieben. […] Auch in Breitenau waren Frauen aufgrund des ‚Umgangs'-Deliktes inhaftiert."[2]

Typisch für die Rezeption des Umgangsdeliktes wird in dem zitierten Beitrag der Blick auf intime Beziehungen, und zwar zwischen deutschen Frauen und ausländischen Zwangsarbeitern, gerichtet.[3] Wenngleich die Verfolgung des Umgangs

1 Leonie Wagner/Gudrun Maierhof/Silke Mehrwald, Frauen im Arbeitserziehungs- und Konzentrationssammellager Breitenau, in: Rundbrief des Vereins zur Förderung der Gedenkstätte und des Archivs Breitenau e. V. 11 (1992), S. 10–15.
2 Ebenda, S. 13.
3 Vgl. Silke Schneider, Verbotener Umgang. Ausländer und Deutsche im Nationalsozialismus. Diskurse um Sexualität, Moral, Wissen und Strafe, Baden-Baden 2010, S. 11.

zwischen Deutschen und Nicht-Deutschen keineswegs nur Frauen betraf und ebenfalls nicht nur auf sexuelle Kontakte oder Liebesbeziehungen beschränkt war, ist die Verengung der Wahrnehmung des Umgangsdeliktes auf deutsche Frauen im Falle von Breitenau historisch bedingt. Gunnar Richter liefert in seiner Dissertation von 2004 eine Quantifizierung. Demnach lag der Anteil der Frauen unter den insgesamt 8304 Gefangenen des AEL Breitenau bei 23 Prozent. Im Hinblick auf die Haftgründe waren 33,2 Prozent der weiblichen Gefangenen gegenüber nur 2,4 Prozent der männlichen Gefangenen wegen „verbotenen Umgangs" in Breitenau inhaftiert. Unter den deutschen Frauen lag dieser Haftgrund sogar bei 45,2 Prozent.[4] Diese Quantifizierung bestätigt mit Blick auf Breitenau die These, dass es sich bei dem „Massendelikt"[5] des verbotenen Umgangs vor allem um ein „Frauendelikt"[6] handelte.[7]

Der vorliegende Beitrag schließt an diese Zahlen an.[8] Anhand der dichten Beschreibung von Fallbeispielen werden dabei die Verfolgung des Umgangsdeliktes sowie das Bemühen einiger ehemaliger Gefangener um Anerkennung als Verfolgte des Nationalsozialismus nach 1945 vertieft: Zum einen werden Denunziationen als Ausgangspunkt der Verfolgung sowie die Deutung des vorgeworfenen Deliktes und das daraus resultierende Strafmaß beleuchtet, zum anderen individuelle Entschädigungsforderungen sowie Reaktionen der Entschädigungsakteure.[9] Da letztgenannter Aspekt noch wenig erforscht ist, werden beispielhaft drei Gefangene des AEL Breitenau vorgestellt, die in der Nachkriegszeit für die Anerkennung und Entschädigung ihres Leids eintraten. Der Beitrag leistet dabei keine systematische Untersuchung aller Entschädigungsforderungen von Frauen, die wegen verboten Umgangs verfolgt und im AEL Breitenau inhaftiert waren, sondern versteht sich vielmehr als ein erster Impuls, an den weitere Forschungen anknüpfen können.

4   Vgl. ebenda, S. 326.
5   Ulrich Herbert, Fremdarbeiter. Politik und Praxis des „Ausländer-Einsatzes" in der Kriegswirtschaft des Dritten Reichs, Berlin 1985, S. 122.
6   Schneider, Verbotener Umgang, S. 120.
7   Vgl. Gunnar Richter, Das Arbeitserziehungslager Breitenau (1940–1945). Ein Beitrag zum nationalsozialistischen Lagersystem. Straflager, Haftstätte und KZ-Durchgangslager der Gestapostelle Kassel für Gefangene aus Hessen und Thüringen, Kassel 2009, S. 166–172.
8   Während die Entschädigung ausländischer Verfolgter durch Globalentschädigungen erfolgte, konnten deutsche Verfolgte individuelle Leistungen beantragen; vgl. Christian Reimesch, Entstehung des westdeutschen Entschädigungsrechts, in: Andreas Pretzel (Hrsg.), NS-Opfer unter Vorbehalt. Homosexuelle Männer in Berlin nach 1945, Münster u. a. 2002, S. 179–192, hier S. 179.
9   Richter widmet ein Kapitel seiner Dissertation über das Arbeitserziehungslager Breitenau dem Umgang mit den überlebenden Verfolgten, vgl. Richter, Arbeitserziehungslager Breitenau, S. 520–529.

Fliegeraufnahme Landesarbeitsanstalt Breitenau, um 1938
Industrie-Fotografen Klinke & Co., Berlin

Quellen

Der Beitrag stützt sich insbesondere auf die überlieferten Einzelfallakten der Landesarbeitsanstalt Breitenau, in die 1940 das Arbeitserziehungslager integriert wurde.[10] Die Fallakten dokumentieren den Einweisungsvorgang, Entlassungen von Gefangenen oder Überstellungen, begleitet von Korrespondenzen zwischen Gestapo, Anstaltsverwaltung und kommunalen Akteuren. Die Überstellungen erfolgten in Bezug auf die wegen des Umgangsdeliktes verfolgten Frauen entweder in Zuchthäuser und Gefängnisse, sofern die Fälle vor Sondergerichten verhandelt wurden, oder in das Konzentrationslager Ravensbrück, insbesondere wenn den Frauen Verstöße gegen das in den sogenannten Polen- und Osterarbeiter-Erlassen festgeschriebene Kontaktverbot vorgeworfen wurde.

10 Der Landeswohlfahrtsverband (LWV) stellt die Akten der Gedenkstätte Breitenau als Dauerleihgabe zur Verfügung.

Neben den Verwaltungsvorgängen finden sich in einigen Akten Anfragen von ehemaligen Gefangenen nach Haftbescheinigungen zur Vorlage vor Entschädigungsbehörden und Verfolgtenorganisationen aus der Nachkriegszeit. Ausgestellt wurden die Haftbescheinigungen von den Leitungen der Nachfolgeeinrichtungen der Landesarbeitsanstalt.[11]

Im Hinblick auf das Umgangsdelikt geben die Einzelfallakten nur einen Ausschnitt des Verfolgungsweges wieder. Im Fall von Frauen, die in Breitenau bis zur Verurteilung des Sondergerichts in Kassel inhaftiert waren, sind die dazugehörigen Sondergerichtsurteile in den Akten nicht enthalten. Diese sind größtenteils nur als Abschriften in den Personalakten der Zuchthäuser und Gefängnisse überliefert. Als geschlossener Bestand liegen die Urteile des „Sondergerichts für den Oberlandesgerichtsbezirk Kassel in Kassel" nur sehr lückenhaft vor. Lediglich die Akten von 35 Fällen sind beim Luftangriff auf Kassel im Jahr 1943 nicht zerstört worden.[12] Für die Frauen, über die der Schutzhaftbefehl verhängt wurde und die im Anschluss an die Haft im AEL Breitenau in das Konzentrationslager Ravensbrück überstellt wurden, geben die Zugangslisten von Ravensbrück überdies Auskunft. Über den weiteren Verfolgungsweg sowie das Leben der ehemaligen Gefangenen nach 1945 gewähren darüber hinaus Entschädigungsakten einen Einblick.[13]

Arbeitserziehungslager Breitenau (1940–1945)

In die Landesarbeitsanstalt Breitenau, ein 1874 im ehemaligen Kloster Breitenau eingerichtetes Arbeitshaus des Bezirksverbands Kassel, wies die Gestapostelle Kassel seit Ende 1939 Schutzhaftgefangene ein.[14] Das Arbeitserziehungslager Breitenau wurde schließlich im Mai 1940 offiziell eingerichtet. Ab diesem Zeitpunkt wandelte sich die Zusammensetzung der Gefangenen. Infolge der Polen-

---

11 Zu den Nachfolgeeinrichtungen zählt das Landesjugendheim Fuldatal, ein auf dem historischen Gelände zwischen 1953 und 1973 untergebrachtes geschlossenes Fürsorgeheim in Trägerschaft des Landeswohlfahrtsverbands, vgl. Mechthild Bereswill/Theresia Höynck/Karen Wagels, Heimerziehung 1953–1973 in Einrichtungen des Landeswohlfahrtsverbandes Hessen. Bericht zum interdisziplinären Forschungs- und Ausstellungsprojektes, Januar 2013, http://webcom.lwv-hessen.de/files/272/Forschungsbericht_Heimerziehung.pdf, S. 18 f.
12 Es handelt sich um den Bestand Staatsanwaltschaft Kassel, Hessisches Staatsarchiv Marburg (HStAM), 274 Kassel.
13 Für vorliegenden Beitrag wurden die im Hauptstaatsarchiv Wiesbaden überlieferten Entschädigungsakten geprüft. Wohnortwechsel der Frauen, die vor 1945 im Regierungsbezirk Kassel gelebt hatten, blieben vorerst unberücksichtigt.
14 Vgl. Richter, Arbeitserziehungslager Breitenau, S. 63–73.

Erlasse vom 8. März 1940 diente Breitenau nun zunehmend der Disziplinierung ausländischer Zwangsarbeiter:innen, die in der Stadt und im Regierungsbezirk Kassel zu Arbeitseinsätzen verpflichtet worden waren. Sie wurden wegen „Arbeitsbummelei", Fernbleibens von der Arbeitsstelle sowie Übertretens der in den Polen- und später Ostarbeiter-Erlassen formulierten Vorschriften verhaftet und ins AEL Breitenau gebracht. Unter den Gefangenen waren darüber hinaus ca. 1200 deutsche Gestapo-Gefangene, die wegen Verstößen gegen die Arbeitsvorschriften sowie wegen Verletzungen von NS-Normen in Breitenau inhaftiert wurden.[15] Die Einweisung ins AEL Breitenau erfolgte demnach einerseits wegen Verletzung der Arbeitsdisziplin und betraf sowohl Deutsche als auch ausländische Zwangsarbeiter:innen, und andererseits wegen Verfehlungen „gegen die Volksgemeinschaft".[16] Hierunter fielen die wegen des Umgangsdeliktes verfolgten Frauen, die über die Gestapostelle Kassel hinaus auch von der Gestapostelle Weimar und ihren Außenstellen ins AEL Breitenau überwiesen wurden.[17]

Verfolgung

Denunziation

Bereits Ulrich Herbert und später Silke Schneider haben konstatiert, dass „Übertretungen der Kontaktverbote vielfach aus der Bevölkerung gemeldet" wurden, Denunziationen nahmen bei der Verfolgung des Deliktes also eine zentrale Rolle ein.[18] Dass die Meldungen aus dem sozialen Umfeld der Beschuldigten kamen, zeigen zwei Beispiele aus Breitenau.

In der Schutzhaftakte von Anna M. sind zwei Anzeigen überliefert, die von einem Bauern aus einem kleinen nordhessischen Ort stammen. Er beschäftigte in seinem landwirtschaftlichen Betrieb einen polnischen „Zivilarbeiter", und er war es auch, der dessen Kontakt zu Anna M. meldete. Bei seiner ersten Anzeige im August 1941 gab er an, Anna M. außerhalb ihrer Wohnung mit Bronisław R. angetroffen zu haben, wodurch sie „das Volksempfinden und die öffentliche Ordnung" gefährde.[19] Wenngleich solch eine Formulierung, wie Silke Schneider ausführt, im Nationalsozialismus zu einer „Generalklausel" wurde, die „breite Ermessensspiel-

---

15 Vgl. ebenda, S. 71.
16 Jahresbericht der Landesarbeitsanstalt von 1940, LWV-Archiv, B2 (Sachakten), Nr. 9794.
17 Vgl. Richter, Arbeitserziehungslager Breitenau, S. 159.
18 Schneider, Verbotener Umgang, S. 259.
19 Einzelfallakte Anna M., Anzeige der Ortspolizeibehörde vom 6. 8. 1941, LWV-Archiv, K2, Nr. 6331, Bl. 12.

räume" eröffnete und „das Recht der Ideologie unterwarf", fiel die Strafe gegen Anna M. zunächst relativ gering aus.[20] Es wurde eine Geldstrafe gegen sie verhängt und damit der Fall für erledigt erklärt. Nur vier Wochen später zeigte der Landwirt die beiden erneut an. In der Folge wurden Anna M. und Bronisław R. von der Gestapostelle Kassel in Haft genommen und am 10. Oktober 1941 ins AEL Breitenau eingeliefert. Hier waren sie über ein Jahr inhaftiert. Am 23. November 1942 wurde Bronisław R. ins KZ Buchenwald und Anna M. ins KZ Ravensbrück überstellt.[21] Das Beispiel zeigt, wie aus der Bevölkerung heraus auf die Einhaltung der rassistisch motivierten Sittlichkeitsvorstellungen gedrängt wurde.

Welche Bedeutung der sozialen Kontrolle, aber auch persönlichen Konflikten bei der Verfolgung des Umgangsverbotes zukam, zeigt ein weiteres Fallbeispiel: Die 1907 geborene Anna B., die als Köchin in Hanau arbeitete, wurde von ihrem damaligen Ehemann, von dem sie getrennt lebte, im September 1942 wegen verbotenen Umgangs mit Kriegsgefangenen angezeigt. Daraufhin wurde sie von der Gestapo verhaftet und in das Untersuchungsgefängnis Hanau gebracht. Da das ihr vorgeworfene Delikt nicht nachgewiesen werden konnte, wurde sie nach einem Monat Haft wieder entlassen. Nur zwei Wochen später zeigte sie vermutlich eine Nachbarin an, weil sie Franz S., einen tschechischen Zwangsarbeiter, in ihrer Wohnung empfangen hatte. Da sie das Eintreffen der Kriminalpolizei rechtzeitig bemerkte, konnte sie Franz S. verstecken und verhalf ihm zur Flucht. Nur wenige Stunden später wurde er jedoch aufgegriffen und so stark misshandelt, dass er die Affäre gestand.[22] Anna B. und Franz S. wurden am 26. November 1942 ins AEL Breitenau eingeliefert. Im April 1943 folgte die Überstellung von Anna B. ins KZ Ravensbrück.[23]

Deutung des Deliktes

Die „Verordnung zur Ergänzung der Strafvorschriften zum Schutz der Wehrkraft des Deutschen Volkes"[24] vom 25. November 1939 bildete die rechtliche Grundlage für die Verfolgung des verbotenen Umgangs mit Kriegsgefangenen.

20 Schneider, Verbotener Umgang, S. 129.
21 Einzelfallakte Anna M., Haftsache vom 11. 11. 1941, LWV-Archiv, K2, Nr. 6331, Bl. 7.
22 Entschädigungsakte Anna B., Aussage vor Urkundsbeamten der Stadt Hanau vom 7. 8. 1950, Hessisches Hauptstaatsarchiv Wiesbaden (HHStAW), 518, Nr. 51917, Bl. 13.
23 Einzelfallakte Anna B., LWV-Archiv, K 2, Nr. 9708, Bl. 1.
24 „Verordnung zur Ergänzung der Strafvorschriften zum Schutz der Wehrkraft des Deutschen Volkes" vom 25. November 1939, Reichsgesetzblatt (RGBl.) 1939 I, S. 2319, § 4. Ausformuliert und verschärft wurde die Sanktionierung des Umgangs ein halbes Jahr später in der „Verordnung über den Umgang mit Kriegsgefangenen" vom 17. Mai 1940, RGBl. I vom 17. Mai 1940, S. 769, § 1.

Landesarbeitsanstalt und Landesfürsorgeheim Breitenau

Aufnahmebuch Nr. *1589*

Geboren am *23. 2. 1907*
Gewerbe *Köchin*
Religion *kath,*
Stand *verh*

Akten

für B▬, Anna geb. ▬
geboren in St. Ingbert

Zahlungspflichtig *Gestapo, Außendienststelle Hanau*

Zugang	Abgang
am 26. 11. 42	5. 4. 43. K. Z. Ravensbrück

Landeswohlfahrtsverband Hessen
Psychiatrisches Krankenhaus
Merxhausen
– Außenstelle Guxhagen –
Ruf: 05665 -

Nr. 9708

Aktendeckel, Einzelfallakte Anna B.
LWV-Archiv, K2, Nr. 6331

Geheime Staatspolizei Kassel, den 23. Dezember 1942.
Staatspolizeistelle Kassel
Tgb. Nr. II E - 7891/42.

28.12.42

H a f t s a c h e !

An
die Landesarbeitsanstalt und Landesfürsorgeheim
Breitenau

_in_B_r_e_i_t_e_n_a_u_
Post Guxhagen, Krs. Melsungen.

Gegen die am 26.11.1942 ~~von hier festgenommenen/~~
dort eingelieferten
Arbeiterin Anna B███████████,
geb. am 23.2.1907 wohnhaft in Hanau, Marienkirchstr. 2,
Staatsangehörigkeit ...DR................ habe ich die Unterbringung in das dortige Arbeitserziehungslager auf die Dauer
von ..56.. Tagen (bis auf weiteres) angeordnet, weil
sie mit einem Angehörigen fremden Volkstums intimen Verkehr unterhalten hatte.

Ich bitte, den Häftling entsprechend aufzunehmen.~~und/~~
~~ihn/mit/allen/Papieren/und/Wertsachen/hierher/zurückzusenden/zu/lassen.(x)~~
Gleichzeitig bitte ich, den Häftling bei seiner Entlassung mittels Sammeltransports der Kreispolizeibehörde
.... in ....
zu überstellen, bezw. ihn dem mit der Abholung Beauftragten zu
übergeben.

Bemerkungen: ...Keine..

In Vertretung:

[Unterschrift].   Sa.

x) Gegebenenfalls ist der letzte
   Teil des Satzes hinter "aufzunehmen"
   zu streichen.

Einzelfallakte Anna B.
LWV-Archiv, K2, Nr. 6331, Bl. 4

Der Kontakt mit zivilen Zwangsarbeiter:innen hatte hingegen keine Rechtsgrundlage, sondern war allein in den Polen- und Ostarbeiter-Erlassen festgeschrieben.[25] Ausschlaggebend für die Deutung des Deliktes und das Strafmaß war die rassistische Hierarchisierung der ausländischen Zwangsarbeiter:innen. So wurde mit dem Vorwurf der Fraternisierung, der Gefährdung der inneren Sicherheit und der Sabotage vor allem der Umgang mit westeuropäischen Kriegsgefangenen belegt. Die Kriminalisierung der Frauen hingegen, denen eine intime Beziehung zu einem osteuropäischen Zwangsarbeiter vorgeworfen wurde, war vor allem mit rassenpolitischen Deutungsmustern zur Reinhaltung der „Volksgemeinschaft" verknüpft.

Diese beiden Zugänge und Umgangsweisen zeigen sich auch in der Gegenüberstellung der beiden Gefangenen von Breitenau Paula D. und Edith C.[26] Die damals 21-jährige in Gotha lebende Arbeiterin Paula D. wurde im Juni 1942 verhaftet und von der Geheimen Staatspolizeistelle Weimar am 17. November 1941 nach Breitenau als Polizeigefangene überwiesen. Sie war beschuldigt worden, mit „Protektoratsangehörigen (tschech. Volkszugehörigkeit) geschlechtlich verkehrt" zu haben.[27] Drei Monate später erfolgte ihre „Einweisung in das KL. Ravensbrück auf die Dauer von 6 Monate[n]".[28] D. traf hier am 17. Februar 1942 in einem Sammeltransport ein und wurde nach sechs Monaten entlassen.[29] Während die Gestapo Paula D. ohne Gerichtsverfahren von Breitenau ins Konzentrationslager überstellte, wurde der Kontakt zum militärischen Feind vor Stand- oder Sondergerichten verhandelt und meist mit Zuchthausstrafen und dem Verlust der bürgerlichen Ehrenrechte bestraft, wie der Fall von Edith C. zeigt. Die 1907 geborene Kontoristin lebte bis zu ihrer Festnahme im März 1941 in Gensungen, einem kleinen Ort 20 Kilometer südlich von Kassel gelegen. Ihr Mann war laut Gerichtsurteil als Wehrmachtsoldat in Polen eingesetzt. Laut Urteilsschrift wurde sie wegen Verbrechens gegen Paragraf 4 der „Verordnung zur Ergänzung der Strafvorschriften zum Schutz der Wehrkraft des Deutschen Volkes" von 1939 „durch Urteil des Sondergerichts für den Oberlandesgerichtsbezirk in Kassel vom 23. 4. 1941 zu 4 Jahren Zuchthaus, abzgl. der

---

25 Vgl. Schneider, Verbotener Umgang, S. 198.
26 Vgl. Thomas Roth, „Gestrauchelte" Frauen und „unverbesserliche Weibspersonen". Zum Stellenwert der Kategorie Geschlecht in der nationalsozialistischen Strafrechtspflege, in: Elke Frietsch/Christina Herkommer (Hrsg.), Nationalsozialismus und Geschlecht. Zur Politisierung und Ästhetisierung von Körper, „Rasse" und Sexualität im „Dritten Reich" und nach 1945, Bielefeld 2009, S. 109–140, hier S. 116 f.
27 Einzelfallakte Paula D., Haftsache vom 17. 11. 1941, LWV-Archiv, K2, Nr. 5202, Bl. 1.
28 Einzelfallakte Paula D., Schutzhaftbefehl vom 20. 1. 1942, LWV-Archiv, K2, Nr. 5202, Bl. 3.
29 Auszug aus Zugangs- und Veränderungsmeldung KZ Ravensbrück, 1.1.35.1/3761567/ITS Digital Archive, Bad Arolsen.

Untersuchungshaft, und der Aberkennung der bürgerlichen Ehrenrechte auf die Dauer von 5 Jahren rechtskräftig verurteilt".[30]

Edith C. wohnte gegenüber einer Unterkunft für französische Kriegsgefangene und kam so in Kontakt mit Richard J., der sie laut Urteil auf der Straße ansprach und sie bat, einen Brief, den seine in Paris lebende Frau ihm schreiben wollte, zu übermitteln. Überliefert ist der Austausch von zwei Briefen, wobei der letzte Brief an Richard J. von einem Wachtposten entdeckt und gemeldet wurde. Edith C. wurde daraufhin von der Gestapo Kassel verhaftet und am 17. März 1941 ins AEL Breitenau eingeliefert.[31] In ihrem Brief hatte sie u. a. geschrieben: „Und die Welt sagt, du wärst mein Feind! Ist das nicht zum Lachen? Diese grausame Welt des Mordes und des Hasses! Wozu leben wir eigentlich? Um uns zu vernichten? Ich denke, um uns zu lieben. Liebet eure Feinde! So heißt es in der Bibel."[32]

Wenngleich die Beschuldigten kein sexuelles Verhältnis unterhielten und ihre Briefe nur über einen Zeitraum von einer Woche ausgetauscht hatten, waren diese Zeilen ausschlaggebend für das Gericht, das Edith C. „peinlichen und voyeuristischen" Verhören aussetzte.[33] Sie wurde über die sexuelle Beziehung zu ihrem Ehemann sowie nach ihrer Periode befragt. Das Gericht diagnostizierte schließlich eine „leichte Hysterie". Im Urteil hieß es dann, dass sie durch ihr Verhalten das „gesunde Volksempfinden gröblich verletzt" habe. Außerdem ist von Scham- und Ehrlosigkeit die Rede, denn sie „[schmähe] die deutschen Soldaten, während ihr Mann im Felde steht".[34] Gerade der Kriegsdienst des Ehemanns wurde betont, weil Edith C. nach Auffassung des Gerichts ihre Pflicht als Soldatenfrau verletzt und damit zugleich die „Volksgemeinschaft" verraten habe.[35] Anders als der Umgang mit osteuropäischen Zwangsarbeitern, der vor allem rassistisch gedeutet wurde, zeigt sich am Beispiel von Edith C. die sicherheitspolitische Interpretation des Kontaktverbotes, das mit einer Zuchthausstrafe und dem Verlust der bürgerlichen Ehrenrechte sanktioniert wurde.[36]

---

30 Personalakte Edith C., Urteil des Sondergerichts für den Oberlandesgerichtsbezirk Kassel in Kassel vom 2. 5. 1941, HStAM, 251 Ziegenhain, Nr. 3000, Bl. 3.
31 Einzelfallakte Edith C., Personalbeschreibung vom 17. 3. 1941, LWV-Archiv, K2, Nr. 5142, Bl. 1.
32 Einzelfallakte Edith C., Abschrift Brief, o. D., LWV-Archiv, K2, Nr. 5142, Bl. 11.
33 Birthe Kundrus, „Verbotener Umgang". Liebesbeziehungen zwischen Deutschen und Ausländern 1939–1945, in: Katharina Hoffmann/Andreas Lembeck (Hrsg.), Nationalsozialismus und Zwangsarbeit in der Region Oldenburg, Oldenburg 1999, S. 149–170, S. 167 f.
34 Personalakte Edith C., Urteil des Sondergerichts für den Oberlandesgerichtsbezirk Kassel in Kassel vom 2. 5. 1941, HStAM, 251 Ziegenhain, Nr. 3000, Bl. 6 f.
35 Kundrus, „Verbotener Umgang", S. 156 f.
36 Personalakte Edith C., Urteil des Sondergerichts für den Oberlandesgerichtsbezirk Kassel in Kassel vom 2. 5. 1941, HStAM, 251 Ziegenhain, Nr. 3000, Bl. 8.

Bemühen um Anerkennung und Entschädigung

Die Alliierten hatten zwar schon 1945 in der Kontrollratsproklamation Nr. 3 zur Umgestaltung der Rechtspflege ausdrücklich nationalsozialistische Urteilsbegründungen wie die Verletzung des „gesunden Volksempfindens" verboten und ebenso die Sondergerichte aufgehoben. Vorstellungen von Reinheit und Sexualmoral und damit auch die gesellschaftliche Stigmatisierung gerade der wegen des Umgangsdeliktes verfolgten Frauen wirkten jedoch in der deutsch-deutschen Nachkriegsgesellschaft weiter fort, wie sich am Beispiel abgelehnter Entschädigungsforderungen zeigen lässt.[37] Diese Ablehnungen sind im Kontext eines exklusiven Verfolgtenverständnisses sowohl in West- als auch Ostdeutschland zu betrachten, das bereits die Opferausschüsse vertraten, die sich auf Initiative ehemaliger deutscher Verfolgter unmittelbar nach der Befreiung gegründet hatten und diese bei der Beantragung kommunaler Fürsorgeleistungen unterstützten.[38] In den ersten Nachkriegsjahren arbeiteten dabei vor allem aus politischen Gründen Verfolgte in den Ausschüssen, die den Widerstandskämpfer:innen eine herausgehobene Rolle unter den Entschädigungsberechtigten zusprachen. Wenngleich auch jüdische und religiöse Verfolgte Berücksichtigung fanden, trafen doch in der unmittelbaren Nachkriegszeit konfligierende Selbstbilder aufeinander, und es entstand eine „doppelte Konkurrenz der Opfer". Diese Konstellation hatte zur Folge, dass Personengruppen wie zum Beispiel als „asozial" Verfolgte bereits zu dieser Zeit ihren Opferstatus aberkannt bekamen und somit keine Fürsorgeleistungen mehr erhielten.[39]

In den Ländergesetzen und den späteren Bundesentschädigungsgesetzen wurden die Verfolgungsgründe, die zur Beantragung von Fürsorge- oder Entschädigungsleistungen berechtigten, schließlich auf „politisch, rassisch oder religiös" verengt.[40] In der DDR waren Restitution und Schadensersatz hingegen nicht vorgesehen, sondern die „Anordnung zur Sicherung der Rechte anerkannter Verfolgter des Naziregimes" von 1950 sah allein Sozialleistungen vor.[41] Die Anerkennung als „Opfer des Faschismus" erschien dabei in den Bestimmungen zwar weniger eng definiert, erlaubte den Ausschüssen aber auch gerade mit Blick

---

37 Amtsblatt des Kontrollrats in Deutschland Nr. 1, 29. 10. 1945, S. 22 f.
38 Vgl. Susanne zur Nieden, Unwürdige Opfer. Die Aberkennung von NS-Verfolgten in Berlin 1945 bis 1949, Berlin 2003, S. 28 ff.
39 Constantin Goschler, Schuld und Schulden. Die Politik der Wiedergutmachung für NS-Verfolgte seit 1945, Göttingen 2005, S. 77.
40 Vgl. zur Nieden, Unwürdige Opfer, S. 93 f.
41 Erst seit 1965 war eine Ehrenpension vorgesehen, jedoch allein für anerkannte „Kämpfer gegen den Faschismus", vgl. ebenda, S. 91.

auf die politische Haltung der Antragstellenden, die bei der Entscheidung miteinfloss, Handlungsspielräume.[42] Für das Anerkennungsverfahren war dabei sowohl für die Entschädigungsbehörden in der BRD als auch die Ausschüsse in der DDR eine Haftbestätigung sowie ein darin formulierter Haftgrund zentral.[43] Vor diesem Hintergrund ist zu erklären, dass trotz der politischen und rassistischen Dimension der Verfolgung des Umgangsdeliktes Anerkennungs- und Entschädigungsforderungen der Frauen abgelehnt werden konnten.[44]

„Ich bin seit November 1945 anerkanntes Opfer des Faschismus. Viele falsche Angaben und Schwindeleien führen zu der Notwendigkeit, die Akten aller Anerkannten zu überprüfen. [...] ich wende mich deshalb an Sie mit der Bitte, mir doch eine rechtsverbindliche Bestätigung zukommen zu lassen, dass ich von Anfang Mai 1942 bis 12. August 1942 und von November 1942 bis Januar 1943 wegen meiner politischen Betätigung in der dortigen Anstalt inhaftiert war."[45]

Das Zitat stammt aus einer Anfrage, die Elisabeth W. an die Direktion der Landesarbeitsanstalt Breitenau im Mai 1948 richtete. Die 1902 geborene und bis zu ihrer Verhaftung in Kassel lebende Schauspielerin wurde nach ihrer Haft im AEL Breitenau im Januar 1943 ins KZ Ravensbrück überstellt, wo sie befreit wurde. Anschließend lebte Elisabeth W. in Berlin-Charlottenburg, arbeitete als Rundfunksprecherin und galt seit Herbst 1945 vor dem Berliner Hauptausschuss als „anerkanntes Opfer des Faschismus".[46] Der „Hauptausschuss Opfer

42 Vgl. Elke Reuter/Detlef Hansel, Das kurze Leben der VVN 1947 bis 1953, Berlin 1997, S. 436 f. Dass sogar Kommunistinnen, die wegen „verbotenen Umgangs" verfolgt worden waren, ihren Status als „Verfolgte des Nazi-Regimes" in der DDR aberkannt bekamen, beschreibt Insa Eschebach am Beispiel von Martha Wölkert, vgl. Insa Eschebach, „Verkehr mit Fremdvölkischen". Die Gruppe der wegen „verbotenen Umgangs" im KZ Ravensbrück inhaftierten Frauen, in: dies. (Hrsg.), Das Frauen-Konzentrationslager Ravensbrück. Neue Beiträge zur Geschichte und Nachgeschichte, Berlin 2014, S. 154–173, hier S. 171 f.
43 Vgl. Henning Borggräfe/Hanne Leßau, Die Wahrnehmung der NS-Verbrechen und der Umgang mit den NS-Verfolgten im International Tracing Service, in: dies./Harald Schmid (Hrsg.), Die Wahrnehmung der NS-Verbrechen und ihrer Opfer im Wandel, Göttingen 2015, S. 23–44, hier S. 31.
44 Vgl. Karl Ulrich Scheib, Justiz unterm Hakenkreuz – Strafjustiz im Nationalsozialismus bei der Staatsanwaltschaft Ulm und bei den Gerichten im Landgerichtsbezirk Ulm, Diss., Philipps-Universität Marburg 2012, S. 134 f.
45 Einzelfallakte Elisabeth W., Schreiben W. an die Direktion der Landesarbeitsanstalt vom 7. 5. 1948, LWV-Archiv, K2, Nr. 7412, Bl. 32.
46 Einzelfallakte Elisabeth W., Schreiben an die Leitung der Landesarbeitsanstalt Guxhagen vom 31. 1. 1946, LWV-Archiv, K2, Nr. 7412, Bl. 21.

des Faschismus" war im Mai 1945 insbesondere auf Initiative kommunistischer Überlebender entstanden und konnte sich 1946 als eigene Abteilung in der Stadtverwaltung etablieren. Es ist anzunehmen, dass Elisabeth W. als befreite KZ-Gefangene den Opferstatus vom Hauptausschuss anerkannt bekam. Infolge der Spaltung Berlins – Elisabeth W. lebte im Westsektor – änderten sich jedoch die Zuständigkeiten, und ihr Fall wurde überprüft. Die Antwort der Landesarbeitsanstalt auf die angeforderte Haftbescheinigung fiel kurz und knapp aus. Sie gab die Haftzeiträume an und zitierte aus dem Einweisungsschreiben der Gestapostelle Kassel: „Unterbringung in das dortige Arbeitserziehungslager bis zur endgültigen Einweisung in ein Konzentrationslager wird angeordnet, weil sie trotz staatspolizeilicher Warnung erneut nachteilig in Erscheinung wegen verbotenen Umgangs mit Juden und französischen Kriegsgefangenen getreten ist."[47]

Ob Elisabeth W. auf der Grundlage dieses von der Gestapo formulierten Haftgrundes vom Opferausschuss anerkannt wurde oder vielmehr ihr Status als politische Verfolgte damit zur Disposition stand, ist aus der Akte nicht ersichtlich. Jedoch geht daraus hervor, dass sie sich drei Jahre später erneut an die Direktion wandte und nun um eine Haftbescheinigung zur „Erlangung der Wiedergutmachung für die erlittenen Freiheitsstrafen als politischer Häftling" bat, die ihr im Dezember 1951 erneut ausgestellt wurde, ohne den Haftgrund zu nennen.[48]

Die Entschädigungsgesetze in den westlichen Besatzungszonen, die Ländergesetze sowie die schließlich 1953 in Kraft getretenen Bundesentschädigungsgesetze grenzten die Verfolgungsgründe auf die Trias „politisch, rassisch, religiös" verfolgt ein.[49] In den ersten Bundesentschädigungsgesetzen wurde damit die beschriebene Exklusivität des Verfolgtenkreises übernommen. Wie erwähnt, schuf häufig allein die von einer nationalsozialistischen Stelle formulierte „Inhaftierungsbescheinigung" die Grund- und Beweislage.[50] Der Verfolgtenkreis war hierdurch nicht nur eng gefasst, sondern es wurden durch die Bezugnahme auf Haftgründe, die die Gestapo vermerkt hatte, auch nationalsozialistische Deutungsmuster von Delinquenz übernommen und reproduziert.[51] Vom Stigma des Umgangsdeliktes konnten sich Frauen wie Elisabeth W. damit nur schwer befreien. Allerdings zeigt gerade ihr Beispiel, welche Bedeutung auch dem sozialen Hintergrund der ehemaligen Verfolgten zukam. Elisabeth W. war gebildet,

---

47 Einzelfallakte Elisabeth W., Bescheinigung Landesarbeitsanstalt Breitenau vom 19. 5. 1948, LWV-Archiv, K2, Nr. 7412, Bl. 33.
48 Ebenda, Bl. 34.
49 Vgl. Goschler, Schuld und Schulden, S. 190–201.
50 Borggräfe/Leßau, Die Wahrnehmung der NS-Verbrechen, S. 31.
51 Bundesgesetzblatt (BGBl.), Bundesgesetz zur Entschädigung für Opfer der nationalsozialistischen Verfolgung (BEG) vom 24. 6. 1956, Teil I, S. 564.

sie befand sich seit ihrer Befreiung in einem festen Arbeitsverhältnis, lebte in einem großstädtischen Umfeld und war in der Lagergemeinschaft Ravensbrück vernetzt.[52] Gerade für Frauen, denen es nach 1945 auch infolge ihrer Haft nicht gelang, eine gesicherte Existenz aufzubauen, hatte die Aberkennung des Entschädigungsanspruchs weitreichende Konsequenzen.

Wie prekär die Lebensverhältnisse waren und welche Rolle dabei auch den Entschädigungsakteuren zukam, die die Frauen in ihren Ablehnungsbescheiden häufig ein weiteres Mal stigmatisierten, zeigt eindrücklich das Beispiel der bereits erwähnten Anna B., die wegen verbotenen Umgangs mit einem tschechischen Zwangsarbeiter 1942 in Hanau festgenommen worden war.[53] Anna B. litt laut amtsärztlichem Gutachten infolge ihrer Haft an „muskulare[r] Herzinsuffizienz, schwerer Arthritis in Kniegelenken" und konnte keiner stehenden Tätigkeit nachgehen. Sie war seit ihrer Entlassung aus dem Konzentrationslager Ravensbrück in keinem festen Arbeitsverhältnis mehr gewesen und erhielt eine Wohlfahrtsunterstützung.[54] Seit Oktober 1945 bemühte sie sich um die Aufnahme in Betreuungsstellen für ehemalige Verfolgte. Die „Betreuungsstelle für politisch, rassisch und religiös Verfolgte Hanau-Stadt" lehnte ihre Aufnahmegesuche aber wiederholt ab, da sie keinen Nachweis für ihre politische Verfolgung erbringen konnte. Die von ihr angegebenen Mitgefangenen seien „sämtlich nach unseren Informationen wegen Arbeitsscheu im Lager gewesen".[55] Hingegen vertraute die Betreuungsstelle dem Urteil der Kriminalbeamten, die Anna B. 1942 festgenommen und 1949 über ihren „unsittlichen Lebenswandel" und den „dauernden wechselnden Männerverkehr" ausgesagt und bestätigt hatten, dass es sich unter keinen Umständen um eine „politische Inhaftierung" gehandelt habe.[56] Ebenfalls abgelehnt wurde ihr Antrag auf Entschädigung.[57] Gegen die erste Ablehnung im Jahr 1951 hatte Anna B. Einspruch erhoben, woraufhin sie 1952 vor der Wiedergutmachungskammer angehört wurde. Die Kammer lehnte ihren Antrag schließlich endgültig ab, da „gemäß § 1 Entschädigungsgesetz nur solche Personen Anspruch auf Wiedergutmachung [haben], die während der nationalsozialistischen Gewaltherrschaft wegen ihrer politischen Überzeugung oder aus

---

52 Adresslisten von ehemaligen Ravensbrückerinnen, o. D., 1.1.35/100101801/ITS Digital Archive, Bad Arolsen.
53 Entschädigungsakte Anna B., HHStAW, 518, Nr. 51917.
54 Entschädigungsakte Anna B., Amtsärztliche Bescheinigung zur Vorlage bei der VVN vom 22. 2. 1950, HHStAW, 518, Nr. 51917, Bl. 9.
55 Entschädigungsakte Anna B., Betreuungsstelle für pol., rass. u. rel. Verfolgte Hanau-Stadt und Land vom 17. 11. 1949, HHStAW, 518, Nr. 51917, Bl. 26.
56 Ebenda.
57 Entschädigungsakte Anna B., Der Regierungspräsident als Fachbehörde nach dem Entschädigungsgesetz, Wiesbaden vom 31. 5. 1951, HHStAW, 518, Nr. 51917, o. N.

Gründen der Rasse, Religion oder Weltanschauung verfolgt und geschädigt worden sind".[58] Es ist typisch für die Ablehnung der Anträge von Frauen, die wegen des Umgangsdeliktes verfolgt worden waren, dass die rassenpolitische Dimension des Umgangsverbots vollkommen ignoriert wurde:

> „Die Kammer hat sich nicht davon zu überzeugen vermocht, dass die Antragstellerin überhaupt Trägerin einer sittlich fundierten politischen Überzeugung gewesen ist. Gegen eine solche Annahme sprechen schon allein die zahlreichen Vorstrafen, die sie vor 1933 u. a. wegen Diebstahls, Unzucht und sittenpolizeilicher Übertretung erhalten hat. [...] Die beiden folgenden Inhaftierungen sind nach den eigenen Angaben der Antragstellerin auf den Vorwurf des Umgangs mit Kriegsgefangenen und Fremdarbeitern zurückzuführen. Zweifellos handelt es sich hierbei nicht um Verfolgungen aus den in § 1 genannten Gründen, da den Behörden bekannt war, dass die Antragstellerin diese Beziehungen nicht etwa aus politischen oder weltanschaulichen Gründen unterhielt".[59]

Ohne die damaligen rassistischen NS-Normen in der Urteilsfindung zu berücksichtigen, urteilte die Kammer allein und moralisch über den Charakter und Lebenswandel von Anna B. Ihre Verfolgung wegen verbotenen Umgangs wird dabei mit der ihr vor 1945 vorgeworfenen Straffälligkeit verknüpft und schließlich als zentrales Ausschlusskriterium für die Ablehnung angeführt.

Die Einzelfallakten reichen bis in die Nachkriegszeit, eine diachrone Perspektive auf den Deutungswandel des Umgangsdeliktes gerade seit den 1980er-Jahren eröffnen sie hingegen nicht. Dass dieser durchaus einsetzte, deutet eine Korrespondenzakte zwischen Anna M. und dem Internationalen Suchdienst an. Sie belegt, dass die 1941 von einem Landwirt denunzierte Anna M. Anfang der 1980er-Jahre einen Antrag auf Entschädigung stellte und daraufhin das Regierungspräsidium Darmstadt als zuständige Entschädigungsbehörde die Haftbestätigung beim ITS anforderte. Während die Entschädigungsbehörden in der Nachkriegszeit unkritisch die Haftgründe übernahmen, fiel die Antwort des ITS 1984 differenzierter aus. Er gab auf Grundlage der historischen Akten als Haftgrund „Verkehr mit Polen" an, ordnete Anna M. aber zugleich im beigelegten Formular der Entschädigungsbehörde der Kategorie „politisch Verfolgte" zu.

---

58 Entschädigungsakte Anna B., Beschluss nach mündlicher Verhandlung der Wiedergutmachungskammer Landgericht Wiesbaden vom 14. 5. 1952, HHStAW, 518, Nr. 51917, o. N.
59 Ebenda.

Damit unternahm der ITS einen ersten Schritt hin zu ihrer Anerkennung.⁶⁰ Ihre Anträge auf Entschädigung wurden vom Regierungspräsidium dennoch wiederholt abgelehnt. Anna M. starb, ohne dass sie offiziell als NS-Verfolgte anerkannt und entschädigt worden ist.⁶¹

Ausblick

Dieser Beitrag legte den Schwerpunkt auf deutsche Frauen, die wegen verbotenen Umgangs im AEL Breitenau inhaftiert waren. Die exemplarische Darstellung ihrer Bemühungen um Entschädigung und gesellschaftliche Anerkennung als Verfolgte des Nationalsozialismus soll Impulse zur weiteren Erforschung der Entschädigungsansprüche und Anerkennungsforderungen der Betroffenen geben.

Es ist anzunehmen, dass die wegen des Umgangsdeliktes verfolgten Frauen nur in Ausnahmefällen rechtlich anerkannt und entschädigt wurden. Und dies auch nur, wenn sie eindeutig nachweisen konnten, dass sie über das Umgangsdelikt hinaus wegen ihrer politischen Überzeugung oder Weltanschauung verfolgt worden waren. Aufgrund der Nichtanerkennung, der rechtlichen Diskriminierung und der weit über die NS-Zeit reichenden gesellschaftlichen Stigmatisierung sind die Frauen zu den marginalisierten Verfolgtengruppen zu zählen. Wenngleich für viele zu spät, erfuhren sie Anfang der 1990er-Jahre im einleitend vorgestellten Forschungsprojekt des Archivs der deutschen Frauenbewegung Kassel zumindest symbolisch eine Anerkennung. Erstmals waren von den Forscherinnen die Einzelfallakten von Breitenau aus der Perspektive der Geschlechterforschung betrachtet und die Dimensionen des Verbrechens sichtbar gemacht worden: das den Frauen angetane Unrecht und das durch die Verfolgung und Haft verursachte Leid.

---

60 Haftbestätigung Korrespondenzakte Anna M. vom 18. 9. 1984, 6.3.3.2/112155879/ITS Digital Archive, Bad Arolsen. Weitere Forschungen müssten klären, ob die Haftbestätigung sich positiv auf das Entschädigungsverfahren auswirkte.
61 Schriftliche Auskunft des Hauptstaatsarchivs Wiesbaden vom 18. 3. 2021.

Kapitel 4: Nachgeschichte

THOMAS MUGGENTHALER

„Ich war immer der ‚Polak'!"

Hinrichtungen und öffentliche Demütigungen – verdrängt und vergessen

Liebesbeziehungen zwischen polnischen Zwangsarbeitern und deutschen Frauen waren im NS-System streng verboten. Bei Geschlechtsverkehr mit deutschen Frauen drohte den polnischen Zwangsarbeitern gemäß der sogenannten Polen-Erlasse vom 8. März 1940 der Tod. Dennoch waren diese „GV-Verbrechen" ein Massendelikt. Das Regime reagierte mit der Hinrichtung („Sonderbehandlung") der Zwangsarbeiter oder ihrer Inhaftierung in Konzentrationslagern. Die beteiligten Frauen wurden meist in das KZ Ravensbrück eingewiesen.[1]

Für die Gestapostelle Regensburg, deren Zuständigkeitsbereich sich mit dem damaligen Regierungsbezirk Oberpfalz/Niederbayern deckte, habe ich die Hinrichtungen polnischer Zwangsarbeiter und die damit verbundene Verfolgung deutscher Frauen in dem Buch „Verbrechen Liebe – von polnischen Männern und deutschen Frauen") dokumentiert. Aufbauend auf diesen Recherchen entstand der gleichnamige Fernsehfilm.[2] Das Thema habe ich ebenfalls in mehreren Hörfunksendungen des Bayerischen Rundfunks bearbeitet.[3] Für den Film sowie die Hörfunksendungen konnten weitere Fälle von „verbotenem Umgang" nachgezeichnet werden.

Frauen wie Helene Wimmer („Ich habe den Polen geliebt!"), die wegen einer Liebesbeziehung in das KZ Ravensbrück verschleppt wurden, trugen dort den roten Winkel der politischen Häftlinge. Nach der Befreiung wurde ihnen

---

1 Vgl. Ulrich Herbert, Fremdarbeiter. Politik und Praxis des „Ausländer-Einsatzes" in der Kriegswirtschaft des Dritten Reiches, Berlin 1985, S. 85 ff. und 141 ff.; Silke Schneider, Verbotener Umgang. Ausländer und Deutsche im Nationalsozialismus. Diskurse um Sexualität, Moral, Wissen und Strafe, Baden-Baden 2010, S. 166 ff.
2 Andrea Mocellin/Thomas Muggenthaler, Verbrechen Liebe – von polnischen Männern und deutschen Frauen, Bayerisches Fernsehen, 2015.
3 Thomas Muggenthaler, Verbrechen Liebe – von polnischen Männern und deutschen Frauen, Bayern 2, 1. 11. 2003; Vater hingerichtet – Kinder polnischer Zwangsarbeiter brechen das Schweigen, Bayern 2, 9. 4. 2011, und: Die Schatten der Vergangenheit – wie eine Recherche ein Dorf mit seiner Vergangenheit konfrontiert, Bayern 2, 14. 7. 2012.

allerdings eine Entschädigung verweigert, weil der Haftgrund nicht als politisch galt.[4] Auch das Interesse an ihrer Verfolgungsgeschichte und ihren Schicksalen hielt sich in Grenzen. Kinder aus diesen Beziehungen wie Rosa Trettin („Ich war immer der Polak!") berichten von Demütigungen, die sie wegen ihrer polnischen Väter nach der Befreiung erfahren mussten. Nicht übersehen werden darf in diesem Kontext das Bedürfnis nach Informationen aufseiten der polnischen Familien („Der Vater hat auf Schritt und Tritt gefehlt"[5]).

Die Hinrichtungen, als „Sonderbehandlungen" bezeichnet, fanden in der Nähe der Dörfer statt, in denen die Zwangsarbeiter eingesetzt waren. Frauen, denen vorgeworfen wurde, Liebesverhältnisse mit polnischen Zwangsarbeitern oder französischen Kriegsgefangenen unterhalten zu haben, wurden teils öffentlich zur Schau gestellt. Dennoch sind diese Verbrechen, die halböffentlich – wie die Exekutionen der Zwangsarbeiter – oder „vor aller Augen" – wie die Demütigungen der Frauen[6] – inszeniert wurden, vielerorts verdrängt und vergessen. In betroffenen Familien, aber auch in einigen Orten sind diese Ereignisse dagegen nach wie vor präsent, wie an folgenden Fallbeispielen gezeigt werden soll.

„Ich habe den Polen geliebt!"
Helene Schustereder und Kazimierz Rafalski – KZ-Haft für ein Liebespaar

Helene Wimmer, geborene Schustereder, büßte im KZ Ravensbrück für ihre Liebe zu Kazimierz Rafalski. In dem Fernsehfilm „Verbrechen Liebe" erzählt sie erstmals ihre Geschichte.[7] Helene Wimmer hatte noch nie ein Interview gegeben – es hatte sie niemand gefragt.

---

4   Beispielhaft sei verwiesen auf eine Mitteilung des Bayerischen Landesentschädigungsamtes im Fall Karolina P. vom 20. 3. 1996. Darin heißt es, dass die Ablehnungen einer Entschädigung vom 30. 10. 1952 und vom 22. 6. 1960 rechtens gewesen seien, weil bei Karolina P. die Anspruchsvoraussetzungen nach § 1 BEG (Bundesentschädigungsgesetz) nicht gegeben waren. Vgl. Bayerisches Landesentschädigungsamt, BEG 70894. Mit derselben Begründung lehnte das Landgericht München I am 11. Dezember 1958 eine Entschädigung von Anna S. ab. Vgl. Bayerisches Landesentschädigungsamt, BEG 33140. Beide Frauen wurden wegen Liebesverhältnissen mit polnischen Zwangsarbeitern im KZ Ravensbrück inhaftiert.

5   Zitat Irena Kaczmarczyk, der Tochter von Julian Majka, der am 18. April 1941 in Michelsneukirchen hingerichtet wurde, in: Mocellin/Muggenthaler, Verbrechen Liebe, Bayerisches Fernsehen, 2015.

6   Klaus Hesse/Philipp Springer, Vor aller Augen. Fotodokumente des nationalsozialistischen Terrors in der Provinz, Essen 2002.

7   Mocellin/Muggenthaler, Verbrechen Liebe, Bayerisches Fernsehen, 2015. Alle Zitate im Folgenden, soweit nicht anders angegeben, aus diesem Film.

Der Vater von Helene Schustereder führte einen Bauernhof und eine Gastwirtschaft in Niedernkirchen, einem Dorf im niederbayerischen Landkreis Rottal/Inn. Auf seinen Hof kam Kazimierz Rafalski, geboren am 12. Dezember 1923 in Warschau.[8] Helene, die alle Heli nannten, verliebte sich in Kazimierz, wurde schwanger – und die Liebesbeziehung ein Fall für die Gestapo. Der Polizist, der sie zum Gestapo-Verhör begleitete, erlaubte Helene, mit Kazimierz, der in dem gleichen Zug nach Regensburg gebracht wurde, einige Worte zu wechseln. „Ich hab ihn gefragt: ‚Weißt Du, was passiert?' Da hat er gesagt: ‚Ich Kopf weg und Du Lager.'" Das Paar einigte sich auf den Namen Gerhard, wenn das Kind ein Junge werden würde. Bei der Gestapo musste Helene Schustereder ein würdeloses Verhör über sich ergehen lassen, erinnerte sich die alte Frau („Wo haben Sie es gemacht? Wie haben Sie es gemacht?"). Helene Schustereder wurde wieder nach Hause geschickt, weil sie schwanger war („Jetzt gehen Sie heim, dann sehen Sie schon, was passiert!").

Am 11. August 1944 brachte Helene ihr Kind zur Welt, einen Sohn. Sie nannte ihn Gerhard. Einige Zeit später wurde die junge Frau wieder verhaftet und in das KZ Ravensbrück eingewiesen.[9] Genaue Erinnerungen an ihre Zeit im Lager hatte sie bei dem Interview 2014 nicht mehr. Ein Heft, in dem sie ihre Erlebnisse niedergeschrieben hatte, ist verloren gegangen. Im KZ wurde sie beim Holzhackkommando eingesetzt, erzählte sie. Vor allem die SS-Frauen mit ihren Hunden blieben für sie eine schreckliche Erinnerung. Quälend war auch der Gedanke an ihr Kind. Nach der Befreiung schlug sie sich nach Hause durch und musste feststellen, dass Gerhard bei Pflegeeltern untergebracht war. Umgehend holte sie ihn zu sich zurück, den Vater ihres Kindes aber sah sie nie mehr wieder.

Kazimierz Rafalski wurde verhaftet und am 10. August 1944 von der Gestapo in das KZ Flossenbürg eingewiesen. Er erhielt die Häftlingsnummer 16938. Schon vier Tage später schickte ihn die SS in das Außenlager Hersbruck bei Nürnberg. Hier erkannte er in der „Vormundschaftssache Gerhard Schustereder" am 14. Oktober 1944 offiziell seinen Sohn an.[10] Kazimierz Rafalski überlebte und wurde in Hersbruck von der US-Armee befreit. Dort lernte er die polnische Zwangsarbeiterin Halina Rejmer kennen, die er später in Polen heiratete. Sie war ihrer Beschreibung zufolge im nahen Happurg eingesetzt,[11] wo die KZ-Häftlinge

---

8   Arolsen Archives, Mitteilung vom 13. 7. 2011.
9   In der KZ-Gedenkstätte Ravensbrück sind keine Unterlagen über Helene Schustereder erhalten, Auskunft vom 13. 7. 2012.
10 Die Niederschrift des Amtsgerichts Hersbruck ist in den Arolsen Archives verwahrt.
11 Brief von Halina Rafalska an die Arolsen Archives vom 27. 10. 1989.

Helene Wimmer (geb. Schustereder) und Kazimierz Rafalski. Die Niederbayerin und der polnische Zwangsarbeiter überlebten die KZ-Haft, sahen sich aber nie mehr wieder.
Privat

aus Hersbruck ab 1944 für eine unterirdische Rüstungsproduktion einen Tunnel in den Berg treiben mussten.¹²

In Niederbayern ging Helene Schustereder nach der Befreiung eine neue Beziehung ein. Sie heiratete und bekam 1946 erneut ein Kind, ihre Tochter Magdalena. Der Vater von Magdalena, der jüdische Auschwitz- und Dachau-Überlebende Hans Stricker aus Wien, der zunächst in einem Displaced-Persons-Camp im nahen Eggenfelden untergebracht war, wanderte allerdings 1948 alleine in die USA aus.¹³ Helene heiratete schließlich den Niederbayern Rupert Wimmer und übernahm mit ihm das elterliche Gasthaus in Niedernkirchen. In ihm hatte sie einen Mann gefunden, der sie auf Händen getragen hat, berichtete sie lächelnd.

12 Alexander Schmidt, Happurg und Hersbruck, in: Wolfgang Benz/Barbara Distel (Hrsg.), Das Konzentrationslager Flossenbürg und seine Außenlager, München 2007.
13 Arolsen Archives, Mitteilung vom 5. 12. 2012.

Im hohen Alter machte sich Helene Wimmer gemeinsam mit ihrer Tochter Magdalena noch einmal auf die Suche nach Kazimierz Rafalski. Die Tochter, die mich später auf den Fall ihrer Mutter aufmerksam gemacht hat, erkundigte sich 1999 bei den Arolsen Archives. Es stellte sich heraus, dass Kazimierz Rafalski seinerseits bereits 1971 nach Helene Wimmer gesucht hatte, sie aber nicht gefunden hat, weil die Angaben zu dürftig waren. Als Helene die Adressdaten in Erfahrung bringen konnte, war Kazimierz Rafalski bereits gestorben. Aber mit seiner Frau und seiner Tochter blieb sie in Verbindung. Die polnischen Weihnachtskarten auf ihrem Tisch stammten von Bozenna Rafalska, der Tochter von Kazimierz, den sie stets Kasimir nannte.

„Ich war immer der ‚Polak'!"
Vater hingerichtet – eine Tochter bricht das Schweigen

„Der Bayerische Wald ist ja ganz schön, aber umso weiter ich weg bin, umso besser geht es mir", sagte Rosa Trettin in der Hörfunksendung „Verbrechen Liebe".[14] Rosa Trettin ist in der Nähe von Zachenberg im Bayerischen Wald aufgewachsen. Sie bekam nach dem Krieg bereits als kleines Kind auf dem Schulweg zu hören, dass ihr Vater Pole war. „In der ersten Klasse war das schon, als wir nach Hause gegangen sind, da haben die Jungs hinter mir hergerufen ‚Polak', ‚Polak'. Dann hab ich zugehauen. Dann war wieder mal eine Zeit lang Ruhe, bis ich die vielleicht mal wieder geärgert habe, dann kam wieder der ‚Polak'." Richtig aufgeklärt über das Schicksal ihres Vaters wurde Rosa Trettin nie. Vieles hörte sie von Leuten, die nicht zur Familie gehörten. „Das ist ja das Schlimme, also ich wusste nur, dass ich vom Polen bin, aber mehr wusste ich damals noch nicht. Ich wusste nicht, dass der auf dem Hof gearbeitet hat. Es hat mir niemand gesagt, so und so war das, und ich habe auch nicht gefragt." Rosa Trettin weiß, dass ihre Mutter im KZ Ravensbrück inhaftiert war, dass sie dort in der Küche gearbeitet hat und dass es ihr deshalb relativ gut ging. Aber die Tochter konnte nicht verstehen, dass ihr die Mutter nie die ganze Geschichte erzählt hat. „Meine heile Welt, die ich mir jetzt aufgebaut habe! Bloß nichts fragen, bloß nichts sagen, keine Fragen stellen! Also dieses Thema war unantastbar."

Durch die Schwangerschaft wurde das Verhältnis der Mutter von Rosa Trettin mit Józef Trzeciak bekannt. In einer Aussage vom 21. Juli 1954 schilderte diese, was geschehen war. „Ich wurde durch einen Gendarmerie-Meister ver-

---

14 Muggenthaler, Verbrechen Liebe, Bayern 2. Alle Zitate im Folgenden, soweit nicht anders angegeben, aus dieser Sendung.

nommen. Dieser sagte mir, dass der Pole Trzeciak bereits alles zugegeben habe und ich solle ebenfalls die Wahrheit sagen. Dies habe ich dann auch getan [...]. Ich habe bei meinen Großeltern entbunden und am 9. Januar 1942 ein Mädchen geboren, das den Namen Rosa bekam. Durch meine Großeltern habe ich erfahren, dass Trzeciak vom Feld weg festgenommen wurde. Soviel mir meine Großeltern sagten, wurde der Pole da bereits fürchterlich geschlagen."[15]

Rosa Trettins Mutter war 17 Jahre alt, als sie ihr Kind bekam. Ein halbes Jahr nach der Geburt wurde sie in das KZ Ravensbrück eingewiesen und in das Jugend-KZ Uckermark überstellt. Nach zwei Jahren Haft wurde sie im Juli 1944 entlassen.[16]

Józef Trzeciak wurde am 8. Mai 1942 in der Nähe des Ortes, in dem er gearbeitet hatte, hingerichtet. Die Entscheidung zur sogenannten Sonderbehandlung fiel im Reichssicherheitshauptamt in Berlin. Geleitet hat die Exekution die Gestapo Regensburg, durchgeführt ein Hinrichtungskommando aus dem KZ Flossenbürg. Im Staatsarchiv Amberg dokumentiert die Akte „Staatsanwaltschaft Regensburg 147" die Hinrichtungen polnischer Zwangsarbeiter in Niederbayern und der Oberpfalz, denn es kam zu einem Verfahren gegen die drei führenden Gestapo-Leute der Staatspolizeistelle Regensburg, die sich Anfang der 1950er-Jahre „wegen Beihilfe zum Mord" zu verantworten hatten. Die Akte listet 22 Hinrichtungen dieser Art auf, eine davon ist die Exekution von Józef Trzeciak.[17]

Der damalige „Kreisführer der Gendarmerie", der an der Hinrichtung teilgenommen hatte, sagte im Zuge der Ermittlungen am 25. September 1953 aus: „Als ich dort ankam, war der Galgen schon aufgestellt und der Delinquent stand dahinter. [...] Sodann wurde dem Delinquenten das Urteil bekanntgegeben. Ein Dolmetscher eröffnete es ihm in polnischer Sprache. Zu den Anwesenden sagte der Dolmetscher, er habe ihn gefragt, ob er noch einen letzten Wunsch habe, was der Pole aber verneint habe. Hierauf musste der Delinquent das Gerüst betreten und zwei Häftlinge vom KZ Flossenbürg legten ihm die Schlinge um den Hals. In diesem Moment wandte ich mich um, weil ich die Hinrichtung nicht sehen wollte. Als ich mich später umdrehte, sah ich den Polen am Galgen hängen. Ein Arzt ging zum Gehängten und stellte den Tod fest."[18]

Nach der Hörfunksendung „Verbrechen Liebe" und dem Erscheinen des gleichnamigen Buches ergriffen einige Orte die Initiative, an diese Verbrechen

---

15 Staatsarchiv Amberg, Staatsanwaltschaft Regensburg 147, Bl. 1065.
16 Ebenda, Bl. 1066.
17 Ebenda, Übersicht, o. P.
18 Ebenda, Bl. 403.

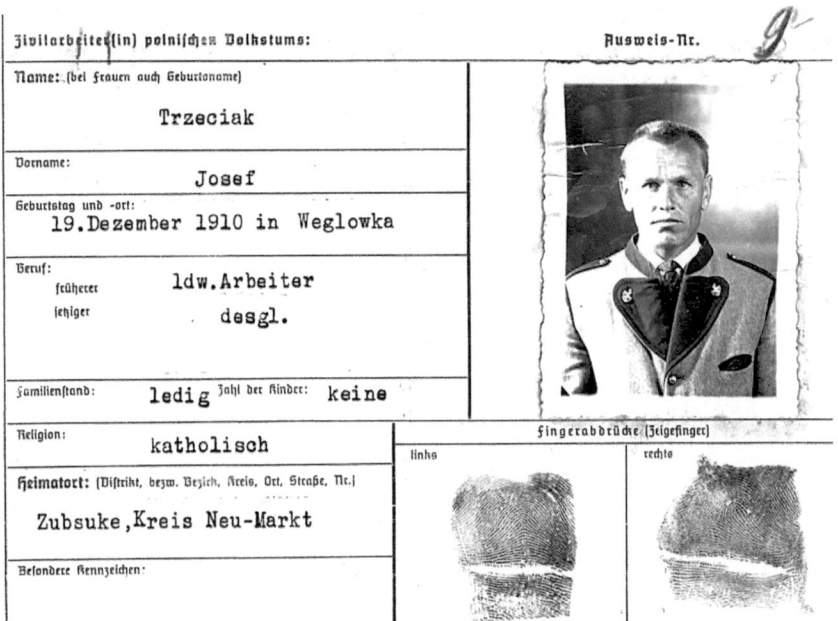

Józef Trzeciak, hingerichtet am 8. Mai 1942 in Zachenberg (Landkreis Regen, Bayern). Eine junge Frau aus dem Ort war von ihm schwanger. Es ist das erste Foto, das seine Tochter Jahrzehnte später zu sehen bekam.
Staatsarchiv Landshut

zu erinnern. Die erste Gemeinde war Zachenberg. Bürgermeister Michael Dachs wählte einen Granitstein aus, der heute an Józef Trzeciak erinnert. Pfarrer Helmut Meier weihte nach einer Messe angesichts des 70. Todestages von Józef Trzeciak den Gedenkstein im Mai 2012 ein. Er hatte von dem Fall schon früher gehört, aber erst jetzt erfahren, was genau passiert war. „Da bin ich wirklich aus allen Socken gefallen, weil ich nicht gedacht hab, dass die Verbrechen des Nationalsozialismus so nah vor der Haustür sind. Man denkt eben oft an Auschwitz-Birkenau, Buchenwald oder sonst was, nein, direkt vor der Haustür, das war ungeheuer, diese Erkenntnis."[19]

In einer Akte zu diesem Fall fand sich schließlich der Arbeitsausweis von Józef Trzeciak mit einem Foto des polnischen Zwangsarbeiters.[20] Es war die erste Aufnahme ihres Vaters, die Rosa Trettin zu sehen bekam: Ein blonder Mann, der

19 Verbrechen Liebe. Hinrichtungen polnischer Zwangsarbeiter – eine Spurensuche, in: Weitwinkel, Hörfunkprogramm Bayern 2, 11. 2. 2012.
20 Staatsarchiv Landshut, Spruchkammerakte Viechtach 2867.

eine bayerische Trachtenjacke trägt. Rosa Trettin hatte auch den Namen ihres Vaters vergessen, sie hatte einfach nicht mehr gewagt, ihre Mutter danach zu fragen, und sich ohnehin schon länger nicht mehr mit dem Thema beschäftigt: „Wenn Sie mich jetzt nicht angerufen hätten, hätte das geschlummert, bis ich gestorben wäre."

„Der Vater hat auf Schritt und Tritt gefehlt"
Fotos einer Hinrichtung – Spurensuche in Polen

Auf ihren Vater habe sie ein Leben lang gewartet, erzählt Irena Kaczmarczyk. Sie habe oft aus dem Fenster gesehen und gehofft, dass er doch irgendwann kommen würde.[21] Irena Kaczmarczyk lebt in Trzebinia, einer kleinen Stadt in der Nähe von Krakau. Sie ist die Tochter von Julian Majka, der am 18. April 1941 in Michelsneukirchen im Landkreis Cham (früher Landkreis Roding) hingerichtet wurde. Die Hinrichtung von Julian Majka war die erste im Zuständigkeitsbereich der Gestapo Regensburg.[22]

Irena Kaczmarczyk war bereits auf der Welt, als ihr Vater 1939 als Kriegsgefangener nach Deutschland kam. Ihre Mutter war früh gestorben, und so musste sie ohne Eltern aufwachsen.

Julian Majka war zuletzt bei einem Gastwirt, der auch eine Landwirtschaft betrieb, mitten im Ort einquartiert. Der junge polnische Mann verliebte sich in eine Frau aus dem Dorf, seine Partnerin wurde schwanger, das Liebesverhältnis bekannt. Julian Majka wurde sofort verhaftet. Eine Woche vor der Hinrichtung musste sich die junge Mutter vor dem Jugendgericht des Amtsgerichts Roding verantworten.

Der Oberamtsrichter schildert abschätzig eine Liebesgeschichte mit geradezu romantischen Momenten. „Der Pole war bei jeder Gelegenheit bei ihr. Er half ihr beim Holzholen und versuchte stets ihr nahe zu kommen. Aber auch das Mädchen war bestrebt, ein Zusammentreffen mit dem Kriegsgefangenen herbeizuführen. So trieb sie sich eines Abends im Frühjahr 1940 vor dem Gefangenenlager herum, als sich eben der Pole Majka dorthin begeben wollte. Die beiden kamen ins Gespräch. Der Pole küsste das Mädchen, das sich die Zärtlichkeiten ruhig gefallen ließ." Wegen „eines fortgesetzten Vergehens des verbotenen Umgangs mit Kriegsgefangenen" sprach der Richter die junge Frau schuldig und verurteilte sie am 10. April 1941 zu einer Gefängnisstrafe von zehn

---

21 Mocellin/Muggenthaler, Verbrechen Liebe, Bayerisches Fernsehen, 2015.
22 Staatsarchiv Amberg, Staatsanwaltschaft Regensburg 147, Übersicht, o. P.

Julian Majka, hingerichtet am 18. April 1941 in Michelsneukirchen (Landkreis Cham, früher: Roding, Bayern). Das Foto wurde circa 1940 in Michelsneukirchen aufgenommen.
Privat

Monaten. Sie habe „das gesunde Volksempfinden gröblich verletzt. [...] Eine solche Schamlosigkeit kann nur mit einer empfindlichen Freiheitsstrafe gesühnt werden."[23]

Die Hinrichtung von Julian Majka am 18. April 1941 fand am Irlberg, einem kleinen Wäldchen am Ortsrand statt, vollzogen wurde sie von einem Kommando aus dem KZ Flossenbürg. Der Vertreter des Landratsamtes, der die Hinrichtung aus nächster Nähe verfolgt hat, sagte in seiner polizeilichen Vernehmung am 7. August 1954: „Die rückwärts versammelten Polen wurden dann an dem Hingerichteten vorbeigeführt. Die Fremdarbeiter und -arbeiterinnen stießen beim Anblick des Gehängten ein jämmerliches Wehgeschrei aus."[24] Der Regierungspräsident schrieb in seinem Monatsbericht: „Die Art des Vollzugs der Todesstrafe wird weit über den Landkreis hinaus immer noch lebhaft und unwillig erörtert."[25]

In der KZ-Gedenkstätte Flossenbürg sind seit 2007 fünf Fotos ausgestellt, die die Hinrichtung eines Mannes zeigen, die von KZ-Häftlingen durchgeführt

---

23 Alle Zitate in diesem Absatz: Staatsarchiv Amberg, Amtsgericht Roding, Strafakten Nr. 1.
24 Staatsarchiv Amberg, Staatsanwaltschaft Regensburg 147, Bl. 1183.
25 Staatsarchiv Amberg, Regierungspräsidentenberichte für Niederbayern/Oberpfalz.

wurde. Die Fotos konnten zunächst keinem Ort zugeordnet werden.[26] Der amerikanische Soldat Charlie Hollenbeck hatte die Fotos 1945 in einem der SS-Häuser in Flossenbürg gefunden und als Souvenirs in sein Erinnerungsalbum geklebt.[27] In Michelsneukirchen tauchten bei Nachforschungen dann drei kleine Schwarzweißfotos auf. Zwei zeigen Julian Majka, wie er ganz entspannt auf einer Bank vor einem Haus sitzt, einmal alleine, einmal mit einem Landsmann. Auf dem dritten Foto ist der Waldrand zu sehen, an dem die Hinrichtung stattgefunden hat. Anton Fischer, Professor für Forstwissenschaften an der Technischen Universität Weihenstephan, kam in einer Expertise zu dem Ergebnis, dass dieses Foto „zweifelsfrei" denselben Ort zeigt, der auch auf den Hinrichtungsfotos aus Flossenbürg zu sehen ist. Sein Fazit: „Die auf den Fotos dargestellte Hinrichtung fand bei Michelsneukirchen statt."[28]

Irena Kaczmarczyk wusste, dass ihr Vater hingerichtet worden war, aber nicht viel mehr. Sie zeigte sich erleichtert, dass er sich nichts hatte zuschulden kommen lassen, war aber natürlich bestürzt, dass er sterben musste, weil er eine Frau geliebt hat. Irena hatte bis zu diesem Besuch nicht einmal ein Foto ihres Vaters. Zudem äußerte sie den Wunsch, den Ort zu sehen, an dem ihr Vater gestorben ist. Der Fernsehfilm „Verbrechen Liebe" dokumentiert diesen Besuch in Michelsneukirchen. Die Familie brachte ein großes Holzkreuz mit. Nach einem kleinen privaten Gedenkakt lehnte der Sohn von Irena Kaczmarczyk, der Enkel von Julian Majka, das Kreuz an einen Baum. Das Kreuz wurde nicht vor Ort aufgestellt. Es befindet sich heute in einer Kapelle im Ort. Vorher gab es in Michelsneukirchen kein Erinnerungszeichen für Julian Majka.

„Deinetwegen war ich im KZ"
Ein traumatisiertes Kind – ein Denkmal im Wald

„Als ich dann in die Schule kam, hatte es sich im zweiten Schuljahr schon herumgesprochen, von wem ich eigentlich abstammte. Keiner wollte neben mir sitzen oder Fußball mit mir spielen. Ich war ja das so genannte ‚Polakenschwein'."[29]

---

26 KZ-Gedenkstätte Flossenbürg, Konzentrationslager Flossenbürg 1938–1945. Katalog zur ständigen Ausstellung, Göttingen 2008, S. 166 f.
27 Jörg Skriebeleit, „Ein normales Ereignis". Fünf Erinnerungsfotos aus Flossenbürg, in: Thomas Muggenthaler, Verbrechen Liebe. Von polnischen Männern und deutschen Frauen, Viechtach 2010, S. 7–18.
28 Anton Fischer, Gutachten zur Identifikation des Ortes einer Hinrichtungsszene aus dem Jahre 1941 anhand von Fotos vom 7. 5. 2012.
29 Auf der Rolltreppe nach unten, Lebensbericht von Heinz-Jürgen Schäfer, in: Inspirit (2003) 4, S. 2 ff.

Diese Zeilen stammen von Heinz-Jürgen Schäfer, der bei Pflegeeltern aufgewachsen ist. Er berichtete 2003 von der Hinrichtung seines Vaters und der Verschleppung seiner Mutter in das KZ Ravensbrück. Schäfer lebte zum Zeitpunkt der Recherche nicht mehr. Aber seine Witwe erzählte, dass sie gemeinsam mit ihrem Mann die Familie seines Vaters Józef Wójcik in Polen besucht habe. Der Fall spielt in Ichenheim (Gemeinde Neuried, Ortenaukreis) in Baden-Württemberg.

Heinz-Jürgen Schäfers Mutter wurde nach der Entbindung in das KZ Ravensbrück eingewiesen und dort am 7. August 1942 als politischer Häftling registriert. Am 1. September 1944 überstellte die SS die Frau in das Außenlager Neu-Rohlau.[30] Zu seiner Mutter habe er nie ein normales Verhältnis entwickelt, berichtete der Sohn in dem Text über sein Leben. „Im Alter von elf Jahren begegnete ich erstmals meiner leiblichen Mutter. Sie hatte das KZ überlebt und nach Kriegsende nach Frankreich geheiratet. Wir begegneten uns in ihrem Elternhaus, wo ich bei meinem Großvater die Schulferien verbrachte. Das Treffen verlief äußerst unerfreulich. Als erstes gab mir meine Mutter eine schallende Ohrfeige – für mich die erste in meinem Leben. Sie sagte: ‚Deinetwegen war ich lange genug im KZ und habe Schimpf und Schande erlitten.' Ich spürte ihre totale Ablehnung." Erst sehr viel später habe er seiner Mutter vergeben können, schreibt der Sohn. Bei seinem Großvater aber war er öfters in den Ferien. Der habe ihm erzählt, dass sein Vater ein tüchtiger Mann und ein guter Mensch gewesen sei.

„An dieser Stelle wurden zwei Polen am 13. Oktober 1942 durch Nazi-Mörder ermordet", steht auf Polnisch, Französisch und Deutsch auf einem repräsentativen schwarzen Stein in einem abgelegenen Waldstück bei Ichenheim. Ein „Polnisches Komitee Offenburg" war Dokumenten des Gemeindearchivs zufolge in die Errichtung des „Polendenkmals", wie der Gedenkstein heute genannt wird, involviert.[31] Es waren offenbar Landsleute der Hingerichteten, die das Erinnerungszeichen unmittelbar nach der Befreiung initiiert hatten. Möglicherweise waren einige von ihnen sogar Augenzeugen der Hinrichtungen.

Józef Wójcik und Franciszek Strojowski mussten sterben, weil sie gegen das Verbot der Nazis verstoßen hatten, Liebesbeziehungen mit deutschen Frauen einzugehen. Die beiden Männer wurden über das Gefängnis Offenburg in das KZ Dachau gebracht. Ein halbes Jahr nach ihrer Verhaftung wurden sie rück-

---

30 IPN Warschau, MF Nr. 135 Sygn. 57/57-28, Zugangsliste vom 5. 8. 42, Mitteilung der KZ-Gedenkstätte Ravensbrück.
31 Die Schreiben des „Polnische Komitees" datieren vom November 1945. Einer Kassenweisung der Gemeinde zufolge wurden die Kosten in Höhe von 1668,65 Reichsmark offenbar von den örtlichen NSDAP-Mitgliedern zurückerhoben, Gemeindearchiv Ichenheim.

überstellt, um am 13. Oktober 1942 in Ichenheim hingerichtet zu werden. Strojowski wurde 26 Jahre, Wójcik 25 Jahre alt, als sie starben.[32]

Im Laufe der Jahrzehnte war auch das abseits gelegene „Polendenkmal" in Vergessenheit geraten. Eine örtliche Initiative hat das Umfeld des Gedenksteins 2015 neu gestaltet. Er hält die Erinnerung an Józef Wójcik und Franciszek Strojowski wach, die an dieser Stelle ermordet wurden.

„Gedemütigt, groß geschrieben"
Der Fall Anna Scharf – Spießrutenlauf in Landshut

„Ich bin aus der Volksgemeinschaft ausgeschlossen – wegen Verkehr mit Kriegsgefangenen", steht auf einem Schild, mit dem zwei junge Frauen am 14. April 1942 wegen ihrer Beziehungen zu französischen Männern durch Landshut getrieben wurden. Entdeckt hat die Fotos Mario Tamme, Mitarbeiter des Stadtarchivs Landshut im Jahr 2016. Fast zeitgleich mit dem Fund der Fotos berichtete die *Landshuter Zeitung*, dass bei der Justiz der Antrag eingegangen sei, das Urteil gegen die beiden 1942 verurteilten Frauen aufzuheben.[33] Das Urteil wurde denn auch 2016 aufgehoben. Antragstellerin war Anna Scharf, eine der Frauen auf den Fotos.

Das Landgericht Landshut hatte Anna Scharf am 29. Mai 1942 zu zwei Jahren Zuchthaus verurteilt. Nach Ansicht des Gerichts hatte die Niederbayerin „das gesunde Volksempfinden gröblichst verletzt" und „eine Gesinnungslosigkeit gezeigt, die nicht mehr zu überbieten ist". Ihre 16 Jahre alte Freundin wurde zu „mindestens" einem Jahr Haft verurteilt, die sie in der Jugendhaftanstalt Hohenleuben in Thüringen vom 1. Juni 1942 bis zum 1. Juni 1943 absitzen musste.[34]

Anna Scharf musste sich noch einmal vor dem „Sondergericht beim Landgericht München I" verantworten, weil sie schon in der ersten Nacht im Landshuter Gefängnis in ihrer Zelle „lärmte". Sie kritzelte „mit einer Nadel in die weiß getünchte Zellenwand: ‚Ich sterbe für Frankreich, ich gehe mit Jaques in den Tod!'" Daraufhin erhöhte das Sondergericht die Haftzeit mit Urteil vom 24. November 1942 um zwei Monate Zuchthaus wegen eines Vergehens gegen das „Heimtückegesetz". Abgesessen hat Anna Scharf ihre Strafe in der Haftanstalt Aichach, zeitweise auch in einer „Außenabteilung" in Ingolstadt. Sie zeigte

---

32 Mitteilung der Arolsen Archives vom 15. 1. 2016.
33 Emanuel Socher-Jukic, Gerechtigkeit nach 75 Jahren. Warum ein NS-Urteil gegen eine junge Frau jetzt die Behörden beschäftigt, in: Landshuter Zeitung vom 9. 1. 2017, S. 25.
34 Staatsarchiv Landshut, Staatsanwaltschaft am Landgericht Landshut, Rep. 167/2 St, Nr. 5294.

Wegen des Vorwurfs, Liebesverhältnisse mit französischen Kriegsgefangenen unterhalten zu haben, wurden Anna Scharf und eine weitere Frau am 14. April 1942 durch die Stadt Landshut getrieben.
Stadtarchiv Landshut, Fotosammlung

sich auch hier widerspenstig. Der Gefängnisdirektor lehnte am 29. Dezember 1943 eine bedingte Strafaussetzung ab und bezeichnete sie als eine „einsichtslose Person", die „von dem Strafvollzug in keiner Weise beeindruckt ist".[35]

Anna Scharf lebte zuletzt in Bischheim, einem Vorort von Straßburg. Sie war gerne bereit, ein Interview zu geben.[36] Auf den Fotos aus Landshut erkannte sie sich sofort wieder. Damals hat sie sich, wie die Aufnahmen zeigen, mit dem Kopf an ihre Freundin gedrückt, damit sie nicht getroffen wird, wenn die Leute sie anspucken, erklärte sie. Ja, sie sei gedemütigt worden, betonte Anna Scharf, „gedemütigt, großgeschrieben!"

---

35 Schreiben des Gefängnisdirektors vom 29. 12. 1943 an die Staatsanwaltschaft beim Landgericht München I, Staatsarchiv München, Justizvollzugsanstalten 9762.
36 Thomas Muggenthaler/Christian Stücken, Beitrag in der Sendung „Kontrovers", Bayerisches Fernsehen, 18. 4. 2017.

Wegen des Vorwurfs, Liebesverhältnisse mit französischen Kriegsgefangenen unterhalten zu haben, wurden Anna Scharf und eine weitere Frau am 14. April 1942 durch die Stadt Landshut getrieben.
Stadtarchiv Landshut, Fotosammlung

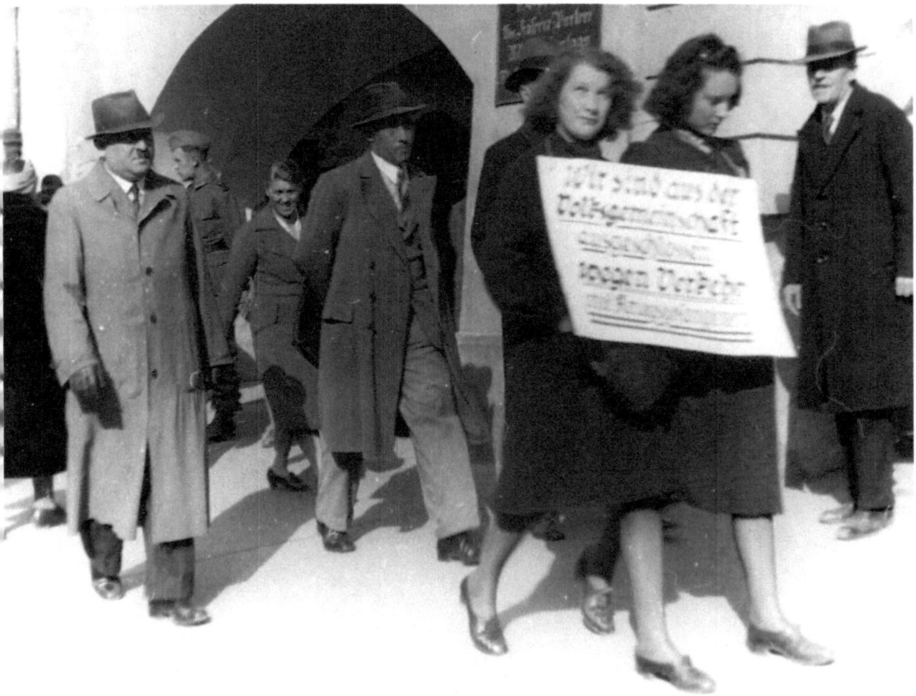
Wir sind aus der
Volksgemeinschaft
wegen Verkehr

Dallmer

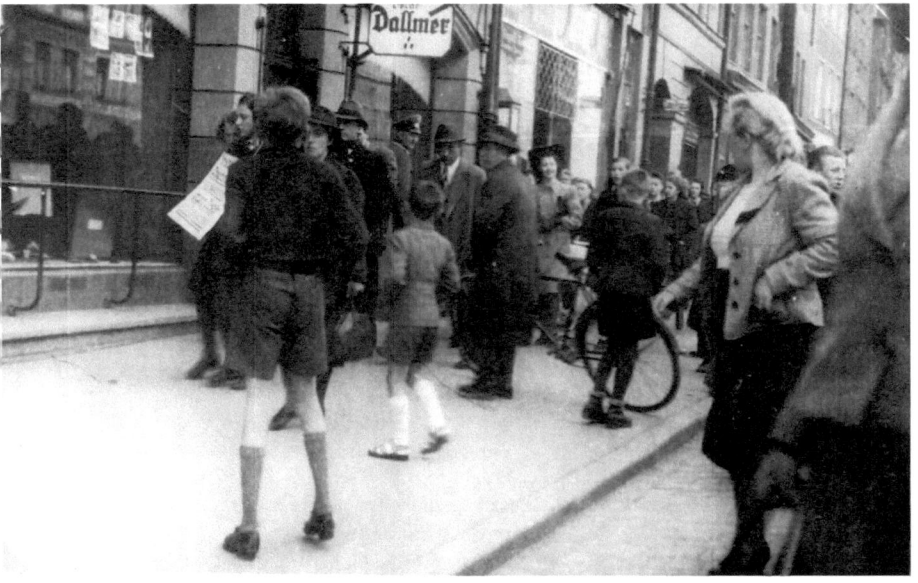

1956 wurde ein Antrag von Anna Scharf auf Entschädigung abgelehnt, weil sie nicht aus politischen Gründen inhaftiert worden sei. 2016 erklärte sich das Landesentschädigungsamt für nicht zuständig und verwies darauf, dass die Antragsfrist für eine Entschädigung abgelaufen sei. Das Bayerische Finanzministerium bestätigte diese Ansicht.[37]

Ihren Jaques sah Anna Scharf nie mehr wieder. Nach der Befreiung bekam sie in Landshut einen Sohn, Emmanuel. Vater war der jüdische Auschwitz-Überlebenden Abraham Zalcberg, der aus Polen stammte. Das Paar blieb aber nicht zusammen. Abraham Zalcberg emigrierte nach Israel. Emmanuel, den es belastet hatte, seinen Vater nicht zu kennen, suchte 1970 vergeblich nach ihm. Dessen Sohn Étienne fand aber über die Arolsen Archives schließlich den Großvater, den er 2017 in den USA auch besuchen konnte.[38]

37 Mitteilungen des Landesamtes der Finanzen, Landesentschädigungsamt vom 4. 1. 2017 und vom 7. 2. 2017, Erklärung des Bayerischen Finanzministeriums vom 9. 5. 2017, jeweils an Marc-Yaaron Popper, Rechtsanwalt von Anna Scharf.
38 Henning Borggräfe/Christian Höschler/Isabel Panek (Hrsg.), Ein Denkmal aus Papier. Die Geschichte der Arolsen Archives. Begleitband zur Dauerausstellung, hrsg. im Auftrag der Arolsen Archives, Bad Arolsen 2019, S. 117 ff.

Anna Scharf wanderte 1949 auf der Suche nach Arbeit nach Frankreich aus. Sie lebte lange in Lyon, heiratete einen Franzosen und bekam noch einmal vier Kinder. Nach sieben Jahren Ehe trennte sie sich von ihrem Mann und zog ihre Kinder alleine auf. Damals in Landshut hatte sie die Franzosen „einfach geliebt", mit ihrer Sprache und ihren Liedern, schwärmte Anna Scharf Jahrzehnte später bei dem Interview.

„Aufs Gemeinste beschimpft!"
Die Haare abgeschnitten – zur Schau gestellt und fotografiert

Die Täter unterschieden bei den öffentlichen Demütigungen offenbar nicht, ob die Männer polnische Zwangsarbeiter oder französische Kriegsgefangene waren. In einigen Fällen wurden den Frauen auch die Haare abgeschnitten. Eine systematische Erfassung dieser Übergriffe liegt bislang nicht vor. Zwei Aktionen in Niederbayern wurden den Akten zufolge auch fotografiert.

Pleystein. Der Regierungspräsident für Niederbayern und die Oberpfalz schrieb in seinem Monatsbericht für den April 1941, dass in Pleystein, einer Stadt in der Oberpfalz, „vor dem Hauptgottesdienst einer Frau von einem SA-Mann die Haare geschoren wurden. Anschließend wurde sie mit zwei Plakaten ‚Ich bin eine Polenhure' behängt [und] 25 Minuten den Marktplatz entlanggeführt."[39]

Dorfen bei Erding. Der Geschichtsforscher Schorsch Wiesmaier hat mich auf den Fall einer jungen Frau aufmerksam gemacht, den er recherchiert hat. Die Frau war von einem französischen Kriegsgefangenen schwanger, wurde im Mai 1941 verhaftet und zu einem Friseur gebracht. Eine Friseurgehilfin sollte ihr die Haare schneiden, weigerte sich aber, wie das Opfer nach der Befreiung berichtete: „Daraufhin ging einer der SS-Männer weg, um einen Friseurgehilfen aus einem anderen Geschäft zu holen. Nach etwa fünf Minuten kam ein junger Herr, der mir die Haare abschnitt."[40] Dann wurde sie von SS-Männern zur Polizeistation geführt. Vom „Sondergericht beim Landgericht München I" erhielt sie „wegen verbotenem Umgang mit Kriegsgefangenen" eine Zuchthausstrafe von einem Jahr und sechs Monaten.[41]

Regen. In der niederbayerischen Stadt Regen behauptete ein NS-Funktionär, der an einer Ortsgruppenleitertagung in der Brauerei Falter teilnahm, am 17. April 1940 gegen 20.00 Uhr durch das Fenster der Toilette gesehen haben,

---

39 Staatsarchiv Amberg, Regierungspräsidentenberichte Niederbayern/Oberpfalz.
40 Vernehmungsniederschrift vom 24. 1. 1947, Staatsarchiv München, Spruchkammerakte K 3365 Georg Erhard.
41 Staatsarchiv München, Staatsanwaltschaften, Sondergericht München 5963.

dass ein polnischer Kriegsgefangener im Durchgang der Brauerei eine junge Frau „unsittlich berührt und geküsst hat".[42] Am nächsten Tag kam gegen 8.30 Uhr ein „Rollkommando" in die Brauerei, um das „Bürolehrmädchen" abzuholen. Die 15-Jährige wurde in das Rathaus gebracht. Ein Friseur lehnte ab, sie zu scheren, aber schließlich fand sich ein anderer Friseur, der bereit war, der Jugendlichen einen Mittelstreifen zu rasieren. „Daraufhin wurde mir eine Kuhglocke um den Hals gehängt sowie auf der Vorder- und Rückseite ein Plakat." Zwei Stunden wurde sie dann durch die Stadt Regen getrieben, beschimpft und bespuckt. Sogar Schulkinder wurden für diesen Spießrutenlauf geholt.[43] „Ich musste auch öfters stehenbleiben, dabei wurde ich an einer Straßenecke auch öfters fotografiert."[44] Es ist unklar, wer die Aufnahmen gemacht hat. Von den Fotos fehlt heute jede Spur. Die junge Frau wurde in Polizeihaft genommen und nach einigen Tagen entlassen. Landrat Dr. Hartl, der sich für sie eingesetzt hatte, holte sie vom Gefängnis in Deggendorf ab und brachte sie zu ihren Großeltern.[45]

Nach der Befreiung mussten sich die Täter vor dem Landgericht Deggendorf „wegen Körperverletzung und Beleidigung" verantworten. Die Frau gab bei ihrer Vernehmung am 12. Juli 1948 an, so gelitten zu haben, dass sie immer noch in ärztlicher Behandlung sei.[46] Das Gericht kam in seinem Urteil vom 14. Juli 1950 zu dem Ergebnis, dass bei einigen Angeklagten die Tatbestände der Freiheitsberaubung und der Beleidigung gegeben, die Taten aber verjährt seien. Das Verfahren wurde eingestellt.[47] Das Oberlandesgericht München verwarf die Revision der Staatsanwaltschaft.[48] Die Tat blieb ungesühnt.

Dachau. „Warum spricht niemand darüber, dass auch in Dachau Frauen die Haare geschoren worden sind?", fragte Magdalena Enzmann im November 2019 bei einer Vorführung des Films „Verbrechen Liebe" in der KZ-Gedenkstätte Dachau. Schulterzucken. Niemand kennt den Fall. Er ist in der Stadt kein Thema. Akten im Staatsarchiv München bestätigen den Hinweis.

Am Samstag, dem 10. Mai 1941 wurden zwei Frauen öffentlich an den Pranger gestellt, weil sie Liebesverhältnisse mit französischen Kriegsgefangenen eingegangen waren. Im Rathaus von Dachau schnitt man ihnen die Haare ab. Eine der beiden Frauen sagte nach der Befreiung aus, dass ihnen der Bürgermeister gedroht habe, sie „nackend auf den Stadtbrunnen" zu stellen, wenn sie sich nicht

---

42 Staatsarchiv Landshut, Staatsanwaltschaft Deggendorf 133, Bl. 2.
43 Staatsarchiv Landshut, Spruchkammerakte Regen Nr. 488, Bl. 3/6.
44 Staatsarchiv Landshut, Staatsanwaltschaft Deggendorf 133, Bl. 27.
45 Ebenda, Bl. 12 und 13.
46 Ebenda, Bl. 10.
47 Ebenda, Bl. 151–165.
48 Ebenda, Bl. 195–199.

die Haare scheren lassen würden.[49] Die andere Frau erklärte, dass ihrer Leidensgenossin „mehrmals der Pelzkragen, mit dem sie versucht hatte, ihren Kopf zu bedecken, heruntergerissen" worden sei.[50]

Die beiden Frauen wurden vom „Sondergericht 1 beim Landgericht München I" am 22. Mai 1941 „wegen verbotenem Umgang mit Kriegsgefangenen" jeweils zu Zuchthausstrafen von einem Jahr und acht Monaten verurteilt.[51] Auch diese öffentliche Demütigung von Frauen wurde fotografiert. Ein örtlicher Fotograf berichtete nach der Befreiung: „An diesem Tage erhielt ich in der Frühe einen Anruf von einem Beamten des Rathauses. Es wurde mir mitgeteilt, dass ich eine Strassenaufnahme von 2 Mädchen zu machen hätte, die von dem Rathaus per Polizeischub nach dem Bahnhof gebracht werden sollten, um von dort aus weiter nach München zu kommen. So weit ich mich erinnern kann bin ich dann noch in der Frühe mit meinem Apparat, einer Leika, den Karlsberg herunter Richtung Bahnhof gegangen. In der Höhe des Kaffee Ludwig Thoma holte ich den Transport ein." Gemäß seinem Auftrag habe er dann die Aufnahmen „so diskret als möglich" gemacht. Später habe er „eine Vergrösserung 6 x 9 an das Rathaus" geschickt. „Ein Negativ dieses Films besitze ich leider nicht mehr. Wie es bei uns Fotografen allgemein üblich ist, pflegen wir Negative, die voraussichtlich nicht mehr auswertbar sind, nicht aufzuheben."[52] Die Fotos sind verschollen.

Diese Fälle öffentlicher Demütigungen von Frauen deuten darauf hin, dass es mehr solcher Aktionen als bislang bekannt gegeben hat. Verdrängt und vergessen sind auch viele Hinrichtungen meist polnischer Zwangsarbeiter. Der Vorwurf war oft eine Liebesbeziehung mit einer deutschen Frau. Es gab bereits in der unmittelbaren Nachkriegszeit erste Initiativen zur Erinnerung an diese Verbrechen, wie das Beispiel Ichenheim aus Baden-Württemberg zeigt, als ein „Polnisches Komitee" dafür sorgte, dass ein würdiger Gedenkort für zwei hingerichtete Zwangsarbeiter geschaffen wurde. Dann dauerte es nach den bisherigen, allerdings nur punktuellen Erkenntnissen bis in die 2000er-Jahre, bis in einigen Orten solcher Verbrechen gedacht wurde. Eine große Bedeutung haben Initiativen zur Erinnerung an diese Hinrichtungen für die Angehörigen in Polen, wie der Fall in Michelsneukirchen zeigt: Die Familie von Julian Majka brachte ein Kreuz mit, das heute an seinen Tod erinnert.

---

49 Vernehmung vom 2. 5. 1947, Staatsarchiv München, Spruchkammerakte K 293 Carl Dobler.
50 Vernehmung vom 26. 2. 1948, ebenda.
51 Staatsarchiv München, Staatsanwaltschaften 10401 und 10402, Urteile vom 22. Mai 1941.
52 Vernehmung vom 26. 2. 1948, Staatsarchiv München, Spruchkammerakte K 293 Carl Dobler, Bl. 14.

CHRISTINE GLAUNING

Vergessenes Verbrechen

Die öffentliche Erinnerung an die Verfolgung des „verbotenen Umgangs"

Die öffentliche Erinnerung an die Verfolgung „verbotenen Umgangs" zwischen Deutschen und Zwangsarbeiter:innen bzw. Kriegsgefangenen ist bislang nicht untersucht worden. Weder in den Standardwerken zur NS-Zwangsarbeit allgemein noch in den Spezialstudien zum Umgangsverbot ist dies Thema. Der Schwerpunkt liegt bei diesen Arbeiten überwiegend in der Zeit bis 1945.[1] Ziel dieses Aufsatzes ist es, eine Bestandsaufnahme vorzunehmen. Dabei soll insbesondere folgenden Fragen nachgegangen werden: An wen wird erinnert, wo wird erinniert, wer initiiert Erinnerung, wie wird erinnert und welche Konflikte treten auf? Untersucht werden die sichtbaren öffentlichen Erinnerungszeichen, über die überwiegend in der lokalen Presse und Regionalforschung berichtet wird. Die Phasen der Erinnerung orientieren sich an den Dekaden der Nachkriegszeit – wohl wissend, dass der Analyse der NS-Erinnerungsgeschichte im Allgemeinen wie im Besonderen nur eine ungefähre und keineswegs trennscharfe Einteilung in Jahrzehnte zugrunde liegen kann.

Ausgangssituation

Zwangsarbeit war per se ein öffentliches Verbrechen, das unter den Augen aller Deutschen stattfand. Die öffentlich inszenierten Strafaktionen im Zusammenhang mit dem „verbotenen Umgang" verdeutlichen dies in besonderem Maße. Unter großer Beteiligung der einheimischen Bevölkerung wurden die angeklagten deutschen Frauen (selten auch die betroffenen osteuropäischen Zwangsarbeiter) auf zentralen Plätzen mit geschorenen Haaren an den Pranger

---

1   Eine der wenigen Ausnahmen und zur Situation der betroffenen deutschen Frauen nach 1945 vgl. Gisela Schwarze, Es war wie Hexenjagd ... Die vergessene Verfolgung ganz normaler Frauen im Zweiten Weltkrieg, Münster 2009.

gestellt und zum Teil mit diffamierenden Schildern um den Hals durch den Ort getrieben. Zahlreiche Propaganda- und Knipserfotos legen davon Zeugnis ab.² Die Berichterstattung in der Lokalpresse vor 1945 nannte die Namen der Frauen, Wohnort und private Details.³ Die betroffenen Frauen kamen in Gefängnishaft oder in ein KZ. Wer überlebte und zurückkehrte, war und blieb stigmatisiert. Gerade die reißerische NS-Berichterstattung wirkte lange nach und führte zu einer Re-Stigmatisierung und Re-Traumatisierung in den Nachkriegsjahren. Exemplarisch sei der Fall einer Frau genannt, die nach 1945 sonntags nach dem Kirchgang von der Gemeinde öffentlich als „Polenliebchen" beschimpft wurde.⁴

Auch in juristischer Hinsicht hatten die Frauen noch lange mit den Folgen zu kämpfen – ein zumeist einsamer Kampf ohne Unterstützung. Als Deutsche hätten sie eigentlich nach dem Bundesentschädigungsgesetz entschädigt werden müssen. Im KZ waren sie als „Politische" inhaftiert gewesen und hatten den roten Winkel tragen müssen.⁵ Aber nach 1945 fielen sie durch jedes Raster, da sie nach Ansicht der Nachkriegsjustiz weder aus politischen noch aus „rassischen", religiösen oder weltanschaulichen Gründen verfolgt und verurteilt worden waren.⁶ Zum Teil argumentierten deutsche Gerichte nach 1945 wie die NS-Justiz.⁷

Erst am 25. August 1998 erließ der Deutsche Bundestag ein Gesetz zur grundsätzlichen „Aufhebung nationalsozialistischer Unrechtsurteile".⁸ Trotzdem sind auch danach NS-Urteile wegen „verbotenen Umgangs" erst Jahre später

2   Klaus Hesse/Philip Springer, Vor aller Augen. Fotodokumente des nationalsozialistischen Terrors in der Provinz, Essen 2002, S. 120–134. Das einzig bislang bekannte Foto, das eine deutsche Frau und einen osteuropäischen Zwangsarbeiter am Pranger zeigt, stammt aus Eisenach, vgl. ebenda, S. 121. Weitere Abbildungen befinden sich in der Dauerausstellung des Dokumentationszentrums NS-Zwangsarbeit „Alltag Zwangsarbeit 1938–1945".
3   Vgl. Heinrich-Böll-Stiftung Sachsen-Anhalt/Gedenkstätte Roter Ochse Halle (Hrsg.), „… das gesunde Volksempfinden gröblichst verletzt". „Verbotener Umgang" mit Kriegsgefangenen im Sondergerichtsbezirk Halle (Saale), 2. Aufl., Halle 2012, S. 35 ff. Vgl. auch Schwarze, Hexenjagd, S. 129.
4   Schwarze, Hexenjagd, S. 203.
5   Vgl. Aufsatz von Ann-Katrin Düben in diesem Band.
6   Vgl. Camilla Bertheau, Politisch unwürdig? Entschädigung von Kommunisten für nationalsozialistische Gewaltmaßnahmen. Bundesdeutsche Gesetzgebung und Rechtsprechung der 50er Jahre, Berlin/Boston 2016, S. 294 f.
7   Karl-Ulrich Scheib, Strafjustiz bei der Staatsanwaltschaft Ulm und den Gerichten im Landgerichtsbezirk Ulm, Marburg 2012 (Diss.), S. 134 ff.: Ablehnung eines Antrags auf Anrechnung der Haftzeit für die Sozialversicherung durch das Sozialgericht Ulm: Die Antragstellerin habe sich als verheiratete Frau und Mutter einem Kriegsgefangenen hingegeben und Ehemann und Kinder hintergangen.
8   Heinrich-Böll-Stiftung/Gedenkstätte Roter Ochse, „Volksempfinden", S. 39 f.

aufgehoben worden.⁹ Abgelehnt wurden weiterhin Anträge auf Rehabilitierung und Entschädigung in verschiedenen Sachverhalten, u. a. „Verbotener Umgang mit Kriegsgefangenen".¹⁰

Auch die Kinder aus den verbotenen Beziehungen waren Leidtragende, wurden zum Beispiel als „Polenbastard" diffamiert. Während des Krieges wurden die Neugeborenen oft den Müttern weggenommen. Entweder mussten diese nach der Befreiung lange um ihre Kinder kämpfen, oder die wegen des unehelichen Nachwuchses sozial geächteten Frauen gaben ihre Kinder in Heime, wo diese in autoritären (kirchlichen) Strukturen aufwachsen mussten.¹¹ Hatte die Mutter die Haft nicht überlebt, mussten die Kinder um Unterstützung wie Waisenrenten kämpfen.¹²

Die beteiligten Kriegsgefangenen und Zwangsarbeiter, überwiegend Polen, wurden – wenn sie nicht als „eindeutschungsfähig" galten – der Gestapo zur „Sonderbehandlung" übergeben. Die so als Hinrichtungen ohne Urteil verschleierten Mordaktionen fanden zum größten Teil im ländlichen Raum halböffentlich statt und sprachen sich in Windeseile herum.

Nach 1945 gerieten diese Ereignisse in Vergessenheit bzw. wurden verdrängt. In Zeiten des „Kalten Krieges" gab es keine Möglichkeit des Kontakts zu den Familien der ermordeten Zwangsarbeiter. Das Schicksal der deutschen Frauen, die Gefängnis- oder KZ-Haft nicht überlebt hatten, blieb im Verborgenen. Hatten sie überlebt, schwiegen sie aus Scham, auch gegenüber ihren Kindern aus den verbotenen Beziehungen, die oft erst nach dem Tod der Mutter von der Identität des Vaters erfuhren. Niemand fragte die Frauen nach ihrer Geschichte, sie bildeten keine Gruppe, um sich gegenseitig zu unterstützen, kein Interessenverband machte sich für ihre Belange stark.

Diese private wie öffentliche Tabuisierung eines im lokalen Kontext an sich offenen Geheimnisses spiegelt sich in einer verspätet einsetzenden sichtbaren Erinnerung an die Verfolgung „verbotenen Umgangs" wider.

---

9 Vgl. den Beitrag von Thomas Muggenthaler in diesem Band, S. 280, hier ein Fall aus dem Jahr 2016.
10 Antwort der Bundesregierung auf die Kleine Anfrage der Abgeordneten Dr. Evelyn Kenzler, Dr. Gregor Gysi und der Fraktion der PDS, Drucksache 14/787, 20. April 1999. http://dip21.bundestag.de/dip21/btd/14/007/1400787.pdf – Alle Weblinks in diesem Beitrag wurden zuletzt am 9. 9. 2002 aufgerufen und geprüft.
11 Schwarze, Hexenjagd, S. 204.
12 Der Sohn von Rosa Broghammer (sie starb im KZ Sachsenhausen, sein französischer Vater wurde kurz vor Kriegsende erschossen) bekam erst nach einem langwierigen Prozess eine Waisenrente. Vgl. Schwarzwälder Bote, 23. April 2020.

Erinnerungszeichen im öffentlichen Raum

An 40 Orten in Deutschland sind rund 50 Erinnerungszeichen an die Verfolgung „verbotenen Umgangs" im öffentlichen Raum errichtet wurden (Stand Juli 2021): Dabei handelt es sich überwiegend um Stolpersteine sowie andere Gedenksteine, -tafeln, -stelen und -kreuze.[13]

Die 1940er-Jahre: Erste Initiativen in der Besatzungszeit

Um 1945/1946 wurden in der französischen Besatzungszone überwiegend an den Hinrichtungsorten insgesamt fünf Gedenkzeichen für ermordete Polen errichtet. Fast alle initiierten die Besatzungsbehörden oder Überlebende: so ein Gedenkstein einer polnischen Initiative unmittelbar nach der Befreiung in Ichenheim (für Józef Wójcik und Franciszek Strojkowski);[14] ein kurz nach Kriegsende auf Betreiben der französischen Besatzungsbehörde aufgestellter Gedenkstein mit Kreuz in Herrischried-Rütte (für Marian Grudzień, Bruno Orcyński, Józef Krakowski);[15] ein Gedenkstein 1946 in Haslach (für Jan Ciechanowski), der allerdings wenige Jahre später „verschwand" und erst 1985 ersetzt wurde (siehe unten);[16] ein im Januar 1946 von „einem polnischen Komitee" aufgestellter Gedenkstein in Schiltach (für Bernard Perzyński), der als „Polenstein" bezeichnet wurde,[17] sowie ein nach Kriegsende von polnischen Überlebenden initiierter Gedenkstein für Jan Kobus in Pfullendorf.[18]

---

13 Ich danke Gwendoline Cicottini für die Vorrecherche. An manchen Orten sind mehrere Gedenkzeichen errichtet worden.
14 Vgl. den Beitrag von Thomas Muggenthaler; 2015 wurde die Anlage neu gestaltet.
15 Südkurier, 11. Juli 2013; Badische Zeitung, 16. Juli 2019.
16 Schwarzwälder Bote, 5. August 2011 und 24. November 2017. 1946 an einer Kreisstraße auf Initiative des damaligen Ortsbürgermeisters errichtet. Der zweite Stein 1985 wurde am Hinrichtungsort aufgestellt.
17 Hans Harter, Die Erhängung des polnischen Zwangsarbeiters Bernard Podziński (Perzynski) in Schiltach, in: Heiko Haumann/Uwe Schellinger (Hrsg.), Vom Nationalsozialismus zur Besatzungsherrschaft. Fallstudien und Erinnerungen aus Mittel- und Südbaden, Heidelberg u. a., 2018, S. 145–160.
18 Gedenkstätten für Jan Kobus in Pfullendorf, https://www.dsk-nsdoku-oberschwaben.de/fileadmin/benutzerdaten/dsk-nsdoku-oberschwaben-de/pdf/sigmaringen-friedrichshafen/pfullendorf-gedenkstaetten-fuer-jan-kobus.pdf. Der Gedenkstein wurde mit der baulichen Erschließung des Geländes 1962/63 auf den Alten Friedhof Pfullendorf umgesetzt.

Gedenktafel Billberge
Foto: C. Glauning, 2022

Die 1950er- bis 1970er-Jahre: Von der „Polenhenke" zum „Polenstein"

Nach Gründung der beiden deutschen Staaten gab es über fast zwei Jahrzehnte hinweg so gut wie keine Erinnerung an die Verfolgung „verbotenen Umgangs". Bekannt sind lediglich drei Gedenkzeichen, davon die zwei einzigen Beispiele aus der DDR: zum einen eine 1965 mit Unterstützung von Schülern und einer polnischen Baubrigade errichtete Gedenkanlage in Bechstedt im Landkreis Saalfeld-Rudolstadt für „11 polnische Patrioten",[19] die in der damals üblichen Terminologie nicht den Opferstatus, sondern das Heroische betonte. Zehn Jahre später, am 8. Mai 1975, wurde am Ortseingang von Billberge im Landkreis Stendal gut sichtbar eine Gedenktafel angebracht mit der Inschrift: „Kampf gegen den Faschismus, für die Würde aller Menschen. Im Jahre 1942 wurden an dieser Stelle 2 junge polnische Arbeiter durch Naziterror ermordet." Die Täter wurden

---

19 Udo Wohlfeld, Der verbotene Umgang. Ein Pole wird 1940 aufgehängt, Apolda 2011, S. 40 f. Zehn waren wegen „verbotenen Umgangs" in Buchenwald und wurden zur Abschreckung in Bechstedt hingerichtet. Die Anlage soll Ende 2021 saniert werden.

entpersonalisiert, der Tatbestand des „verbotenen Umgangs" ist nicht benannt und nur zufällig bekannt geworden.[20]

Eine besondere „Umdeutungsgeschichte" verbindet sich mit dem dritten Fallbeispiel, einem Gedenkstein in Herrischried-Rütte im Schwarzwald, der das erwähnte, bereits kurz nach Kriegsende errichtete Gedenkkreuz ersetzte.[21] 1967 besuchte eine Kommission im Rahmen eines Dorfverschönerungswettbewerbs den Gedenkort. In einem Bericht schildert Aloys Ehrlich, Architekt und Leiter des staatlichen Hochbauamtes, „den guten Geist und die große Opferbereitschaft der Gemeinde Rütte, die den ermordeten Polen diese Gedenkstätte errichtet hat, ohne an dem Verbrechen des Jahres 1942 beteiligt gewesen zu sein".[22] Letztere Aussage entsprach nicht den Fakten.[23] Der alte Gedenkstein wurde als zu aufwendig und wenig künstlerisch gestaltet wahrgenommen – so die offizielle Begründung. Der Verfasser des Artikels entwarf selbst einen neuen Gedenkstein, der „mit weniger äußerem Aufwand sich besser in diese große unverdorbene Landschaft einfügen würde". Neben den Namen der Opfer und einer neutralisierenden, verharmlosenden Beschreibung („An dieser Stelle starben am 15. 4. 1942 als Opfer des NS-Regimes drei polnische Kriegsgefangene") bildete ein unspezifisches Mahnwort den Abschluss: „Lasst uns alle für den Frieden beten". Das Fazit des Berichts: Aus der „Polenhenke" – so war der Hinrichtungsort mit deutlichem Verweis auf seine Geschichte im lokalen Sprachgebrauch nach 1945 lange verankert – sei nun der „Polenstein" geworden.[24]

Das Beispiel Herrischried macht deutlich, wie nicht nur gestalterisch, sondern auch sprachlich sowohl das Verbrechen selbst verschleiert als auch die erste Erinnerungsinitiative ausgelöscht wurde.[25] Die offenkundige Täterschaft von lokalen Nationalsozialisten wird in einem typischen Akt von Ortssolidarität ausgeblendet. Der Kulturwissenschaftler Hermann Bausinger hat wenige Jahre später den Fall aufgegriffen und schreibt von Geschichte, die „hier ‚naturalisiert' [wird]:

---

20 Gedenkstätten für die Opfer des Nationalsozialismus. Eine Dokumentation II, hrsg. von der Bundeszentrale für politische Bildung, Bonn 2000, S. 589. Die Namen der beiden Polen sind hier genannt: Michael Smaluk und Sylvester Dobrowski.

21 Badische Zeitung, 16. Juli 2019. Vgl. Manfred Dietenberger, Zwangsarbeiter und die „Polenhenke" in Herrischried-Rütte, in: ders./Horst Boxler (Hrsg.), Kriegssplitter. Schicksale vor und nach 1945, Albbruck/Bannholz 2002, S. 125–134.

22 Aloys Ehrlich, Der Polenstein bei Rütte über Herrischried, in: Nachrichtenblatt der Denkmalpflege in Baden-Württemberg 12 (1969), S. 77 f.

23 Tatsächlich hatte der vor Ort wohnende NS-Kreisleiter eigenmächtig ein Sondergericht einberufen und sich zum Vorsitzenden ernannt. Vgl. Dietenberger, „Polenhenke", S. 128.

24 Alle Zitate vgl. Ehrlich, Polenstein, S. 78.

25 Vom früheren Gedenkstein gibt es zwar ein Foto; die Inschrift (in Deutsch, Polnisch und Französisch) ist aber nicht zu lesen und auch nicht anderweitig überliefert.

Der Polenstein bei Rütte über Herrischried

Von Aloys Ehrlich, Schopfheim

Im Kriegsjahr 1942 wurden durch das Hitler-Regime drei polnische Kriegsgefangene hingerichtet, die auf Bauernhöfen im Hotzenwald gearbeitet hatten und denen zu enge Beziehungen zu der Bevölkerung vorgeworfen wurden.

Schwer lastete das Urteil eines Standgerichts auf der Bevölkerung dieser Landschaft. Man sprach immer wieder von diesem schrecklichen Geschehen.

Im Geiste christlicher Versöhnung und Trauer hat dann nach dem Kriege die kleine, nur 125 Einwohner zählende Gemeinde Rütte ein Zeichen gesetzt und auf den Höhen über dem Dorf am Tatort ein Ehrenmal errichten lassen, das die Wanderer an das grausame Geschehen erinnern und zur Besinnung mahnen solle.

Der Platz des Ehrenmals, hochgelegen über dem Dorf, hatte allmählich im Volksmund den Namen „Polenhenke" bekommen.

Anläßlich einer Ortsbesichtigung im Rahmen des Dorfverschönerungswettbewerbes 1967 im Landkreis Säckingen wurde die Kommission vom Bürgermeister auch an die Polenstätte geführt. Erinnerungen an die Zeit des Krieges mit all seinen schrecklichen Folgen ließen die Beteiligten nachdenklich stimmen.

Prof. Dr. Asal, Freiburg, der Mentor für die Verschönerung unserer Dörfer und für die Gestaltung und Erhaltung unserer heimatlichen Landschaft, würdigte den guten Geist und die große Opferbereitschaft der Gemeinde Rütte, die den ermor-

Rütte über Herrischried (Kr. Säckingen)

oben: das neue Ehrenmal

rechts: seine Bronzetafel

Alle Aufnahmen dieses Beitrages sind vom Verfasser

Aus: Aloys Ehrlich, Der Polenstein bei Rütte über Herrischried, in: Nachrichtenblatt der Denkmalpflege in Baden-Württemberg 12 (1969), S. 77 f.

Rütte über Herrischried
Der neue Stein

kreis Säckingen bereit erklärt, die Kosten für ein anderes, einfacheres, aber würdiges Denkmal zu übernehmen, was verständlicherweise die Zustimmung durch den Gemeinderat von Rütte sehr erleichtert hat.

So entstand nach dem Entwurf des Verfassers eine neue Ehrenstätte mit einem Findling aus dem Hotzenwald und mit einer schlichten Bronzeplatte versehen.

Der Text derselben wurde gestrafft und aus gestalterischen Gründen nur in deutscher Sprache aufgebracht.

Mit der bisher polnischen und französischen Übersetzung wäre die Platte zu groß oder die Schrift zu klein geworden. Die graphische Gestaltung der Bronzeplatte wurde von Jürgen Brodwolf aus Vogelbach übernommen.

Heute steht, wie gewachsen aus dem Boden dieser Landschaft, ein großer Findling vor der schönen alten Baumgruppe, und an dessen Schrifttafel stecken viele Wanderer, die von der Ödlandkapelle nach Rütte ihres Weges gehen, einen kleinen Tannenzweig als Gruß, vielleicht stellvertretend für Angehörige, die in der fernen Heimat um die drei unglücklichen Opfer dieses Krieges trauern.

Auch der Name der Hinrichtungsstelle hat sich mit dem neuen Denkmal bereits gewandelt. Die Bevölkerung spricht jetzt vom „Polenstein", wenn sie jene Höhe mit den alten Bäumen über Rütte meint.

„Laßt uns alle für den Frieden beten", das ist das Mahnwort, das allen mitgegeben wird, die dort oben vorübergehen.

Es kann als schöner Erfolg der Aktion Dorfverschönerung bezeichnet werden, daß es möglich war, durch fachliche und wohlmeinende Beratung einer kleinen Gemeinde und mit der finanziellen Hilfe des Landkreises Säckingen ein nach dem Kriege in bester Absicht, jedoch zu aufwendig gestaltetes Ehrenmal zu korrigieren.

deten Polen diese Gedenkstätte errichtet hat, ohne an dem Verbrechen des Jahres 1942 beteiligt gewesen zu sein.

Bei der Beurteilung der Gestaltung des Ehrenmals gingen die Meinungen verständlicherweise auseinander. Nur tastend und rücksichtnehmend wurde dem Bürgermeister bedeutet, daß ein Ehrenmal mit weniger äußerem Aufwand sich besser in diese große unverdorbene Landschaft einfügen würde.

Das alte Ehrenmal

Zu vielerlei Materialien wurden damals von dem Steinmetzgeschäft in der sicher guten Absicht um eine würdige Gestaltung verwendet:

Im Boden eine Stahlbetonplatte, etwa 6 qm groß und unsichtbar, damit vor dem Denkmal kein Unkraut wachsen könne. Darauf ausgebreitet ein Bett von weißem Marmorkies, eingefaßt mit Kunstgranitsteinen und mit einigen Granit-Trittplatten belegt.

Das Denkmal selbst hatte Sockelsteine aus Naturgranit, dazu Namenstafeln aus Carrara-Marmor mit Goldschrift, jeweils in einem Terrazzo-Postament mit „Eisernen Kreuzen" aus demselben Kunststein. Das eigentliche Denkmal war ein schwarzer, wohl ausländischer Granit mit geschliffenen Vorderflächen. Insgesamt wurden acht verschiedene Steinmaterialien zusammengetragen.

Ein neues Ehrenmal

Wie könnte dessen Verwirklichung erreicht werden? Doch nur, wenn der Gemeinde Rütte hierfür keine Kosten mehr erwachsen, nachdem das erste Denkmal durch Spenden aus der Bevölkerung entstanden war. Erste Überlegungen, die vorhandene Anlage nur zu ändern, d. h. zu vereinfachen, wurden bald fallengelassen. Glücklicherweise hat sich damals der Land-

Rütte über Herrischried
Das frühere Ehrenmal

sie ist eingebürgert, dem Vertrauten amalgamiert, ihrer Stacheln beraubt."[26] Die Umbenennung der „Polenhenke" in „Polenstein" ersetzt einen Namen, der direkt auf die grausame Tat verweist, durch einen, „der keinen Widerstand leistet, der sich vielmehr fast bruchlos jedem Historisierungsprozeß einfügt, dessen Konsequenz Enthistorisierung ist".[27]

Diese Geschichte im Kleinen bettet sich ein in die „großen" Diskurse in den 1960er-Jahren: ein Jahrzehnt, bestimmt durch Verjährungsdebatten und die gegen viele Widerstände initiierten großen Prozesse, in denen versucht wurde, die Verantwortlichen für den Massenmord an den europäischen Juden und an Kriegsverbrechen in den besetzten Gebieten zur Rechenschaft zu ziehen. Die Verbrechen wurden überwiegend externalisiert – topografisch wie personell. Bis zu einer intensiveren Auseinandersetzung mit der NS-Geschichte vor der eigenen Haustür vergingen noch gut zwei Jahrzehnte.

Die 1980er- und 1990er-Jahre: Geschichte von unten – aber nicht beim „verbotenen Umgang"

Erst in den 1980er-Jahren begann eine intensive lokalgeschichtliche Auseinandersetzung mit der NS-Geschichte. In der Bundesrepublik nahm ein regelrechter Boom der „Geschichte von unten" seinen Anfang.[28] Die Erinnerung an die Geschichte der NS-Zwangsarbeit im Allgemeinen und an die Verfolgung „verbotenen Umgangs" im Besonderen blieb davon weitgehend unberührt. Aus dieser Dekade sind lediglich drei Erinnerungszeichen bekannt: ein „Sühnekreuz" 1988 für Marian Lewicki in Villingen, für das es bereits 1946 eine Initiative polnischer überlebender Zwangsarbeiter gegeben hatte, die aber seinerzeit vom französischen Gouverneur abgelehnt worden war; in Haslach wurde 1985 ein 1946 aufgestelltes und später „verschwundenes" Denkmal ersetzt.[29]

Viel Staub aufgewirbelt hat die einzig ganz neue Initiative in Bonn-Beuel, als Schüler:innen einer Gesamtschule im Rahmen einer Projektwoche 1986

---

26 Hermann Bausinger, Denkwürdig, in: Dieter Harmening/Gerhard Lutz u. a. (Hrsg.), Volkskultur und Geschichte. Festschrift für Joseph Dünninger zum 65. Geburtstag, Berlin 1970, S. 27–33, hier S. 28.

27 Ebenda, S. 31.

28 In der DDR war der Antifaschismus Staatsdoktrin. Das Selbstverständnis einer aus dem heroischen politisch motivierten Widerstand hervorgegangenen Nation manifestierte sich in den wenigen großen KZ-Gedenkstätten. Die beiden Beispiele aus Bechstedt und Billberge bildeten eine große Ausnahme.

29 Zu Villingen vgl. Heinrich Maulhardt, Gedenken an Marian Lewicki (1918–1942) in Polen, in: Villingen im Wandel der Zeit. Jahrbuch des Geschichts- und Heimatvereines 34 (2016), S. 98–103, https://www.ghv-archiv.de/. Zu Haslach siehe oben.

auf die Geschichte einer Hinrichtung am Rand eines Steinbruchs am Finkenberg (nach 1945 Müllgrube, später Naherholungsgebiet) gestoßen waren. Sie recherchierten, sprachen mit Zeitzeuginnen und Zeitzeugen, sammelten Unterschriften für die Erstellung einer Gedenktafel – und errichteten selbst ein provisorisches Holzkreuz. Ein Antrag in der Bezirksvertretung wurde von der Fraktion der Mehrheitspartei CDU abgelehnt, mit der Begründung, der Finkenberg sei ein unwürdiger Platz. Erst das darauffolgende vehemente Presseecho brachte Bewegung in die Angelegenheit, auch in Zusammenhang mit der „Enthüllung", dass der Vater des CDU-Parteivorsitzenden Ortsgruppenleiter der NSDAP gewesen war. Obwohl der Vorsitzende juristisch gegen die Gedenkinitiative vorgegangen war, beschloss seine Fraktion schließlich, sich hinter das Anliegen der Jugendlichen zu stellen. Seit 1988 erinnert auf dem Finkenberg ein Gedenkstein an die drei hingerichteten Polen Czesław Worech, Feliks Garbarek und Tychon Sobcuk.[30] Der hier dargestellte Konflikt ist typisch für zahlreiche Erinnerungsinitiativen in den 1980er-Jahren, als zum ersten Mal an vielen Orten lokale und familiäre „Verstrickungen" und (Mit)täterschaften zur Sprache kamen – und diejenigen, die dies ans Tageslicht brachten, als „Nestbeschmutzer" beschimpft wurden.

Aus den 1990er-Jahren, in denen intensiv über die Zwangsarbeiterentschädigung debattiert wurde und in denen sich infolgedessen zahlreiche regionalgeschichtliche Initiativen mit dem Thema NS-Zwangsarbeit *allgemein* befassten, ist nur ein Erinnerungszeichen bekannt. An einer Mauer des Friedhofs in Müllheim-Niederweiler erinnert seit 1992 eine Tafel an den polnischen Zwangsarbeiter Julian Garlewicz, der 50 Jahre zuvor in einem Steinbruch bei Lipburg erhängt wurde. Hier wurde mit der Friedhofsmauer ein symbolischer Ort gewählt, der darauf verweist, dass der Leichnam des Ermordeten vermutlich nicht wie üblich an die nächstgelegene Anatomie übergeben, sondern an einem unbekannten Ort anonym verscharrt worden war. Der Fall wurde nur zufällig bekannt, als ein Lokalhistoriker anlässlich der Recherchen zum 150-jährigen Jubiläum des örtlichen Gymnasiums auf ein altes Protokollbuch stieß: 1942 mussten zwei Schüler in den Karzer, weil sie verbotenerweise bei einer Hinrichtung zugeschaut hatten – der von Julian Garlewicz.[31]

---

30 Gesamtschule Bonn-Beuel (Hrsg.), Eine Schule geht aus sich heraus, Bonn-Beuel 1987, S. 65–76; Beueler Initiative gegen Fremdenhass (Hrsg.), Wider das Vergessen. Erinnerungsorte in Beuel, Bonn-Beuel 2018, S. 18 f.
31 Badische Zeitung, 13. November 2012; Oberbadische Zeitung, 15. November 2012; Friedensrat Markgräflerland, Julian Garlewicz: Eine Liebe in Niederweiler, http://www.friedensrat.org/pages/posts/eine-mauer-des-schweigens-22.php#.YJ6HZKFCQ2w.

Die 2000er-Jahre: Nach dem Beschluss zur Entschädigung von Zwangsarbeit

In der Dekade nach dem Beschluss der Bundesregierung im Jahr 2000, die noch lebenden Zwangsarbeiter:innen zu entschädigen, sind sieben[32] Gedenkzeichen gesetzt worden: 2002 wurde ein in mehrfacher Hinsicht besonderer Gedenkstein in der KZ-Gedenkstätte Sachsenhausen für die Deutsche Rosa Broghammer errichtet, die die KZ-Haft nicht überlebt hat.[33] Es ist das erste bekannte Erinnerungszeichen, das auf Initiative eines Kindes aus einer verbotenen Beziehung in einer KZ-Gedenkstätte errichtet wurde und das auch an die betroffene deutsche Frau erinnert.[34]

2001 wurde in den Bockholter Bergen bei Greven auf Initiative einer Jugendgruppe nahe dem Hinrichtungsort ein Kreuz und ein kleiner Gedenkstein – ohne die Namen der Opfer – aufgestellt.[35] 2003 entstand auf Betreiben eines Lokalhistorikers eine Gedenktafel im Hof des Guts Hohenbuchen in Hamburg-Poppenbüttel zur Erinnerung an den hier hingerichteten polnischen Zwangsarbeiter Andrzej Szablewski und eine nicht namentlich genannte Frau aus Poppenbüttel.[36] 2005 wurde in Ruschweiler infolge einer breiten Initiative ein Gedenkstein für den polnischen Zwangsarbeiter Mirtek Grabowski und die Deutsche Anna Frirdich aufgestellt.[37]

Am Sulpacher Waldrand bei Ebersbach a. d. Fils ist 2007 ein Gedenkstein zur Erinnerung an den dort hingerichteten polnischen Zwangsarbeiter Mieczysław Wiećheć errichtet worden. Diese Privatinitiative eines ortsansässigen Zeitzeugen, der den jungen Polen gekannt hatte, stieß nicht auf ungeteilte Zustimmung:

---

32 Die sechs im folgenden genannten Gedenksteine sowie der erste bekannte Stolperstein in Pfullendorf für Jan Kobus 2005, für den nach Kriegsende bereits ein Gedenkstein gesetzt worden war (s. oben).
33 Schwarzwälder Bote, 23. April 2020. Der Sohn erinnerte mit diesem Gedenkstein auch an seinen französischen Vater Marcel Sebbah, der bei Kriegsendphasenverbrechen in Wolfach erschossen wurde. Dort steht ein Holzkreuz. Vgl. Insa Eschebach, „Verkehr mit Fremdvölkischen". Die Gruppe der wegen „verbotenen Umgangs" im KZ Ravensbrück inhaftierten Frauen, in: dies. (Hrsg.), Das Frauen-Konzentrationslager Ravensbrück. Neue Beiträge zur Geschichte und Nachgeschichte, Berlin 2014, S. 154–173, hier S. 172 f.
34 2020 wurde in Oranienburg eine Straße nach Rosa Broghammer benannt.
35 Christoph Leclaire, Franciszek und Wacław, Hingerichtet wegen „verbotenen Umgangs", in: antifa. Magazin der VVN-BdA, 27. September 2017, https://antifa.vvn-bda.de/2017/09/27/franciszek-und-waclaw/.
36 Tabula rasa. Zeitung für Gesellschaft und Kultur, 31. Juli 2017; Gedenkstätten in Hamburg, Gedenktafel für Andrzej Szablewski, https://gedenkstaetten-in-hamburg.de/gedenkstaetten/zeige/gedenktafel-fuer-andrej-szablewski.
37 Olaf Brandt/Jörg Ehni, Der Gedenkstein für Anna Frirdich und Mirtek Grabowski. Gedenkfeier am 11. September 2005, Ruschweiler 2005 (masch.-schr. vervielfältigt).

Bereits das Aufstellen des Steins wurde versucht zu sabotieren, insgesamt gab es bis 2013 mindestens sechs Zerstörungen bis hin zum Diebstahl der Gedenktafel.[38]

Symptomatisch für viele Erinnerungsaktionen, auch noch in den 2000er-Jahren, ist die Initiative eines Geschichtslehrers in Stelle (Landkreis Harburg) 2007, der auf die Geschichte von Julian Milejski gestoßen war. Den völlig vermüllten Hinrichtungsort, im Volksmund „Henkerswald" genannt, reinigte der Lehrer mit seiner Schulklasse. Als sie weiter recherchierten, stießen sie immer wieder auf Schweigen und Warnungen – weil einige der damals Beteiligten noch leben würden.[39] Die rege, auch internationale Berichterstattung und der daraus resultierende Druck bewirkten 2008 die Aufstellung eines Gedenksteins in der Nähe des Tatortes. Für ihr Engagement gegen alle Widerstände wurden die Schüler:innen mit dem Bertini-Preis ausgezeichnet.[40]

In den 2000er-Jahren sind zwar mehr Erinnerungszeichen entstanden als in den Dekaden zuvor, aber insgesamt ist der Befund trotzdem spärlich. Die in den 1990er-Jahren intensive und flächendeckende Auseinandersetzung mit der NS-Zwangsarbeit ist nach Erreichen einer Entschädigungsregelung wieder abgeflacht; das änderte sich erst Jahre später und wirkte sich auch auf die Erinnerung an die Verfolgung „verbotenen Umgangs" aus.

Die 2010er-Jahre: Stolpersteine und Schülerprojekte – die zweite Welle der Erinnerung an NS-Zwangsarbeit

Die überwiegende Mehrzahl der Gedenkzeichen – insgesamt 33 – ist erst zwischen 2010 und 2020 an 27 Orten entstanden. Eine breitere Thematisierung des „verbotenen Umgangs" in der deutschen Erinnerungslandschaft fand also sehr spät statt. Die Gründe dafür lassen sich nicht eindeutig definieren. Neben Debatten um Erinnerung und „Entschädigung" verschiedener Opfergruppen (wie sowjetische Kriegsgefangene, Ghetto-Zwangsarbeiter:innen und als „asozial" Verfolgte) hängt die signifikante Zunahme an Erinnerungszeichen wahrscheinlich vor allem damit zusammen, dass in einer zweiten Welle der Erinnerung an die Geschichte der NS-Zwangsarbeit bislang nicht thematisierte Aspekte und Opfergruppen in den Blick rückten. Außerdem traten mit dem zunehmenden Schwinden der Zeitzeugengeneration die gerade in ländlichen Regionen wirkmächtigen Mechanismen von Orts- und Familiensolidarität, die eine öffentliche Erinnerung

---

38 Neue Württembergische Zeitung, 31. Juli 2009; Schreiben Uwe Geiger, Leiter Stadtmuseum und Stadtarchiv Ebersbach an d. Verf., 8. Oktober 2020.
39 Hamburger Morgenpost, 28. Januar 2008.
40 Vgl. den sehr guten Wikipedia-Artikel: https://de.wikipedia.org/wiki/Julian_Milejski. Der Bertini-Preis ist nach der gleichnamigen Autobiografie von Ralph Giordano benannt.

verhinderten, in den Hintergrund. Nicht zuletzt steht seit den 1990er-Jahren mit den Stolpersteinen ein niedrigschwelliges und in den folgenden Jahrzehnten immer weiter verbreitetes dezentrales „Erinnerungsmodul" zur Verfügung, das es lokalen Initiativen ermöglicht, individuell an einzelne Opfer der NS-Gewaltherrschaft vor Ort zu erinnern. Viele Jahre waren dies vor allem jüdische Opfer, später kamen andere Opfergruppen wie Zwangsarbeiter:innen hinzu.

Von den 33 Erinnerungszeichen sind 18 Stolpersteine; die meisten (11) wurden für polnische Opfer verlegt: davon nennen fünf Steine explizit den Begriff „Rassenschande" (St. Hubert, Kempen, Eschweiler, Erkrath), zwei den „verbotenen Umgang" (Luckenwalde, Greven), die anderen keinen der beiden Begriffe (Schwerte, Buttstädt, Pfullendorf).[41] Nur zwei Stolpersteine erinnern an deutsche Frauen: an Maria Leins in Horb (2012)[42] sowie an Maria Alles in Oberhausen (2016).[43] Ebenso selten sind Stolpersteine für je ein deutsch-polnisches Paar in Borgholzhausen (2016)[44] und in Helmsheim (2020).[45] Auch bei den Steinen für die Frauen wie für die Paare wird der Begriff „Rassenschande" verwendet, nur bei dem Stein für Hilda Eißler in Helmsheim steht zusätzlich „Zwangsoperation". In ihren Erinnerungen schreibt sie über die Haft in Ravensbrück: „die Gebärfähigkeit wurde mir genommen".[46]

Ungewöhnlich ist ein Stolperstein in Limburg-Eschhofen für den Pater Eduard Ossowski, dem „Umgang mit Kriegsgefangenen" vorgeworfen wurde und der Gestapo-Haft und Gefängnis nicht überlebt hat:[47] ein seltener Hinweis darauf, dass der verbotene Umgang nicht nur – tatsächliche oder unterstellte –

---

41 Bei zwei Stolpersteinen in Düren konnte die Inschrift nicht ermittelt werden, vgl. Stolpersteine für Walentiny Piotrowski und Franciszek Wysocki, 6. November 2017, https://www.dietmar-nietan.de/2017/11/06/stolpersteine-fuer-walentiny-piotrowski-und-franciszek-wysocki/.
42 Träger- und Förderverein Ehemalige Synagoge Rexingen, Stolpersteinverlegung für Maria Leins am 15. September 2012 in Horb am Neckar Hirschgasse 10, https://www.ehemalige-synagoge-rexingen.de/images/downloads/stolperstein/l/maria_leins.pdf.
43 Informationszentrum Gedenkhalle Oberhausen, Stolpersteine 2016, https://www.gedenkhalle-oberhausen.de/sites/default/files/Flyer%20GeHa%20Stolpersteine%202016.pdf.
44 Stadt Borgholzhausen, Stolpersteine, https://www.borgholzhausen.de/sv_borgholzhausen/Tourismus/Sehensw%C3%BCrdigkeiten/Stolpersteine/. Für Zdzisław Talma und Wilhelmine Kairies.
45 https://www.wochenblatt-reporter.de/bruchsal/c-lokales/stolpersteine-in-heidelsheim-und-helmsheim_a166693; ausführlich zum Schicksal von Józef Makuch und Hilda Eißler vgl. Stadtverwaltung Bruchsal (Hrsg.), Gedenkschrift zur sechsten Stolpersteinverlegung in Bruchsal am 11.2.2020, Bruchsal 2020, S. 25–32.
46 Stadtverwaltung Bruchsal (Hrsg.), Gedenkschrift, S. 27.
47 Sächsische Bibliotheksgesellschaft (SäBiG), Stolpersteine Guide, https://stolpersteine-guide.de/map/biografie/2360/ossowksi-eduard.

Vergessenes Verbrechen

HIER WOHNTE UND ARBEITETE
MARIAN KURZAWA
JG. 1914
POLEN
ZWANGSARBEITER
VERURTEILT 18.6.1941
'RASSENSCHANDE'
SACHSENHAUSEN
ERMORDET 21.6.1941

HIER WOHNTE
MARIA LEINS
JG. 1922
VERHAFTET
'RASSENSCHANDE'
RAVENSBRÜCK
ERMORDET 1945

HIER WOHNTE
HILDA EISSLER
JG. 1904
VERHAFTET 15.2.1942
'RASSENSCHANDE'
1942 RAVENSBRÜCK
ZWANGSOPERATION
ENTLASSEN 1942
GEDEMÜTIGT / DISKRIMINIERT
ÜBERLEBT

HIER WOHNTE / ARBEITETE
JÓZEF MAKUCH
JG. 1902
POLNISCHER ZWANGSARBEITER
VERHAFTET 4.2.1942
'RASSENSCHANDE'
DACHAU
GEFÄNGNIS BRUCHSAL
ÖFFENTLICH GEHÄNGT
4.8.1942 HELMSHEIM

HIER ÖFFENTLICH GEHENKT
STANISLAW SKOLIMOWSKI
JG. 1909
POLNISCHER
KRIEGSGEFANGENER
TOT 19.11.1940

Marian Kurzawa, Kempen, 2016
Own work: Rudolfo42 | Creative Commons

Maria Leins, Horb, 2020
Foto: Benjamin Breitmaier/NECKAR-CHRONIK

Hilda Eißler, Bruchsal-Helmsheim, o. D.
Józef Makuch, Bruchsal-Helmsheim, o. D.
beide: Eigenes Werk: Getuem | Creative-Commons

Stanisław Skolimowski, Buttstädt, o. D.
Creative Commons

sexuelle Beziehungen umfasste, sondern auch alltägliche Begegnungen und Hilfeleistungen.

Im Gegensatz zu den meisten bisherigen Gedenkzeichen wurden Stolpersteine in der Regel nicht am meist abgelegenen Hinrichtungsort gesetzt – sicherlich auch aus pragmatischen Gründen, da die Steine eine stabile Einfassung benötigen. Ein Sonderfall ist Buttstädt. Hier wurde 1940 der polnische Kriegsgefangene Stanisław Skolimowski mitten im Ort erhängt. Der dementsprechend 2011 an zentraler Stelle verlegte Stolperstein macht das deutlich mit der Inschrift „Hier öffentlich gehenkt".[48]

Die Stolpersteine wurden in der Regel auf Betreiben ganz unterschiedlicher lokaler Initiativen[49] inmitten der Gemeinden und Städte verlegt, dort, wo die Opfer gelebt hatten:[50] bei den deutschen Frauen vor ihrem Wohnhaus, beim Pater vor dem Missionshaus seines Ordens; bei den hingerichteten Polen, soweit bekannt, überwiegend dort, wo sie während des Krieges arbeiten mussten und meist auch untergebracht waren: z. B. bei einem Bauernhof (für Marian Kurzawa in Kempen 2015,[51] für Czesław Macijewski im Kempener Stadtteil St. Hubert 2018[52]); bei einem Friseurgeschäft (für Tadeusz Kubisch in Luckenwalde 2019[53]), an ehemaligen Lagerorten (für Johann Zdum in Eschweiler 2014;[54] für Tomasz Brzostowicz in Erkrath 2017[55]). Außergewöhnlich ist der Ort von zwei Stolpersteinen für das deutsch-polnische Paar Zdzisław Talma und Wilhelmine Kairies in Borgholzhausen: dort, wo sich während des Krieges das „Amt

---

48 https://de.wikipedia.org/wiki/Liste_der_Stolpersteine_in_Buttst%C3%A4dt. Vgl. auch Wohlfeld, Umgang.
49 Zum Teil durch spezielle Stolperstein-Initiativen wie in St. Hubert (2015 gegründet), Buttstädt (2011 gegründet) oder Kempen (Gründungsdatum nicht ermittelbar), aber auch durch einen Städtepartnerschaft-Förderverein (Schwerte), einen CDU-Stadtverband (Luckenwalde), die Industriegewerkschaft Bergbau, Chemie, Energie (Düren), den Projektkurs einer Gesamtschule (Borgholzhausen).
50 Es ließ sich nicht in allen Fällen herausfinden, welchen Bezug der Ort des Stolpersteins zum Leben des Opfers hatte.
51 Stolpersteine Kempen, Marian Kurzawa, https://stolpersteine-kempen.de/biographien/marian-kurzawa-2/. In Kempen sollte beim Bauernhof auch die Hinrichtung stattfinden, sie wurde wegen Protests der Bevölkerung in das KZ Sachsenhausen verlegt.
52 Stolpersteine Kempen, Cezław Maciewski, https://stolpersteine-kempen.de/biographien/czeslaw-macijewski/.
53 Stadt Luckenwalde, Verlegte Stolpersteine, https://www.luckenwalde.de/Stadt/Geschichte/Stolpersteine/index.php?object=tx%7C2625.463.1&NavID=2625.14&La=1.
54 eschweiler-juden.de, http://eschweiler-juden.de/pages/stolpersteine/johann-zdum.php.
55 Stadt Erkrath, Erinnerungskultur Stolpersteine, https://www.erkrath.de/Kultur-Freizeit/Tourismus/Sehensw%C3%BCrdigkeiten/Stolpersteine-Denkm%C3%A4ler-und-Kunst/Erinnerungskultur-Stolpersteine/. Für die betroffene deutsche Frau wurde bereits 2015 ein Stolperstein in Oberhausen verlegt.

Franciszek Banaś und Wacław Ceglewski, Greven 2017
Foto: Christoph Leclaire

Borgholzhausen" befand – vermutlich ein Verweis darauf, dass auch die lokale Zivilverwaltung in den Fall involviert war.[56]

In Greven sind 2017 gleich drei Stolpersteine auf dem Marktplatz verlegt worden: zwei Namenssteine für Franciszek Banaś und Wacław Ceglewski sowie ein Stein mit der allgemeinen Inschrift „polnische Kriegsgefangene, denunziert, ‚verbotener Umgang', ermordet". Bewusst wurde hier ein zentraler Ort gewählt, vielleicht auch, weil das erste Mahnmal aus dem Jahr 2001 (s. oben) wenig rezipiert wurde. Gleichzeitig hat der Marktplatz auch einen Bezug zu den historischen Ereignissen, weil hier 80–100 polnische Zwangsarbeiter:innen zusammengetrieben und von dort zur Hinrichtungsstätte gebracht wurden, um der Mordaktion gezwungenermaßen zuzusehen. Das Projekt ist deshalb besonders, weil zum einen diese Stolpersteine die ersten überhaupt waren, die in Greven verlegt wurden, zum anderen, weil dies auf eine Initiative von Auszubildenden der Stadtverwaltung zurückging. Diese halfen bei der Verlegung der Steine und erarbeiteten eine Ausstellung, die im Rathaus der Stadt gezeigt wurde. In fiktiven

---

56 Stadt Borgholzhausen, Stolpersteine.

Briefen an die beiden Opfer haben sich die jungen Männer und Frauen mit Leben und Tod der beiden Polen auseinandergesetzt.[57]

Ein gestalterisch außergewöhnliches Erinnerungszeichen ist anstelle ursprünglich geplanter Stolpersteine für zehn NS-Opfer mit unterschiedlichem Verfolgungsschicksal errichtet worden: In Baienfurt wurde 2017 vor dem Rathaus ein „Klangstein" aus Bronze platziert, der von einem Künstler nach einem Flussstein geformt war und die Besucher:innen auffordern sollte, ihn zum Klingen zu bringen. Eine daneben liegende Bronzeplatte nennt die Namen der Opfer, darunter Elisabeth Herrmann und Sophie Maucher, die wegen „verbotenen Umgangs" in das KZ Ravensbrück oder das „Jugendschutzlager Uckermarck" eingeliefert wurden und den Krieg nicht überlebt hatten. Die Namen der Zwangsarbeiter bzw. Kriegsgefangenen sind nicht erwähnt.[58]

Mit den zahlreichen Stolpersteinen wie auch mit dem Klangstein rückt die Erinnerung an den „verbotenen Umgang" von der Peripherie ins Zentrum von Dörfern und Städten. So wird deutlich, dass die Zwangsarbeiter und Kriegsgefangenen inmitten der deutschen Bevölkerung leben und arbeiten mussten, hier die verbotenen Begegnungen und in manchen Fällen auch die Hinrichtungen stattgefunden haben.

Bei den anderen 12 Gedenkzeichen handelte es sich überwiegend um Gedenksteine oder -tafeln, seltener um Kreuze, die fast alle am Hinrichtungsort aufgestellt wurden. In einigen Fällen haben Zeitzeug:innen oder Angehörige mitgewirkt. Einen Granitstein errichtete die Gemeinde Zachenberg 2012 für Józef Trzeciak nach einem Radiobeitrag und Buch des bayerischen Journalisten Thomas Muggenthaler.[59] Weitere Gedenkkreuze gingen ebenfalls auf Muggenthalers Recherchen zurück: so das Setzen eines provisorischen Holzkreuzes 2012 für Zygmunt Marzec auf Initiative eines grünen Stadtrates in Bodenstein, das 2015 durch einen Stein ersetzt wurde (bei der Einweihung waren auch Angehörige des Opfers anwesend);[60] und ein von Angehörigen 2015 mitgebrachtes

---

57 Grevener Anzeiger, 12. April 2017; Westfälische Nachrichten, 3. November 2017. Zur Ausstellung und den Briefen vgl. Stadt Greven, „Stolpersteine" in Greven, https://www.greven.net/stadtinfo_wirtschaft/stadtinfo/geschichte/stolpersteine.php. Vgl. auch Christoph Leclaire, Die Hinrichtung von Franciszek Banas und Wacław Ceglewski in den Bockholter Bergen. Verfolgungsgeschichten von ZwangsarbeiterInnen in Greven, in: Grevener Geschichtsblätter 7 (2012/2013). Im August 2022 wurde ein Gedenkstein in den Bockholter Bergen aufgestellt.
58 Gemeinde Baienfurt, Der Baienfurter Klangstein – Denkmal zum Gedenken an die zehn NS-Opfer in Baienfurt, www.baienfurt.de/klangstein. Auf der Platte steht „Rassenschande".
59 Vgl. den Beitrag von Thomas Muggenthaler.
60 Bündnis 90/DIE GRÜNEN, OV Cham, 11. November 2012, https://gruene-cham.de/aktuelles/news-detail/article/gedenken_an_die_hinrichtung_eines_polnischen_zwangs

Władysław Wielgo, Grenzach-Whylen, 2020 | *Foto: Helmut Bauckner*

Holzkreuz zur Erinnerung an Julian Majka in Michelsneukirchen, das zunächst an einen Baum angelehnt und später in einer Kapelle untergebracht wurde.[61]

Weitere Gedenksteine wurden aufgestellt 2013 in Herzebrock-Clarholz für Tadeusz Opolski auf Initiative des Heimatvereins;[62] 2014 in Swisttal für Anton Wujciakowski nach einer lokalen Initiative;[63] 2015 in Althengstett für Marian Tomczak und Hedwig Zipperer aufgrund privaten Engagements;[64] 2017 ein Gedenkstein für Władysław Wielgo in Grenzach-Wyhlen auf Initiative des

---

arbeiters/; Ingrid Schieder, Bomben im Kopf entschärfen, in: Onetz, 11. November 2012, https://www.onetz.de/nittenau/lokales/bomben-im-kopf-entschaerfen-d1014454.html.

61 Vgl. den Beitrag von Thomas Muggenthaler.
62 Volksbund Deutsche Kriegsgräberfürsorge e.V., Meldungen aus dem Bezirksverband Ostwestfalen-Lippe, Todesstrafe für menschliche Zuneigung, 27. März 2013, https://ostwestfalen-lippe.volksbund.de/aktuell/nachrichten/detailseite/todesstrafe-fuer-menschliche-zuneigung.
63 Norbert Röttgen und polnischer Vizekonsul besuchen Gedenkstele an der Swist, in: Blick aktuell, 23. April 2015, https://www.blick-aktuell.de/Rheinbach/Norbert-Roettgen-und-polnischer-Vizekonsul-besuchen-Gedenkstele-an-der-Swist-134352.html.
64 Im Gedenken an Marian Tomczak und Hedwig Zipperer, hrsg. von der Gemeinde Althengstett, Althengstett [vermutl.] 2015.

Vereins für Heimatgeschichte. Anlass war hier das Fällen des als „Polenbuche" bezeichneten Baumes, an dem Wielgo erhängt worden war. Daraufhin wurde ein Stück Holz in den Gedenkstein integriert.[65] Eine Gedenktafel in Königsberg auf Initiative des Heimat- und Kulturvereins erinnert seit 2017 an Władysław Kaczmarek.[66]

Eine besondere Entstehungsgeschichte ist mit dem Gedenkstein für Józef Grześkowiak in Riemsloh-Melle verknüpft, der 2013 feierlich der Öffentlichkeit übergeben wurde. Ausgangspunkt war der ausführliche Bericht eines Lokalhistorikers 2012, der auch mit der betroffenen deutschen Frau, Hilde Dumann, Kontakt aufgenommen hatte, die dadurch zum ersten Mal über ihre Geschichte sprach. Auf Initiative des Ortsrats und in Zusammenarbeit mit Frau Dumann und ihrer Familie (darunter der Sohn aus der Beziehung mit einem polnischen Zwangsarbeiter) wurden alle weiteren Schritte abgesprochen. Die Familie nahm an der Einweihung teil, und der Enkel richtete persönliche Worte an seinen Großvater, den er nie kennengelernt hatte.[67]

Zum ersten Mal ist 2021 auch ein Profiteur verstärkt in den Fokus gerückt: Anlässlich des Stadtjubiläums ist in Freiburg i. Br. im Mai 2021 auf dem Gelände einer ehemaligen Rüstungsfabrik eine Tafel aufgestellt worden, die allgemein an die dort zur Arbeit gezwungenen Menschen erinnert. Hervorgehoben wird das Schicksal von Roman Kowalczyk, der im KZ Neuengamme wegen verbotenen Umgangs hingerichtet wurde.[68]

Die bisher aufgeführten Fallbeispiele haben gezeigt, dass immer wieder Schüler:innen aktiv beteiligt waren. Das intensivierte sich in den 2010er-Jahren: sei es, dass Jugendliche sich vermehrt mit den konkreten Fällen beschäftigt, diese öffentlich gemacht und so zur Einrichtung von Gedenkzeichen beigetragen und diese auch mitgestaltet haben; sei es, dass sie Einzelschicksale aufgegriffen und in eigenen Projekten wie einem Theaterstück bearbeitet haben.

---

65 Grenzach-Wyhlen: Gedenkstein für Wladislaw Wielgo, in: Badische Zeitung, 15. Juni 2017, https://www.badische-zeitung.de/grenzach-wyhlen-gedenkstein-fuer-wladislaw-wielgo--138100126.html; Schreiben Helmut Bauckner a. d. Verf., 7. September 2020.

66 Klaus Moos, Wladislaw Kaczmarek nicht vergessen, in: Gießener Allgemeine, 20. Oktober 2017, https://www.giessener-allgemeine.de/kreis-giessen/biebertal-ort848760/wladislaw-kaczmarek-nicht-vergessen-11960596.html.

67 Herbert F. Bäumer, Eine Beziehung mit fatalen Folgen im Kriegsjahr 1941/42, in: Meller QUINTEssenz 2 (2020) 4, S. 6–8, https://verlag-am-bleistift.de/onewebmedia/QUINTESSENZ/FLIP%20Melle%2004/mobile/index.html#p=9; Gemeinde Riemsloh, Stadtteil der Stadt Melle, Gedenken in Riemsloh, 28. April 2013, https://riemsloh-melle.de/gedenkstein-joseph-grzeskowiak/. Dieses Fallbeispiel ist auch in der 2020 eröffneten neuen Dauerausstellung der Gedenkstätte Gestapokeller Osnabrück zu sehen.

68 Grether Gelände, Termine und Veranstaltungen, Mahnmal Zwangsarbeit, 1. Mai 2021, https://grether.syndikat.org/aktuelles/termine/.

In Bissendorf war die Geschichte der Hinrichtung von Paweł Bryk bereits 2005 durch den Heimat- und Wanderverein veröffentlicht worden. Dieser hatte sich danach erfolglos um ein Gedenkzeichen bemüht. Erst durch den Beitrag von drei Schülerinnen beim Schüler-Wettbewerb des Bundespräsidenten und deren Beharrlichkeit ist 2011 auf Beschluss des Ortsrats ein von einem Künstler gestaltetes Mahnmal errichtet worden – nicht am Hinrichtungsort, sondern inmitten des Ortes. Dafür sind Tonabgüsse der Rinde jenes Baumes verwendet worden, an dem die Hinrichtung stattgefunden hatte.[69]

In Siegenburg haben 2019 Realschüler:innen nach einer Vorführung des Films „Verbrechen Liebe" von Thomas Muggenthaler begonnen, sich intensiv mit der Geschichte des hingerichteten Władysław Belcer zu befassen. 2020 haben sie an der Erstellung eines Gedenksteins mitgewirkt und den Großteil der Einweihung gestaltet. Außerdem bauten sie eine Parkbank, die an das Liebespaar erinnern sollte und zusammen mit einer Informationsstele im Ort aufgestellt wurde.[70]

Die Facharbeit einer Abiturientin über drei Frauen, die wegen „verbotenen Umgangs" (in diesem Fall Hilfe für hungernde Zwangsarbeiter) öffentlich gedemütigt wurden, war ausschlaggebend für eine Gedenkaktion 2012 in Schmölln. Auf dem Marktplatz – wo den Frauen die Haare geschoren worden waren – ist auf Vorschlag der Schülerin eine Bronzeplatte mit der Szenerie der Haarscheraktion verlegt worden. Das ist das einzige bekannte Beispiel, das so explizit und bildmächtig an die öffentliche Anprangerung deutscher Frauen erinnert und das zudem nicht den verbotenen Umgang, sondern den Aspekt der Unterstützung ins Zentrum rückt.[71]

In Gallenbach hat ein Ehepaar, das einen Gasthof in der Nähe des ehemaligen Hinrichtungsortes betrieb, die Initiative ergriffen. Innerhalb der Familie war die Geschichte lange bekannt: Die Großmutter hatte erzählt, wie sich die Täter nach der Tat im Wirtshaus getroffen hatten. Seit der Hinrichtung des Polen Stefan Duda war der Ort im Volksmund auch als „Galgenbach" bezeichnet worden

---

69 Manfred W. Straub, Ein dunkles Kapitel in der Geschichte von Bissendorf. Lina Gräbig und die Hinrichtung des Pawel Bryk, in: De Bistruper (2005) 13, S. 13–21; Horst Troiza, Licht ins Dunkel bringen, in: Neue Osnabrücker Zeitung, 13. November 2011, https://www.noz.de/lokales/bissendorf/artikel/88962/licht-ins-dunkel-bringen#gallery&0&0&88962.

70 Wolfgang Abeltshauser, Erinnerung an Wladyslaw Belcer, in: Mittelbayerische, 24. Juli 2020, https://www.mittelbayerische.de/region/kelheim-nachrichten/erinnerung-an-wladyslaw-belcer-21029-art1925285.html. Thomas Muggenthaler konnte zudem Kontakt zu Angehörigen von Belcer aufnehmen. https://www.br.de/nachrichten/bayern/erinnerungsbank-fuer-ein-liebespaar-das-opfer-der-nazis-wurde,SdofQOi?fbclid=IwAR2hG-pJfKTD2-U1HF3k7WmOrg1etmFOmcP8wC-o2fx30Lf-A4rypAgHvkk [nicht mehr abrufbar].

71 Amtsblatt der Stadt Schmölln, 11. Februar 2012; Inschrift: „Öffentliche Demütigung durch Haarscheren von drei Schmöllner Frauen, die polnische Zwangsarbeiter unterstützt haben." Vgl. den Beitrag von Harry Stein in diesem Band.

Schmölln, 2012
Stadtverwaltung Schmölln

und so im kollektiven Sprachgedächtnis verankert. 2014 konnte eine von einer Künstlerin gestaltete Stele aus polnischem Sandstein für das Hinrichtungsopfer und die nicht namentlich genannte deutsche Frau unter großer Beteiligung der lokalen Bevölkerung eingeweiht werden. Dies blieb keine einmalige Aktion: Seit 2014 findet jedes Jahr im Rahmen einer Maiandacht eine Gedenkveranstaltung statt, 2019 auch in Anwesenheit von zwei Großneffen von Duda.[72]

Das Schicksal des polnischen Zwangsarbeiters Duda und der jungen Deutschen war Anlass für Schüler:innen des Gymnasium in Gars, zum 70. Jahrestag des Kriegsendes ein Theaterstück („Stein des AnDenkens") zu erarbeiten und 2015 aufzuführen.[73]

In Villingen-Schwenningen griff eine Literatur-Werkstatt des örtlichen Gymnasiums den Fall eines jungen Polen auf, für den bereits 1988 ein „Sühnekreuz" errichtet worden war. Die Schüler:innen schrieben 2007 das Theaterstück „Das

---

72 Hans Grundner, Das Ende einer langen Suche, in: OVB Heimatzeitungen, 29. April 2019, https://www.ovb-heimatzeitungen.de/waldkraiburg/2019/04/23/das-ende-einer-langen-suche.ovb.
73 Gymnasium Gars, Schultheater: Polnischer Zwangsarbeiter Stefan Duda mit dem Laienspiel „Stein des AnDenkens" geehrt, https://gymnasiumgars.de/schultheater-polnischer-zwangsarbeiter-stefan-duda-mit-dem-laienspiel-stein-des-andenkens-geehrt/.

Lieben und Sterben des Marian Lewicki" und errangen dafür beim bundesweiten „Denktag"-Wettbewerb den achten Platz. Zudem entstand im gleichen Jahr der Film „Die Poleneiche", der den Jugendfilmpreis des Landes Baden-Württemberg erhielt. Die Jugendlichen gründeten anschließend den Polnisch-Deutschen Filmverein Villingen-Schwenningen, luden junge Polinnen und Polen in ihre Heimatstadt ein. Der Film lief in einer polnischen Fassung auch in Polen. Auf Einladung des Oberbürgermeisters kam die Schwester des Hingerichteten mit ihrer Familie 2012 zu Besuch. Seitdem wird in Schulen und Gedenkstätten sowie bei Veranstaltungen an das Schicksal von Marian Lewicki erinnert.[74]

Fazit

Die Betrachtung der öffentlichen und sichtbaren Erinnerung an die Verfolgung von „verbotenem Umgang" hat gezeigt, dass diese sehr spät und ganz überwiegend in der BRD bzw. in Westdeutschland erfolgte – noch später als die allgemeine und breite Debatte über die Zwangsarbeiter:innen als lange vergessene NS-Opfer, die mit der Auseinandersetzung um eine „Entschädigung" in den 1990er-Jahren einsetzte. Die ersten Gedenksteine wurden zwar kurz nach Kriegsende gesetzt, waren aber initiiert von Überlebenden oder den Besatzungsbehörden und kamen also nicht aus der Mitte der deutschen Gesellschaft. Anschließend folgten ein jahrzehntelanges kollektives Beschweigen bzw. – wie das Beispiel aus den 1960er-Jahren gezeigt hat – ein aktives Verschleiern und sprachliche Verharmlosung. Zentrale erinnerungsgeschichtliche Diskurse insbesondere der 1960er- und 1980er-Jahre finden hier ihren Ausdruck.

Noch bis in die 2000er-Jahre sind an einzelnen Orten Gedenksteine verschwunden oder zerstört worden, brachen Konflikte um familiäre Mittäterschaft von Lokalpolitikern auf, stießen Initiativen von Schulklassen auf eine Wand von Schweigen und Warnungen – oder gab es Versuche, Initiativen juristisch zu unterbinden. Die Hinrichtungen überwiegend polnischer Zwangsarbeiter oder Kriegsgefangener an vielen Orten in Deutschland waren nicht nur ein offenes Geheimnis, sondern auch durch Mitwirken aus der Mitte der „Volksgemeinschaft" ermöglicht worden – vor allem durch Denunziationen. Das führte nach dem Krieg noch jahrzehntelang zu heftigen Abwehrreaktionen, wie die Einzelfälle in Bonn oder Stelle gezeigt haben.

Erst in den 2010er-Jahren ist eine – allerdings sehr deutliche – Zunahme von Erinnerungsinitiativen zu verzeichnen. Die meisten erinnern an die polnischen

---

74 Maulhardt, Gedenken.

Opfer, weniger an die deutschen Frauen, deren Schicksal in Familien und Gesellschaft lange beschwiegen wurde. Aber gerade in den letzten Jahren sind auch einige Gedenkzeichen für die Frauen oder für deutsch-polnische Paare entstanden.

Die Stolpersteine spielen als mittlerweile weltweit größtes dezentrales Mahnmal eine bedeutende Rolle im letzten Jahrzehnt: Sie bringen die Erinnerung an den „verbotenen Umgang" von den abgelegenen Hinrichtungsorten am Rande oder außerhalb der Dörfer und Städte ins Zentrum. Das kleine genormte quadratische Format der Steine ermöglicht erstaunlich vielfältiges Erinnern und macht individuelle Schicksale sichtbar: wie die öffentliche Hinrichtung eines Zwangsarbeiters inmitten eines Dorfes oder die Zwangssterilisation einer deutschen Frau.

Auch bei klassischen Formaten wie Gedenksteinen oder -kreuzen gibt es Gestaltungsvielfalt. Der Baum der Hinrichtung taucht symbolisch immer wieder auf: sei es, dass seine Fällung den Anstoß gab für einen Gedenkstein oder Teile bzw. Abgüsse der Rinde integriert wurden. Das verweist auf eine konkrete Kenntnis der Ereignisse während des Krieges. Für ein kollektiv verankertes Wissen spricht auch die sprachliche Tradierung der Hinrichtungsorte als „Polenhenke", „Galgenbach", „Polenbuche" oder „Henkerswald".

Initiiert wurden die Gedenkzeichen von unterschiedlichen gesellschaftlichen Gruppen bzw. privaten Initiativen, manchmal von deutschen Zeitzeugen, die die Opfer gekannt hatten, oder auch von Angehörigen der Opfer. Letztere sind in den letzten Jahren mehr in den Blick der lokalen Akteure gerückt, die versuchten, die Familie der Hingerichteten ausfindig zu machen und sie zu den Gedenkfeiern einzuladen. Die Bandbreite der Erinnerungszeichen an den „verbotenen Umgang" reicht von den ersten Gedenksteinen der 1940er-Jahre, die oft danach in Vergessenheit geraten sind, bis zu den intensiven und nachhaltigen Schülerprojekten der 2010er-Jahre. Gerade Jugendliche haben in dieser Dekade Erinnerungsinitiativen initiiert, maßgeblich mitgestaltet oder auch bereits bestehende Gedenkzeichen zum Anlass genommen, sich intensiver mit der jeweiligen konkreten Geschichte zu befassen – sicherlich auch angeregt durch das Schicksal der meist noch sehr jungen polnischen Männer und deutschen Frauen, die für ganz normale Begegnungen und Beziehungen hart bestraft worden sind.

Auswahlbibliografie

Arnaud, Patrice, Die deutsch-französischen Liebesbeziehungen der französischen Zwangsarbeiter und beurlaubten Kriegsgefangenen im „Dritten Reich": vom Mythos des verführerischen Franzosen zur Umkehrung der Geschlechterrolle, in: Elke Frietsch/Christina Herkommer (Hrsg.), Nationalsozialismus und Geschlecht. Zur Politisierung und Ästhetisierung von Körper, „Rasse" und Sexualität im „Dritten Reich" und nach 1945, Bielefeld 2009, S. 180–198.

Bialas, Wolfgang, Moralische Ordnungen des Nationalsozialismus, Göttingen 2014.

Bories-Sawalla, Helga, Franzosen im „Reichseinsatz". Deportation, Zwangsarbeit, Alltag, Bd. 2, Frankfurt a. M./Bern/New York 1996.

Bräutigam, Helmut, Zwangsarbeit in Berlin 1938–1945, in: Arbeitskreis Berliner Regionalmuseen (Hrsg.), Zwangsarbeit in Berlin 1938–1945, Berlin 2003, S. 17–61.

Dams, Carsten/Stolle, Michael, Die Gestapo. Herrschaft und Terror im Dritten Reich, München 2008.

Diewald-Kerkmann, Gisela, Denunziantentum und die Gestapo. Die freiwilligen „Helfer" aus der Bevölkerung, in: Gerhard Paul/Michael Mallmann (Hrsg.), Die Gestapo. Mythos und Realität, Darmstadt 1995, S. 288–305.

Eschebach, Insa, „Verkehr mit Fremdvölkischen". Die Gruppe der wegen „verbotenen Umgangs" im KZ Ravensbrück inhaftierten Frauen, in: dies. (Hrsg.), Das Frauen-Konzentrationslager Ravensbrück. Neue Beiträge zur Geschichte und Nachgeschichte, Berlin 2014, S. 154–173.

Frevert, Ute, Die Politik der Demütigung. Schauplätze von Macht und Ohnmacht, Frankfurt a. M. 2017.

Gellately, Robert/Stoltzfus, Nathan (Hrsg.), Social Outsiders in Nazi Germany, Princeton 2001.

Gellately, Robert, Die Gestapo und die deutsche Gesellschaft. Die Durchsetzung der Rassenpolitik 1933–1945, Paderborn/München/Wien/Zürich 1993.

Hagemann, Karen/ Schüler-Springorum, Stefanie (Hrsg.), Militär und Geschlechterverhältnisse im Zeitalter der Weltkriege, Frankfurt a. M./New York 2002.

Heinemann, Isabel, „Rasse, Siedlung, deutsches Blut". Das Rasse- & Siedlungshauptamt der SS und die rassenpolitische Neuordnung Europas, Göttingen 2003.

Herbert, Ulrich, Fremdarbeiter. Politik und Praxis des „Ausländer-Einsatzes" in der Kriegswirtschaft des Dritten Reichs, Berlin 1985.

Hesse, Klaus/Springer, Philipp, Vor aller Augen. Fotodokumente des nationalsozialistischen Terrors in der Provinz, Essen 2002.

Kundrus, Birthe, Forbidden Company: Romantic Relationships between Germans and Foreigners, 1939 to 1945, in: Journal of the History of Sexuality 11 (2002) 1/2, S. 201–222.

Kundrus, Birthe, „Verbotener Umgang". Liebesbeziehungen zwischen Ausländern und Deutschen 1939–1945, in: Katharina Hoffmann/Andreas Lembeck (Hrsg.), Nationalsozialismus und Zwangsarbeit in der Region Oldenburg, Oldenburg 1999, S. 149–170.

Kundrus, Birthe: „Die Unmoral deutscher Soldatenfrauen". Diskurs, Alltagsverhalten und Ahndungspraxis 1939–1945, in: Kirsten Heinsohn/Barbara Vogel/Ulrike Weckel (Hrsg.), Zwischen Karriere und Verfolgung. Handlungsräume von Frauen im nationalsozialistischen Deutschland, Frankfurt a. M./New York 1997, S. 96–110.

Lorke, Christoph, Liebe verwalten. „Ausländerehen" in Deutschland 1870–1945, Paderborn 2020.

Majer, Diemut, „Fremdvölkische" im Dritten Reich. Ein Beitrag zur nationalsozialistischen Rechtssetzung und Rechtspraxis in Verwaltung und Justiz unter besonderer Berücksichtigung der eingegliederten Ostgebiete und des Generalgouvernements, Boppard am Rhein 1981.

Muggenthaler, Thomas, Verbrechen Liebe. Von polnischen Männern und deutschen Frauen: Hinrichtungen und Verfolgungen in Niederbayern und der Oberpfalz während der NS-Zeit, Viechtach 2010.

Przyrembel, Alexandra, „Rassenschande". Reinheitsmythos und Vernichtungslegitimation im Nationalsozialismus, Göttingen 2003.

Röger, Maren, Verdrängter Besatzungsalltag: Intime Kontakte zwischen Deutschen und Polen 1939–1945 und ihre Nachgeschichte, in: Historie. Jahrbuch des Zentrums für Historische Forschung Berlin der Polnischen Akademie der Wissenschaften, Folge 7: Besatzung, 2013/2014, S. 170–182.

Roth, Thomas, „Gestrauchelte" Frauen und „unverbesserliche Weibspersonen". Zum Stellenwert der Kategorie Geschlecht in der nationalsozialistischen Strafrechtspflege, in: Elke Frietsch/Christina Herkommer (Hrsg.), Nationalsozialismus und Geschlecht. Zur Politisierung und Ästhetisierung von Körper, „Rasse" und Sexualität im „Dritten Reich" und nach 1945, Bielefeld 2009, S. 109–140.

Scheck, Raffael, Collaboration of the Heart: The Forbidden Love Affairs of French Prisoners of War and German Women in Nazi Germany, in: The Journal of Modern History 90 (June 2018) 2, S. 351–382.

Scheck, Raffael, Love between Enemies. Western Prisoners of War and German Women in World War II, Cambridge 2020.
Schneider, Silke, Verbotener Umgang. Ausländer und Deutsche im Nationalsozialismus. Diskurse um Sexualität, Moral, Wissen und Strafe, Baden-Baden 2010.
Schwarze, Gisela, Es war wie Hexenjagd ... Die vergessene Verfolgung ganz normaler Frauen im Zweiten Weltkrieg, Münster 2009.
Spoerer, Mark, Zwangsarbeit unter dem Hakenkreuz. Ausländische Zivilarbeiter, Kriegsgefangene und Häftlinge im Deutschen Reich und im besetzten Europa 1939–1945, Stuttgart 2001.
Usborne, Cornelie, Female Sexual Desire and Male Honor. German Women's Illicit Love Affairs with Prisoners of War during the Second World War, in: Journal of the History of Sexuality 26 (September 2017) 3, S. 454–488.
Wohlfeld, Udo, Der verbotene Umgang. Ein Pole wird 1940 aufgehängt, Apolda 2011.

Die Autor:innen und Herausgeberinnen

Dr. Sebastian F. Bondzio ist wissenschaftlicher Mitarbeiter im DFG-geförderten Forschungsprojekt „Überwachung. Macht. Ordnung. Personen- und Vorgangskarteien als Herrschaftsinstrument der Gestapo" an der Universität Osnabrück. 2021 war er als Gerda Henkel Postdoctoral Fellow for Digital History am German Historical Institute in Washington DC und dem Roy Rosenzweig Center for History and New Media der George Mason University in Fairfax, VA.

Dr. Gwendoline Cicottini ist promovierte Historikerin und arbeitet derzeit als wissenschaftliche Volontärin in der Gedenkstätte Buchenwald an einem Projekt zu den Buchenwalder Außenlagern. Sie untersuchte die Beziehungen zwischen französischen Kriegsgefangenen und deutschen Frauen während des Zweiten Weltkriegs. Ihre Forschungsinteressen sind die Geschichte des Nationalsozialismus, die Geschichte der Zwangsarbeit (insbesondere der französischen Kriegsgefangenen) und die Geschichte der Sexualität. Im Juni 2021 wurde sie mit dem Dissertationspreis „Michael Werner" des CIERA ausgezeichnet.

Dr. Ann Katrin Düben ist Historikerin und leitet seit 2019 die Gedenkstätte Breitenau in Guxhagen bei Kassel.

Dr. Insa Eschebach, Religionswissenschaftlerin und Publizistin, Gastwissenschaftlerin am Institut für Religionswissenschaft der Freien Universität Berlin, vormalige Leiterin der Gedenkstätte Ravensbrück (2005–2020). Zahlreiche Veröffentlichungen zur Frauen- und Geschlechtergeschichte des Nationalsozialismus, Geschichte und Nachgeschichte des Frauen-Konzentrationslagers Ravensbrück sowie zu erinnerungskulturellen Fragestellungen.

Dr. Camille Fauroux ist Juniorprofessorin für Geschichte an der Universität Toulouse 2. Ihr Buch „Produire la guerre, produire le genre. Des travailleuses françaises dans l'Allemagne national-socialiste, 1940–1945" wurde 2020 bei Editions de l'EHESS veröffentlicht und 2021 mit dem Augustin-Thierry-Preis ausgezeichnet.

Dr. Michael Gander ist Historiker und leitet als Geschäftsführer die Gedenkstätten Gestapokeller und Augustaschacht in Osnabrück und Hasbergen. Er forscht zur Geschichte der Zwangsarbeit in der Region Osnabrück, insbesondere zu der Überwachung und Verfolgung von Zwangsarbeitenden durch Polizei und Geheime Staatspolizei. Im Mittelpunkt seiner Forschungen stehen die Geschichte und Nachwirkung des Arbeitserziehungslagers Ohrbeck und der Geheimen Staatspolizei in Osnabrück.

Uta Gerlant, Historikerin mit dem Schwerpunkt Osteuropa, war von 2016 bis 2020 Leiterin der Stiftung Gedenkstätte Lindenstraße in Potsdam.

Dr. Christine Glauning ist Historikerin und Ausstellungskuratorin mit den Schwerpunkten Geschichte des Zweiten Weltkrieges, der NS-Zwangsarbeit, der Nachgeschichte und der Erinnerungskultur. Seit 2006 leitet sie das Dokumentationszentrum NS-Zwangsarbeit in Berlin-Schöneweide.

Lena Haase, Historikerin, ist wissenschaftliche Mitarbeiterin an der Professur für Neueste Geschichte der Universität Trier, wo sie zur Verfolgung während der NS-Zeit und zur Justiz- und Polizeigeschichte vom 19. bis ins 21. Jahrhundert forscht. Als Mitglied der kollegialen Leitung der Forschungs- und Dokumentationsstelle SEAL an der Universität Trier ist sie in die Entwicklung und Umsetzung innovativer (auch digitaler) Konzepte für die Gedenk- und Erinnerungsarbeit involviert.

Thomas Irmer ist Historiker und Kurator für analoge und digitale Projekte der Bildungsarbeit und Lehrbeauftragter für die Geschichte des Nationalsozialismus an der Hochschule für Wirtschaft und Recht. Weitere Informationen unter http://www.thomas-irmer.de.

PD Dr. Christoph Lorke ist Historiker und derzeit wissenschaftlicher Mitarbeiter und Projektleiter am LWL-Institut für westfälische Regionalgeschichte und Lehrbeauftragter an der Universität Münster. Er forscht und lehrt zur Geschichte sozialer Ungleichheit, zu binationalen und interkulturellen Eheschließungen, zur Geschichte der deutschen Einheit und zur deutschen und europäischen Stadtgeschichte seit 1945.

Thomas Muggenthaler M. A. hat Politik und Soziologie studiert, lebt in Regensburg, ist Journalist und arbeitet für den Bayerischen Rundfunk. Einer seiner Schwerpunkte ist die Geschichte des Konzentrationslagers Flossenbürg. Er ist Autor des Hörfunk-Features „Verbrechen Liebe – von polnischen Zwangsarbeitern und deutschen Frauen" (BR, 2003), des gleichnamigen Buches (Viechtach, 2010) und Mitautor eines gleichnamigen Films (Bayerisches Fernsehen, 2015).

Dr. Christa Schikorra hat mit einer Studie zu „asozialen" Häftlingen im Frauen-Konzentrationslager Ravensbrück am Zentrum für Antisemitismusforschung der TU Berlin promoviert, sie ist Leiterin der Bildungsabteilung der KZ-Gedenkstätte Flossenbürg, Kuratorin verschiedener Ausstellungen in NS-Gedenkstätten und derzeit im Projektteam zur Erarbeitung einer Ausstellung zur Anerkennung als „Berufsverbrecher" und „Asoziale" Verfolgter im Nationalsozialismus auf Beschluss des Deutschen Bundestages.

Dr. Alexander Schmidt war Stadtbilderklärer bei *Geschichte Für Alle e. V.* in Nürnberg und Projektleiter für die neue Dauerausstellung der KZ-Gedenkstätte Flossenbürg; seit 2009 ist er wissenschaftlicher Mitarbeiter und Ausstellungskurator am Dokumentationszentrum Reichsparteitagsgelände in Nürnberg.

Dr. Silke Schneider ist z. Zt. Vertretungsprofessorin für Politikwissenschaft an der Fachhochschule Bielefeld. Ihre Arbeitsschwerpunkte sind: Historische Grundlagen der Politik und sozialer Exklusionsprozesse; Sozialpolitik, Politik und Theorie der Geschlechterverhältnisse.

Dr. Sebastian Schönemann ist Soziologe und Politikwissenschaftler. Er arbeitete u. a. bei den Arolsen Archives als stellvertretender Leiter des Bereichs Forschung und Bildung sowie bei der Gedenkstätte für Zwangsarbeit Leipzig, für die er das Gedenkstättenkonzept verfasste. Seine Doktorarbeit „Symbolbilder des Holocaust. Fotografien der Vernichtung im sozialen Gedächtnis" erschien 2019 im Campus Verlag. Seit 2020 ist er stellvertretender Leiter der Gedenkstätte Hadamar und Leiter des Arbeitsbereichs Wissenschaft und Ausstellung. Er ist Mitglied des DFG-Netzwerkes „Transformative Bildlichkeit".

Dr. Beate Welter war von 1998 bis 2022 Referentin bei der Landeszentrale für politische Bildung Rheinland-Pfalz und von Dezember 2005 bis Juni 2022 Leiterin der Gedenkstätte SS-Sonderlager/KZ Hinzert.

Dr. Katarzyna Woniak, Historikerin und Ethnologin, ist wissenschaftliche Mitarbeiterin am Aleksander-Brückner-Zentrum für Polenstudien der Martin-Luther-Universität Halle Wittenberg mit dem DFG-Projekt „Emotionen unter extremen Bedingungen. Gefühlswelten in Polen unter deutscher Besatzung, 1939–1945". Ihr Forschungsinteresse gilt der Zwangsarbeit und der Besatzungsgeschichte im Zweiten Weltkrieg, der NS-„Euthanasie", der Medizinethik und den deutsch-polnischen Erinnerungsorten. 2020 erschien ihre Monografie „Zwangswelten. Emotions- und Alltagsgeschichte polnischer ‚Zivilarbeiter' in Berlin 1939–1945".